华 章 图 书

一本打开的书,一扇开启的门,
通向科学殿堂的阶梯,托起一流人才的基石。

www.hzbook.com

金融科技

中小银行运维架构
解密与实战

李丙洋 刘正配 罗丹 邹天涌 袁潇 秦雨民◎著

图书在版编目（CIP）数据

中小银行运维架构：解密与实战 / 李丙洋等著 . -- 北京：机械工业出版社，2021.2
（金融科技）
ISBN 978-7-111-67617-1

I. ① 中… II. ① 李… III. ① 计算机应用 – 商业银行 – 研究 IV. ① F830.33-39

中国版本图书馆 CIP 数据核字（2021）第 035326 号

中小银行运维架构：解密与实战

出版发行：机械工业出版社（北京市西城区百万庄大街 22 号　邮政编码：100037）

责任编辑：朱　巍　李　艺	责任校对：殷　虹
印　　刷：中国电影出版社印刷厂	版　　次：2021 年 3 月第 1 版第 1 次印刷
开　　本：186mm×240mm　1/16	印　　张：25.25
书　　号：ISBN 978-7-111-67617-1	定　　价：109.00 元

客服电话：(010) 88361066　88379833　68326294　　投稿热线：(010) 88379604
华章网站：www.hzbook.com　　　　　　　　　　　　读者信箱：hzit@hzbook.com

版权所有 · 侵权必究
封底无防伪标均为盗版

本书法律顾问：北京大成律师事务所　韩光 / 邹晓东

Preface 前言

传统银行业在 IT 建设层面推进的原动力是信息化，关键字是"信息"，这一细节在很多方面都有所体现。对于拥有信息科技部门的商业银行机构，其 IT 部门的负责人称为 CIO（Chief Information Officer，首席信息官），而互联网公司、科技公司则更看重"科技"，其 IT 部门的负责人称为 CTO（Chief Technology Officer，首席技术官），从中可见一斑。商业银行 IT 组织架构过去往往是按照"一部两中心"进行设计。"一部"通常是指**"信息科技部"**或者**"信息技术部"**，作为专门的科技部门负责全行信息科技工作的统筹管理。"两中心"则分别是开发中心和数据中心。开发中心负责制定全行软件开发的标准和流程，组织实施全行各应用系统的需求分析、设计、开发、测试及技术支持等相关工作；数据中心负责全行信息系统生产运营管理和基础环境、网络通信及各系统平台的维护和技术支持，为全行的业务发展提供安全、持续、高效、优质的信息系统服务。

长期以来，很多商业银行的信息科技部门被定位为中后台部门，作为成本部门，每年花了多少钱很清晰，为全行创造了多少价值、赢取了多少次业务机会却很难估算，对业务价值的贡献只能定性而无法定量，长期被视为辅助角色。与此同时，部分商业银行受人员指标限制，许多 IT 相关的工作，包括设计、编码、测试、运维等方面大量采用外包服务，甚至升级、扩容、容灾都由外包单位实施，行内科技人员更多是担任与外包商打交道的项目经理角色。随着互联网金融业务的迅猛发展，近年来一些高科技公司借助自身的互联网优势跨界金融，广泛运用如人工智能、区块链、云计算、大数据等新兴技术，采用敏捷研发模式，在金融领域重构了客户关系、业务模式、运营体系，甚至对金融格局产生了深远影响。相比之下，传统银行的科技水平给人一种落后、落伍的感觉。

不过，不要低估银行在信息科技方面的实力，银行业历来是先进技术应用的先行者，在经历了电子化、信息化、移动化阶段后，如今已进入数字化阶段。借由共生式发展关系，现代金融体系也发生了很大变化。银行业始终紧跟科技发展浪潮，在寻求差异化竞争、推动企业数字化转型的征途中，越来越重视信息科技方面的投入和建设，积极实施金融科技战略，重构科技创新体制机制，力求以科技激发传统金融的供给侧输出能力，进而推动银行商业模式乃至发展方式的变革。在数字化时代，金融科技已经成为数字化转型的重要驱动力，科技引领的金融变革将是时代的主旋律。

2016年年底银监会在《中国银行业信息科技"十三五"发展规划监管指导意见（征求意见稿）》中明确声明要让CIO进入决策层，共同参与制定银行的未来发展整体战略规划；2018年Gartner在报告《2018 CIO Agenda》中指出：CIO的职责发生了巨大转变，从原来的"交付型"高管变成了"IT和业务相结合"的高管——CIO的角色从交付执行者转变为业务执行者；2019年8月，中国人民银行印发《金融科技（FinTech）发展规划（2019—2021年）》，明确指出金融科技是技术驱动的金融创新，要加强金融科技战略部署，从长远视角加强顶层设计，把握金融科技发展态势，做好统筹规划、体制机制优化等工作，全面提升金融科技应用水平，将金融科技打造成金融高质量发展的"新引擎"，充分发挥金融科技赋能作用，推动我国金融业高质量发展。

名正则言顺，在多家商业银行最新的组织架构中，信息科技部已然进化成金融科技部，部分实力较强的商业银行更是纷纷组建金融科技公司，不仅对内提升科技力量，还要对外做科技能力输出。

我国商业银行类型众多，数量巨大，包括政策性银行、大型国有商业银行、全国性股份制商业银行，以及多达数千家的地方性银行，这些银行的业务开展形态迥异，在信息科技建设投入和模式方面更是差异巨大。过去银行的信息科技建设整体偏保守，无论是监管机构的监管条例，还是商业银行内部的运行要求，对信息系统的要求都是"数据不丢失、业务不中断"，即能够接受系统慢，但绝对不能惹麻烦。

传统信息系统架构倾向于集中，采用All in One模式，以及昂贵但成熟稳定的商业化解决方案。但是，这种集中式架构的建设和运营成本高昂，且运行风险较大。随着经营模式的变化和业务的拓展，在面对基于互联网产业的高并发、大数据量场景时，集中式架构一旦出现处理能力瓶颈则极难扩展，在关键节点负荷高企的情况下，其发生故障的影响面较广，运行风险巨大。相对于集中式架构，以x86和云计算为基础的分布式架构在运营成本、伸缩性、风险分散控制等方面优势明显，所以采用分布式架构是商业银行应对成本和运营风险的必然选择。

互联网天生就是去中心化的分布式模式，其业务系统采取服务化和无状态的设计理念，易于横向扩展，且并发处理能力和伸缩性远强于集中式架构。不过，采用分布式架构挑战更大、困难更多。在可用性保障方面，分布式架构下使用的 x86 服务器的可靠性远不如小型机，必须在服务器层和应用系统层等均采用负载均衡以及高可用设计，使系统服务的总体可用性能达到更高标准。同时，要重点关注基础设施层，包括云计算平台、网络、存储以及跨机房同步复制等设施的可靠性。在数据一致性方面，根据 CAP 理论，一个系统不能同时满足一致性、可用性和分区容错性这三个要求，如何平衡读写分离带来的可用性和一致性矛盾，也是分布式架构设计必须解决的问题。分布式架构下系统数量和服务器数量都会迅速增长，应用系统之间的关联关系更为复杂，这也给商业银行数据中心的稳定运维、持续运营提出了更高要求。

本书作者大都就职于新兴的民营体制银行。这家位于我国西南部的民营银行，麻雀虽小，五脏俱全：既有传统银行科技团队的特点，深度运用成熟稳定的商业化解决方案，又有互联网科技公司的特点，从互联网的基因出发，大量选择互联网模式下成熟的开源分布式解决方案。在银行业"安全可靠和合规运行"总体要求的基础上，在当前互联网金融需求极度旺盛，人工智能、云计算、大数据等新兴技术不断涌现的新形势下，作者所在团队积极推动内部 IT 运维服务和设施标准化、可视化、容器化、资源池化，充分运用分布式、自动化、云计算、智能化等手段，构建 DevOps 体系，打通从需求分析、编码、构建、测试到发布、部署、运营、监控的全生命周期敏捷产品研发，快速变更、快速交付，降低故障修复耗时，提高资源利用率，助力金融企业数字化转型。

本书第 1 章主要介绍银行信息系统的建设背景、IT 服务理论的演进路径、IT 运维支撑团队面临的挑战以及 IT 运维变革如何助力数字化转型；第 2 章和第 3 章从主机、存储、网络、备份及多机房容灾架构等多个方面，讲解商业银行基础设施层架构的变迁；第 4 章主要讲解商业银行 IT 运维日常，以及在重复、烦琐工作中的破局之道；第 5 章主要讲解如何构建一套覆盖基础设施、应用系统、日志、流量追踪等的立体化监控体系；第 6 章主要讲解商业银行自动化运维体系；第 7 章主要讲解 AIOps 方面的探索和实践；第 8 章主要讲解商业银行同城双活容灾架构；第 9 章从软件定义数据中心、下一代云计算技术、混合云、边缘计算等方面介绍下一代数据中心技术。

本书作者是科技自动化的忠实使用者和推广者，推崇通过科技手段让一切都能够"自己动起来"。对于研发，团队通过企业级开发框架、脚手架和代码生成工具、统一封装的各类组件库来统一开发标准，提升开发效率；对于测试，团队通过提供统一的自动化测试框架，提高代码单元测试覆盖率，提高自动化测试用例占比，提升质量团队的执行效率和质量保障水平；对于运维，团队通过构建自动化装机、自动化发布、自动化巡检、全链路监控、CMDB 等系统建设 DevOps 体系，提升运行保障的效率和水平。

这些让一切"自己动起来"的手段并不是要取缔流程、摆脱人员，而是要转变视角，充分运用科技，将流程隐匿在科技（系统）的背后，选择适合企业现状的数字化手段，以科技管科技，让工作自动流转，让消息自动通知，让信息自动同步，让状态自动变更，让数据自动更新，让数字自己跳动。

我们不希望重复劳动，而是希望把一些最佳实践、流程、方法固化成代码、工具、平台，用这种方式来应对数字化时代金融业务的规模扩张，平衡IT系统复杂度提升带来的影响。我们将自己在信息科技领域实践过程中的思考和探索展现出来，希望能供商业银行、证券、基金等行业的信息科技团队或互联网企业及科技公司的朋友参考。在《充满生机的技术》一书中有这样一段话深得我心：我们还期待着这本书能超越科技书的范围，获得更多的读者，让普通大众知道，在与满足于有形无实的制度、对名利无休无止的追逐完全背道而驰的地方，有很多人每天都在群策群力，对技术进行着反复的思考和实践。

李丙洋

Acknowledgements 致 谢

感谢机械工业出版社华章公司杨福川和李艺两位老师在本书写作过程中提出的各项宝贵建议。

本书作者主要来自某民营银行的一线IT运维人员。本书第1章、第5章由李丙洋编写，第2章、第3章由刘正配编写，第4章由罗丹编写，第6章由袁潇编写，第7章由邹天涌编写，第8章由刘正配、罗丹编写，第9章由秦雨民编写，全书由李丙洋统稿。在本书写作过程中，我们得到了相当多同事和朋友的帮助，也得到了团队领导的大力支持，在此一并表示感谢（以下按姓氏音序排列）：白熊、陈代清、陈鸣雁、陈周建、冯冬、傅敬博、何多多、何由、黄伟、柯善萍、李宾、李闻、练勇、梁蒙、刘晨、刘攀、刘文斌、穆仕桃、苏毅、孙小铁、魏恩、吴健、吴密、肖佳洁、晏东、杨斌、曾宇、张灵、钟志攀。

由于能力和精力有限，本书涉及的内容也较为广泛，且IT技术和理念发展迅猛，书中内容阐述难免有不足之处，恳请读者朋友不吝指正，谢谢！

目录 Contents

前言
致谢

第1章　商业银行运维路漫漫 ………… 1

1.1　商业银行信息化建设背景 ………… 1
　　1.1.1　背景的背景 ………… 2
　　1.1.2　道路有些崎岖 ………… 3
　　1.1.3　驶入平坦的快车道 ………… 5
1.2　IT服务理论演进路径 ………… 6
　　1.2.1　ITIL ………… 7
　　1.2.2　ITSM ………… 10
　　1.2.3　DevOps ………… 11
　　1.2.4　ITIL 与 DevOps 对比 ………… 14
1.3　IT运维支撑团队面临的挑战 ………… 16
　　1.3.1　业务模式变革的挑战 ………… 16
　　1.3.2　拆 IT 系统"烟囱"的挑战 ………… 17
　　1.3.3　新形势下网络安全的挑战 ………… 18
　　1.3.4　IT 架构快速演进的挑战 ………… 19
　　1.3.5　IT 服务可靠性及服务流程的挑战 ………… 20
1.4　IT运维变革助力数字化转型 ………… 22
1.5　本章小结 ………… 25

第2章　商业银行IT基础架构的前世 ………… 26

2.1　传统架构从无到有的演进 ………… 26
　　2.1.1　分散式架构 ………… 27
　　2.1.2　集中式架构 ………… 28
2.2　商业银行的传统 IT 基础架构 ………… 30
　　2.2.1　商业银行的传统 IT 基础设施 ………… 30
　　2.2.2　商业银行的传统网络架构 ………… 31
　　2.2.3　商业银行的传统灾备架构 ………… 36
2.3　本章小结 ………… 44

第3章　商业银行IT基础架构的今生 ………… 45

3.1　商业银行 IT 架构的变革 ………… 45
　　3.1.1　总线 + 微服务架构 ………… 45
　　3.1.2　容器化架构 ………… 47
3.2　分区分层：网络架构 ………… 47
　　3.2.1　网络架构设计思路 ………… 47
　　3.2.2　数据中心网络架构 ………… 49
3.3　"矛"与"盾"：网络安全架构 ………… 52
　　3.3.1　金融网络安全要求 ………… 53
　　3.3.2　金融网络安全体系 ………… 53
　　3.3.3　金融网络安全技术 ………… 56

3.3.4 小结 59
3.4 "云"：计算架构 59
　　3.4.1 信息系统分级 59
　　3.4.2 整体架构 60
　　3.4.3 分布式计算 62
　　3.4.4 "云"资源管理 62
　　3.4.5 容器环境的计算架构 65
3.5 分久必合、合久必分：存储架构 66
　　3.5.1 分：直连存储 66
　　3.5.2 合：集中存储 68
　　3.5.3 合：存储虚拟化 72
　　3.5.4 分：分布式存储 73
3.6 有备无患：备份架构 75
　　3.6.1 备份对象与技术 75
　　3.6.2 数据备份系统介绍 76
　　3.6.3 数据备份方案 78
　　3.6.4 数据备份优化 79
　　3.6.5 备份管理 80
3.7 本章小结 81

第4章 平凡的运维日常 82

4.1 运维组织管理 82
4.2 自动化巡检 83
　　4.2.1 自动化巡检分类 84
　　4.2.2 自动化巡检实现 84
4.3 系统变更 89
　　4.3.1 发布方式 90
　　4.3.2 发布策略 93
　　4.3.3 发布实践 95
4.4 组件化 96
　　4.4.1 配置管理 96
　　4.4.2 日志收集 102
4.5 系统监控 106
　　4.5.1 基础设施层监控 107
　　4.5.2 系统层监控 107
　　4.5.3 应用层监控 108
　　4.5.4 业务层监控 109
　　4.5.5 用户体验层监控 110
4.6 事件管理 110
　　4.6.1 什么是事件管理 110
　　4.6.2 事件管理流程 111
　　4.6.3 事件应急处理 112
　　4.6.4 事件管理制度及分级 113
　　4.6.5 事件管理优化 114
4.7 运维标准化 115
　　4.7.1 域名化 116
　　4.7.2 做好基线配置 117
　　4.7.3 基础运行环境标准化 117
　　4.7.4 网络标准化 120
　　4.7.5 数据库标准化 122
4.8 本章小结 126

第5章 构建立体化监控体系 127

5.1 为什么我们"没有"发现问题 128
5.2 构建立体化监控体系 129
　　5.2.1 流行监控系统面面观 130
　　5.2.2 规划监控体系 139
　　5.2.3 监控实践 147
　　5.2.4 事件响应与监控告警 158
5.3 全链路监控 160

5.3.1　原理扫盲……………………… 160
　　　5.3.2　全链路监控实现方案………… 162
　5.4　云/容器时代的监控系统……………… 169
　　　5.4.1　试用新一代监控系统
　　　　　　Prometheus…………………… 171
　　　5.4.2　服务监控……………………… 179
　　　5.4.3　监控告警……………………… 184
　　　5.4.4　容器监控……………………… 189
　5.5　再谈监控……………………………… 200
　5.6　本章小结……………………………… 202

第6章　构建自动化运维体系………… 203
　6.1　自动化运维概述……………………… 203
　　　6.1.1　传统IT运维的现状…………… 203
　　　6.1.2　自动化运维的发展因素……… 204
　　　6.1.3　自动化运维的发展阶段……… 204
　　　6.1.4　自动化运维体系的规划……… 205
　6.2　自动化运维建设的经验分享………… 207
　　　6.2.1　CMDB…………………………… 207
　　　6.2.2　离不开的自动部署…………… 215
　　　6.2.3　容器云平台的建设…………… 223
　　　6.2.4　为DBA减负……………………… 240
　6.3　自动化运维体系中关于安全的
　　　思考……………………………………… 244
　　　6.3.1　平台设计方面的安全保障…… 244
　　　6.3.2　功能测试验证的安全保障…… 245
　6.4　本章小结……………………………… 245

第7章　智能化运维探索……………… 247
　7.1　运维方式的演进……………………… 247
　　　7.1.1　从手工到智能化……………… 248

　　　7.1.2　运维的现状和未来形势……… 249
　7.2　智能化运维的基础…………………… 251
　　　7.2.1　运维基础工具及平台………… 251
　　　7.2.2　运维开放平台………………… 253
　　　7.2.3　运维大数据平台……………… 255
　7.3　新型运维协作方式…………………… 260
　　　7.3.1　ChatOps介绍…………………… 261
　　　7.3.2　ChatOps的应用与实践………… 265
　　　7.3.3　人工智能与ChatOps…………… 277
　7.4　智能运维机器人……………………… 284
　　　7.4.1　运维工程研发体系…………… 285
　　　7.4.2　智能运维大脑………………… 286
　7.5　本章小结……………………………… 304

第8章　银行双活数据中心架构……… 305
　8.1　双活建设评估………………………… 306
　　　8.1.1　容灾建设目标评估…………… 306
　　　8.1.2　双活建设方案评估…………… 307
　　　8.1.3　成本投入评估………………… 308
　　　8.1.4　科技能力评估………………… 309
　8.2　双活建设要点………………………… 311
　8.3　双活建设方案………………………… 313
　　　8.3.1　存储级双活…………………… 314
　　　8.3.2　应用级双活…………………… 318
　　　8.3.3　业务级双活…………………… 321
　　　8.3.4　双活建设方案总结…………… 325
　8.4　双活基础架构改造…………………… 325
　　　8.4.1　应用层改造…………………… 326
　　　8.4.2　中间件层改造………………… 329
　　　8.4.3　网络层改造…………………… 349
　　　8.4.4　存储层改造…………………… 354

8.5	双活应急场景 ·················· 355	
	8.5.1 业务系统故障 ············ 358	
	8.5.2 数据库宕机故障 ·········· 359	
	8.5.3 网络中断故障 ············ 362	
	8.5.4 自然灾害场景 ············ 364	
8.6	本章小结 ······················ 365	

第9章 下一代数据中心技术 ········· 366

- 9.1 软件定义数据中心 ·············· 367
  - 9.1.1 软件定义服务器 ·········· 367
  - 9.1.2 软件定义网络 ············ 368
  - 9.1.3 软件定义存储 ············ 373
  - 9.1.4 超融合 ··················· 376
- 9.2 下一代云计算技术 ·············· 379
  - 9.2.1 Kata Containers ·········· 379
  - 9.2.2 Service Mesh ············· 381
  - 9.2.3 Serverless ················ 383
- 9.3 混合云 ························ 385
- 9.4 边缘计算 ······················ 386
  - 9.4.1 基于 Kubernetes 的边缘计算技术 ················ 387
  - 9.4.2 边缘计算安全 ············ 388
- 9.5 本章小结 ······················ 389

第 1 章 Chapter 1
商业银行运维路漫漫

从最初的电子化、信息化,到数字化,商业银行信息科技建设经历了多个阶段,商业银行技术架构也在持续变革。作为 IT 运维服务的提供者,在"去 IOE"的浪潮下,在系统架构由集中式、中心化向分布式演进的关键时期,以及在人工智能、区块链、云计算、大数据、物联网等新技术大量涌现和广泛运用,互联网金融与金融科技蓬勃发展的当下,商业银行数据中心在商业银行数字化转型的过程中也必将经历不同阶段。

商业银行信息系统技术架构的不断演化,给运维服务模式带来了极为深刻的影响。运维团队既面临挑战,也迎来机遇。伴随着商业银行信息化的不断深入,以及企业对 IT 系统的依赖程度与日俱增,提供基础支撑的 IT 运维团队迎来矗立在潮头并成为"弄潮儿"的机会。面对持续不断的技术变革,从人力运维迈向智能运维,从脚本和工具到平台及系统,从自动化到智能化,不管是主动还是被动,经历过一场又一场的洗礼的前瞻性 IT 运维团队必然会"拥抱变化",主动选择和运用分布式、云计算、人工智能等技术,不断提升用户体验,构建高效敏捷的标准化、可视化、智能化运维体系。

1.1 商业银行信息化建设背景

当前金融领域发展迅猛,各种类型的金融机构,如 P2P 理财、第三方支付平台、消费金融公司、金融科技 / 数字科技公司、民营银行等,如雨后春笋般不断涌现,可以说,金融创新正处于非常活跃的一个阶段。随着互联网及信息技术的飞速发展和广泛运用,以及科技的不断创新迭代,尤其是移动互联网、大数据、人工智能、5G、VR/AR 等新技术的日益成熟和大规模应用,传统金融行业向数字化转型的紧迫感日益增强,发展金融科技、推动企业数字化转型已成为其生存和发展之必需。

金融机构充分利用信息科技手段构建金融生态圈，以金融服务和金融产品为手段引导和服务客户。信息化给金融行业的业务拓展带来了巨大的便利，同时也促使客户的行为习惯和需求发生了巨大改变，这又不可避免地对金融行业自身的信息化系统建设提出了新的要求，促使金融机构加速转型。金融行业一直在与时俱进，不懈努力。

1.1.1 背景的背景

金融业在我国的发展源远流长，作为历史上曾长期富有的国家，我国在经济体系发展中也曾长期领先，其中有些金融理念百年后才在华尔街出现。早在数百年前，开办钱庄、票号的金融家们就已在头疼银票的流通和真伪鉴别，并在这方面进行了若干种尝试，推动和促进了行业的发展。

白银是明清时期政府发行的主要货币，此外还有铜钱、银元等辅币，不过这些币种都有一个相同的缺点，那就是不易携带。商人到外地进货，需要携带大量货币，不仅沉重而且招摇，很不安全。随着贸易的发展，市场对汇兑业务的需求大幅增加，如果能先把钱存在出发地，拿着一纸凭据到进货地再把钱兑换出来，岂不是既省事又安全吗？正是这些朴素又现实的需求，催生出专门经营汇兑业务的商业形态：票号。

金融机构的风控反欺诈是保障业务正常开展的重要能力。在通信极不发达的年代，造假和欺诈是开展汇兑业务必然要面临的经营风险，尤其是异地汇兑业务。物竞天择，成功在市场上生存的各家票号，最终都通过独特而严密的风险防范措施，克服了这类经营风险。

以规模最大也最具代表性的"日升昌"票号为例，在防伪方面，其银票采用了一系列防伪方法。首先，基础设施要重视，银票都采用精选币纸，该币纸经久耐用且工艺复杂，难以伪造，某些甚至是印钞专用，民间禁用；其次，系统设计要高标准，具体来说就是票样图案精密且复杂，大多是复杂图案和花纹边的组合，而且为了提升伪造的难度，还会在银票上使用双色套印或者多色套印；同时使用防伪印章技术，通俗来说就是将微雕技术用于印章，有些雕刻师还会暗藏标记，增加造假难度；此外，还会用到密押技术，类似于如今的对称加密技术。

平遥古城"日升昌"票号博物馆西侧柜房墙上陈列着一些诗文。按照从右到左的顺序，诗文中的句子分别是"谨防假票冒取，勿忘细观书章""堪笑世情薄，天道最公平，昧心图自利，阴谋害他人，善恶终有报，到头必分明""赵氏连城璧，由来天下传""国宝流通"，这些句子构成了我国最早的银行密押机制。

诗文的第一句共有 12 个字，这十二个字代表 12 个月份，如"冒"代表 5 月，"章"代表 12 月。第二句有 30 个字，依顺序对应每月的 30 天。第三句中的 10 个字代表的是银两的数目，按顺序对应壹、贰、叁、肆、伍、陆、柒、捌、玖、拾这十个大写数字。最后四个字分别代表万、千、百、十这四个数字单位。

设计这套机制的人即便不是合伙人，至少也是 CIO/CTO 级别的高管，因为这里面不仅涉及企业运营机密，还涉及防篡改、密码学等方面的专业技术。例如 10 月 15 日开出的 10 万两银票，按照上述密押规则应该是：观利赵传国。不同时间、不同金额产生的密押文字完全不同，且相互看不出关联。这些密押并非一成不变，据说"日升昌"票号在 95 年间更换过 300 多套密押，若有人想要破解或伪造，无疑是难上加难。

此外，票号一般不与其他同业来往，只在自己的分号间开办业务，这就像增加了一道防火墙，通过设置白名单，缩小风险敞口，隔绝外部风险。不过这一点有利也有弊，由于票号和票号之间并不流通，在某家票号存的钱，只能到相对应的票号去提取，缺少全局的调度，因此在流通方面就有许多不便，用现在的话讲就是"用户体验一般"。

老掌柜们无论如何也想象不到，数百年后，鼠标一点，拇指一按，资金即到。

1.1.2 道路有些崎岖

我国银行业信息化的首次尝试是在 1957 年，中国人民银行成立核算工厂，从苏联引入了电磁式分析计算机，用于核对和监督联行业务，在此之前，银行办理业务主要靠手工记账。为了提高处理效率，人民银行又陆续从国外引入了更加先进的小型计算机。使用计算机系统进行单机批处理业务的成功实践是我国银行业信息化征程启动的标志，这个时期是我国银行业电子化、信息化建设的起步阶段。

进入 20 世纪 80 年代，我国开始广泛推进计算机系统及技术，大规模引入先进的计算机，实现储蓄业务、对公业务、联行业务等日常业务的信息化处理。计算机系统的批量引进成为推动银行信息化进程的有效手段，联机实时处理标志着我国银行信息化系统跃上了一个新的台阶。不过，这也只是信息化系统的初步应用，毕竟在这个时期，先不说跨区域的通存通兑，仅隔一条马路的另一个网点之间的信息都无法打通、共享，客户在银行的某个网点存钱，也只能在该网点取钱，网点与网点之间的计算机及数据存储相互独立，形成一个个信息孤岛，这种令如今金融 IT 业者完全无法想象的场景，其实距今也就不过 30 多年。

当时信息化设备的主流是专业大型机，毕竟当时还没有 x86 服务器的概念。一方面，这类专业机型价格昂贵，但对于资金充裕的银行来说，成本还能够承受；另一方面，以今天的标准来看，这种架构体系非常封闭，应用系统的开发极为困难，可伸缩性几乎没有，而且系统的处理性能还不如现在的手机，唯有可靠性还算让人满意，不过当时不存在产品与服务飞速创新、业务量爆炸式地增长的情况，所以这套架构也支撑了相当长的一段时间。

市场化改革的深入进一步推动了金融领域的改革，到 20 世纪 90 年代，各种类型的银行相继成立并发展壮大，我国商业银行开始通过市场化机制运行，银行业内开始重视和加大在信息化方面的投入。这一方面是为了提高运营效率，在竞争中取得先机；另一方面，经过前面若干年的探索，各银行机构积累了通过信息化技术开展业务的经验，同时也培养出一定规模的专业 IT 团队，此时银行业不仅在计算机数量上大幅增加，而且在计算机应用的广度和深度上也进行了拓展。

随着Linux/Windows、x86 PC服务器等技术的出现和应用，C/S前后端分离架构（Client/Server架构）开始盛行，它具有前后端处理逻辑分离、应用系统架构解耦合、服务可重用、可伸缩性较强等特点，并逐渐成为主流。同时，IT厂商也逐步开始提供丰富的基础软件，像关系型数据库（Oracle、DB2、SQL Server等）、应用服务容器中间件（WebLogic、JBoss等）、高级开发语言（Java、.NET）等，使企业级应用的开发效率和开发成本更低，能够更好、更快地响应银行业不断新增的产品需求（银行卡、投资理财、网上银行、自助银行等），并能解决传统的"大型主机+桌面终端"很难处理的问题，看起来集中式大型机架构即将退出历史舞台。

有意思的是，大型机并没有像预期的那样逐步消亡，反而重新焕发了生机。一方面，经过几十年的发展和积累，银行基于大型机构建的应用系统没有那么容易下线；另一方面，集中式架构的大型机在安全性和可靠性方面仍然具备明显优势，而且仍在不断升级换代，在可用性、性能和伸缩性方面不断增强。好像也印证了那句话：除了贵点儿，别的没毛病。当然，银行坚定地选择使用大型机的主要原因并不"完全"是不差钱，毕竟大型机是真的不便宜，何况管钱的单位是不缺会计的，经济账肯定算得清清楚楚。不过，算来算去，最终决定不仅要用大型机，还要狠狠地用。这是因为在那个时期，集中比分散划算，大型机比x86更可靠，于是国有大行很快开展了一系列以大型机为基础架构的大工程。

在信息系统建设方面，如果没有科学的规划，即便所有网点全面使用计算机开展业务，也只是封闭式的单机应用，而且分支网点专业IT力量不足，日常故障也难以快速响应。为了加快信息化建设进程，大型银行开始全面推进集约化运营的"大机延伸"战略，即分支行不再有业务系统，甚至将信息化程度简化到只有鼠标、键盘和显示器的瘦客户机。以工商银行为例，它计划通过大机延伸的方式，将原来分散在各地的分支行等营业网点的计算机集中于全国49个数据中心，通过集约化改变原来封闭式的业务处理模式，同时有效地降低全行的软硬件投入。运营一段时间后，由于各分支结构面临的实际情况有所差异，对大机延伸战略的理解也不一致，原有的省级集中IT体系已不能满足需要，只有实现全国数据大集中，才能支撑企业的发展。数据大集中就是把省级数据中心的业务和数据集中到单一数据中心，所有业务都由这个数据中心在后台集中处理，这就对数据中心技术架构的处理性能、容量和可靠性提出了更高的要求，在这个背景下，大型机成为数据中心技术架构的必然选择。

工商银行拉开了国内银行业建设超大规模数据大集中的序幕，此后几年，国内其他大型银行也陆续展开数据大集中工程。各家银行在进行数据大集中建设的同时，也顺带更新建立了新一代综合业务处理系统，即CORE（Centralized Online Real-time Exchange）系统，使账户、交易等业务都归在同一个系统下处理，集中统一管理的同时也便于实现同一家银行在全国范围内的联网业务处理。随着银行业务的不断发展，尤其是跨行业务的推出，银行间汇兑业务的需求增加，银行之间的网络化信息系统逐步建立，实现了银行各分支机构之间、各家银行之间的联网，从而实现了跨行、跨地区的通存通兑业务，商业银行终于迈入互联互通时代。

> **什么是银行核心系统？**
> CORE（核心）系统即集中在线实时交易系统。本质是管理账户、实时记录账户资金流变动的系统，其中也包括存款、贷款等模块。不过，随着CORE这个简写形式越来越普及，其本来所代表的那层意思被逐步淡化，"核心"的概念越来越重。不过，不管单词对应的概念怎么变化，其本质含义没有变，银行核心系统仍是账户账务处理的系统。

1.1.3 驶入平坦的快车道

我国银行信息化建设不断深化，经历了从无到有、从小到大，业务应用范围从单一项目到综合业务服务[○]；业务经营模式从分散处理逐步发展为业务集中管理，并实现了业务系统的全国联网运行。回顾过去，好像国内银行业信息化一路顺风顺水，发展高效又迅猛，实际上并非如此。科技的进步与演化甚至要以十年为单位才能看到变化，日新月异这样的词是万万不敢用的，事实上迈上快车道还是进入21世纪之后。

科技改变生活，科技也改变着银行业。信息技术的发展和运用，特别是数据大集中以后，互联网的飞速发展、信息技术的大规模应用极大地促进了银行业产品和服务体系的创新，使得银行业的金融产品和金融服务都发生了显著变化，促使商业银行不断加大金融创新，也极大地推动了银行业务的发展。

从20世纪末开始，众多商业银行开始逐步设立网上银行、手机银行。随着互联网技术的发展，众多第三方公司或第四方公司开始进入传统的支付、信贷等业务领域。互联网对银行业的渗透甚至改造正在加速，也逐渐诞生了一批纯互联网模式的商业银行，如在近几年陆续成立的十多家民营银行中，微众银行、网商银行、新网银行等，都采用了基于互联网开展业务的纯线上模式。

竞争加剧以及业务的快速发展，迫使商业银行，尤其是中小型商业银行加快信息化发展的脚步，站在企业架构的高度规划和设计整个IT架构，以确保其具备合理性和一定的前瞻性。IT实力比较强的商业银行甚至纷纷成立金融科技公司，对外做科技能力输出。如图1-1所示，2015年12月，兴业银行成立兴业数字金融服务（上海）股份有限公司（简称"兴业数金"），开创了商业银行成立金融科技子公司的先河；同月，平安集团旗下金融科技公司——上海壹账通金融科技有限公司（简称"金融壹账通"）成立，并于4年后在纽交所上市，市值达36亿美元；2016年2月，招商银行全资子公司——招银云创（深圳）信息技术有限公司（简称"招银云创"）成立，总部设在深圳；2016年12月，为推动光大集团科技创新发展模式，光大科技有限公司（简称"光大科技"）应运而生；2018年4月，建设银行

○ 智研咨询集团. 2015—2020年中国银行市场调查运营及投资趋势分析报告 [R]. 2015.

组建建信金融科技有限责任公司（简称"建信金科"），打响了国有大行成立金融科技公司的"第一枪"；1个月后，民生银行和华夏银行也先后成立民生科技有限公司（简称"民生科技"）和龙盈智达（深圳）科技有限公司（简称"龙盈智达"）；2019年3月，又一家国有大行——工商银行旗下全资金融科技子公司——工银科技有限公司（简称"工银科技"）在河北雄安新区正式挂牌开业。据统计，至今已经有十多家银行系金融科技公司成立，相信还有一大波银行业旗下的金融科技公司正跑步进入赛场。

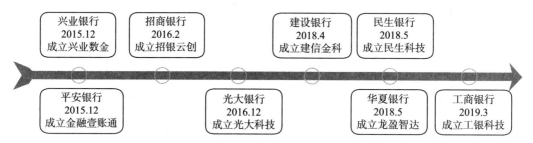

图1-1 银行系金融科技公司成立情况

2019年8月，中国人民银行印发《金融科技（FinTech）发展规划（2019—2021年）》。规划提出，要推动我国金融科技发展居于国际领先水平，实现金融科技应用先进可控、金融服务能力稳步增强、金融风控水平明显提高、金融监管效能持续提升、金融科技支撑不断完善、金融科技产业繁荣发展。

印刷及防伪技术的进步催生了票号行业的发展，信息技术的发展则给金融交易带来新的契机，近年来金融科技相关技术的广泛运用更是重塑了银行业的商业秩序和经营理念。作为发展数字经济的重要引擎，以人工智能、区块链、云计算、大数据、物联网为代表的新兴技术开始与金融业务深度融合，在通向数字经济时代的道路上不断求索，金融服务也更加智能，衣食住行、供产储销等各种场景都逐步嵌入金融服务。只要有网络，就能够使用所需要的金融服务。只要有一部手机，装上手机银行App，谁还需要去线下网点呢？正如布莱特·金在《银行4.0》一书中所说："银行业已全面步入4.0时代，金融服务无处不在，就是不在银行网点。"

为此，商业银行的信息科技建设必须及时转变发展理念，建设具备迎接未来挑战的全新IT能力，着力打造符合未来经营模式和客户需求的新型信息科技体系，践行敏捷研发模式，快速响应，随时随地提供金融服务，打造高效IT服务，创造最佳客户体验。

1.2 IT服务理论演进路径

信息系统建设的速度越来越快，线上投产的系统越来越多，这就对业务连续性有了更高的要求，也让企业的IT服务面临巨大挑战。IT基础架构日趋复杂，IT部门的管理负担越来越重，运维成本不断提高。如何提供标准化、规范化、可视化、可量化的IT服务？如何提升自动化管理水平，在减少人力成本的同时降低人为操作风险，并提高执行效率？如何量化交付的 IT 服务，使成本可被计量？这些问题成为困扰科技团队的难题，亟需得到解决。

所幸在 IT 建设理论支撑方面也同样有非常大的进展。企业不断实践，踩的坑多了，经验也多了，从而形成了多套打法。

1.2.1 ITIL

随着时间的推移，信息系统的规模越来越大，特别是在互联网浪潮的带动下，信息系统的规模和复杂度更是前所未有，要如何解决这些问题呢？

要解决一个问题，只需要给出一个方法；要解决一批问题，可以先把它分解成一个个问题。那么，一类问题要怎么解决呢？把它抽象归类成一批问题吗？事实上，无数前辈正是按照这个思路应对的。在这个过程中，英国政府走在了前面，他们组织一批专家研究、开发出了一套标准、规范、有效的 IT 服务管理方法论，命名为 ITIL（Information Technology Infrastructure Library，信息技术基础架构库）。ITIL 目前已成为全球公认的 IT 服务管理最佳实践。

ITIL 已经发布了多个版本，这里以 ITIL V2 为例介绍。ITIL V2 由一系列模块组成，其中"服务管理"是其核心模块，包括"服务支持"和"服务交付"两大部分。"服务支持"包括一项管理职能"服务台"和 5 个运营级流程，即事件管理、问题管理、变更管理、发布管理、配置管理；"服务交付"部分提供了与 IT 管理相关的 5 个战术级流程，即 SLA 服务级别管理、IT 服务财务管理、能力管理、可用性管理和 IT 服务连续性管理。

服务支持相关的 5 个运营级流程与运行维护保障工作相关度较高，属 IT 运维范畴，接下来对这 5 个运营级流程进行简单介绍。

1. 事件管理

事件是指可能引起或已经引起 IT 服务中断或服务质量下降的活动。事件管理的目的就是尽快解决问题或消除隐患，减少事件可能对业务带来的影响，以满足服务级别协议（SLA）的要求，从而保证最佳的效率和服务的可持续性。

注意，事件并不一定代表异常，比如外联专线备用线路中断，触发了告警阈值，可以视为事件，此时该事件尚未造成任何影响，但若未能及时处理，则有可能引起故障，导致服务中断或服务质量下降。

事件的产生通常有两种来源，一种是由用户发现的系统功能异常，通过电话或者邮件通知服务台，由服务台值班人员手动记录事件；另一种是通过监控平台发现监控指标超过阈值，由系统触发进而创建事件。

事件发生后，服务台值班人员会根据事件信息，对事件进行分类，设定优先级。如果系统功能足够完善，那么系统能自动从知识库中寻找同类型事件的解决方案，为服务台提供参考。如果服务台判断无法处理该事件，就将该事件指派给运维人员。运维人员接收到该事件后，对事件进行分析和处理，并将解决方案反馈给服务台。服务台向用户确定事件的处理效果，并填写用户反馈意见，若故障已解决，则关闭该事件。事件的处置比较强调处理速度，应以恢复生产正常运转作为最高优先级的目标，同时整个事件的处理过程都应记录在事件问题库中，方便用户进行查询和统计分析，并根据情况将解决方案记录到知识库中，实现知识的积累和共享，为以后处理同类事件提供参考。

2. 问题管理

事件发生不可怕，可怕的是同样类型的事件重复发生，为了找出并消除引起事件的根源，防止类似事件发生，由此引入问题管理流程，也就是通常说的"事件转问题"。通过调查事件的相关信息，将之前重复发生或发生后引起故障的事件升级为问题，分析所发生的事件或事件发生的趋势，请专家、找高手，确定问题出现的根本原因，提出解决方案或临时性应对策略，以避免或降低问题发生带来的影响。实施解决方案之后，还应对实施效果进行跟踪和评审，并将问题处理过程记录到知识库，为后续处理同类问题提供参考。

问题管理与事件管理有着本质的区别，事件管理的目的是恢复生产，因此强调恢复速度；问题管理关注的重心则是查明事件产生的原因，找出事件产生的根源，制定可靠的解决方案，防止类似事件再次发生。

3. 变更管理

变更管理的目的是确保 IT 环境的各项变更得到评估、批准和实施，通过定义标准的方法和步骤，使变更能够快速实施并且可控，减少因为 IT 环境变更引发的突发事件，将由变更所导致的服务中断对业务的影响降到最低，提高基础设施、应用系统及 IT 服务的质量。

变更需求通常有两个目的：一个是解决现有基础架构或 IT 服务的问题，比如针对事件或问题的解决方案，就有可能触发变更管理流程；另一个是适应业务需求的变化，要针对现有应用系统增加特性、丰富功能。

变更要由专业团队进行评估和综合分析，明确变更的风险及其影响，并制定详细的变更方案及计划，跟踪变更的结果。

4. 发布管理

发布管理与变更管理密切相关，变更管理流程会触发发布管理流程，而发布管理就是将测试验证通过的系统版本发布到线上生产环境。发布同样需要制定发布方案和发布计划，明确发布内容、发布时间、支撑配合人员等，并根据变更的具体情况对发布结果进行发布验证，确保变更和发布的成功。

5. 配置管理

发布阶段有可能触发配置管理流程，比如当发布涉及新增服务器时，就需要同步更新配置信息。配置管理的目的是保持配置相关信息的准确性。IT 环境中各类资源，比如设备信息、应用系统信息以及 IT 资源之间的关联关系等，都保存在配置管理数据库中，IT 资源的整个生命周期管理过程，从采购、到货、上架安装、使用、下架到报废等，都应在配置管理中以不同的状态体现出来。这些信息不仅仅只是存储，还会为其他流程的执行提供必要的基础元数据，因此，为了保证这些信息的准确性，如实反映实际情况，需要在配置出现变更时，及时将变更更新到配置管理数据库中。综上所述，配置管理流程就是要对IT设备的生命周期进行维护和跟踪。

除了前面提到的这5大流程外，"服务支持"部分还包含一项关键职能：服务台（Service Desk）。在ITIL的定义中，服务台作为IT部门与用户之间的联络员，是IT服务的中心，不仅要负责受理事件、接收服务需求、用户咨询、投诉等，而且要负责事件合理分派、服务协调、调动资源、跟进处理IT事件，还要作为流程发动机，触发其他活动和流程，并负责汇总分析事件、预警重复多发性事件及转问题流程等。

比如在事件管理流程中，服务台接收并创建事件后，首先会借助知识库系统尝试对该事件进行处理，当服务台无法处置时，会将该事件转派给相关IT运维人员，并在后续持续跟进事件的处理情况，直到得到用户反馈，确认事件已经解决，再关闭该事件。

ITIL是从实践中得来的，直接照抄流程不一定能取得最佳实践效果，而且IT技术更新太快，如果理论框架不能与时俱进，那么也会遇到新问题。

2007年5月，ITIL V3由OGC（英国商务部，是ITIL的官方管理部门）正式发布。V3整合了V2的精华，引入服务生命周期这一新概念，如图1-2所示，并且在2011年推出修订版。修订版包含26个流程，以及服务战略、服务设计、服务转换、服务运营、服务持续改进5个生命周期阶段。

ITIL也为后续的研究和实践指出了一条道路。越来越多的组织加入IT服务管理体系的研究和实践中来，总结IT服务方面的经验和教训，不断研究如何提供可靠、优质的IT服务，寻找质量可测量、成本可计量的管理手段，摸索IT服务的规范化方法，促使IT服务管理由技术为导向转变为以流程为导向，最终走向标准化、可改进的道路。

ITIL树立的这一套以流程为中心的IT服务管理方法，通过流程将服务这种相对抽象的概念转换成实体。同时，流程拥有很多维度，比如复杂度、响应时间、数量、频次、投入资源等，这些是可以度量并考核的。例如大家最熟悉的考核方式之一——KPI，两者相互结合，通过KPI来度量流程的效益，通过先后记录的比对，展现IT服务的绩效，为虚无缥缈的IT服务设计一把量尺，让IT服

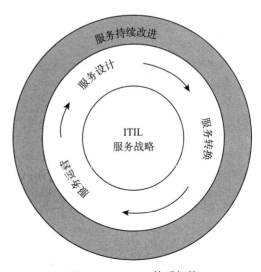

图1-2　ITIL V3体系架构

注：图片来自 https://freshservice.com/itil/what-is-itil。

务的质量可测量、可评价、可改进。

1.2.2 ITSM

过去很长一段时间内，商业银行IT部门的定位与人力资源、办公室、财务等部门类似，属于中后台职能部门。对于企业而言，职能部门的基本工作可以归纳为两类：服务和管理。IT部门也不例外，一方面需要为其他部门提供IT相关服务，另一方面需要对涉及IT的事项进行管理，合起来就是IT服务管理（IT Service Management，ITSM）。

大量企业实践表明，运营对于IT服务同样非常重要，ITSM就是帮助企业对IT系统的规划、设计、研发、交付和运营等所有活动进行有效管理的方法。从描述来看，好像ITSM和ITIL要解决的问题、要实现的目标比较近似，那么ITSM和ITIL之间的关联和区别又是什么呢？首先，区别在于，ITIL只是告诉我们什么该做，但并没有给出具体方法，而ITSM则给出了具体的实现方法，通过一套协同运作流程帮助IT部门提供高质量的IT服务；其次，对于两者的关联，简单来讲，ITIL是最常用的ITSM框架，但它只是ITSM实施参照的框架之一。举个更形象的例子，Word是一款流行的文本编辑工具，但并不是提到文本编辑工具就是指Word，除了Word之外还有WPS、LibreOffice甚至记事本工具等。同理，ITIL为如何实施ITSM给出了指导，但不是所有的ITSM都应用ITIL。

ITSM的诸多基础理论都来源于ITIL，除了基于ITIL之外，它还可以选择使用其他框架或标准，举例如下。

- COBIT：企业IT治理和管理的框架。
- ISO 20000：信息技术服务管理的国际标准。
- MOF：来自微软的IT服务指导框架。

因此，一个公司可能正在使用ITSM，但不是基于ITIL框架。它可能使用了常见的ITSM框架或标准，也可能使用了多个框架或标准，如COBIT + ITIL。

关于ITSM如何与实际的IT服务结合，我们还是用一个例子来简单说明。以存储空间已满的问题为例，维护人员可以在每次硬盘空间即将耗尽的时候清理垃圾文件，也可以安装一个更大的硬盘。对于IT支持团队来说，如果不断地遇到相似的问题，那么找到根本原因并一劳永逸地解决才是处理问题的正确思路。在这个例子中，计算机耗尽存储空间是事件，而硬盘容量不足是根本问题，用ITSM的专业术语来说，这意味着从事件管理转变为问题管理。

在实践ITSM时，可以通过结构化交付以及文档来规范流程，简单点儿就是采购一套软件。市场上的ITSM软件，从本地私有化部署的独立系统到基于云平台的SaaS服务，无论是商业产品还是开源产品，应有尽有。在选择ITSM软件时，可以从下面几个维度考虑。

- **功能与易用性**：功能强大且直观易用的自助服务门户非常重要，所有人都应能非常方便地在此发起需求、寻求帮助、搜索知识和跟踪事件处置等。服务台的相关操作更为重要，因为服务台是ITSM关键流程触发的基础，是客户与IT服务团队之间的连接与纽带。
- **团队协作**：通过一套系统让流程流转的形式固化，让相关角色能够一起协同以便更好、更快地解决问题，将 IT 服务管理从救火式抢修模式转变为隐患预防，从而提高整个 IT 团队的生产效率，改善服务交付质量及客户的满意度。
- **个性化需求**：足够灵活，能够根据企业的实际情况进行个性化配置，并根据实施情况及时更新或新增流程。

将内部深入讨论后形成的各项制度、管理办法嵌入 ITSM 过程，通过 ITSM 软件，一方面使得 IT 团队的服务能够与实际的用户需求高度匹配，快速响应并有效地交付 IT 服务，另一方面使得流程先固化，统一对此种模式的认同，而后再优化，提高 ITSM 在企业内部流转的顺畅度。

如果误以为 ITSM 就是一套软件解决方案，这也有些片面，实际上，软件只是实施 ITSM 方案中的一个组件。ITSM 是企业 IT 部门所使用的一套策略，他们从复杂的 IT 管理活动中梳理出那些核心的流程，融合变更管理、资产管理、问题管理等许多流程的理论和实践，将这些流程规范化、标准化，明确各个流程的目标和范围、成本和效益、运营步骤、关键成功因素和绩效指标，确定相关人员的责权利，以及各个流程之间的关系，设计、交付、管理和改进组织内使用信息技术的方式。不可否认，企业内部的文化变革对实施 ITSM 至关重要。

ITIL 和 ITSM 最大的价值在于，它们提供了一套最佳实践的标准和规范，特别是对大型组织或企业来说，通过实践这套标准，能够把 IT 部门抽象的服务实体化，结合事件管理、问题管理、成本管理、工单管理、SLA、资产管理等将服务过程与涉及的人员和岗位梳理清楚。不过，互联网企业对 ITIL 提的不多，相比之下，DevOps 出镜率更高，原因下文会介绍。

1.2.3 DevOps

房屋装修是一个大工程，操作过程中的工序环环相扣，泥工、水电工、木工、漆工等角色依次进场，不能像赶场一样一股脑地都冒出来，而且各角色只需要关注自己的工作即可。传统软件研发项目与装修房子类似，也有很多工序，几个关键岗位，如需求、开发、测试、运维依次参与，大多数时候是串行作业，每个岗位同样只关注本阶段的相关任务。

传统软件研发项目的这种研发模式在业内有一个专业名词，即瀑布模式。从需求分析开始，直到产品发布，开发过程从一个阶段"流动"到下一个阶段；这也是"瀑布"名称的由来。这种模式的优势是各阶段任务划分比较清晰，输入输出物定义较为规范，软件的更新频率较低，甚至是以年为单位进行更新，各阶段、各角色的人员都有相对充裕的时间来消化任务。

瀑布模式软件开发过程如图 1-3 所示。

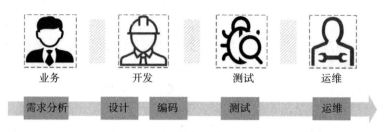

图 1-3 瀑布模式软件开发过程

由于迭代周期较长，瀑布模式对客户需求的响应速度自然快不了。这在 21 世纪初及以前倒也没什么问题，平均一年发布一个版本很正常。可是随着用户对软件的依赖度越来越高，用户需求越来越迫切，特别是随着互联网和移动互联网的蓬勃发展，传统软件研发模式下的迭代效率已经满足不了业务需求。IT 管理与研发模式也进入新阶段，针对软件研发过程最耗时的环节出现了一系列优化措施，敏捷研发就是其代表，敏捷模式也逐渐成为潮流。

缓慢而烦琐的瀑布开发逐渐转变成敏捷研发，每个版本的迭代周期通常是 1～4 周，多数情况下约为两周，整个研发团队（敏捷战队）要在这么短的时间内完成该版本规划的各项任务，包括需求分析、系统设计、编码实现、功能自测、测试验证以及发布部署等。每个迭代周期都需要开发、质量、运维等团队的通力合作，但每个角色的关注点可能并不一致，开发团队希望更快交付，运维团队想要稳定运行，质量团队则焦急地等待构建部署以便开展测试验证工作，如果不同角色间的协作未能理顺，团队里每个人都可能充满怨气。因为不管是 Scrum、XP、水晶还是精益等，这一系列的敏捷方法给研发过程带来了敏捷，但对运维方面的关注不够。

与传统开发方法大规模、不频繁发布（通常以"季度"或"年"为单位）相比，敏捷模式通常也大大提升了对发布频率（以"天"甚至"小时"为单位）的要求，而在很多企业，应用程序发布又是一项涉及多个团队、风险很高、压力很大的活动。快速迭代意味着产品需要频繁地部署上线，这也意味着研发、测试、运维团队必须克服这种频繁上线带来的诸多问题：研发质量低，测试不充分，上线后 Bug 层出不穷，运维上线部署慢、跟不上研发的节奏，经常由于环境、配置等问题导致应用不能正常提供服务等。一方面公司希望将产品快速交付给用户，另一方面如果体系不完善，技术人员压力会很大，毕竟发布越快越频繁，出问题的概率也越高。

为了解决上述问题，DevOps 闪亮登场。自 2009 年 DevOps 概念被提出到现在，仍然没有一个准确的定义（一直在变化），甚至 DevOps 之父本人也反对将 DevOps 理论化、模型化，而是坚持 DevOps 的实践性和灵活性。那么 DevOps 具体能做什么，或者说做了什么？讲得直白些，DevOps 就是应对产品研发过程中各团队交汇处的工作，让各团队能集中精力做他们自己的主业，如图 1-4

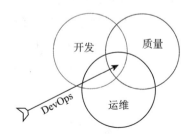

图 1-4 开发、质量、运维的交集

所示。

可能有读者会想，ITIL 能不能发挥作用呢？ITIL 能够发挥一定作用，变更管理和发布管理在 ITIL 中也是最重要的管理流程之一，只不过 ITIL 理念重点围绕的是规范化流程，虽然听起来模块名称里都带着服务，其实其后最硬核的都是流程，强调的是流程优先，照章办事，因此对于传统频度的跟进和推动会比较适应，但对于周期短、要求快速响应的场景，若流程过于复杂的话，可能就很难适应了。这个时候，DevOps 就能派上用场了。从接触到的实际情况来看，需求的紧迫/强烈程度才是 DevOps 最大的推动力。触发此需求可能是为了提高效率，也可能是为了优化内部流转的流程，甚至可能只是为了提升科技团队对外的形象。当然，不同需求带来的效果也不一样。

真正想落地 DevOps 的公司多半会有这样的特点：业务发展不错，科技团队响应业务需求压力比较大，希望引入 DevOps 来提升科技团队的运作效率，以支撑迅猛发展的业务。但真正能使 DevOps 落地的企业，往往是其研发或运维人员都面临较大的工作压力，人少、事多、时间紧、任务急，IT 团队不得不想尽办法提高效率。对于服务器数量上了一定规模的企业，部署这件看起来不起眼的"小事儿"也会演变成一件很麻烦的事情，尤其对存在多机房、多套环境的场景，部署的难度更是提升了许多。

DevOps 倡导采用自动化基础设施、不向下游传递缺陷、自动化部署、快速试验等思维和方法来加强开发、测试、运维人员间的沟通与协作，通过自动化手段实现对业务需求快速迭代、快速响应，在提升部署效率的同时也能提升交付的质量，还能通过自动化手段，在面对软件研发及交付过程中的各个环节，包括环境初始化、编译构建、代码检查、安全扫描、自动化测试、发布部署等过程，统统一键触发，自动化执行，有效降低人工操作或等待人工操作的时间，全面提升研发交付过程的自动化水平。

这初听起来像是持续集成和持续部署，但两者是不同的。持续集成和持续部署的重点是自动化交付，而 DevOps 则是一系列自动化解决方案，可以说持续集成只是 DevOps 的一个子集。除此之外，从工具层面来看，DevOps 还囊括版本管理工具、项目管理工具、基础设施云管理平台、监控系统、性能分析工具、批量运维工具、日志分析工具等。换句话说，当你在推行自动化，并开始使用各种自动化工具时，就已经走在 DevOps 的康庄大道上了。

DevOps 通过自动化的过程管控，让开发、质量、运维等不同角色之间的沟通协作更加顺畅，使得各相关方像齿轮一样嵌入一个不断循环的流水线中，能够快速、安全和高质量地执行软件开发、测试和发布部署，可靠、高效地交付应用软件，如图 1-5 所示。

基于 DevOps 的交付过程便于包括代码检查、安全扫描、单元测试、集成

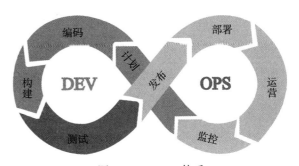

图 1-5　DevOps 体系

测试等环节的落地，研发交付质量的检测从原有的保障部署结果（是否成功）延伸到源码质量检查、代码安全审计、测试覆盖度等过程，从而实现从源代码编写到发布部署全过程的质量检查与提升，使交付版本的质量得到更好的保障。整个过程尽可能减少人工干预的环节，既能够提高效率，又能有效降低误操作的概率。

基于 DevOps 平台，也便于建立能效管控体系，针对敏捷研发过程中的需求分析、开发、测试、发布部署及线上运营等过程，建立数字化度量模型；针对重点指标建立评价指标，从而实现自动化的技术管控。在此基础之上，结合一定的制度管控和数据分析，打通交付过程的持续优化，这中间既包括 DevOps 平台的优化，也包括研发交付流程、标准规范等方面的优化。

正如前文所讲，随着时间的推移，DevOps 的内涵也在不断丰富，从最初"一组过程、方法与系统组合的统称"，发展为"一套集文化理念、实践和工具于一身的体系，可以提高组织高速交付应用程序和服务的能力，与使用传统软件开发和管理基础设施流程相比，能够帮助组织更快地发展和改进产品。这种速度使组织能够更好地服务其客户，并在市场上更高效地参与竞争[1]"。

DevOps 体系本身系统化、整体性的设计思想，既包括软件全生命周期的系统化考虑，也蕴含 IT 管理过程中的多方诉求，DevOps 与敏捷开发的天然互补，无形中契合追求快速迭代的互联网模式。DevOps 能够推动企业自身效率不断提升，通过运用新的理念和工具持续优化组织架构和流程，不断进行自我改革和创新，从而进化成为敏捷型组织，这也是 DevOps 获得越来越多企业青睐的真正原因。

1.2.4　ITIL 与 DevOps 对比

传统金融企业的服务更多是站在企业视角，基于自己能够提供什么来设计，内部的 IT 服务也是基于这种逻辑。互联网模式则必须站在用户的视角，基于用户需要什么来设计产品，对外提供服务，同时为了快速响应用户需求（甚至有些时候是为了快速试错与纠错），内部的 IT 服务也必须高效敏捷。

企业对流程都会有诉求，不同企业之间流程数量的多少、流程颗粒度的粗细程度是肉眼可察的，其设计的内在逻辑更是差别巨大。流程规范的本质是增加约束，其设计初衷说得直白些是为了立规矩，业务需求千奇百怪、层出不穷，如果没有任何规则，IT 服务提供者即便疲于奔命也很难应对，服务交付质量和价值也很难衡量。对于复杂的流程和审批，其流转需要经过众多节点，设计上看似面面俱到，但也有可能无人真正履职，导致对于操作者就是一个通知，对于审批者就是点一下按钮，使得流程的作用变成了满足合规要求，最终流于形式。

对于科技团队来说，开发和运维系统出现问题在所难免，差别只在于问题的多或少、

---

[1] 可参考《什么是 DevOps？》，https://aws.amazon.com/cn/devops/what-is-devops/。

早或晚。这并不是说事件管理、问题管理等并无用处，而是说不能始终把关注的焦点放在这上面。引入众多规则、流程、约束，除了让事件落地执行越来越复杂外，没有其他助益，那不如换一个思路，怎么通过立体化的监控体系第一时间发现问题，甚至在事前预测事件可能发生从而提前干预呢？当问题出现以后，通过持续集成、自动化测试、自动化发布等手段快速处置，这些也正是DevOps所倡导的。DevOps也需要流程，不过它的关注点不在流程，而是效率，它建立各项流程、运用各类工具，都是为了提升效率。

举例来说，发布变更不管对开发人员还是运维人员来说都是非常重要的动作。若按照DevOps理念来响应发布变更的话，则建设重心会是建立自动化发布系统。在此过程中，一方面要通过制定标准化规范，对要做的操作进行抽象，统一标准，化繁为简；另一方面则是借助工具，对要执行的各项操作进行封装，隐藏细节，简化步骤并实现可视化操作。自动化发布系统建成后，要执行与发布相关的操作，通过视窗界面点击按钮即可，肯定比手动执行命令更快、更简单，也更可靠。在这种模式下还需要流程审批吗？这要根据企业的实际情况而定，有可能还是会有流程，但会是一个特别简化的小流程，因为执行的逻辑都是在系统中固化好的，谁来执行都没有区别。大家也可以对照一下自家企业发布变更流程的流转节点设计，看看有无可优化空间。ITIL中强调职责边界的清晰定义，变相强调了分工而弱化了协作，这种情况与ITIL过多强调流程、甚少关注文化也有一定关系，而对于流行的敏捷模式来说则是推崇高度自治的小团队。DevOps从开始就强调团队的敏捷基因，比如无边界沟通、团队协作、版本快速迭代、持续优化等，这种倡导创新、协作的文化对团队的行为影响是非常大的。

在ITIL中，运维是IT服务的直接提供者，"服务"是看我能为你提供什么，"流程"是看需要我为你做什么，运维人员把开发人员当作服务对象来看待，接收到来自OA系统的工单流程后会快速响应和交付服务，同时也会考虑通过SLA等衡量运维的工作质量，但终归是被动角色。在DevOps中，没有纯粹的服务对象，开发、测试、运维各自承担自己的职责，甚至IT运维人员也会站在用户视角去思考，如何为最终用户提供有价值的服务，并为最终达成基于产品价值进行交付。

2019年2月，ITIL V4版发布。ITIL4不再强调服务生命周期，而是回归初心，更加强调实践。ITIL V4将通过客户体验、价值流、数字化转型等新理念，以及拥抱其他流行框架和方法论（如DevOps、敏捷、Scrum、精益等），更新拓展从流程到实践的转变，以及服务价值体系，提供通过服务关系共同创造价值的整体方法。

ITIL重视最佳实践，在实施过程中很多流程确实很有指导意义，不过很多时候它变成了一个规范，甚至在选择ITSM产品的时候，也会自然而然地以此为标准进行产品选型。这里要顺带提一下，当流程性规范形成之后，我们要改变它真的很难。而DevOps倡导敏捷，提倡不断迭代，所有的流程和规范是嵌入在自动化平台中的，相对更容易解决这样的情况。

尽管有这么多差异，但两者并不是非此即彼的关系，ITIL在流程方面仍然起着非常重要的指导作用。作为以最佳实践为核心的管理框架,ITIL 必然也非常注重实用性,其中的很多思想仍然值得学习和借鉴。只是在实践过程中,不要被 ITIL 束缚,可以根据自己的实际情况导入一些 ITIL 流程,将 ITIL 与 DevOps 结合,借助 DevOps 敏捷运维方法不断驱动 ITIL 流程优化,不断推动服务交付效率和质量的提升,提供真正面向用户的 IT 服务能力。

1.3 IT 运维支撑团队面临的挑战

近年来,商业银行在大力发展信息化的过程中不断加大 IT 投入,逐步建立起支持其主要业务运转的 IT 基础设施、应用系统,以及相应的开发、测试、运维、安全和管理体系,IT 建设也更趋理性化,不过也遇到一些问题,面临诸多挑战。

1.3.1 业务模式变革的挑战

银行数据中心对传统业务拥有完善的保障措施,从版本准备、投产变更、生产事件的应急处置到业务连续性保障,IT 运维团队通常都具备较高程度的支撑与应急响应能力,具备充分的能力以保障生产系统平稳运行。

不过自以"余额宝"为代表的金融产品横空出世,各类依托互联网进行的金融业务蓬勃发展,模式创新不断。一方面互联网公司尝试把越来越多的金融服务嵌入它们的既有业务中,既能增加用户黏性,又可以获得具有相当价值的用户数据;另一方面商业银行也看准了未来的趋势,积极开展互联网业务。这种模式变革既给银行业务运营带来巨大的变化,也给科技团队带来莫大的挑战。

一方面,传统银行多年来盛行以业务为中心,每个部门负责自己的业务版块,即便有创新性需求,涉及的业务部门往往从本部门利益出发,而信息科技部门尽管在组织架构层面与业务部门平行且相对独立,但其往往属于中后台部门,话语权相对较弱,专业意见易受行政力量干预,难以快速决策、快速迭代开发,身处更后端的数据中心 IT 运维团队就更被动了。

另一方面,互联网金融业务具有链路长、看重用户体验的特点,对于各项操作用户等待的超时时间一般不超过 3 秒,远低于一般银行业务。同时,交易链路长,涉及多机构、多系统,一点异常就可能形成蝴蝶效应,引起大规模拥堵,尤其是进入移动互联网时代后,移动终端的用户数和交易频率大幅增加,互联网支付、移动支付已经成为主流,越来越多的第三方系统接入银行,这些场景也促使金融业务快速增长。此外,大数据和人工智能被广泛应用于风险识别、风险控制、营销辅助、量化投资、智能投顾等领域,这些不仅为数字化金融提供了有力支撑,还引发了数据爆炸式增长,对银行业务系统的处理能力提出新的挑战,也给银行业务系统带来了并发压力。

在开展互联网金融业务的大背景下,商业银行的科技实力非常关键,从产品设计、营销获客到数据决策,每个环节都离不开科技团队的支撑,科技实力强大不一定能确保商业银行成功开展互联网业务，但是，如果科技实力不强，互联网金融业务必然会受到影响。不管是主动还是被动，不管是在互联网金融巨大利诱下，还是在互联网企业的强大攻势逼迫下，商业银行都有动力和有必要加大科技投入，充分运用科技手段，依托自身客户积累、资源及资金优势，推进数据治理，实现深层次数据挖掘，将技术优势转化为商业银行的竞争优势。

随着互联网金融业务规模爆炸式增长，用户对体验方面的要求也日益增强，对信息系统的服务能力提出了更高的要求，IT运维团队面临的挑战和压力自然更大。

1.3.2 拆IT系统"烟囱"的挑战

近年来，很多商业银行都提出"科技引领""科技赋能"等口号，也充分体现了银行业对信息科技能力建设的重视。但对于银行信息科技部门来说则是喜忧参半，他们既要不断响应业务部门需求，快速发布相关的应用系统以匹配新提出的业务需求，又要保障存量已上线业务系统的可靠、稳定运行。对于IT能力本就不足的中小商业银行而言，根本无力承接。如果信息科技部门尚未做好充分准备，那么在这个过程中必然会被动触发IT服务管理方面的变革，IT运维团队面临的可能是来自技术架构、业务架构等多位实力选手的组团围攻，竖烟囱式业务系统的同学已经做好热身，准备首发上场。

随着业务的发展，上线投产的各类系统必然会越来越多。比如，开发部门收到新的业务需求后，发现由于之前的设计在通用性和业务前瞻性方面考虑不足（很多银行采用第三方项目外包或人员外包，缺乏长远规划或者人员能力参差不齐），要满足新的业务需求，原有的应用系统就需要做出较大改动，这样一方面有可能会对原有的业务系统造成影响，另一方面，时间紧、任务急，客观条件上也不允许。在这种情况下，研发人员宁愿选择保持现有服务稳定，重新开发一套与这套差不多的业务系统。我想科技团队一线人员对此应该深有体会：线上运行着大量功能高度重合，但完全独立运行的应用系统。长此以往，一个个烟囱式业务系统就竖起来了。

由于对业务需求的理解偏差、频繁出现的需求变更、架构规划的前瞻性（这是很考验设计功力的），以及技术栈的更迭，在业务规模和业务系统不断扩张的背景下，支撑业务运行的应用系统在投产运行一段时间后，其设计的软件架构不能很好地支撑业务的发展（不管是自研还是外采，都存在这样的情况）。涉及架构层面的更迭从来都不是小事情，尤其我们身处银行业，业务不能停，服务不能断。所有想法的出发点都是好的——原有系统上的业务照跑，先重新规划一套新的架构，等待基于新架构运行的系统上线稳定之后，再将老系统逐步迁移和切换过来。但实际情况是，迁移和切换是不可能的，甚至在整个软件生命周期内都不可能，不管新系统还是老系统都会长期运行下去。毕竟生产环境上线一套系统很容易，但想下线一套应用实在太难了，于是架构的烟囱也竖起来了。

在过去虚拟化尚未普及的年代，一台物理机上往往要部署多套应用系统，这也与应用系统架构和业务规划有关。大部分应用系统在上线前期申请资源时，哪怕明知道初期不会有太大流量，但是考虑到未来预期，仍然会对计算、存储、网络资源等设备设施提出较大容量需求。而实际上线后，在一段时间内系统负载并不高，设备利用率有限，资源闲置的情况比较普遍，那么在这种情况下，当需要上线新的应用系统时，会优先考虑部署在有空闲资源的基础设施中，于是系统部署的烟囱也竖起来了。

不知不觉，隐患逐步累积。一方面，不同的应用系统所需的运行环境、资源可能有较大差异，将不同应用系统整合部署在一起其实极具挑战性，IT运维管理的成本和复杂度直线攀升，也会给运维标准化、自动化、资源管理等方面带来相当大的障碍；另一方面，业务需求持续不断，随着时间的推移、人员的流动，整个架构越来越复杂，系统升级改造变得越来越吃力，到最后某个业务链路已经复杂到完全无法直视，没有任何一个人能够完整讲清楚，任意小的改动都可能牵涉一堆系统，让信息科技的管理者感觉整个应用系统和业务服务都处在失控的状态。

这样的场景并不是在讲故事，即便是现如今，"照着XXX系统改一改，很快就能上线一套新的""为什么不能在一台机器上部署多个应用""现有系统已无法满足未来业务需求，必须重构"这样的声音仍然时常在耳边响起。

国内外现代商业银行信息化的实践表明，IT管理思维的升级所带来的竞争优势远胜于依靠采买更多更先进的计算机设备，这一点在银行业内也基本成为共识。我们必须正视，基于目前的技术水平，并在目前对数据实时强一致性的要求下，大多数商业银行的核心业务场景尚不能完全摆脱对集中式架构的依赖；必须认识到，IT系统本身必然会经历渐进式演进过程；必须重视IT架构转型，加强向在新技术应用方面更具优势的互联网企业学习；必须加强与业务部门的密切合作，协同推进IT架构以发挥其最大价值；必须从顶层设计出发，构建规范、灵活，兼具稳定与开放的信息科技架构体系，使它既适用于传统的瀑布式大型项目开发，也能兼容敏捷开发模式，推动创新产品的迅速投产。

1.3.3 新形势下网络安全的挑战

互联网极大地推动了银行业的变革，对银行业务的开展提供了许多便利。银行的服务借助互联网渠道，能够轻松突破时间与地域的限制，实现随时随地为用户提供服务。但是，互联网在对银行业务带来积极影响的同时，也带来了诸多新的问题。在互联网时代，商业银行面临的安全威胁与之前大不相同，网点、柜面、押运等实体环节的安全隐患及安全事件占比逐渐下降，而随着互联网金融、开放银行的兴起，来自互联网领域的网络安全威胁事件则逐年升高。

历来新模式、新技术的应用都是一把双刃剑，互联网模式的开放银行也不例外。即使便利度和用户体验无疑有提升，不过就安全角度来看，开放银行也暴露出一些弊端。

一是放大了安全敞口，相比封闭式系统，即便开放式架构的系统漏洞数量没有差异，但由于网上银行、微信银行、手机App等基于互联网渠道的暴露面更多，漏洞被利用的风险也被放大。

二是产品安全设计不足，产品研发过程中"重功能实现，轻应用安全"的问题依然突出，代码安全规范及业务流程设计安全考虑不足，逻辑不严谨导致的安全缺陷层出不穷，而且敏捷模式倡导的快速迭代无形中更是放大了这种风险。

三是云计算技术带来的新风险，云环境下基础设施层作为公共资源池，有效提升了资源利用率，但由于日志、数据仅能以逻辑方式隔离，对数据安全的保障提出了更高的要求，同时个别应用系统的缺陷可能导致云计算平台整体沦陷。

四是信息泄露和信息被滥用等问题日趋严峻，部分金融机构非法收集用户信息，侵犯用户个人隐私，造成极坏的社会影响。考虑到大数据客观上也促成了数据集中，一旦大数据系统被不法分子利用，数据影响面也极难控制。

综上，借助新的技术手段进行欺诈的伪装性较强，难以识别，导致的违法事件也极难防范。

线下银行网点的很大一部分安全保障工作都集中在柜面、运钞、ATM等实体环节，按照现有的监控密度，各类摄像头可以全天无死角记录，当出现安全事件时会直接报警，联系警察处理。互联网领域则全然不同，面对新态势下的网络安全挑战，威胁来自未知领域，是谁、在哪里、做了什么都不知晓，防范难度可想而知。《中华人民共和国网络安全法》于2017年6月1日正式实施后，明确了网络安全工作的义务和责任，如果出现安全事件，作为主要负责人，首先被追责的一定是网络服务提供者——银行自己。如何保持银行信息系统的安全稳定运行，加强基础设施、应用系统设计、网络安全准入等多维度的风险管控能力，提高面向业务的监控、面向运维的自动化、面向服务的快速应急能力，是商业银行迫切需要思考和解决的难题，社会各界及行业监管机构对银行信息系统网络安全工作关注程度也越来越高。

道理千万条，安全第一条，网络安全无止境，网络安全工作永远在路上。商业银行必须正视这种挑战，加强网络安全相关投入，健全网络安全保障体系，优化网络安全工作开展机制，夯实网络安全防护能力，全面提升网络安全保障水平，努力打造纵深防御，进一步完善网络安全应急处理机制和金融信息保密机制，提升金融信息系统检测、预警、应急处理和自我恢复能力，最大限度地降低系统风险，保障金融业务的持续稳定运行。

1.3.4 IT架构快速演进的挑战

传统商业银行的信息系统采用的技术架构相对陈旧，一系列来自不同第三方厂商的系统技术纷繁复杂，功能也有一定重叠，各系统之间标准不一、数据割裂、调用链路复杂，使得全行信息系统变得异常臃肿。同时，国内银行业市场竞争日趋激烈，金融产品和服务创新速度加快，许多项目未及全面规划就匆匆上线，系统与系统之间内部逻辑不清。此外，中小商业银行自主IT架构实力不强，应用系统的设计和开发大多依靠第三方厂商，或者干脆外购，形成众多以业务部门为边界、独立建设的应用系统孤岛。除了整个IT架构缺乏整体规划、运行效率低下，运维管理维护难度也越来越高，同时可扩展性较差，难以适应不断变化的经营环境，难以满足快速发展的业务需求，难以满足未来新产品研发和全业务流程支撑的需要。部分商业银行核心业务系统仍然使用集中式"胖核心"的技术体系，伸缩性和扩容展不足，处理性能难以应对业务量快速增长的形势，业务高峰时刻出现堵塞、数据差错甚至宕机等可靠性问题。

有些时候，即使现状就摆在眼前，还是会有人视而不见，比如有人认为中小银行不会碰到秒杀类的场景。但实际上，当银行按照互联网理念推行产品时，如基于互联网的新型智能存款产品，由于销售火爆，银行出于综合考虑，也会采用每日限总额的方式，造成事实上需要抢才能买到的效果，于是，也就有了类似秒杀的场景。又比如一些虚账批量代扣、批量上账等业务，对于优化不够到位的传统集中式核心系统来说，热点账户的情况通常很难避免，业务高峰时期可能会导致整个核心系统资源飙升，进而影响其他业务的正常开展。当银行走进互联网时，必然也就要做好应对互联网特性的各项准备，不管它是好还是不好，互联网都不会因为你是银行或者基于你的规模而区别对待。

新一代IT架构的关注点要站在全行的高度，要真正做到以客户为中心，支持新业务快速上线运营，支持高效拓展新渠道，有效提升服务质量，充分打通和利用银行累积的海量数据，提高风险控制能力，提升业务连续性保障，满足行业监管机构越来越高也越来越具体的要求。在这样的背景下，在有限的资源配置下拓展出一条可行并适应未来业务发展的IT建设之路，无疑是对商业银行IT部门的巨大挑战，其中难点可能还不是如何制定一个适用的、有前瞻性的IT架构建设规划，而是怎样才能有效地实施和落地。

银行自身必须首先在管理机制上进行变革，打破部门墙，确保科技战略能在全行得到落实。同时，IT架构解决方案的设计也至关重要，要构建一个既适用于当前，又能够满足长远发展的相对稳定的IT架构，并使之与全行整体发展战略规划相融合，确保全行信息系统能够平滑过渡，最终实现科技战略规划目标。

1.3.5　IT服务可靠性及服务流程的挑战

业务部门希望给用户提供100%可用的服务，我们先不考虑保障服务100%可用实现的可行性，以及要投入的成本方面的因素，仅就99.99%与100%的服务可用性对用户最终的使用体验来说，绝大多数情况下可能并没有不同。不过要保持服务可用性99.99%与100%，资源投入可能完全不在一个级别，因此必须考虑投入是否经济的因素。

提高服务可用性主要是通过服务冗余的策略实现的。举例来说，某套系统只有单个节点的可用性为90%，有10%的概率会不可用，那么我们准备两个一模一样的节点，同时对外提供服务，这样当其中某节点出现问题的时候，另一个节点还能响应用户的请求，这样该套系统的可用性可能就提高到了99%，如果我们想把可用性提高到三个九，那就再加一个节点好了。从1个9到3个9，冗余度提高了3倍，成本至少也是3倍，而仅仅只是要把服务的可用性从90%提升到99.9%，更别提99.99%甚至更高级别的可用性保障了。当然，实际情况往往比这个示例要复杂许多，多数情况下也不是简单地加节点就能提高可用性，在系统本身支持弹性伸缩的前提下还要有一系列动作，在负载均衡、缓存、应用、数据库等方面均会有相应投入，这还只是在不涉及应用系统改造、变更发布等环节的场景，单从提高冗余度的角度考虑。

冗余是提高服务可靠性的有效手段，但并不是万能钥匙，在现实场景中，几乎每个服务提供者都要持续不断地发布新的功能、修复已知 Bug，不断进行投产变更，服务的发布投产本身也可能引入潜在的风险，从而导致服务不可用。那么能不能少发布或者干脆不发布呢？这就要从 IT 服务管理环节中的两个关键角色——开发和运维说起。运维角色的关注点是保障业务连续性，希望不动或少动生产环境，而开发角色的主要目标是尽早、尽快发布版本到生产环境，以满足业务和市场需求。这两个角色既有协作也有分歧，既相辅相成又相互制约，针对这一情况，业内普遍使用服务可用性指标 SLA（Service Level Agreement）来综合考虑，平衡开发和运维两大角色的关切点，同时控制 IT 服务的风险。

服务可用性指标的计算非常简单：

$$可用性 = 可用时间 / (可用时间 + 故障时间)$$

这个可用性在业内通常用"几个 9"来表示，9 越多代表着服务的可用时间越长，服务不可用的时间越短，当然也意味着服务越可靠。以全年 365 天来计算，将可用性转换成时间，相信更有助于大家理解这个概念：

$$1 年 = 365 天 = 8760 小时$$

可用性 99.9%，即故障时间 $= 8760 \times 0.1\% = 8760 \times 0.001 = 8.76$ 小时

可用性 99.99%，即故障时间 $= 8760 \times 0.0001 = 0.876$ 小时 $= 0.876 \times 60 \approx 52.6$ 分钟

可用性 99.999%，即故障时间 $= 8760 \times 0.00001 = 0.0876$ 小时 $= 0.0876 \times 60 \approx 5.26$ 分钟

从上述数据来看，要使服务全年可用性指标在 4 个 9 以上，全年的故障时间要在 1 个小时以内才可以，若要实现 5 个 9，则服务停机时间不能超过 5.26 分钟。

设置一个服务可用性指标作为科技团队共同的目标任务，而不仅仅只是某个岗位会关注。比如，信息科技团队的年度服务可用性的整体目标是保障 99.9%，那么，若服务可用性高于 3 个 9 时，IT 运维团队可以响应开发团队的发布流程；当服务可用性低于 3 个 9 时，则除非发布流程经过特殊审批，否则不再进行投产变更。这种方式是在服务的可靠性、经济性以及机会成本等多个因素间找到平衡点。

此外，不少一线运维团队在工作中会出现这样的情况，一方面 IT 运维服务部门疲于奔命，加班加点地处理各类突发或重复的事件；另一方面需求部门不断抱怨"IT 部门服务水平低、响应不及时"；故障发生前似乎人人无所事事，故障发生后个个手忙脚乱。这里有业务部门对运维工作不够了解的原因，也有运维团队服务管理不够规范的原因。

可能会有些部门管理者寄希望于通过上线一套系统，不管是 ITSM 还是 DevOps，实现对 IT 服务和 IT 相关团队的管理，以为软件上线后那些头疼的管理问题就能消失不见。其实没有这么简单，没有任何一套软件或方案能够解决所有问题，甚至新上线的管理软件解决掉一部分问题，可能又引出新的问题，这既要我们能够根据企业实际情况合理配置流程

和工具，又要求我们对服务管理软件的使用效果有合理的预期。

很多人在推广一项新的方案时，潜意识中通常会默认一点，就是使用后效率就可以明显提高，可是往往真正工单化、流程化之后，用户会感觉新的流程"把简单问题复杂化了"，甚至会以新的流程导致效率下降，抗拒执行新的流程。

这里存在多方面的原因，一方面，在流程制定过程中，遵照现有的流程，只是将其电子化而非改良优化，或者盲目照搬经典流程，未能切合实际，只流于形式。即使是标榜最佳实践的ITIL，一味教条地照搬也不会有好结果，反倒会对流程贯彻执行产生不好的影响。另一方面，对工具的作用可能还有理解上的误区。实际上，我们在推行工具的过程中，除了考虑效率以外，还有质量、成本、风险、合规等因素。除此之外，IT服务管理需要考虑三大要素——人（People）、流程（Process）、技术（Technology）（简称PPT），流程只是其中之一，过于关注流程而忽略了另外两个关键点，在高手眼里还没出招就已经输了。

IT服务管理非常关键，也极具挑战性，哪些问题要通过流程或工具解决，哪些问题要通过制度或规范才能实现，都要思考清楚，将理论与实际情况相结合，注重工作流程细节的设计和优化，才是IT服务管理的关键。

1.4　IT运维变革助力数字化转型

15世纪世界上最早的银行之一——意大利的"西雅那银行"诞生，其业务都是坐在"长板凳"上办理的。随着信息科技的不断发展，五百年后的今天，跨越时空的3A式服务（Anytime、Anywhere、Anyone）已经成为银行业的标配，客户足不出户，只要有一部手机，使用银行App就能自助完成各种需求。大数据、人工智能、增强现实、智能穿戴设备、5G网络等创新型技术被广泛应用，金融与科技进一步融合，这必将加速银行业生态的重塑，未来银行服务的应用和体验可能与今日完全不同，金融服务将掀开全新的一页。

1. 数字化转型势在必行

对于银行业来说，数字化转型不是是否考虑转的问题，而是主动转还是被动转，是企业今天带动别人转，还是明天被人逼着转。数字化转型是所有企业均将面临的必然选择，商业银行的产品和服务要顺应趋势，银行的数字化转型也势在必行。没有完成数字化的企业在数字化时代很难开展业务，因为客户是数字化的，合作伙伴是数字化的，业务本身也是数字化的。不管云计算、大数据、人工智能之类的口号多么响亮，仅停留在口头的概念没有任何实质意义，战术性地打上零零碎碎的"数字化补丁"解决不了根本问题，未来的金融都将是科技金融——没有科技能力，什么金融业务也干不了。未来的客户都将是数字化时代原住民，如果商业银行自身动作迟缓，那么对新一代的数字化原住民来说，一定会用手投票，也就是动动手指，切换一个App而已。

随着金融科技发展到今天，商业银行在多种因素作用下不断向前推进，我们所面临的挑战有可能是促成下一阶段快速到来的新机遇。商业银行信息科技建设从最初的电子化迈过信息化，再步入数字化，一方面，为银行业直面不断攀升的竞争提供了主动调整、弯道超车的机遇；另一方面，如何将传统思维转变成数字化思维、如何打造高效的数字化金融组织架构、如何建立数字化的技术体系、如何从依赖经验转变为基于实时数据的数据驱动决策等，这些问题也成为摆在银行决策者面前，需要不断思考和实践的新问题。

每一波技术革命都会大浪淘沙，对各行各业重新洗牌，与时俱进的企业才能存活下来。少数优秀者有机会成为这一轮的"王者"，其他决定采用"安全稳妥"的态度做观望者、追随者的企业则是"有条不紊"地变身"青铜"，数字化潮流也会如此。老话讲"逆水行舟，不进则退"，站在IT角度还不尽然。一方面，因为科技发展速度太快，有时候并不是因为自己没有前进，而是因为跑得比别人慢，从结果来看，一样是落后，冷眼旁观固然可以说是为了求稳，可等发现落后了再起步去追，已然失了先机，一步落下可能会步步落后。另一方面，科技作为基础支撑，其投入、实践需要一段时间之后才能看到效果，如果未能踩准方向，点错了技能树，劳民伤财、来回折腾不说，中间的时间成本尤其宝贵，何况机会一旦错过，下次什么时候再有可完全说不准，差距也会越来越大。

在这个过程中，唯有"数据＋科技"双轮驱动，才能指引企业在数字化转型征途中找到方向。

2. 建设云计算和分布式平台

从IT架构角度来看，商业银行过去竖烟囱式的系统建设方式和集中式架构无法满足市场需求，必须对信息科技组织架构、IT系统架构进行重构，借鉴乐高积木模式的构建方式，积极创新，大胆实践，通过服务治理、数据治理进行再造。商业银行数据中心作为运维服务提供者，要从标准化、平台化、自动化再到智能化，从人力运维迈向智能运维。

具体到基础设施层，实现设施资源池化和服务化，建设云计算平台是必然。考虑到传输安全、数据安全等因素，商业银行直接使用第三方公有云产品仍有不少障碍，但"云化"从技术角度没有任何门槛，已经有越来越多的企业搭建自己的私有云平台。云计算的应用将简化数据中心运维团队的工作，显著降低IT运维成本，"去IOE"运动的持续使得昂贵的以IBM大型机、Oracle数据库、EMC存储、商业化中间件等为代表的高端设备，被x86服务器、开源或国产分布式数据库、分布式存储，以及开源的PaaS中间件所取代。

技术本身也在快速演进，从物理机到虚拟化，再到容器的广泛应用，公有云与私有云的资源协同需要提前进行规划，构建云管系统，以便未来能进行多云纳管、实现IaaS/PaaS设施集中式管控；通过负载均衡和应用分布式集群，采用分布式架构提高计算资源的使用效率，应对业务量的弹性变化，实现交易量激增时的动态扩容；利用集群架构和双活机制提高业务连续性保障水平；采用通用的x86体系架构以降低信息化建设的准入门槛和成本投入；通过完备的自动化和智能化运维管理体系，提高IT运维服务水平。

总体来说，通过搭建云计算平台的集中化管控，能够统筹规划、集中采购、按需分配、降低成本，能够轻松调度资源、快速交付、弹性支撑，能够有效应对各种场景下对存储和计算资源方面的需求。在这个过程中必须坚定信念，紧随潮流，借鉴互联网企业成熟的产品和技术，以锲而不舍的精神持续探索与实践，坚定实施"云平台"战略。

3. 全面实践 DevOps

贯彻 DevOps 理念，建设自动化和智能化运维体系，打造贯穿开发、测试、运维全过程的流水线，解决环境管理、集成构建、自动化发布、配置管理、监控告警、持续交付等突出难题。一方面要借助工具和平台提高效率，另一方面要通过标准化和规范化对代码分支管理、环境管理进行约定。

ITIL V4 中把 IT 部门在组织内的定位提升为"重要的业务驱动力和竞争优势的来源"，而不是以前的"IT 为业务服务"。借鉴 ITIL 最佳实践，按照 SaaS 模型建立运维服务平台，发布统一、自助式服务目录，以开放的形式满足各类灵活多变的业务需求，充分发挥"云计算平台"的统一纳管、按需服务、易扩展等特性，支持服务快速开通与受理、服务管控和服务计量。不单是建立平台，改进服务管理和服务响应，更重要的是转变思维方式，适应数字化时代业务快速变化和 DevOps 开发模式的运维要求，将传统的 ITIL 进行敏捷化改造，从通过流程约束转变为通过工具提升效率，推动信息科技部门构建面向用户的 IT 服务交付能力，从服务提供者变成价值提供者。

4. 从面向系统运维向面向业务运维转变

数字化转型将给内部团队带来更多挑战，银行开展的所有业务都会高度依赖 IT 系统。IT 系统稳定运行是确保业务运转的前提，是促进业务增长的基础，提供 IT 运维服务的数据中心作为保障生产环境 IT 服务的守门员，其运维能力在企业数字化转型过程中的重要性将更加凸现，银行也将对 IT 运维团队给予更多的关注。

数据中心 IT 运维团队要做好自身关注视角和能力意识的转变。视角要从传统的"自下而上"转变为"自顶向下"。过去更多关注设备可靠性对业务系统造成的影响分析，现在要从基于业务特点分析各个环节异常对业务的影响，站在用户视角优化客户体验。

IT 运维团队要做好关注点的转变，从关注 IT 基础设施状态、网络带宽、应用系统负载等技术指标，转换为关注业务指标带动相关底层设备设施的运转指标；从基于告警处置的事件跟踪和问题处理，转换为基于业务数据的风险评估，主动进行异常分析。

IT 运维团队要做好能力的转变，在具备 IT 运维管理和维护能力的基础之上，增强对业务的理解能力与对数据的分析能力，在提供 IT 运维服务的过程中，清晰直观地掌握与反馈业务运营的有效信息，建立业务系统健康度、IT 资源使用率、用户体验、安全态势以及事件问题处置等全方位视角，推动数字化科技运营。

IT 运维团队作为拥有"数据"最多的部门，有充分的先天优势，能够基于实时海量大数据，运用机器学习、人工智能等先进技术手段，以数据为基础、以算法为支撑、以场景为导向，通过立体化监控、智能化运维、关键指标展示等平台，打通后台 IT 支撑系统与前台业务应用之间的信息和管理通道。

IT 运维部门作为商业银行中距离数字化最近的部门，在快速响应前台业务的变化和创新需求的同时，向上要提供数据支持与能力支撑，向下要保障系统高效稳定运行，从面向系统运维到面向业务运维视角转变，从 IT 运维到 IT 运营转变，是商业银行数字化转型的重要支撑。

通过 IT 运营理念的转变，从信息化时代一路走来的中小型商业银行将逐步建立数字化运营管理体系，找准成本与效率的平衡点，支持业务高速发展、产品快速迭代创新和试错，推动甚至引领业务转型，进而带来管理效能的提升，保障数字化战略顺利落地，推动商业银行运维服务水平、服务治理能力的全面提升，推动科技创新成为银行高质量发展的发动机和助推器。

1.5 本章小结

本章首先介绍了商业银行信息系统建设的背景和经历的多个阶段，然后介绍 ITIL、ITSM、DevOps 等常见 IT 服务理论，对历史久远的 ITIL 和新兴的 DevOps 的各自特点进行了对比和阐述。接着，对在商业银行信息化浪潮下提供 IT 支撑服务的数据中心运维团队所面临的挑战进行了分析和解读。通过本章的阅读，相信你会对商业银行信息科技演进有全面的了解和认识，也会对 IT 运维服务团队如何在数字化时代提供服务获得一定的思考和启发。

Chapter 2 第 2 章

商业银行 IT 基础架构的前世

过往 40 年，伴随着信息技术的发展，我国银行业投入大量的人力、物力以及时间用于信息化系统建设，可以说银行业信息化见证了我国信息化建设的发展。在互联网金融如日中天的时代到来之前，银行业的 IT 基础架构建设、信息化程度始终走在各行各业的前面。银行业信息化建设从无到有，经历了电子化、区域互联、数据大集中、信息化银行多个阶段。

2.1 传统架构从无到有的演进

关于国内银行业 IT 建设的发展历程，要从 20 世纪 70 年代引入理光 -8 型主机系统以及后续陆续引入的 M150 小型计算机开始说起，这些"高大上"设备的引入标志着我国银行业正式从手工记账的"纯人肉"模式，开始向电子化、信息化等代表着先进生产力的科技银行转变。信息化手段的运用解决了当时银行营业网点业务量激增导致的手工处理响应慢的问题，初步实现银行营业网点内业务开展的自动化处理。然而受限于当时的计算机通信线路、通信技术等客观因素，跨行、跨省甚至网点间系统都相对分散、独立，各个系统分散处理、独立存储业务信息，各分行、支行、营业网点形成了一个个完全独立的信息孤岛。

20 世纪 80 年代末到 90 年代初，随着银行网络化信息系统的建立，银行业实现了各业务联网区域的互联互通。特别是以中国人民银行建立的全国电子联行系统（EIS）为代表，EIS 是专门用于处理异地（跨行、行内）资金清算划拨的系统，标志着我国进入全国互联互通时代。银行业全国互联互通的实现为银行 IT 架构从信息孤岛式架构向数据集中式架构转变奠定了基础。根据银行核心系统的部署位置划分，我们可以把商业银行 IT 基础架构分为分散式架构和集中式架构，下面分别展开具体介绍。

2.1.1 分散式架构

根据业务联网区域划分，银行 IT 分散式基础架构主要经历了信息孤岛阶段和网络互联互通阶段。

1. 信息孤岛阶段

1980 年，银行业引进 M150 计算机系统，至此银行业正式进入电子化阶段，逐步实现了银行 IT 信息化建设。当时，IT 信息化主要是以银行网点为单位的信息化建设，目的是使银行网点告别纸质记账，提高网点办理业务的效率，满足广大人民群众日益增长的金融服务需求。银行信息化改变了传统人工记账方式，信息化的普及也使得银行网点柜面业务实现了自动化处理。不过受限于当时的信息化程度和互联互通等因素，此时的银行 IT 架构为呈信息孤岛的分散式架构。

此时的信息化，实际上是采用 486PC，数据本地存储，网点间系统都是相对分散的，各个系统独立处理、独立存储业务信息，网点之间无法通存通兑，更别说跨行甚至跨省的业务交互。当时如果一个用户在同一银行的不同网点开通两个账户，则两个账户之间没有任何关系，网点 B 系统中不会有用户在网点 A 开通的账户信息。系统、数据的隔离使得银行网点形成了一个个信息孤岛，如同海洋中分散的岛屿一样，如果没有"船"在岛屿之间互联，可以说这些岛屿之间没有任何关系。

2. 互联互通阶段

随着银行业务的快速发展，客户对跨地域及跨行业务的需求越来越突出，信息孤岛的分散式架构显然已经无法满足。从 20 世纪 80 年代中期到 90 年代初，为解决异地资金汇划和结算问题，银行业重点进行网络化信息系统建设。因当时中国公用数据网还处于起步阶段，现有地面通信线路质量无法达到现代通信技术要求，经国务院批准建设了金融卫星通信专用网。金融卫星通信专用网解决了银行间的互联互通问题，使得银行分支机构之间、各银行之间的互联互通成为可能。

在银行网络互联互通后，银行实现了跨行、异地对私、对公和联行汇兑等业务，解决了分散式架构的诸多难题。但由于联网区域的各地市网点数据仍然分散存储，导致了业务信息互通困难、基础设施五花八门难以管理、系统可用性差等问题。所以银行业前辈们开始思考建设以 C/S 架构、三层架构构建城域和省域数据集中的综合业务（包括了主要的、标准化的业务）系统。如工商银行的"大机延伸"工程，形成了数据高度集中、处理能力强的以各省分行为单位的分中心。

如图 2-1 所示，当时联网区域内的分散式架构即以各省分别部署核心，业务处理主要在省级核心完成，实现省级区域内的数据集中。

各省数据的集中、汇总是以批量方式进行数据交换。互联互通的分散式架构实现了系统之间数据的实时传输、交换和资源共享，实现了联机业务处理和异地跨行通兑。但因为省级核心系统相对独立，跨省转账、票据承兑通过数据交换完成，从而导致跨省转账延迟，交易无法实时到账，甚至同行跨省转账也是如此。同时，各省分行业务独立运行、IT 环境独立建设也导致了资源的重复浪费，包括 IT 基础环境和应用系统。以工商银行为例，在完成数据大集中之前，各省分行独立部署大机及独立运行核心系统，在当时无论是大机还是银行核心系统建设其投入都是天文数字。无论从 IT 整体架构规划还是从 IT 成本投入考虑，互联互通阶段的分散式架构势必只是过渡。

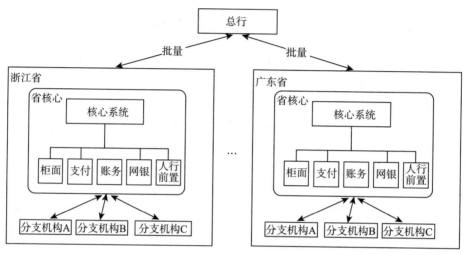

图 2-1 分散式架构示例

2.1.2 集中式架构

21 世纪初互联网高速发展，为实现数据的集中统一管理，解决分散式架构带来的技术问题，终结各分支机构资源割裂等现状，各大银行陆续掀起建立新一代核心业务系统的数据大集中浪潮。其中工商银行率先于 1999 年启动"9991 工程"，在 2002 年实现将 36 个计算中心合并为南北两大数据中心，并在 2004 年完成两大数据中心的整合。

数据大集中对信息科技建设提出更高的要求，数据中心技术架构需要具备更高的性能、更大的存储容量和更高的可靠性。在这种情况下，国有大行在基础设施层使用大型机、高端存储来承载全国业务是最优选择。

1. 集中式网状架构

数据大集中改造的思路是核心系统集中统一部署，实现业务数据集中处理。如果把原有核心系统的所有功能均统一部署并集中在一套系统中，势必导致核心系统负载过高，成为系统瓶颈。因此需要对核心系统进行瘦身，拆解相关功能为外围系统，将核心系统精简化。精简化的核心系统及外围采用单独搭建的方式，业务系统紧耦合，提高核心系统的业务处理吞吐量，并不断升级硬件设备以保证处理能力。

图 2-2 为数据大集中初期的 IT 集中式网状架构图，可以发现整体架构中核心系统和外

围系统间业务调用关系混乱，调用链路犹如一张蜘蛛网。

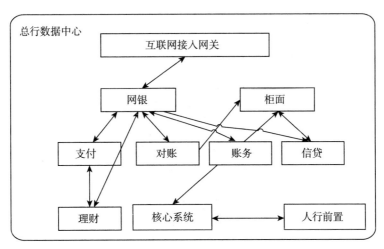

图 2-2　集中式网状架构

网状架构带来的问题是应用系统间调用混乱，特别是很多外围系统由于未统一接口规范，不得不在应用系统上做协议转换和报文转换工作。除了处理业务逻辑外，应用系统还要完成接口适配等工作，导致大量重复性开发工作。由于网状架构下各应用系统间的调用逻辑混乱，随着新系统的持续上线，没有人对整个调用链路有精准的掌握，这对以后的架构更新和维护工作带来极大不便。

2. 集中式总线架构

为优化 IT 架构及解决集中式网状架构的缺陷，总线架构（ESB）进入我们的视野并且沿用至今。

什么是 ESB（Enterprise Service Bus，企业服务总线）？

在介绍 ESB 前，首先讲讲总线的概念。总线最早在许多硬件设计上得到广泛运用，如网络交换机、CPU 与内存、磁盘的交互等。通过总线结构，把原来复杂的网状结构变成简单的星形结构，极大提高了硬件的可靠性和可用性。随着计算机信息系统的发展，信息系统也越来越庞大、越来越复杂，总线的概念也被引入信息系统的架构建设上。在 SOA 理念中，信息系统的总线通常叫服务总线，其战略层的总线称为企业服务总线（ESB）。

如图 2-3 所示，总线架构是在核心系统、外围系统之间建立了一个 ESB 桥梁，应用系统全部以接口的方式注册发布到 ESB 上，由总线对外提供完全统一的接口标准协议，解决了各子系统需要分别转换报文的问题。集中式总线架构清晰，应用系统无须处理业务逻辑之外的工作，降低了系统压力。除上述协议转换功能外，ESB 还可以实现服务治理、服务组合、管理授权、服务监控等高级功能。在互联网金融快速发展之前，商业银行 IT 架构基本都是处于这个阶段。

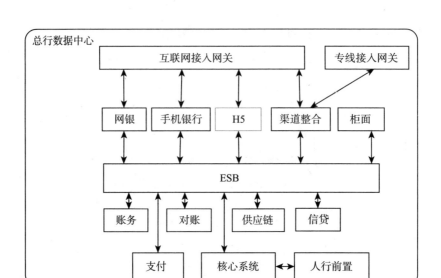

图 2-3 集中式总线架构

2.2 商业银行的传统 IT 基础架构

银行 IT 基础架构一直伴随着银行业务架构和技术架构的变迁而不断演进。技术架构侧重于软件层面，基础架构则更侧重于提供底层支撑的软硬件设施层面。从分散式系统架构到集中式系统架构，IT 基础架构作为底层 IT 基础设施对支撑银行业务发展起到至关重要的作用。IT 基础架构包含操作系统、主机、数据库、网络等软硬件基础设施的综合规划及部署。下面将从商业银行的传统 IT 基础设施、网络架构和灾备架构三个方面展开详细介绍。

2.2.1 商业银行的传统 IT 基础设施

银行业的传统 IT 基础架构是以 IOE 架构为代表的企业级 IT 架构，即集中式服务架构。主机资源集中在大型机或小型机上，存储资源采用基于 SAN 光纤网络的高端存储设备，数据库使用性能和稳定性均久经考验的商业化关系型数据库。从 20 世纪 90 年代至今，该架构不仅广泛运用于银行业，也是 IT 架构云化、分布式、微服务流行之前各行业的经典 IT 架构。银行 IT 基础架构从伪分布式分散系统架构到基于构建城域和省域的三层架构，再到基于大型机和数据大集中的全国性集中式架构，实现了业务集中、IT 系统集中、数据集中。

> 提示：什么是 IOE？ IOE 指使用以 IBM 主机、Oracle 商业化数据库和 EMC 集中式存储为代表的基础架构，所构建的从软到硬的商用企业级解决方案。

表 2-1 展示了传统 IT 基础架构具有代表意义的基础设施。

表 2-1 传统 IT 基础设施代表系列

类型	分类	代表系列
操作系统	UNIX	AIX、HP UNIX、Solaris
	Linux	Redhat、Ubuntu、Centos
	Windows	Windows NT、Windows 2008
主机	大型机	IBM S/360、IBM eServer Z 系列
	小型机	IBM Power、HP SuperDome
	PC 服务器	IBM System X 系列、HP DL 系列
存储	SAN 存储	EMC、IBM、NETAPP
数据库	关系数据库	Oracle、DB2、Sybase、SQL Server
中间件	交易中间件	TongEasy、TUXEDO、CICS
	Web 中间件	TongWeb、WebLogic、WebSphere
	消息中间件	TongLink/Q、MQ、CORBA

集中式架构最大的特点在于管理简单、业务逻辑清晰，通过采购高性能小型机、大型机、高端存储等硬件设备，通过设备自身高性能、高可靠性为业务系统提供底层服务，缺点就是费用太高。IOE 架构对银行业 IT 架构的影响至深，其中广为人知的有 AS400、Power 小型机系列和 System360 大型机系列等。时至今日，仍有不少商业银行使用基于 IOE 的基础架构。

（1）集中式架构优点

在集中式架构模式中，子系统全部集中在统一的计算及存储设备上，运维人员管理设备数量较少且此模式下系统变更频率不高，管理相对简单；系统不存在分布式架构下的多节点通信、数据同步等协作问题，各子系统间调用可在进程、线程内完成，数据交换高效、可靠；集中式架构一般采用成熟的商用软硬件套件，产品久经考验，并且服务提供商具备完善的 IT 架构方案、高可用方案及售后服务。

（2）集中式架构缺点

集中式架构过于依赖单台硬件设备可用性，存在纵向扩容瓶颈，虽然具备成熟的硬件高可用方案，但是系统过于集中，意外情况下将导致系统全部不可用，IT 风险较高；某些商用产品仅支持主备模式的高可用架构，"1+1"的高可用模式下资源无法共享，导致设备利用率低；以 IOE 为代表的硬件、软件产品为闭源产品，各厂家之间存在技术壁垒，兼容性较差；商用产品后期软硬件升级成本和运维成本高。

2.2.2　商业银行的传统网络架构

商业银行数据中心是 IT 建设的重点，而网络架构作为信息交换、数据传输、接入转出、建立客户与银行信息交互的通道，是保障信息互联互通的关键设施，所以网络架构是数据中心建设的重点之一。银行 IT 网络架构既要为上层提供便捷、可靠、高性能的业务需求，又必须满足银行信息系统严格的合规需求，还要实施有效的安全策略和防护，以实现安全可靠、具备一定弹性的商业银行数据中心网络结构。

银行业内有"三张网"的说法，即生产网、办公网、互联网，三张网在正常情况下应当物理隔离，以保障不同业务属性互不影响。此外，按连通范围可分为城域网、广域网以及数据中心网络；按用途可分为生产业务网、测试业务网、管理网、备份网、办公网等。本节将对城域网、广域网及数据中心网络进行简单介绍。

1. 城域、广域网架构

商业银行的城域、广域网架构从地理位置上看包括总行、分支机构、数据中心、外部机构等，大型商业银行还有可能在境外开设分支机构。城域、广域网IT网络构建主要考虑满足高可靠、多用途、安全隔离、高性能等需求。

商业银行数据中心网络架构只有复杂和很复杂两种类型，其设计并不是扯几根网线那么简单，而是关联到总行数据中心、灾备数据中心、分支机构、外部机构等跨地域甚至跨洲际的网络设计。为保障网络的可靠性，在数据中心之间、分支机构与总行数据中心之间、海外机构与总行数据中心之间，均需要建立主备双线通道。关于网络通道，一般是同城采用裸纤、DWDM（Dense Wavelength Division Multiplexing，密集型光波复用）通道，异地采用SDH（Synchronous Digital Hierarchy，同步数字体系）/SONET（Synchronous Optical Network，同步光纤网络）或MSTP（Multi-Service Transport Platform，多业务传送平台）刚性通道专线和MPLS（Multi-Protocol Label Switching，多协议标签交换）VPN、VPDN远程连接方式。不同IDC（Internet Data Center，互联网数据中心）在内容传输方面也各有差异，从分支行到总行的数据传输主要是业务、办公、视频监控数据；而数据中心之间的数据传输多为业务复制数据、备份数据、管理网数据、系统接口调用数据；总行或分支行与外部机构之间主要是接口调用数据和文件交互数据。

城域、广域网分层网络架构如图2-4所示。

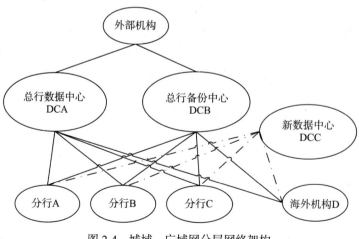

图2-4 城域、广域网分层网络架构

此网络结构的优势在于架构的分层式设计，流量走向清晰、双通道冗余度高，缺点是扩展性差、新增节点专线成本高、新增分支机构节点的东西流量须到总行数据中心周转，所以无形之中又增加了南北流量。

对于中小规模的商业银行来说，上述网络架构基本能够满足建设需求，不过随着银行业分布式架构的部署，以及多活数据中心的应用和新建数据中心、分支机构的增加，分层网络架构响应起来就有点儿吃力了。因此，对于多数据中心、东西流量大的情况，网络结构会采用图2-5所示的环状承载网架构。

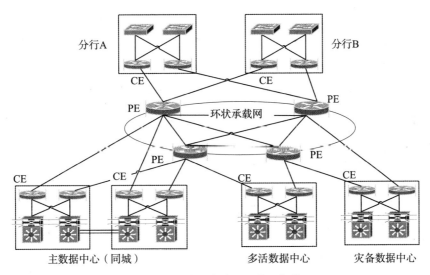

图2-5　城域、广域网承载网架构

环状承载网架构采用CE-PE模式，PE作为承载网中心节点，CE作为接入节点，数据中心和分支机构均作为CE节点。环状承载网架构提高了多数据中心间网络的可靠性，CE节点只需对接最优的PE节点以此优化东西向流量，同时CE节点只需对接主备PE节点，在保障高可用的前提下大量减少了全网专线数量，降低了专线成本投入[⊖]。

2. 数据中心网络架构

数据中心网络作为银行内部网络，作为各系统间通信的通道，可以说承载了银行所有业务系统流量，其重要性不言而喻，是网络架构设计的重点。单个数据中心内部网络架构设计通常会遵循"水平分区，垂直分层"的原则。

（1）水平分区

水平分区是以模块化方式对网络进行功能划区，目的是分解网络并实现区域隔离和安全管控。基于强监管要求，银行要求具备独立的安全管控分区，于是形成了具备金融业特色的区域划分。

⊖　王明汉，等. 银行信息系统架构［M］. 北京：机械工业出版社，2015：211-213.

业务区域的整体架构规划参考中国人民银行颁发的网银网络技术架构指引，如图2-6所示，商业银行网络区域划分在满足监管合规的前提下也须满足银行互联网化架构变更的需求。银行业数据中心区域划分通常包括前置DMZ区、网银应用区、交易业务区、核心交换区、数据库区、外联区、管理业务区、运维区、下联区、数据存储区和测试区等。各区域之间都要通过独立硬件设备进行安全隔离，在每个网络区域的边界均要部署独立的访问控制设备。访问控制设备采取默认拒绝所有访问策略，需要时必须以"最小、必要"的原则，以白名单方式开通允许访问的能力。

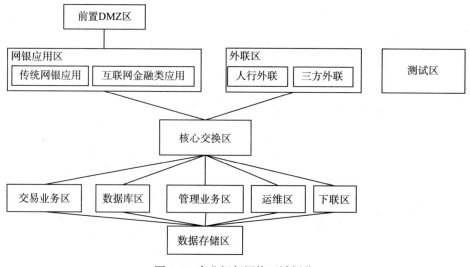

图2-6 商业银行网络区域划分

各网络区域承载的功能如下。

- 前置DMZ区：用于放置业务互联区中供外部用户访问的业务区域，包括互联网出入口前置代理、公网DNS解析设备等。
- 网银应用区：主要承载面向互联网提供服务的应用，包括传统银行网银业务及互联网金融类业务。
- 交易业务区：部署现金交易相关业务系统区域，处理各种业务逻辑，如核心应用、支付平台、金融IC卡等基础服务业务系统。
- 核心交换区：是整个网络区域的核心，作为核心节点对网络各区进行连通，并对数据进行高速转发，同时也是双活数据中心的关键互联通道。
- 数据库区：主要处理应用各种数据操作的数据库区域，具备最高安全等级，在多机房环境中，数据库同步使用单独波分通道。
- 外联区：主要处理第三方访问的区域，用于与第三方机构通过运营商专线接入，如人行、银联等机构。基于人行系统重要性考虑，细分为人行外联和三方外联。
- 管理业务区：主要负责管理设备的接入，部署业务后管等系统，适用于银行内部业务团队访问的场景。
- 运维区：部署运维管理、运维监控、运维发布、备份平台及安全管控等系统。
- 下联区：用于银行分支机构的上联接入。
- 数据存储区：部署各类存储设备（如 FC 集中存储、NAS 集中存储、分布式存储等），提供基于 FC 网络、IP 网络方式的访问。
- 测试区：单独的互联网测试环境区域，内部区域参考生产网络区域，并与生产环境网络物理隔离。

如图 2-7 所示，根据网络业务运行和运维管理用途可以划分为前端网络和后端网络。

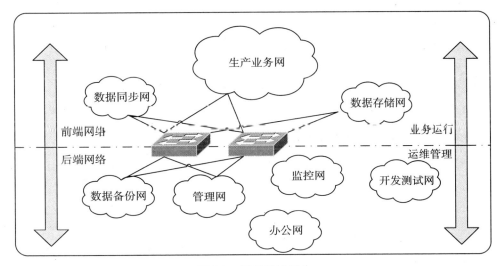

图 2-7　银行区域划分

前端网络包含生产业务网、数据存储网和数据同步网。生产业务网为用户访问及系统调用网络，数据存储网主要可以分为 SAN 网络及 NFS 网络，数据同步网则主要用于跨中心的数据复制。后端网络包含管理网、监控网、办公网、开发测试网、数据备份网。根据合规及网络隔离要求，一般后端运维管理网络与业务网络相互隔离，而后端网络中的管理网、监控网、数据备份网、开发测试网也需要相互隔离。

（2）垂直分层

垂直分层既可表示数据中心整体架构分层，也可表示水平分区的各区域内部垂直分层，如图 2-8 所示，可以分为核心层、汇聚层和接入层。

垂直分层有利于分级管理、分级运维及故障隔离。核心层作为网络区域交互的枢纽，实现跨区域网络流量转发，并可以旁挂内网 DNS 设备用于内部 DNS 动态解析。汇聚层实现接入层设备接入，然后转接到核心层，可以把汇聚层设备作为接入层网关设备，并旁挂 SLB 等智能服务设备。接入层则是实现服务器等设备的接入网络设备，一般会通过 VLAN 对网络进行二层区分和广播风暴控制。

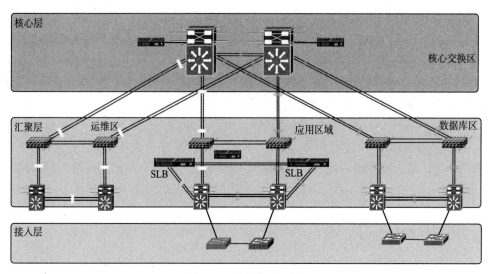

图 2-8 垂直分层网络

2.2.3 商业银行的传统灾备架构

备份就像买车险,不出事的时候永远用不上,只有当出了事故才能深刻意识到它的宝贵。2001 年的"911"事件对世贸大厦内所有金融机构而言,都是一场灭顶之灾。事件发生后,德意志银行在短时间内,通过距纽约 30 公里外的灾备机房迅速恢复了业务运转。相反,纽约银行数据中心及其关键设施和数据,则随着世贸大厦的灾难事件毁于一旦,因缺乏灾备系统和应急业务恢复计划,不能及时恢复业务,严重影响了其业务的正常运行。

银行信息系统的安全性和可靠性直接关系到个人、企业、国家的切身利益,保障银行 IT 基础架构在灾难情况下的业务连续性,是信息科技业务连续性的重中之重。本节将对商业银行传统灾备架构的灾备要求、灾备方案进行简单描述,并着重介绍银行两地三中心灾备架构。

1. 灾备要求

(1) 监管及政策要求

依照《商业银行业务连续性监管指引》《商业银行信息科技风险管理指引》《银行业信息系统灾难恢复管理规范》等相关文件的指导精神,商业银行应于取得金融许可证后两年内设立生产中心;生产中心设立后两年内设立灾备中心。结合灾备中心建设在科技监管评级以及保障业务连续性等方面的重大影响,灾备中心建设可以保障数据安全、快速恢复业务、减少灾难损失,基于双活的灾备架构还可以对主数据中心进行分流,降低单数据中心的业务负载,提升资源利用率。

(2) 连续性管理要求

业务连续性管理可以使企业认识到潜在的危机和相关影响,通过制定业务连续性的恢复计划,可以提高企业的风险防范能力,有效降低非计划的业务中断及不良影响。根据《信息系统灾难恢复规范》，信息系统灾备等级分为 6 级，各个灾备级别对 RTO（Recovery Time Objective）和 RPO（Recovery Point Objective）的要求如表 2-2 所示。

- RTO：恢复时间目标，指灾难发生后，信息系统或业务功能从停顿到必须恢复的时间要求。
- RPO：恢复点目标，指灾难发生后，系统和数据必须恢复到的时间点要求。

表 2-2　灾难恢复能力等级要求

灾备等级	RTO	RPO
第 1 级	2 天以上	1～7 天
第 2 级	24 小时以上	1～7 天
第 3 级	12 小时以上	数小时至 1 天
第 4 级	数小时至 2 天	数小时至 1 天
第 5 级	数分钟至 2 天	0～30 分钟
第 6 级	数分钟	0

2. 两地三中心方案

商业银行常见的灾备建设方案有同城灾备、异地灾备及两地三中心（同城灾备＋异地灾备）三种建设模式。

- 同城灾备即在同一城市建立灾备中心，主备数据中心之间的距离在几十公里内，通过数据同步复制或异步复制技术实现应用级或数据级同城灾备建设。同城应用级灾备可以使灾备中心在发生灾难时提供全量业务服务，同城数据级灾备实现数据复制，保障灾难时数据无丢失。
- 异地灾备即在不同城市建立灾备中心，距离一般在一百公里以上，数据复制采用异步数据复制技术，实现应用级或数据级异地灾备建设。
- 两地三中心模式则是结合同城灾备与异地灾备，兼具两者在可用性保障方面的全部优点，最大程度保障业务系统连续性运行，缩短 RTO 及 RPO，缺点是成本太高。

因两地三中心架构在传统灾备建设中较具有代表性，下文将着重针对两地三中心的灾备建设方案进行介绍。

两地三中心中的同城灾备根据数据中心是否对外提供服务，又可以细分为 A-A（Active-Active）和 A-S（Active-Standby）两种模式。在 A-A 模式中，又可以分为双中心对称模式和非对称模式。

对称模式即主备中心均对外提供完整业务功能，用户请求可以发送到任何一个中心进行处理，每个中心都可以承担内全部业务，并且在任一中心发生灾难时都不会出现业务中断。对称模式可以理解为双活数据中心，具体实施方面又可以分为应用级双活和数据库级双活两种模式。

非对称模式即主备中心分别对外提供有限的不同功能的业务访问，前置路由系统会按照路由策略转发用户请求到相应的中心，比如主中心提供面向互联网网银类应用，备中心提供柜面及 ATM 类应用。在这种模式下，每个中心承载的是不一样的服务，单数据中心突发故障会造成部分业务不可用，因此在 RTO 方面的表现必然不如对称模式。

在 A-S 模式中，同城灾备中心处于冷备状态，可以人为手动或在灾难情况下自动切换业务到同城灾备中心。

虽然异地灾备中心平时不使用，但须部署对应的应用系统，并且进行底层数据同步（并根据 RPO 要求设置同步或异步频率），保证完整数据的异地保存。只有在灾备演练或真正发生灾难并进行灾备切换时使用。

图 2-9 展示了两地三中心模式下的架构示意图。

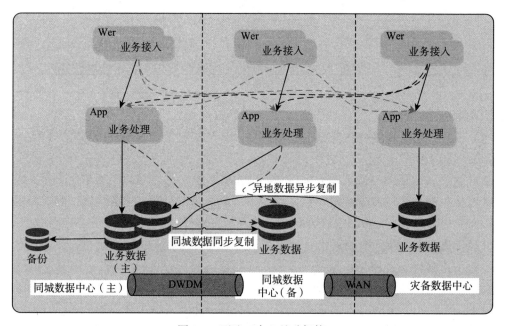

图 2-9 两地三中心基础架构

业务接入层对用户信息进行识别，根据业务类型、用户分组路由到不同机房。业务处理层主要进行业务处理，同城灾备中心应该与主中心部署相同的应用系统，包括对公、对私、信用卡、中间业务等众多的金融服务，异地灾备中心可以选择性地只部署第一类、第二类系统，以保障特殊情况下重要业务能及时恢复。两地三中心数据同步则是通过服务器层、数据库层和存储层复制完成，因为距离因素，主要实现同城数据同步复制和异地数据异步复制。根据灾备模式 A-A、A-S 不同，相应的底层数据复制技术也不同，主要为主备数据中心的数据读写、只读需求差异，具体技术选型将在下文说明。

3. 两地三中心技术

灾备建设两地三中心技术是在单中心系统冗余的基础上进行拓展，包括灾备网络层设计、灾备服务器层设计、灾备数据库层设计和灾备存储层设计。

(1) 单中心系统冗余设计

灾备建设的目的即保证业务连续性，在发生设备故障和灾难时，能够及时完成切换，保障业务可用性及数据完整性。IT 基础架构以业务连续性为目标，首先需要保障单中心 IT 基础设施的健壮性。

- 网络层：通过 VRRP、堆叠实现网络交换机高可用，通过"N+M"集群实现 F5 等负载均衡、DNS 解析服务高可用。
- 服务器层：在服务器高可用（HA）设计中，使用如大型机 SysPlex、小型机 HACMP、虚拟机 VMware Vmotion 和 HA 方案。
- 数据库层：使用 Oracle RAC、DB2 PureScale、MySQL Replication 等冗余设计。
- 存储层：采用双控制器、I/O 多路径保障物理冗余设计，采用 Metro Mirror、Snapshot 快照的逻辑冗余设计。

(2) 灾备网络层设计

灾备网络层设计的重点是互联网全局负载均衡设计和跨中心链路设计。

- 全局负载均衡

在灾备的应用场景中，全局负载均衡（Global Server Load Balance，GSLB）是经常被谈论到的一个组件。用户通过域名访问银行业务系统，在多个机房的情况下，无论是 A-A 还是 A-S 模式，数据中心都需要对外提供服务，而用户访问的公网域名是固定的，所以我们需要 GSLB 来帮助我们智能解析公网 DNS。GSLB 会替代最终的 DNS 实现灵活的域名解析，返回给用户最合适的公网 IP 地址列表。全局负载均衡的智能 DNS 解析功能可以为用户提供最优的可用路径，并在故障时进行域名解析的自动切换。关于全局负载均衡的更多内容，将在第 8 章详细介绍。

- 跨中心链路

灾备建设跨中心链路包括同城 DWDM 波分链路和异地 WAN（Wide Area Network，广域网）互联网链路。其中因为同城跨中心业务交互和 FC 通道数据同步强依赖于同城跨中心 DWDM 波分链路，因此对同城波分链路的可用性、延迟都有较高要求。同城波分链路至少需要两条光纤通道，以满足波分通道高可用条件。

在同城数据同步设计中需要考虑通道及协议带来的延迟。正常情况下主机磁盘 I/O 响应时间为 0.2～0.5ms，50KM 同城基于 FC 复制磁盘的响应延迟将至少增加 125%，直接反映在磁盘 I/O 方面就是响应时间变长。需要说明的是，城域网络、FC 链路延迟不仅涉及距离和协议层面，还有主机延迟、交换机延迟、存储延迟等较多其他因素，所以包括 IBM PPRC、Oracle RAC 等对跨中心网络都有较高要求，最好不超过 5ms，同城数据同步的最大距离建议不超过 100KM。

(3) 灾备服务器层设计

灾备服务器层主要是指所使用的各类大型机、小型机或 X86 服务器按照相同架构部署与主中心相同的应用系统，当发生灾难事件时能够实现服务器的切换和接管。服务器层系统可以作为无状态应用在灾备中心访问已完成切换的本地存储数据，或是作为有状态应用在主机层面完成数据复制。

基于服务器层的跨中心复制技术通过 IP 网络建立传输通道，并使用数据复制软件来实现远程数据复制。其中具有代表性的有 Symantec 公司的 VVR（Veritas Volume Replicator）存储卷复制技术和基于虚拟化层面的 VMware SRM（Site Recovery Manager）复制技术。

在虚拟化层面，VMware SRM 提供了业务连续性和灾难恢复方案。以 SRM 为例，如图 2-10 所示。

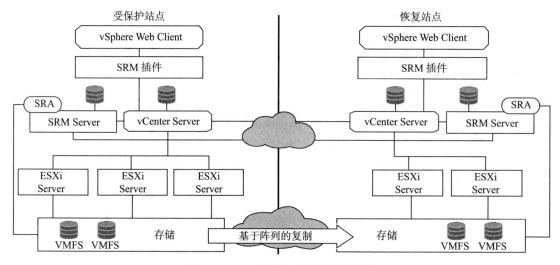

图 2-10　SRM 架构与基于阵列的复制

注：图片来源为《Site Recovery Manager 管理指南》。

SRM 使用基于阵列的复制，即受保护站点中的一个或多个存储阵列会将数据复制到恢复站点中的对等阵列，通过存储复制适配器（SRA），将 SRM 与各种阵列进行集成。SRM 用于 A-S 模式，即正常情况下虚拟机存活于主中心，对应的存储阵列一致性组和 LUN 在主中心为可读写状态，备中心虚拟机为受保护状态，对应存储阵列一致性组和 LUN 为只读状态。当主中心发生灾难时，SRM 通过 SRA 插件触发存储阵列一致性组切换，切换保护站点与恢复站点读写权限，并完成存储阵列一致性组反向保护。同时受保护虚拟机在完成阵列状态变更后，会根据恢复计划在恢复站点上打开复制的虚拟机电源，通过自定义虚拟机 IP 属性配置及虚拟机服务器自启动配置，可以在较短时间内完成灾备中心服务器层灾难恢复。

值得注意的是，无论是自动还是手动触发 SRM，原站点虚拟机在切换后均会处于不可用状态。

（4）灾备数据库层设计

在两地三中心数据库层灾备架构中，可通过数据库复制技术，实现数据库层逻辑操作的同城机房同步复制和异地机房的异步复制。数据库层复制支持异构存储，数据库级复制软件的数据校验技术能够有效保障数据库的一致性。总体思路为，当出现数据级灾难时，可以切换至同城灾备机房，数据无丢失，在同城机房均不可用的情况下可以切换到异地灾备中心，保证数据的完整性和可用性。其中具有代表性的有 Oracle DataGuard 和 Golden Gate、IBM DB2 Q Replication、Quest SharePlex、MySQL Replication 技术等。

数据库层灾备架构的总体思路是当出现数据级灾难时，可以将读写切换至灾备机房，由于数据均已通过复制技术同步，因此数据并不会丢失，切换完成后可以使用灾备机房的数据库系统，继续对外提供服务。

以 Oracle 数据库为例，Oracle 容灾可以使用 DataGuard（以下简称 DG），而异构平台的数据迁移同步可以使用 Oracle Golden Gate（以下简称 OGG）。OGG 是抽取源端 Redo Log 或者 Archive Log，获得数据的增量变化，转换为 GGS 自定义数据格式存放在本地队列或者远端队列以实现数据同步。DG 的基本原理是将日志文件从原数据库传输到目标数据库，并在目标数据库上重新应用，实现目标库与原库的数据同步。DG 实现了数据库数据的同步复制，但是在 Oracle 11G 版本之前，当备份数据库处于只读模式时，日志的数据同步会停止，而如果日志数据同步又无法处于只读模式，所以后来 Oracle 推出了 ADG(Active Data Guard) 特性，使得备库能够在只读打开模式下继续应用日志的数据同步，从而实现备库作为读数据库对外提供服务，以缓解主数据库的负载压力。

ADG 同步复制过程可以使备用数据库一直处于 Active 状态，备用数据库可以在响应只读查询操作的同时，继续应用主库发送过来的 Redo Log，保持数据与主库的一致性。在这个过程中，又可以把备用数据库作为查询库，对外提供服务，以提升备用数据库的利用率，即 A-Q(Active-Query) 模式。ADG 数据同步稳定性强，效率非常高，对硬件的资源要求却更低。在 A-Q 模式下，备用数据库可以分担主库分析、统计、报表、备份、测试等数据处理工作，在实现灾备的同时也提高了生产环境的处理能力和服务质量。

实现数据库级别的同城同步复制可以通过 ADG 特性，实现单个数据中心内高可用，可以使用 Oracle 的 RAC 特性。如图 2-11 所示的最高可用性架构（Maximum Availability Architecture，MAA）方案即为 ADG 和 RAC 方案的结合。

在 MAA 方案中，单数据中心内部通过 RAC 实现本地 Oracle 集群高可用，跨机房则通过 ADG 实现数据实时复制。在双活场景下，主中心 Oracle RAC 集群同时受理双数据中心应用读写请求，备中心 Oracle RAC 集群受理部分应用只读请求。当发生灾备进行切换时，只需要修改 Oracle 数据库域名指向的 IP 地址，使其解析到灾备机房 Oracle 地址并修改灾备数据库保护模式即可。

（5）灾备存储层设计

从实现上来看，存储层复制有同步数据复制和异步数据复制两种，如图 2-12 所示，同步复制要求在本地存储接收到主机的更新时，除了更新本地存储缓存，还要将数据发送到对端存储缓存，只有在得到对端存储写成功标识后，才会向主机返回 I/O 完成指示，最大限度保证数据的一致性,减少灾难发生时的数据丢失。异步复制则是在完成本地存储缓存更新后立即返回 I/O 完成指示,所以异步复制的数据在一定时间内不同步,只是保证最终所有复制节点的数据一致。

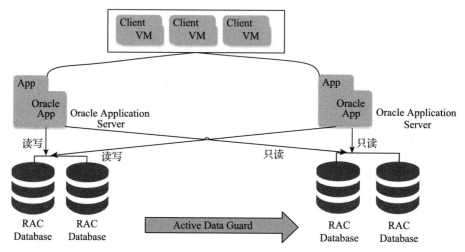

图 2-11　MAA 最高可用性架构

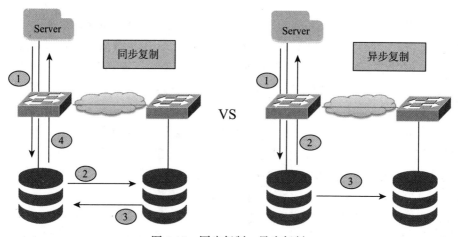

图 2-12　同步复制、异步复制

存储双活与存储主备模式的不同之处在于主中心、同城灾备中心存储设备都处于 Active 状态。存储双活模式下的灾难切换能够实现业务自动切换,做到上层应用基本无感知。目前主流存储厂商的双活方案有华为 HyperMetro、HDS GAD、Dell Live Volume、IBM MetroMirror 和 SVC ESC、富士通 Storage Cluster、HP PeerPersistence、EMC VPLEX、NetAPP MetroCluster。

根据是否需要中间设备可以分为存储网关双活方案和非存储网关双活方案。以 NetAPP

MetroCluster 为代表的非存储网关双活方案，可以简单理解为把双中心存储控制器作为 HA Pair 集群对外提供服务。EMC VPLEX 和 IBM SVC 的存储网关方案则是在主机和存储之间添加存储网关设备，数据读写均通过镜像卷实现双活访问。如图 2-13 所示，存储网关双活方案数据一致性确认由存储网关保证。

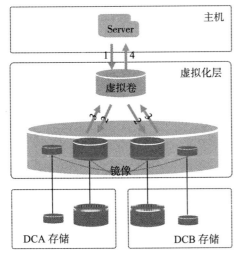

图 2-13　存储网关数据复制

在网络拓扑上，非存储网关方案需要主机通过 SAN 交换机划 Zone，使主机能够访问同城对端存储控制器，各中心存储须同构，而存储网关方案只需要主机能够访问双机房存储网关，后端阵列只与本地存储网关对接，且后端存储可以异构。

双活存储方案双写的实现参照同城数据复制技术，可以保证本端存储缓存和对端存储缓存数据变更一致。发生灾难时，通过 DCL 记录业务运行中的数据变更，以便在灾难恢复后继续进行数据同步。

在多数情况下，双活存储方案中不同服务器对同一卷、LUN、数据块的读写通过锁分配机制来避免冲突，获得锁请求才能写入数据，其他请求则需要待锁释放之后重新获取才能完成。如在 EMC VPLEX 存储网关双活方案中，通过分布式一致性缓存技术来实现锁机制，VPLEX 把控制器单个内存系统合并形成分布式缓存，以提供全局系统的缓存一致性控制。

值得一提的是，随着信息技术的快速发展，同城双活甚至异地多活已经在互联网大厂得到充分的实践，部分有实力的商业银行也在灾备建设中进行了较多实践。双活和多活的出现打破了原有的同城、异地灾备模式，能够最大限度地提高 IT 基础设施的利用率、提高 IT 设备的投入产出比；在保障业务连续性要求的前提下，双活、多活方案都能够优化用户访问路径，使用户可以自动路由分流到最优数据中心，提升客户体验。随着越来越多的案例实践，双活及多活场景下的应用也越来越成熟。综合来看，不管是从投入产出比、业务连续性保障，还是从用户体验考虑，双活方案都将是更优的选择。

2.3 本章小结

本章对商业银行IT基础架构的演进过程进行描述，包括经历了信息孤岛阶段和互联互通阶段的分散式架构、集中式网状、集中式总线架构，然后对银行城域、广域网及数据中心网络架构进行简单描述，并着重对银行两地三中心架构及涉及的技术进行重点描述。希望通过本章可以向读者阐述清楚商业银行IT基础设施架构及两地三中心相关技术。关于商业银行双活数据中心的实践应用案例将在本书后续章节中详细介绍。

第 3 章 Chapter 3

商业银行 IT 基础架构的今生

通过上一章，我们了解了商业银行信息化从无到有的各个阶段。本章将从网络架构、网络安全架构、计算架构、存储架构和备份架构等方面对商业银行 IT 基础架构的今生进行剖析。

3.1 商业银行 IT 架构的变革

国内外大型科技公司在互联网金融领域的创新发展，带动了分布式、微服务、开源软件生态在金融体系下的运用，也带动了商业银行 IT 架构变革。商业银行传统业务模式主要以营业网点、ATM 为主体，极少会有抢购等海量并发类应用场景，但在互联网模式下，此类场景已经愈发常见，这场 IT 架构变革可以称为银行互联网化。现阶段微服务、分布式、容器等技术已经在越来越多的商业银行中得到运用，并且扮演着越来越重要的角色。

3.1.1 总线 + 微服务架构

近些年，随着互联网金融如火如荼的发展，特别是以支付宝、微信支付等第三方支付平台的兴起，国内互联网金融头部企业相继将自己的产品、技术开放出来，实现金融科技的生态圈战略。在这样的浪潮下，银行也需要紧跟金融科技大环境下的时代步伐，不断深化改造 IT 基础设施架构及技术架构。无论是国有大行还是中小规模商业银行，都在尝试探索互联网金融业务，后者尽管起步较晚，可历史负担相对较轻，在这股浪潮中更能小步快跑。

作为提供金融服务的专业选手，银行在金融方面的探索和实践积淀深厚。互联网金融模式是未来趋势，不过现有的线下渠道服务模式也不能丢下，起码目前我们还无法接受银行网点、ATM 一夜之间统统消失的局面。那么对于大多数商业银行来说，作为承载其服务的渠道入口之一，面向互联网的金融业务最初往往都作为独立的板块出现。

考虑到互联网金融的业务特点，其技术架构与开展传统业务所使用的技术架构有所不同。互联网金融业务发端于互联网企业，其 IT 架构的特点是广泛应用开源解决方案，以解决大流量、高并发、海量数据的场景。开展互联网业务，需要根据用户反馈及产品需求进行快速迭代。在此基础上，互联网技术架构还须满足传统金融类业务较少碰到的，如限时抢购、平台导流等带来的用户请求激增的应用场景；这就需要 IT 架构具备灵活扩展性，能实现业务系统之间的"松耦合"。

商业银行内部信息系统类型众多，在过去数十年间，承载服务转发调度的经典方案是传统 ESB 服务总线架构，用这种架构来支撑开展互联网金融业务并满足快速迭代的业务需求是非常有挑战的。互联网企业没有这个痛点，它们在开展互联网金融业务时往往使用微服务架构体系，但对于商业银行，必然会涉及对服务其几十年的基础设施——ESB 的改造，这势必会对整个 IT 信息系统及业务开展带来极大影响。所以银行的互联网金融服务的接入一般不会去修改原有 ESB 总线架构，而是在其基础上设计单独的微服务化架构，这也表示商业银行在参照互联网企业开展互联网金融业务的技术选型时，会存在与传统的 ESB 总线架构对接的场景。

银行把互联网金融业务作为一个整体，以接口的方式注册到 ESB 总线并成为一个服务，互联网金融业务内部通过 Spring Cloud 等微服务框架完成调用。这样的好处是对原有银行核心系统改造较小，同时能兼顾互联网金融业务的灵活性。从图 3-1 中可以看出，以开放平台为入口的互联网金融业务，包含"存、贷、汇"业务类型，服务注册、发现、接口调用均在新 IT 架构环境内完成，而需要使用银行记账、核心支付能力时，则是通过调用 ESB 总线实现。

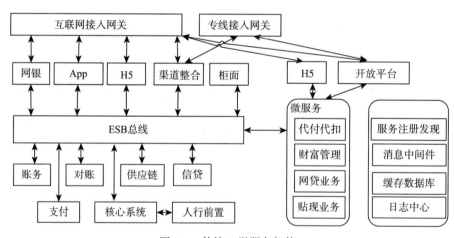

图 3-1 传统+微服务架构

在商业银行开展互联网金融业务过程中，使用 ESB+微服务架构是银行 IT 架构变革的一个妥协方案，ESB 与微服务并存的 IT 架构在中小银行的快速发展过程中还将保持较长的一段时间。不过，传统集中式 ESB 总线架构在这个过程中也不断暴露出缺点，比如不支持主流分布式框架、适配及监控能力相对较弱等。传统集中式 ESB 总线架构也需要向分布式架构升级迁移，满足信息系统的分布式、去中心、弹性伸缩等需求，完成异构系统微服务化改造，以更好地支持互联网海量客户、高并发的交易场景。

3.1.2 容器化架构

随着近几年容器技术的快速发展，以 Kubernetes 为代表的容器化解决方案已经广泛运用于各大互联网企业、科技公司。相比目前金融行业普遍运用的虚拟化解决方案，容器先天具备轻量级、高效、基于镜像发布、滚动升级、易管理、弹性伸缩等优势。如果说容器代表着未来的趋势，那么显然未来已来。

对于商业银行 IT 基础设施环境下一步的发展方向，必须考虑运用容器结合微服务分布式解决方案，其中 PaaS 层使用 Docker 容器进行镜像管理、构建、发布，应用层系统采用 Spring Cloud 等微服务化分布式架构进行业务处理，以此建设满足银行高性能、高弹性、高可用、高标准、低成本、低风险需求的新一代 IT 基础设施架构。容器化架构清晰，容错能力、自修复、扩展性强，能够很好地满足未来业务发展的需求。

中小银行在 IT 架构上历史负担较轻，能够更好地拥抱新兴的互联网技术，以实现银行与互联网的有效结合，更快完成数字化银行的转型，形成新形势下的"互联网＋普惠金融"战略新形态。

银行也必将从虚拟化架构逐步走向容器化架构，容器云平台提供镜像仓库、镜像发布、服务编排等公共服务，支持各类上层业务系统。银行核心业务系统历史悠久且系统架构改造影响范围大，容器化的实施将是一个长期的过程，从外围业务开始，逐步到核心业务。值得一提的是，对企业而言没有所谓最好的 IT 架构，只有最适合的 IT 架构，银行应结合自身业务发展、IT 投资预算及整体发展路线，选择适合的 IT 架构。

3.2 分区分层：网络架构

第 2 章简单介绍了传统网络架构，包括城域、广域网架构及数据中心网络架构，伴随着银行业务的转型及灾备、双活甚至多活机房的建设，传统网络架构已经难以满足银行发展需求。本节主要介绍金融科技背景下的网络架构设计思路及多数据中心网络环境的互联需求、多数据中心流量原则及网络优化策略。

3.2.1 网络架构设计思路

网络架构设计需要明确网络环境需求，主要涉及高可用、高性能、安全性、可扩展性、灵活性、自动化等需求。其中高可用、高性能、安全性是网络设计基础需求，可扩展性、灵活性、自动化是网络设计高级需求。传统网络架构主要以满足基础需求为目标，而在互联网金融业务背景下的网络架构需要满足网络设计高级需求，以支持互联网业务灵活的网络支持要求，实现网络运维的便捷化、可视化管理。

1. 主体架构

考虑银行监管合规，主体架构仍然采用"水平分区、垂直分层"架构。

- ❑ **区域隔离设计**：区域间必须经过物理防火墙，并且出口防火墙与内部防火墙异构。
- ❑ **区域内分层设计**：部署区域汇聚交换机 + 接入交换机或者横向可扩展性的叶脊 Spine+Leaf 网络架构。

2. 汇聚 + 接入网络设计

区域汇聚接入架构实现如下需求，其区域分层架构如图 3-2 所示。

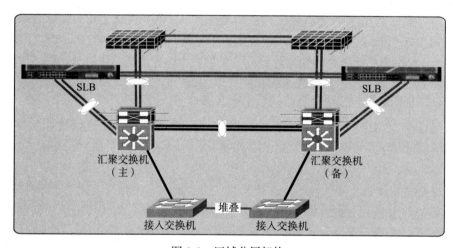

图 3-2　区域分层架构

区域汇聚和核心层之间为区域安全边界，通过防火墙串联并设置访问控制，配置明细访问策略；防火墙通过静态路由的方式将流量回注；汇聚设备作为区域业务区的出口，通过三层网络连接到核心层；网络网关放在汇聚交换机上，实现区域内三层转发；汇聚设备旁挂 SLB、网络分析等智能服务设备，实现区域内负载均衡等功能；结构、节点、链路均采用冗余设计，满足高可用性要求。

3. 叶脊 Spine+Leaf 网络设计

在银行传统业务模式下，网络流量主要是以纵向南北流量为主，三层网络设计可以很好地满足业务需求。在金融科技发展的浪潮下，伴随着虚拟化的兴起、软件架构的解耦及分布式应用大规模使用，三层架构的弊端逐渐显现出来，具体如下：

- ❑ 三层架构 STP 协议导致的上行连接网络资源浪费；
- ❑ 横向东西流量大，导致核心、汇聚设备压力过大；
- ❑ 网关在汇聚设备上，横向扩展能力弱；
- ❑ 大二层支持能力弱。

改进方式是采用基于 Overlay 技术的叶脊 Spine-Leaf 架构来构建大二层网络，如图 3-3 所示。通过构建大二层网络可以有效解决三层网络架构弊端。通过类似于 VPC 等协议解决 STP 协议导致的链路浪费问题，可使上行链路提高承载流量、解决东西流量问题及提高横向扩展能力。通过配合叶脊 Spine+Leaf 网络设计与基于 VXLAN（Virtual eXtensible LAN，可扩展虚拟局域网）的大二层技术，能够构建区域间、

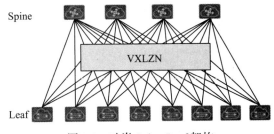

图 3-3　叶脊 Spine-Leaf 架构

多数据中心间的大二层网络，实现跨区域业务扩容、虚拟化迁移、集群扩展等功能，无须重构 IP 网络环境。

3.2.2　数据中心网络架构

在满足银行业务连续性需求的基础上，商业银行灾备数据中心的建设能够给用户带来更好的使用体验，为信息系统带来高可靠的系统环境，为银行的数据安全带来更加有效的保障措施。对于网络工程师来说，更加复杂的网络架构无疑也会带来更多设计和管理维护方面的挑战。但更优的多数据中心网络架构带来的将是更好的业务连续性保障、更好的系统可靠性保障和更高的数据安全性防护能力。

1. 数据中心之间的互联需求

对于数据中心网络架构，除了数据中心内部架构设计，还有多数据中心间的网络架构设计。数据中心间的网络设计直接关系到数据层、应用层、业务层之间的逻辑调用关系，所以在考虑网络架构之初，须考虑双数据中心甚至多数据之间的网络架构。针对多数据中心之间的互联，常见需求如下。

（1）业务连续性需求

网络高可用、低延时，网络通道包括互联网入口、专线通道、跨中心通道，可灵活切换，切换须平滑，上层应用无感知。

（2）容灾备份需求

多机房实现网络大二层或 IP 三层路由可达，实现跨机房业务调用及数据互备；部署独立密集型光波复用设备 DWDM（Dense Wavelength Division Multiplexing，以下简称波分通道），实现数据库数据实时同步。

（3）服务器集群需求

跨数据中心的集群部署，实现 IP 网络及 SAN 互通；灾备数据中心服务器部署可通过存储级 VM 镜像复制，实现与主中心基础设施环境一致。

（4）存储需求

存储 SAN 网络可达，实现底层存储跨机房复制、恢复，存储使用的 IP 网络及 SAN 网

络须高可用、高带宽、低延时。

（5）运维管理需求

全网 IP 路由可达，可实现远程管理及自动化、可视化管理，运维管理网络需要与业务网络逻辑隔离。

（6）安全性需求

跨数据中心的互联架构须保持数据中心的整体安全体系不变，安全域的划分不被破坏。

2. 多数据中心网络流量原则

多数据中心势必涉及跨中心业务流量，如果不制定多数据中心网络流量原则，在多数据中心运营一段时间之后，业务调用将会是一张"蜘蛛网"，对于后期的维护将是一场噩梦。所以在进行多数据中心网络规划时，我们必须制定业务流量原则。以应用双活为例，具体应制定以下原则。

（1）流量入口

基于 GSLB 的流量百分比或运营商 Local DNS 对外部流量进行分流，在用户不切换网络环境的情况下会路由到同一个机房；根据业务场景设置适合的会话保持时间；故障情况下可以将全部流量切换到其他数据中心。

（2）跨中心流量

跨中心线路分为前置跨中心线路、核心跨中心线路、外联跨中心线路和数据库跨中心线路。前置 DMZ 区跨中心流量，用于全局流量管理设备集群同步，以及在故障情况下的数据中心流量切换；核心交换区跨中心流量，只用于冷备应用、中间件访问；外联区跨中心流量，正常情况下均通过本数据中心外联前置访问外联单位，针对外联单位只有单条专线的情况，通过外联前置转发到主中心外联区访问外联单位；数据库区跨中心流量，仅用于多数据中心数据库同步。如图 3-4 所示。

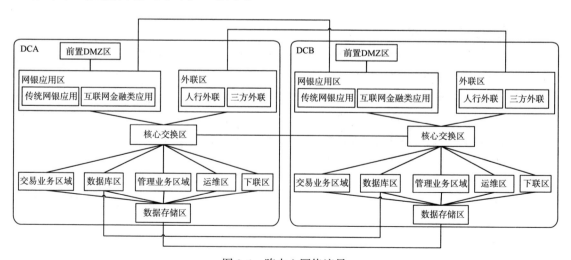

图 3-4 跨中心网络流量

(3)内部业务流量

一般情况下,双活应用系统间的调用在单数据中心内部完成,仅某些单中心部署的应用系统存在跨中心调用的情况。

(4)中间件业务流量

1)注册中心在多数据中心单独部署,应用系统访问本中心注册中心即可,不会产生注册中心跨中心流量,避免网络质量导致的中间件超时问题。

2)消息队列可以参照注册中心单独部署或者考虑消费信息的同步部署跨数据中心消息队列大集群的方式。大集群方式下涉及应用系统访问跨机房消息队列 Broker,所以此方式对跨中心网络质量要求较高。

3)应用访问本中心数据库,避免跨中心访问。

(5)数据库流量

主备模式下只有主中心数据库可进行读写操作,其他数据中心数据库处于只读、不可用状态,所有应用系统均访问主中心数据库。多活模式下应用系统访问本机房数据库,不涉及跨中心应用访问数据库流量。跨中心数据库流量还有数据库数据复制流量,如 MySQL Replication、Oracle Data Guard 等。

3. 网络优化策略

在确定网络基础架构及多数据中心网络流量原则后,接下来要重点关注网络环境的优化环节,特别是安全互访及网络性能优化。具体优化策略如下所示。

(1)网络隔离

根据信息科技风险监管指引,生产环境与开发测试环境应有效隔离,那么最有效的隔离手段就是物理隔离,避免线路直接连接,确保任何情况下都不会出现生产、测试网络互访及测试数据上生产的情况;不同环境之间全部单独部署,独立互联网出口;构建准生产环境,使其尽可能成为与生产环境结构完全相同的环境。

(2)动态 DNS 解析

公网 DNS 解析通过双机房 DNS 设备判断本机房运营商网关及对端机房 GSLB 设备公网 IP 地址健康检查状态,判断是否进行域名 DNS 切换。以图 3-5 为例,DCA 进行本机房公网网关健康检查和 DCB 公网 IP 检查,如果 DCA 公网网关可达而 DCB 公网 IP 不可达则可以确定 DCB 故障。

表 3-1 列出了双数据中心模式下执行动态 DNS 解析的健康检查判断条件及标准解析操作。

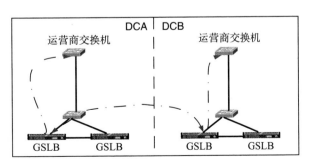

图 3-5 公网 DNS 动态解析

表 3-1　DCA 公网 DNS 解析

DCA 运营商网关	DCB 公网 IP	判断	解析操作
可达	可达	双机房均健康	按预先策略解析
可达	不可达	DCB 故障	公网域名解析到 DCA
不可达	可达	DCA 故障	公网域名解析到 DCB
不可达	不可达	DCA、DCB 均故障	启动应急预案

内网环境动态 DNS 在解析冷备应用、中间件、数据库域名时，可结合适当的探测脚本检查故障情况，根据特有的健康检查规则和条件，动态切换域名解析地址。

（3）虚拟防火墙

配合类似于 VMware NSX 软件定义网络技术，对单台虚拟机配置精准的虚拟防火墙，确保即使同一网段内主机也不能随意互访。

（4）流量回溯、监控

网络作为 IT 基础架构的骨架，需要实时了解它的状态，并能回溯之前的数据流、数据包情况。通常，要做到完整的流量回溯、监控，需要对网络设备做端口镜像以获取完整数据流。通过对完整数据流的分析获取现网路由走向，掌握带宽占用率，统计异常访问及业务超时数据流回溯定位超时原因。

（5）网络层自动化运维

实现网络层的自动化维护，包括物理网络设备的加电自动配置，虚拟网络设备的自动配置、部署、管理、测试等，可以减少网络工程师的重复工作，并降低人为操作失误导致的网络故障的发生概率。更进一步，在实现网络智能化后，通过声明式配置，网络工程师只需要显式声明从哪里到哪里、配置什么业务，而无须单独登录中间每一台网络设备进行配置。

3.3 "矛"与"盾"：网络安全架构

作为专职与钱打交道的行业，银行业相比其他行业更加重视信息安全工作。各类网络攻击技术和手段层出不穷，除了如 DDoS 泛洪攻击这类网络层的攻击方式外，也有页面篡改、SQL 注入、协议攻击等应用层攻击，还有利用组件漏洞或系统后门等攻击方式。对银行系统而言，网络攻击事件不仅可能造成服务降级、响应缓慢、业务中断等业务连续性影响，还可能导致用户数据泄露、数据破坏甚至资金损失等风险。

在业务快速发展阶段，业务人员关注的是业务发展指标，企业架构也更多考虑的是快速响应业务导向的 IT 架构。在网络安全架构方面往往可能存在盲区，所以在 IT 系统架构设计过程中必须树立网络安全意识，构建完善的网络安全管理体系、技术体系和运营体系，为我们的金融 IT 环境构建全方位的纵深防御。由于行业的特殊性，对于安全问题的容忍度很低，出现安全事件后的社会舆论和处置压力都很大，因此，银行业对网络安全方面的工作要求相比其他行业会更高，同时对在开展具体工作所需要技能的深度和广度也有一定要求，必须在方方面面做好统筹规划和跟踪落地实施。

3.3.1 金融网络安全要求

银行是受强监管的金融机构,所以其在进行商业活动中也必须符合监管机构的指引及管理规定,满足金融行业合规要求。包括《商业银行数据中心监管指引》《商业银行业务连续性监管指引》《金融行业信息系统信息安全等级保护实施指引》《网络安全法》等法律法规均对信息安全有明确要求。

以《中国人民银行计算机安全管理暂行规定》中的相关要求为例:

"第六十一条 内联网上的所有计算机设备,不得直接或间接地与国际互联网相联接,必须实现与国际互联网的物理隔离。"

"第七十五条 计算机信息系统的开发环境和现场应当与生产环境和现场隔离。"

"第八十八条 计算机信息系统的使用部门应当加强计算机系统运行环境的管理,加强对计算机病毒的防治,保证系统安全运行。"

在网络架构设计和安全体系建设中,我们需要以监管文件要求为指引,进行网络分区和区域硬件隔离,禁止应用服务直联互联网等。银行合规管理除了满足监管机构的硬性要求外,同样也为企业信息安全建设指明方向。

是不是只要满足合规要求就可以了呢?笔者认为这个问题是需要很多信息安全人员思索的。在信息安全工作开展过程中,不乏有安全人员以满足合规要求为目标,这个设定有待商榷。合规仅仅是银行业信息安全的最基本要求,信息安全建设要在此基础上进一步思考企业自身的内控管理和风险管理。

下文将从网络安全体系及网络安全技术两个方面对网络安全架构进行阐述。

3.3.2 金融网络安全体系

说到网络安全,有人马上会说出一堆安全设备和安全防护技术,他们以为使用了这些先进的设备和技术就可以高枕无忧,但这往往是一个误区。我们知道所有的网络攻击都是由人发起的,无论他们基于何种目的。所以在整个信息安全体系中,"人"才是关键。

如图 3-6 所示,网络安全体系建设可以从安全管理、安全防护和安全运营三个方面进行思考,三者相辅相成,共筑企业安全防护长城。

1. 安全管理

试问,有没有一种一劳永逸的方法可以保证我们网络环境的绝对安全?我们希望有,但很遗憾这是不可能的。所谓永恒不变的是变化,安全态势一直处于持续演进的过程中,须建立 PDCA 持续改进机制,服务于网络安全管理全生命周期。PDCA 是计划(Plan)、执行(Do)、检查(Check)、处理(Act)的循环。在安全管理过程中,需要按照计划、执行、检查、处理四个持续循环的顺序执行各项工作,将成功的部分纳入标准,不成功的部分留到下一循环去解决,以此不断增强信息安全治理水平。安全管理还包括内控合规管理和安全标准管理。

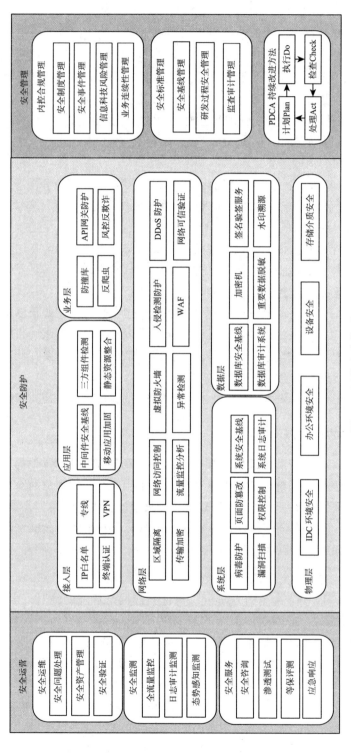

图 3-6 网络安全体系

内控合规管理的目标是建立内控合规的长效安全管理机制，对外以符合监管要求为目标，对内实现IT风险可控。内控合规管理包含安全制度管理、安全事件管理、信息科技风险管理和业务连续性管理，目的是为企业指明安全体系建设方向，为企业指引安全事件处置流程，为业务连续性运行提供基础条件。

安全标准管理更多涉及安全操作，包括安全基线管理、研发过程安全管理和监查审计管理，它明确了现阶段安全标准明细、研发过程中安全相关内容和监查审计制度等内容。

2. 安全防护

安全防护主要是通过安全防护技术实现自下而上的各个层级的技术防护，涉及物理层安全、系统层安全、数据层安全、网络层安全、接入层安全、应用层安全和业务层安全，具体措施如下。

（1）物理层安全

严控IDC及办公环境进出规则，保障物理设备及数据存储介质安全。

（2）系统层安全

通过病毒防护对所有主机的防病毒软件进行集中监控、管理，可进行批量病毒扫描、查杀和升级；通过页面防篡改对面向互联网访问系统及前置代理部署防篡改系统，非授权无法进行文件更新、系统发布；通过系统安全基线落实操作系统安全基本要求；通过定期漏洞扫描发现操作系统及部署应用漏洞；通过日志审计对操作系统日常操作做记录、审计，评估高危风险操作合理性。

（3）数据层安全

通过数据库审计系统进行数据库操作细颗粒度合规管理、攻击检测、攻击阻断，全面消除数据被窃取、篡改、删除等安全隐患；通过签名验签服务保证通信双方可信；通过加密机实现可靠的密钥管理及数据加解密服务；通过水印技术防止敏感信息以拍照、截屏方式泄露。

（4）网络层安全

- 网络访问控制。通过划分安全域，严格执行安全域间访问控制，区域之间采用硬件防火墙进行访问隔离，防火墙配置为默认拒绝所有访问策略，以白名单形式仅对经过审批的明细策略开通跨区域互访；通过终端绑定硬件特征码保证访问唯一性；通过访问授权保证所有访问均有安全认证和授权，并保障生产操作有审批、操作过程可审计。
- 防护系统部署。部署漏洞扫描入侵检测系统，实施监控全网网络风险，发现问题能够及时告警。部署WAF设备、入侵防御系统和防拒绝服务攻击系统，实时检测攻击的发生并主动防御。
- 防火墙隔离。通过硬件防火墙限制域间非授权访问，通过软件防火墙限制系统间非授权访问。集成在SDN网络技术中的虚拟防火墙，不局限于网络源和目标的IP地址、端口、协议进行安全控制。区别于传统硬件防火墙，虚拟防火墙以单台服务器为防护对象，可以构建水平扩展的分布式虚拟防火墙，提供细颗粒度的访问控制，在系统间进行二次隔离。同时可以基于同构的虚拟防火墙实现自动化、程序化快速部署安全策略。

❑ 传输安全。访问数据全部通过 SSL 加密，应用系统可实现进一步用户鉴权。

（5）接入层安全

进行访问接入方身份认证，以 IP 白名单、专线、VPN 方式明确访问银行应用系统的个人、机构身份。

（6）应用层安全

通过配置中间件安全基线保障中间件基本安全；通过三方组件检测保障使用的三方组件可被信任；通过移动端应用加固，消除移动端应用存在的风险及漏洞，使移动端应用具有防逆向破解、防篡改攻击、防数据窃取的能力。

（7）业务层安全

通过防撞库的人机识别、页面混淆技术防止撞库攻击；通过 API 网关防护技术进行 ACL 控制、Key 认证和 CC 限速等防护；通过反爬虫技术规避无效访问。

3. 安全运营

安全运营是指从安全运维、安全监测、安全服务方面"三管齐下"，建立完善的安全运营体系。安全运维主要面向日常运维操作，包括安全问题处理、安全资产管理和安全验证工作。安全监测是实时检测和了解现网安全状况，通过全流量监控、日志审计监测、态势感知监测等平台，对安全状况做到心里有数，在第一时间获取安全问题告警。安全服务主要是合理地使用第三方安全技术支持能力，借助安全咨询公司的能力构建企业自身安全防护体系，并通过定期或不定期发起模拟攻击，发现隐患、解决隐患，逐步完善安全保障体系。要确保全行信息系统内外部不发生安全事件，即使在发生安全事件时也能够快速感知、快速处理，减少安全事件带来的资金及声誉影响。

3.3.3 金融网络安全技术

网络安全技术涉及从物理层到业务层的各个层面，贯穿产品设计到产品上线运营的全流程。现阶段网络攻击的方式和种类也随着互联网技术的发展而不断迭代，做好网络安全防护的前提是我们要对网络攻击有充分的了解。下文将抛砖引玉对常见的网络安全攻击及防御技术进行简单介绍。

1. 防拒绝服务攻击

拒绝服务攻击可以理解为攻击者以消耗被攻击者可用资源为手段，以达到网络资源和系统资源消耗殆尽为目的，从而使被攻击者无法响应正常的业务请求。拒绝服务攻击是黑客常用的攻击手段之一，一般我们把拒绝服务攻击分为网络资源类和系统资源类。

❑ 网络资源类攻击是攻击者发起大量耗费网络资源的请求，使被攻击者网络资源耗尽，致使合法用户无法正常请求。一般攻击者会控制成千上万的"肉鸡"(傀儡机,即可以被黑客远程控制的机器)在同一时间发起如批量下载等耗费网络带宽资源的请求,以达到攻击目的。
- 系统资源类攻击指攻击者消耗大量计算机系统资源,致使系统无足够资源响应正常的合法请求。常用攻击手段有 SYN Flood、死亡之 PING、Teardrop 泪滴攻击、Land 攻击、Finger 炸弹、Smurf 攻击 和 UDP 攻击等。

以 SYN Flood 攻击为例,SYN Flood 利用 TCP 三次握手协议实现攻击。如图 3-7 所示,左侧为正常的三次握手,客户端发起 SYN 请求、服务端响应 SYN+ACK、客户端再回应 ACK,这样三次握手就建立完成。SYN Flood 攻击则是攻击者在收到服务端响应的 SYN+ACK 回应后,不对此回应做 ACK 响应,此时服务端处于 TCP 半连接状态,一直等待客户端 ACK 响应直到 SYN 超时,通常 SYN 超时时间为 0.5~2 分钟。服务端会维护半连接列表,当大量 SYN Flood 攻击时会导致服务端 TCP/IP 堆栈溢出。

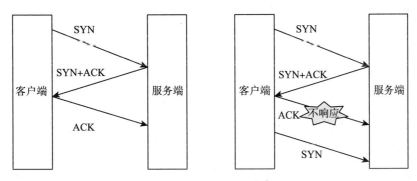

图 3-7 SYN Flood 攻击

对于拒绝服务攻击的防护:一是使用电信运营商 DDoS 服务,运营商具有互联网高带宽,配合流量清洗设备,可以在运营商侧抵御来自互联网的各种拒绝服务攻击;二是在互联网前置区域内部部署抗 DDoS 防火墙、黑洞等设备对恶意攻击进行流量清洗,防御 Flood 等攻击;三是优化系统层参数限制,调整可使用的最大内存,增强操作系统 TCP/IP 栈及可以生成的最大文件数等。另外,对于网站类应用,通过把静态内容部署到 CDN,也可以抵御部分 DDoS 攻击。

2. 网络入侵检测系统

在互联网前置区域部署全流量入侵检测系统,可对互联网入口和出口的所有访问进行通信数据流的实时检测、分析,特别是对报文中涉及的敏感字段和网络活动中的异常情况进行检测。通过全网的实时检测、分析,能够及时发现违规行为并及时处理。网络入侵检测系统 IDS 系统可实现以下功能。

(1)应用层攻击特诊检测

应用层攻击通常会在请求 URL、请求报文中带上攻击请求。通过应用协议分析技术可以实现应用层特诊检测，实时检测数据流中符合 IDS 攻击特诊库的攻击行为；通过匹配可以识别为应用层攻击，从而进行检测通知、主动防护。为确保能够检测到最新的攻击事件，IDS 特征库需要定期更新。

（2）异常检测

通过对特定时间间隔内出现的超流量、超链接的数据包进行检测，实现对 DDoS、扫描等异常攻击事件的检测。

（3）SSL 加密通信攻击检测

通过卸载 SSL 证书、解码通信数据，对加密报文进行分析、检测基于 SSL 加密通信的攻击行为，可以保护基于 SSL 加密访问的前置服务器的安全性。

需要注意的是，在部署 IDS 设备时，需要考虑合适的网络位置。为分析 SSL 加密后的通信数据，入口 IDS 部署可以放置在 SSL 卸载设备之后；为追溯攻击者源 IP 地址，建议部署在 NAT 地址转换设备之前。

3. 入侵防御系统

在生产前置区与核心区之间部署入侵防御系统（IPS），可作为防火墙的安全补充。防火墙可以通过 IP、端口五元组进行访问控制，但无法识别和阻隔对合法 IP 地址和端口的攻击行为。IPS 工作在第 2~7 层，深入网络数据内部，通常使用特征库匹配和异常分析等方法来识别网络攻击行为，能够及时中断、调整和隔离具有攻击性的网络行为，并产生日志报告报警信息。

4. 漏洞扫描系统

漏洞扫描系统主动进行网络探测、主机探测、端口探测扫描和硬件特性及版本信息检测。通过漏洞扫描可以了解主机操作系统、网络设备版本和配置，以及安全设备、数据库、中间件和应用组件等资产的安全状态信息。通过匹配在线最新漏洞库，可检测并匹配内网环境 CVE、OWASP 等漏洞类型，并提供相应解决方案。

5. 数据库审计系统

数据库审计系统主要用于监视并记录对数据库服务器的各类操作行为，通过对网络数据的分析，实时、智能地解析对数据库服务器的各种操作，并记入审计数据库中以便日后查询、分析、过滤，实现对目标数据库系统用户操作的监控和审计。

6. 防篡改系统

针对 Web 应用及静态资源部署防篡改系统，可避免因应用权限配置不当、恶意程序失察、脆弱方案控制等因素带来的风险。防篡改系统一般分为管理服务、发布服务、客户端服务，可防止静态文件被发布服务以外的任何方式修改，即使被修改也能被检测和立刻恢复。防篡改系统一般作为网站、H5 页面等面向互联网应用系统的重要防护手段，可以有效阻止安全事件的发生。

7. 威胁态势感知系统

在完成以上基础性防护、被动式响应安全体系建设后,需要建立完整的信息安全防护体系,需要化被动为主动,建立以大数据平台为基础的态势感知系统,从全局视角对安全威胁进行发现识别、理解分析和响应处理,做到安全风险预测。

3.3.4 小结

金融机构信息安全工作首先是要树立金融从业人员的安全意识,加强安全管理、安全监测,并运用安全态势感知、安全大数据分析和机器学习等技术,实现安全管理和安全技术双管齐下。安全工作需要嵌套在设计、开发、测试、运维全流程,贯穿应用产品研发全生命周期。正所谓"道高一尺、魔高一丈",安全工作需要实践 PDCA 持续改进方法论,不断发现和解决问题,构建完善的安全管理、安全技术、安全运营的安全体系。

3.4 "云":计算架构

传统以项目为中心的建设方式,极容易造成烟囱式的 IT 环境,存在资源空闲率高、建设周期长等问题。随着云计算技术的普及,特别是以 VMware 和 OpenStack 为代表的开源虚拟化技术及 Docker 容器技术的广泛使用,使得云计算技术在银行业也逐渐被广泛应用。新的云计算技术架构为全方位的互联网化、智能化、数字化的科技金融服务提供了底层技术保障。

3.4.1 信息系统分级

根据风险分析、业务功能分析和业务中断影响分析结论,我们将信息系统按事件敏感性分为以下三类需求等级,如表 3-2 所示。分级管理的思路是为最重要的系统提供最优的基础设施和最优的应急保障能力,这将作用于云计算架构资源分配、技术选型和多数据中心应急切换时的系统优先级定位。

表 3-2 信息系统分级

需求等级	对象	系统名
第一类	1)短时间中断将对国家、外部机构和社会产生重大影响的系统; 2)短时间中断将严重影响单位关键业务功能并造成重大经济损失的系统; 3)不能容忍系统短时间中断的单位和用户的系统	核心系统、关键渠道服务、互联网金融业务、企业服务总线、渠道整合等
第二类	1)短时间中断将影响单位部分关键业务功能并造成重大经济损失的系统; 2)对系统短时间中断具有一定容忍度的单位和用户的系统	外围系统、网银、存贷系统、查询类服务
第三类	1)短时间中断将影响单位非关键业务功能并造成一定经济损失的系统; 2)容许业务功能有一段时间中断的系统	分析、运营、管理类系统

注:内容源自《JR/S 0044-2008 中华人民共和国金融行业标准:银行业信息系统灾难恢复管理规范》。

- **第一类系统**：以高可靠性、高可用性、安全性、高性能、可扩展性为建设原则；主要采用大型机、小型机等物理设备方式提供服务，以 IaaS 层高可用、集群方式实现 7×24 小时持续运行。
- **第二类系统**：以可靠性、可用性、灵活性、易管理型、安全性、性价比为建设原则；主要使用小型机、PC 服务器、虚拟机结合方式实现，计算架构以应用微服务化的虚拟机方式实现。
- **第三类系统**：以大数据量、灵活性、容错性、分布式为建设原则；主要使用 PC 服务器搭建集群来处理大数据分析性业务，使用虚拟化技术及容器技术结合处理非联机交易及各种新兴互联网业务。

3.4.2 整体架构

商业银行 IT 基础架构以计算架构、网络架构、存储架构为重点。如图 3-8 所示，计算架构、存储架构资源组合根据应用需要而定，可按照应用系统分级对计算、存储层资源进行组合。一类核心应用以大型机、小型机组合独立高端 FC 存储，二类应用以 PC 服务器、虚拟机组合中低端 FC 存储和分布式存储，三类应用以虚拟机、容器组合分布式存储，测试应用则优先考虑虚拟机、容器组合分布式存储及本地磁盘。

在图 3-8 中，资源管理分为针对资源管理调度和自动化运维两方面，部署基础架构云管理平台和 DevOps 平台。云管理平台实现 IaaS 层计算、网络、存储资源的调度，实现物理设备、异构虚拟化平台、异构存储设备纳管和调度，同时支持容器编排，提供镜像仓库等基础能力。云管理平台通过分区分域以自服务方式供研发部门使用，在满足资源快速响应的同时有效减轻运维人员的压力。DevOps 平台实现运维工作自动化，包括自动化安装、自动化巡检、批量作业执行以及应用 CI/CD 持续集成、发布等功能。DevOps 平台以 CMDB 为基础数据库完成各子系统状态实时更新同步。

监控方面通过统一监控平台对 IaaS 层 IT 基础设施硬件、虚拟化及容器云平台等进行基础监控，对 PaaS 层进行应用系统关键日志监控、中间件监控、APM 全链路监控和性能监控，对业务层进行核心业务指标、大数据趋势监控。通过建立自下而上的监控体系，覆盖基础、应用、业务层各项指标，以实现实时监控、状态预测等目的。

在虚拟化、云计算的浪潮下，在大量商业化解决方案的加持下，传统银行基础设施中计算架构的规划和设计已经非常成熟，可行性、稳定性和快速构建方面已经达到极高的水准，与互联网企业基础设施所追求的高性能、高弹性、高可用、低风险相似度已然很高，不过在成本控制及新技术运用方面仍有较大的成长进化空间。商业银行 IT 架构运用分布式、容器化技术，可以尝试"农村包围城市"的策略，优先对外围系统和新业务系统进行新技术改造。在技术改造过程中除了考虑技术选型，还要考虑技术改造成本、设备替换成本、人员管理成本等因素，对于商业银行而言，追新并不是目的，只有适合自己的才是最好的。

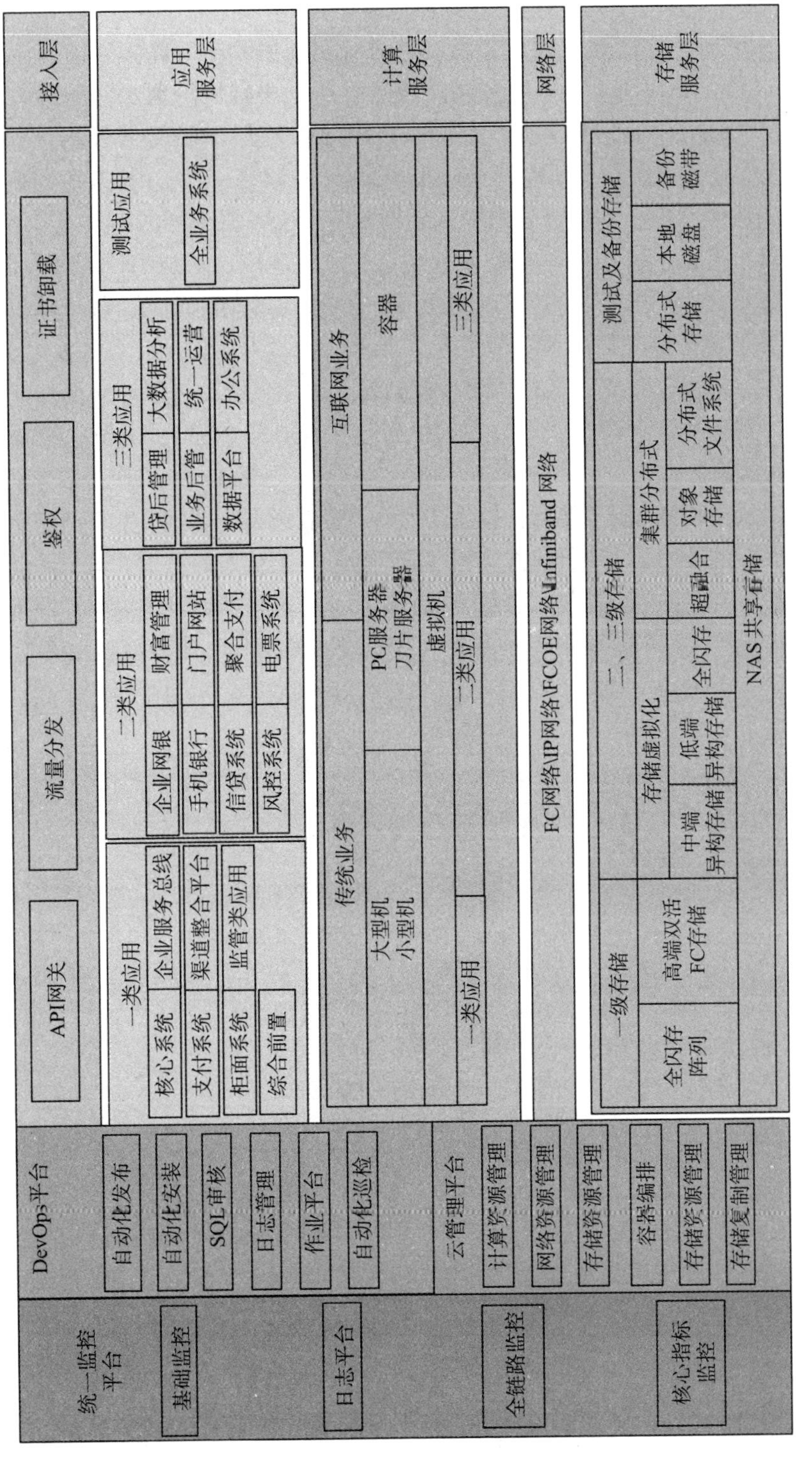

图 3-8 整体架构

3.4.3 分布式计算

随着银行系统规模越来越庞大、复杂，集所有业务单元于一体的集中式架构体系已然难以满足银行自身业务快速发展的需要。传统大型机、小型机物理设备的购买费用及后期高昂的维保服务费用，一直占据年度科技建设费用的"大头"，这势必会缩减科技创新的费用投入。随着 PC 服务器性能不断提升及分布式服务架构、分布式计算方案逐渐成熟，越来越多的银行已经从大型机、小型机的集中式架构向基于 x86 服务器的分布式计算架构迁移。

分布式计算把网络上分布的资源汇聚起来，完成大规模、复杂的计算和数据处理任务。分布式计算以分布式方式把巨大的计算任务分隔成许多足够小的单元，每个单位可以在单机能够承受的条件下执行，在降低单个节点配置要求的同时大幅提升计算并发度和计算效率。正是因为此特性，采用分布式无状态的设计模式构建应用系统，可以使应用的并行处理能力近乎无限扩展。目前主流开源微服务分布式框架包括 Spring Cloud、Dubbo、Thrift 等，也有一系列商业分布式服务框架，如淘宝 HSF、腾讯 TSF、亚马逊 Coral Service、华为 DSF 等。

图 3-9 是 Dubbo 分布式服务架构，以生产者 – 消费者模型为基础，并在此基础上新增了注册中心和监控中心。服务通过注册的方式被注册到统一注册中心，消费者访问注册中心获取生产者信息，从而直接访问生产者获取消费消息。作为一款高性能、轻量级的开源分布式服务框架，Dubbo 提供了面向接口的远程方法调用，具备天然智能容错、服务治理和负载均衡功能。

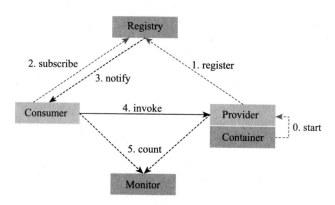

图 3-9 Dubbo 分布式服务架构

在分布式迁移过程中，需要将原有独立的集中式服务分为多套松耦合的分布式服务，这会给运维带来跨系统调用的网络传输保障、多系统的负载均衡保障、各数据节点的一致性和同步保障以及服务拆分等大量支撑工作，会对自动化运维提出更高的要求。新形势下的分布式计算架构让人工运维成为过去，需要我们的运维人员向标准化、平台自动化、数据化和智能化运维探索，建立完善的自动化运维保障体系。

3.4.4 "云"资源管理

随着分布式计算及微服务架构日渐成熟，应用系统的运行环境逐步从大型物理硬件设备向虚拟化设备迁移。这里想澄清一点，单纯的虚拟化只能称为资源池，而不能称为云计算。云计算是一种资源交付模式，能够做到弹性计算、快速扩展，虚拟化仅仅是实现云计算的一种技术方式，现在流行的容器技术也同样作为云资源管理的技术存在。云计算与分布式计算的有效结合，是目前最为流行的 IT 计算架构，应用的计算能力不再只依赖于单台高端的大、小型机的纵向扩展能力，而是实现了无边界的横向扩展。

考虑到银行系统内部计算架构的高安全性要求，其必然区别于公有云的无边界自助服务、无处不在的网络访问。我们可以把银行业的每个区域看作一朵云，通过统一管理调度平台进行调度，实现区域内的"云计算"。我们把云计算架构分成三层，即平台管理层、资源调度层、资源服务层，如图 3-10 所示。

1. 平台管理层

（1）交付服务

考虑到平台面向的团队和用户不止一个，必须将资源管理平台设计为支持多租户模式的自助服务平台。即平台为研发项目组预留资源配额，在资源容量范围内，平台用户可实现自助服务，所需资源自动交付，解决资源由 IT 运维团队集中分配、管理模式效率低下等问题。

平台管理的资源，大到小机分区，小到 IP/ 端口策略，但凡涉及可图形化、自助化的，均由运维开发团队对资源操作指令进行封装。最终管理的资源类型如下：

1) 计算资源包含小型机分区、PC 服务器、多平台 VM 虚拟机、容器 Pod 等。
2) 网络资源包含二层 / 三层网段资源、硬件负载均衡资源、Firewall 域间资源、容器 Ingress 资源等。
3) 存储资源包括统一 FC 存储卷、NAS 存储空间、对象存储和分布式存储资源池等。

交付服务以应用系统为对象进行容量管理、资产管理、信息清单管理及计量计费管理。在实际使用中会根据应用系统的业务类型和重要等级提供不同类型的基础设施资源。如 Oracle 数据库资源配合使用小型机分区 + 统一 FC 存储的裸盘方式，高等级应用服务会以虚拟机结合 FC 存储或分布式存储形式存在，用户身份核查、征信报告、影像资料类应用主要以使用对象存储类资源为主，测试类应用以虚拟机 + 本地磁盘组合方式存在，微服务化应用主要部署于容器环境。无论基于何种应用对象和基础架构模式，都可在云管理平台自助服务获取资源，资源的定义已经预先制定完成。

（2）查询服务

查询服务提供基于资源的查询和报表的查询。资源查询包含资源信息查询、配置项查询和服务状态查询等。资源信息查询通过获取 CMDB 资源信息提供资源配置查询、可用资源查询、已有网络策略查询、域名信息查询等功能。配置项查询集成了配置中心、软硬件负载均衡设备、代理转发设备等各系统的项目归属配置信息。服务状态查询包括服务可用性查询、监控状态查询、业务探活查询、日志查询等，同时结合了基础监控平台、业务监控平台及日志平台，为用户提供统一查询入口。

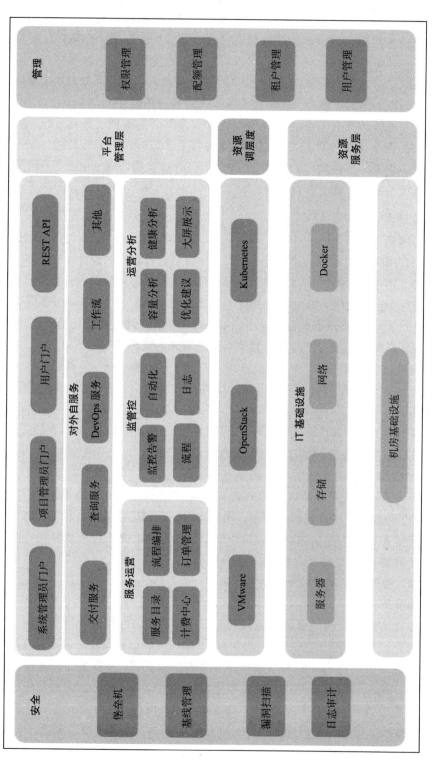

图 3-10 云资源管理

报表查询主要包括计量计费查询、容量分析报表查询、运维分析报表查询等，报表查询以 CMDB 资源信息数据为基础，并在此基础上向数据化、智能化方向发展。

（3）DevOps 服务

在应用对象管理基础上，平台完成 DevOps 自动化发布管理、集成测试版本校验及线上审批，以自服务方式定时、自动发现或手动触发方式完成应用系统基于虚拟机和容器的灰度发布、金丝雀发布和批量发布。发布管理结合业务探活接口，实现发布后管理，自动检测服务状态并对异常结果主动告警。

（4）工作流

工作流服务分为主动式和被动式两种。顾名思义，主动式为用户发起的工作流，被动式是系统发起的工作流。主动式服务接收用户请求后，根据工作流类型完成各组服务流程项，涉及系统、应用、网络、安全、管理等多个节点，资源的分配、创建、配置将通过 API 调用的方式进行自动化处理和提交。被动式服务是平台实时获取应用系统基础监控、性能监控、业务监控、流量监控等状况，当告警发生时根据告警级别、告警对象、告警类型，调用平台工作流来启动事件处理流程，流程线包含从最前端的运营人员到最末端的运维人员，形成事件处理闭环。

2. 资源调度层

对外提供服务接口，对接云管理平台，对上接收平台管理层调度命令，对下实现云计算的资源创建、调度、自动伸缩。资源调度层对象可以是异构平台云环境、存储网关、SDN 网关及容器编排系统。

3. 资源服务层

为业务提供实际的计算能力，根据调度层请求分配 CPU、内存、网络、存储资源，可以根据物理服务器负载情况灵活调度分配，并实现 CPU 细颗粒度划分、单体计算能力快速伸缩及横向扩展。

计算能力的分配和使用对于运维人员是完全透明的，也可以理解为公有云能力，运维人员甚至可以不用关心应用系统所使用的虚拟化技术、容器技术、资源创建的位置、服务器的资源剩余情况、网络标签等信息。

3.4.5　容器环境的计算架构

容器技术作为当下最热门的基础架构解决方案，已经广泛应用于各行各业。基于容器的编排调度引擎能够简化应用部署，实现健康检查和自修复、自动扩容缩容，具备天然的服务发现和负载均衡能力。对于业务上量前应用系统资源利用率不高的场景，它可以显著提高硬件资源利用率。

虽说有着虚拟化无法企及的优势，然而在现有架构下新增一套容器环境却并非易事。容器最适用于轻量级、无状态的微服务化应用系统。与服务总线的调用方式不同，容器也更适合分布式服务框架及 Service Mesh 等下一代微服务架构。这也表示在原有架构中增加容器环境，需要结合原有服务总线、微服务框架和现有服务网格架构，并且并非所有的应用都适用于容器环境。

如前文所述，容器环境适用于无状态、微服务化的应用系统，银行业容器架构变迁将长期处于混合架构模式，即核心业务的 ESB 总线架构与容器微服务架构的混合状态。ESB 总线与容器微服务的混合架构中的基础能力服务包括核心系统、人行前置等不适用容器，其余外围应用包括网银类、互联网金融类、管理类等均可使用容器。基础能力系统与容器通过 ESB 总线交互，容器内部使用微服务架构。

在混合架构模式下，应用系统可粗分为以下几类。

- **传统产品化业务系统**：传统高度产品化的业务系统经历多年的技术发展，技术难称先进，不过贵在成熟稳定，产品功能定型后基本也极少再做改动，多使用成熟的商业化组件支撑其运行。对于中小银行而言，这类业务系统改造的投入产出比过低，所以此类业务系统在此阶段下将保持现状。
- **前置系统**：包括支付/超网前置系统、电票前置系统、联网核查前置系统、央行会计前置系统等，此类前置系统主要使用人民银行等配套系统，日常版本变更并不频繁，且资源占用不高，不建议进行容器化改造。
- **公共服务**：包括配置中心、注册中心、镜像仓库等公共服务组件，可以在后续阶段进行容器化改造。
- **互联网金融类应用系统**：此类多采用分布式及微服务的应用系统可以逐步迁往容器架构，容器环境内部应用调用通过 Dubbo 等微服务架构实现，也可以通过 Service Mesh、Istio 等下一代微服务架构实现，达到服务发现、访问控制、服务治理等目的。对于容器环境与外部应用系统的相互调用，也可继续延用 ESB 服务总线。

3.5 分久必合、合久必分：存储架构

三国中有"分久必合、合久必分"之说，孙子兵法中有"兵无常势、水无常形"之言，表示发展是一个变化的过程。回到我们的 IT 基础存储架构，从本地磁盘到统一存储再到分布式存储，同样经历了直连存储（Direct Attached Storage，DAS）、网络化存储（Fabric-Attached Storage，FAS）、分布式存储等分分合合的阶段。

3.5.1 分：直连存储

计算、存储和网络是组成计算机的三大关键部分。计算一般指的是 CPU 和内存的搭配组合，这也是为什么虚拟化资源池往往被称为计算资源；网络指的是本机网卡设备；存储一般指本地硬盘，这也是最常见的存储设备。

如图 3-11 所示，原始存储架构可以参照 PC，计算、网络、存储介质设备均在一个机箱

中，所有部件通过主板总线连接在一起，这种使用服务器内置存储的架构是最原始的 DAS 架构，我们的 PC 及数据中心级服务器均使用此架构。这种最原始的 DAS 存储为最常见的一种存储方式。

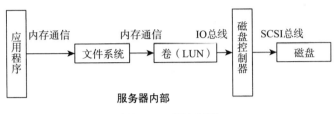

图 3-11　直连存储

前面说到我们常见的内置存储就是我们 PC 上的本地硬盘，假如小明打开自己的主机机箱，发现里面是一块 900GB 的硬盘，他立刻有了两个疑问：如果仅有的这块硬盘坏了，他的资料怎么办？如果以后硬盘容量不够，怎么办？为了解决以上两个问题，人们发明了独立磁盘冗余阵列（Redundant Arrays of Independent Disk，RAID）技术，即通过多块独立磁盘组成具有冗余特性的阵列，多块磁盘容量累加可以解决容量不够的问题，磁盘组冗余特性可以解决磁盘故障数据丢失的问题。除了解决以上两个问题，RAID 阵列技术可以在更换故障磁盘后进行数据重构，还可以让系统并行读写多块磁盘以此提高读写效率。

如图 3-12 所示，通过对 RAID 0、RAID 1、RAID 5 为代表的 RAID 数据分布分析，我们可以大致理解 RAID 的工作原理。

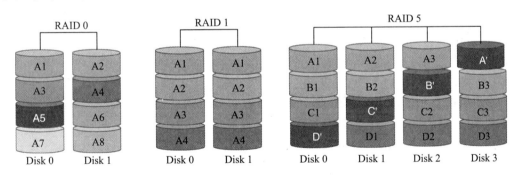

图 3-12　RAID 技术

RAID 0 称为条带（Stripe），通过把连续的数据块分散到多个磁盘中，数据请求可以在多块磁盘中并行执行，具备最高级别的存储性能并增加了整体容量，但由于数据块未做镜像，所以 RAID 0 并未提高整体冗余能力。RAID 1 通过数据块镜像实现数据冗余能力，同一数据块会同时分布在两块磁盘上，任意磁盘故障均不会导致数据丢失，具备最高安全性，但整体容量未增加。RAID 5 则兼备 RAID 0 性能和 RAID 1 容错的优点，通过奇偶校验信息在磁盘故障后可以以此重建磁盘数据，提高了读写能力和整体冗余度，同时在磁盘空间利用率上，因为使用单盘空间存放奇偶校验信息，所以整体容量为总磁盘容量减去校验盘容量。

可是服务器的物理空间终归是有限的，内置磁盘空间扩容很快就会遇到瓶颈。所以人们思考能否将存储独立出去：在服务器和存储之间通过 SCSI（Small Computer System Interface）总线通信即可。人们不断把想法落地，首先把磁盘放到单独的存储机箱，为机箱提供单独的电源和散热系统，这样的存储设备我们称为 JBOD（Just a Bunch Of Disk）。后来人们又思考能否将 RAID 控制器迁移到 JBOD 设备中，服务器只需要 SCSI 控制器连接存储机箱即可，在调整 RAID 时也无须重启服务器，这种自带 RAID 控制器的 JBOD 设备称为"磁盘阵列"或者机头，不带控制器的 JBOD 设备也可以称为磁盘扩展柜，这一套下来，已然有了现代独立存储设备的雏形。

当人们发现磁盘阵列带来的优势之后，就开始不断开发它的潜能，想着如何不断提高阵列整体容量，如何提高阵列的高可用性。开始时，一个 SCSI 总线最多允许 16 个设备接入，所以无法在同一个 SCSI 总线下继续添加磁盘，但 RAID 控制器却能分配多个通道，一个通道对应一个 SCSI 总线，所以控制器上分配多个通道就能以 15 的倍数扩容。有人会问为什么不是 16 的倍数，因为控制器会占用 SCSI 总线的一个资源。而在一个带有控制器的磁盘阵列机柜无法满足扩展空间需求时，就可以添加单独的 JBOD 磁盘扩展柜，磁盘阵列机头通过外置 SCSI 线缆与磁盘扩展柜的 SCSI 总线相连实现扩展柜的接入。

在阵列高可用性方面，为提高此磁盘阵列冗余性，人们为其配置双控制器，控制器之间保持心跳检测和缓存同步，以保障任意控制器故障均不会影响阵列整体可用性，至此服务器和存储设备完美分离。如图 3-13 所示，此时的磁盘阵列仅为一台服务器提供服务，所以此架构仍然属于 DAS 架构。

DAS 架构下无论使用内置存储，还是外置的 JBOD、磁盘阵列，服务器和存储设备直连，存储设备只与单台服务器连接，这样每个系统均使用了独立分散的存储设备，各个存储设备之间没有交互。这就好比三国三分天下之前的各方势力，各自具备独立的军政、民政体系。DAS 架构下的存储设备为服务器提供由连续扇区组成的数据块，所以也属于数据块存储的范畴。

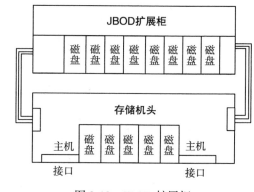

图 3-13 JBOD 扩展柜

3.5.2 合：集中存储

存储设备与服务器分离形成的磁盘阵列，给磁盘扩容、设备高可用、RAID 调整等方面带来极大便利，但每台服务器都使用单独的存储设备也带来设备分散管理、存储资源无法复用等问题。所以人们又开始思考，能否将多套磁盘阵列整合到一个设备上来，实现存储资源的集中管理，并兼容多种接口方式同时供多台服务器使用。随后，FAS 形式的集中存储进入我们的视野。

FAS 网络化存储，顾名思义就是服务器和存储设备之间通过独立网络进行互联。FAS 网络化存储根据传输协议的不同又可以分为存储区域网络（Storage Area Network，SAN）存储和网络附加存储（Network Attached Storage，NAS）。

1. SAN 存储

SAN 指的是网络而不是存储设备，通过 SAN 连接起来的存储设备才称为 SAN 存储。从独立分散的 DAS 存储开始，服务器与存储设备之间通过 SCSI 线缆连接，一台服务器对应一台存储设备，多台服务器连接同一个存储设备形成的 SCSI 网络，即最初的 SAN。

SCSI 总线下的 SAN 存在 SCSI 总线 16 个节点以及 SCSI 线缆 25 米传输距离的限制，很显然，这样的 SAN 并不能满足日益增长的存储连接需求，所以人们急需新的网络传输系统，所以 FC（Fibre Channel）进入了人们的视野。

FC 是"网状通道"，而非"光纤通道"，在这里此 Fibre 非彼 Fiber，FC 并不一定使用光纤网络，它可以是 SCSI 网络、光纤网络甚至以太网络等。FC 的出现提高了 SAN 的扩展性，通过使用 FC 交换机可以实现多台服务器共享同一个存储设备；FC 引入包交换网络并在底层使用同步串行传输方式，大大提高了传输速率；FC 可以使用光纤作为传输介质，增大了 SAN 传输距离；FC 通过 LUN Masking（LUN 掩蔽）及 ZONE 技术，极大地提高了 SAN 的安全性。FC-SAN 即使用 FC 协议的 SAN，沿用至今，其高速率和高安全性给人留下深刻印象。

FC-SAN 为 IT 基础设施提供了安全、高速率的存储架构，但也存在缺点：贵。FC-SAN 架构需要构建独立的 FC-SAN 环境，包括服务器独立的 FC HBA（Host Bus Adapter）卡、SAN 交换机以及独立的 FC-SAN 线缆，同时 FC-SAN 管理门槛也较高，这无疑成为企业尤其是中小规模企业使用 FC-SAN 存储架构的"拦路虎"。

正所谓"有问题就解决问题"，为了解决以上问题，人们开始探索能否像下文即将提到的 NAS 一样通过最常用的 IP 网络来传输存储设备块数据，并最终研发出了基于 IP-SAN 的 iSCSI（Internet Small Computer System Interface）协议，使得 SCSI 语言通过 Internet 传递，承载于 TCP/IP 之上。IP-SAN 的出现使得人们可以以较低成本使用存储设备的块数据，同时在现有服务器上使用 iSCSI 且不需要升级物理硬件，又可以具备 TCP/IP 的无距离限制、高扩展性等优点。

无论是 FC-SAN 还是 IP-SAN，服务器最终访问的是存储设备的块数据，同样属于数据块存储的范畴，文件系统层的处理均在服务器操作系统内完成。

2. NAS

在 IP-SAN 出现之前，为解决使用集中存储的高成本问题，人们发明了 NAS（网络附加存储）。服务器通过以太网协议，复用现有的 IP 网络通道直接访问 NAS，实现通过 IP 网络访问集中存储。因为是基于以太网的 TCP/IP 传输数据，使得 NAS 可扩展性极强，可以说只要 IP 路由可达就能访问 NAS。这时可能有人会问："既然有了 NAS，为什么后面还会出现 IP-SAN 存储？"这是因为两种架构的访问对象不一样，IP-SAN 访问的是存储设备块数据，而 NAS 访问的存储设备是文件系统，这也是为什么 NAS 属于文件存储的范畴。NAS 作为文件存储实现时，是通过把文件系统处理逻辑从服务器迁移到 NAS 商户，使得 NAS 可以支持 POSIX 的文件访问接口，为服务器提供文件级别的数据访问。简单来说，使用 NAS 不用像使用块存储一样在操作系统层面对块存储进行文件系统格式化，而是直接使用 NAS 上已经格式化完成的标准文件系统。

NAS 被广泛使用的主要原因是其具有极强的扩展性、使用简单、成本较低等特点，还有另外一个重要原因就是它可以实现文件共享，在现在的互联网环境中 NAS 更多是作为共享存储使用。

3. 统一存储

SAN 存储和 NAS 可以看作对分散的 DAS 的集中化，使多台服务器可以通过不同的网络通道以数据块或者文件系统的方式访问同一存储设备。那能否对 SAN 存储和 NAS 再做一次整合，使其成为一个整合度更高的集中存储呢？答案当然是肯定的。如图 3-14 所示，存储设备配置多协议控制器，可以同时提供 FC 方式的连接（访问数据块）和以太网方式的连接（访问文件系统），从而完美地把 SAN 存储和 NAS 融合在一起。

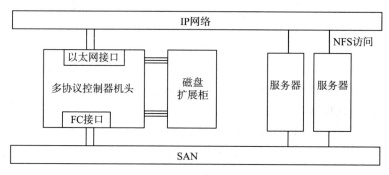

图 3-14　统一存储

在现今的互联网存储环境中，IT 基础环境往往采用的不是单一的存储架构，而是多种存储架构的组合，有基于硬件的存储架构，也有基础软件的存储架构；有纯 NAS、SAN 存储架构，也有多协议多功能存储架构。

4. 集中存储生产实践

无论是基于 SAN 还是 NAS 的集中存储架构，最终目的都是对磁盘空间进行集中管理，包括伸缩扩容、数据备份以及日常管理维护等。除此之外，在数据完整性、可靠性和安全性方面，相比 DAS 架构，集中存储架构也更有优势。银行业对于上述特性恰恰又都非常看重，无论是过去还是现在，集中式存储架构在银行业内仍然普遍适用。

在保障金融数据可靠性方面，银行业在灾备建设过程中还会考虑通过单机房双活存储+异地备份存储+离线备份的方式实现数据的多重备份，尽可能保障数据安全，如图3-15所示。

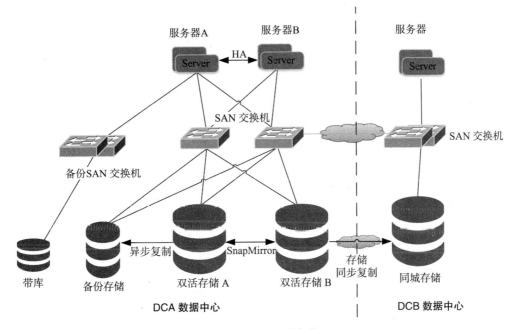

图 3-15　集中存储架构

主机房部署本地双活存储，存储间通过 SnapMirror 实现双活存储数据同步，上层服务器会把双活存储作为一个设备使用。当一台单机故障，另一台能够立刻提供服务，上层应用系统无感知，保证本地高可用。备份存储一般可以采用中低端存储，用于双活存储的异步复制备份。双活存储可有效解决物理层故障，备份存储通过异步方式解决逻辑故障，实现时间点恢复；离线备份则一般采用虚拟带库、磁带库完成归档离线文件备份。集中存储架构在数据安全性和存储性能上主要有以下优势。

（1）**数据安全性**

双活存储间通过高度冗余的数据块级复制技术，可以实现单个存储设备出现故障后的数据零丢失，以及上层业务系统无感知；双活存储差异化数据存放可以提高存储利用率，降低单台存储使用负载，降低故障发生频率；集中存储多路径冗余 I/O(Multipath I/O) 可以将故障路径的 I/O 转移到正常的物理路径，以此提供 I/O 路径可用性；存储硬件双控制器设计及硬件部件双冗余配置，可以最大限度屏蔽硬件部件故障对整个存储系统的影响；数据快照与恢复技术可实现数据逻辑恢复；磁盘 Array 的 RAID 级别设置可以保证磁盘故障无影响；备份存储异步复制可以保障数据完整性，并能在双活存储物理设备故障时作为降级存储设备提供服务；备份系统基于时间点的数据恢复，可以作为在存储系统出现逻辑错误时的主要恢复手段；离线备份并异地保存，可以作为最后的数据恢复手段，保证数据万无一失。

（2）存储性能
- **多路径冗余 I/O**，存储厂商多路径控制软件可有效提高存储访问性能，通过横向扩展 HBA 接口，实现范围内的有效扩展。
- **存储分层**，通过类似于 IBM EasyTier 的存储分层技术，能够将常访问的数据自动分布到高性能的固态驱动器中，从而提高读写性能。

3.5.3　合：存储虚拟化

银行业都是百年企业，遗憾的是硬件设备往往用不了这么久，存储设备也是如此，即便是高端存储也不行。统一存储设备的更新周期一般为 5～8 年。随着硬件升级换代，以及业务扩展，科技团队可能已经储备了多套不同用途的存储设备，存在高、中、低不同规格和不同厂家的硬件设备。越大型的机构，这种情况就越为普遍。

那么，要如何高效管理多套存储系统，如何高效利用存储资源以及如何集中管理不同厂商不同规格的存储设备呢？存储虚拟化可以很好地解决这些问题。存储虚拟化是对集中存储的再集中，常见的存储虚拟化产品有 IBM SVC、EMC VPLEX 等。

存储虚拟化是在物理存储系统和服务器之间增加一个虚拟层，通常将之称为存储网关，管理和控制所有接入的存储系统，并对服务器提供存储服务。存储虚拟化还可以通过存储网关对多套异构存储进行集中管理，实现统一资源分配、调度，如图 3-16 所示。

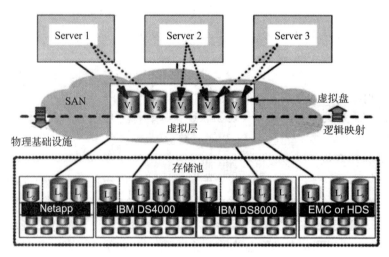

图 3-16　存储虚拟化

在原有服务器和多种异构存储设备之间添加存储网关设备，把异构存储设备的 LUN 重新组合成存储虚拟化的 Pool，再从此 Pool 中分配 LUN 给服务器。服务器识别到的是一个个存储 LUN，而不用关心后端有哪些设备，甚至单个 LUN 的数据可能分布到了多套物理设备上进行存储，以此实现存储单元的有效融合。存储虚拟化产品主要应用于异构存储融合、异构存储数据迁移、存储数据备份及同城存储双活等场景。

应用存储虚拟化之后，服务器不直接与存储交互，逻辑透明；服务器只关注与之对接的存储网关设备，隐藏存储网关后端异构存储网络的复杂度；统一管理异构存储，允许现有存储功能集成使用；可实现异构存储间数据复制并解决单台存储设备容量限制问题。

3.5.4 分：分布式存储

技术的演进永无止境，集中式存储自身在进化，性能不断提升，可靠系数越来越强，型号越来越高端，价格也越来越昂贵。与此同时，应用架构也在不断转变，无状态的应用程序、分布式应用部署和微服务架构的逐步普及，使得应用系统对数据可靠性和安全性保障不再只依赖于单个服务实例，而是转变为能够容忍单台虚拟机、单台物理机故障，甚至可接受其承载的系统文件及日志信息的丢失。这样就实质性地降低了对集中式存储的依赖度。同时随着AI、大数据、物联网、移动互联网时代的到来，海量数据存储、多数据类型存储需求越来越迫切，传统集中存储无论是对PB级的数据容纳能力、分钟级存储资源获取能力、多数据类型支持能力，还是在单TB扩容成本方面，均愈发不能满足新形势下的业务发展需求。

那么，有没有一种存储架构能够满足新时代的存储需求呢？有的，这就是分布式存储。分布式存储基于Scale-Out架构的x86集群，通过高速专用网络实现数据通信，将数据分散存储在多台独立设备上。分布式存储大量使用普通x86服务器构建分布式存储集群。集中式存储如同货车，当货物太多时容量不够、动力不够，只有更换更大、更高规格的货车，而分布式存储如同每节车厢均有动力的火车，容量或动力不够的时候只需要增加一节车厢即可。同时分布式存储兼具SAN存储读写快和NAS利于共享的特点。

通常，根据存储类型的不同可将分布式存储划分为分布式块存储、分布式文件存储和分布式对象存储。分布式块存储将数据以数据块的方式存储在分散独立设备中，每个数据块具有唯一标识符；分布式文件存储类似于NAS，存储对象为文件；分布式对象存储则将数据分解为对象的片段，对象是文件数据和元数据的组合。

在新形势下，为满足多元化的存储需求，商业银行的存储架构将会以DAS本地磁盘、集中存储、分布式存储共存的形式存在。随着分布式存储性能及安全性的不断提高，并经过多年的实践，分布式存储也将扮演越来越重要的角色。使用分布式存储，结合分布式应用架构，可以双重保障应用系统的持续性服务。图3-17是VMware VSAN分布式存储示意图。

VSAN至少由3台以上服务器组成，单个磁盘组配置最多7块磁盘HDD和1块SSD且必须有SSD。VSAN通过SSD作为读缓冲和写缓存以提高磁盘读写性能，SSD闪存容量对虚拟磁盘容量总数的比率需在10%以上。数据同步必须使用万兆以上网络。VSAN的目标是在提供弹性的同时提供横向扩展的能力，扩容只需要添加存储节点即可，后台会自动进行数据重构，甚至不需要运维人员关注。

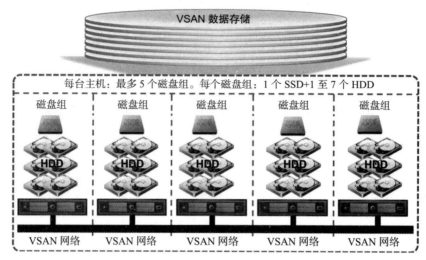

图 3-17　VSAN 分布式存储

需要注意的是，分布式存储设备在进行横向扩容时，建议等比例扩容对应 SSD，这样可以使闪存容量与磁盘容量比保持在最优比例。集中存储的扩容一般没有这些要求，只是对于磁盘容量来说，不会过多考虑对二三级缓存进行扩容。

分布式存储优点如下。

（1）大规模横向扩展能力

如前文所说，把集中存储类比货车，分布式存储类比为每节车厢均有动力的火车，集中存储通过控制器管理整个存储系统，但控制器性能及扩展柜数量始终存在瓶颈，分布式存储的每个节点均参与管理和存储，适合大规模横向扩展。

（2）I/O 优势

传统集中存储支持的 8GB、16GB 存储光纤卡，虽然可以通过多路径方式提高 I/O 性能，但始终存在 I/O 扩展瓶颈。分布式存储在容量横向扩展的同时完成了 I/O 带宽的扩容，伴随现在 10GB 以太网络的广泛应用及 40GB Infiniband 网络的使用，整体 I/O 性能得到了明显提升。

（3）读写性能

分布式存储闪存配比灵活，而传统存储缓存配比一般不会随磁盘扩容增加。分布式存储磁盘组的 SSD+SATA 磁盘组合在进行存储容量扩容的同时完成了缓存扩容，提高了存储整体的读写性能。

（4）高等级容灾和容错

分布式存储多副本技术及存储资源池数据的不对称复制弱化了底层设备，依靠存储虚拟化引擎可完成高等级容灾和容错，经过详细规划的分布式存储架构能够容忍单个节点甚至单个机柜设备出现故障的情况。

（5）成本

分布式存储不再强依赖于商用高端存储，使用普通的 PC 服务器，通过以太网通信即可，并且分布式存储硬件、软件分离，不容易被厂家绑定。

（6）多活支持

分布式存储天生的多副本技术，类似于 VSAN 的延伸集群天生支持多活双写的存储架构，可以更好地支持银行多数据中心数据读写的问题。

那是不是有了分布式存储就可以抛弃 SAN 存储和 NAS 了呢？

当然不是！银行传统存储架构已经服务 IT 基础架构几十年，并不是所有应用场景都能被分布式存储替代。比如需要直接使用裸盘的场景，以 Oracle 数据库为例，数据库需要识别块存储裸盘并根据自己的文件系统格式对其进行格式化。再则，分布式存储相对于 SAN 存储架构，成本大幅减少，但相比于 NAS 还是相对较高，因为分布式存储需要配置多副本的存储容量，并需要为分布式存储软件支付较高的费用。所以在实际的使用中，需要根据数据存储类型、数据是否海量存储、文件是否共享等因素进行综合评估，以选择合适的存储架构。

3.6 有备无患：备份架构

在数字化时代，数据是商业银行最重要的资产之一，如同旧时代的账本，数据的丢失和损坏会对银行业务开展产生不可估量的影响。根据《金融行业信息系统信息安全等级保护实施指引》的相关内容，我们需要对生产业务数据、日志进行定期备份。随着数据不断增长，银行对 SLA 和数据恢复的要求也越来越高，从旧式账本的保存到现在信息化数据的备份，其对于数据备份的要求也在不断提升。

3.6.1 备份对象与技术

备份属于数据保护的范畴。数据保护即对当前数据进行备份，用于意外情况下的数据恢复。通过对数据保护对象的不同，数据保护可分为块级保护和文件级保护。

1）块级保护对象为数据块，可以简单理解为对磁盘扇区的备份，是最底层的备份。块级保护不关心所保护的数据块是否存在文件数据，而是对整块进行备份，这样就不可避免地会备份没有文件数据的块，所以备份块数量较大。块级保护的特点是备份系统直接调用磁盘控制器驱动接口，原来不连续的数据块备份后仍然是不连续的。典型的块级保护就是 RAID 1，两块数据磁盘扇区分布完全相同。块级保护的实现还有存储卷备份、卷快照及块级 CDP（Continuous Data Protection，持续数据保护）等高级应用场景。

2）文件级保护对象为文件，是通过调用文件系统接口将数据以文件的形式读出，然后将文件传输到其他介质存放，而源文件在物理存储介质上的保存位置一般是不连续的，是通过文件系统管理文件和数据块之间的映射关系，备份后，备份数据则一般为连续的数据块,这样做的好处是不必备份没有文件数据的数据块。典型的应用有 FTP、RSYNC 同步等场景。

数据保护和数据备份的范围太广且相对复杂,下文将以数据备份系统为对象对备份架构进行简单说明。

3.6.2 数据备份系统介绍

数据备份系统是指在软硬件层面通过数据备份软件实现生产环境的块级、文件级的数据备份、策略控制及归档保存。数据备份系统涉及的基本要件包含数据备份对象、备份通道、备份方式、备份策略等。下面将从数据备份要求和备份系统基本要件选择上做简单说明。

1. 数据备份要求

从数据保护、备份安全、备份效率、多机房支持、统一管理五个层面考虑,我们理想中的备份系统应该满足以下几点要求。

- **高可用**:备份系统自身需具有较高的冗余能力,具备管理调度层、介质层和数据层高可用。
- **备份自动化**:极少的人为参与,自动进行数据备份及过期数据清理,减少人为风险。
- **多机房支持**:满足多机房数据的同步、具备副本备份能力和跨机房恢复能力。
- **备份安全**:实现后端网络备份流量与前端业务流量的隔离,实现网络解耦。
- **备份数据可实现源端及目的端消重**:减小传输过程的网络带宽及目的端存储空间压力。
- **统一管理**:具备多机房的统一管理平台,能够统一策略配置及告警配置。

2. 数据备份通道

数据备份系统的备份通道基本决定了备份系统的网络架构。在备份系统搭建初期,备份数据源和备份目标可能都是在同一个服务器的本地磁盘,这个时候不存在所谓的数据备份通道,因为数据流均在本地完成。数据备份通道的数据流向为:磁盘→总线→磁盘控制器→总线→内存→总线→磁盘控制器→总线→磁盘。可以看到,即使在同一个服务器,备份数据也是先通过总线加载到内存再通过总线回到磁盘。

但当备份对象上升到几台甚至更多时,本地备份模式难以满足相关需求,就势必会用到备份网络。目前最常见的网络数据备份系统按其架构不同可以分为:基于主机(Host-Base)结构(也就是上面说到的本地磁盘的方式),基于局域网(LAN-Base)结构,基于 SAN 结构的 LAN-Free 和 Server-Free 结构。

LAN-Base 依赖于以太网络,数据通过 LAN 传输到备份服务器,再从备份服务器保存到其挂载的存储、磁盘库或虚拟带库中。LAN-Base 所依赖的以太网络可以是前端业务网络,也可以是后端管理网络。直接使用前端业务网络有可能对业务流量产生影响,因为会占用业务用网络资源,而使用后端管理网络可以避免上述问题,但要求我们建设独立的用于数据备份的后端管理网络。LAN-Base 架构下的数据备份可以部署 Agent 以实现精准备份和精准数据删除，网络结构简单，能够实现集中备份管理，但在备份数据量大的时候会导致局域网性能下降，甚至影响正常业务流量，所以建议搭建独立的备份管理网络。

LAN-Free 以及 Server-Free 备份系统是建立在 SAN 基础之上，用于解决占用 LAN 带宽的问题。LAN-Free 结构中的服务器通过 HBA 卡与数据存储设备相连，备份源与目标设备通过 SAN 互连。LAN-Free 结构的数据流向为数据源→SAN→备份服务器内存→SAN→备份目标设备。备份的执行必须通过备份服务器，数据也必须先流入备份服务器内存再从内存流出到存储设备。因需要 SAN 支持，所以一般不适用于分布式存储模式。

Server-Free 与 LAN-Free 的不同之处在于，数据不用经过备份服务器的总线和内存，可以理解为备份源目标设备通过 SAN 直接备份到目标设备上，但同样需要备份服务器发出复制扩展命令。Server-Free 可以有效解决 LAN-Base 占用局域网资源的问题，也可以有效降低备份服务器的压力，但 Server-Free 需要使用支持 Server-Free 的存储设备，这一条比较苛刻，所以在现网中使用较少。

无论是基于以上哪种备份方式，均必须满足备份系统要求实现流量隔离、数据消重、多机房同步等要求。所以我们需要隔离 LAN-Base 和 LAN-Free 备份流量，新建单独的以太备份网络、SAN 备份网络实现业务、备份流量隔离。备份的原则是，即使在备份出现备份网络广播风暴的情况下，也不能影响正常的业务流量。

3. 数据备份方式

在构建数据备份系统时，数据备份方式的选择也极其重要，不同的数据备份方式可能导致备份性能和备份容量的天差地别。常见的数据备份方式主要有全量备份、增量备份和差异备份三种。

（1）全量备份

顾名思义，全量备份就是对某一时间点的全量数据进行备份。无论备份系统中是否已经存在历史数据，每次执行全量备份计划时均会把当前目录或文件数据全部备份到备份系统，所以全量备份占用空间最大，但好处是数据冗余度高且数据恢复快。

（2）增量备份

增量备份是在上一次备份的基础上进行新增文件备份，上一次备份可以是全量、增量和差异备份中的任何一种。因为增量备份只是备份从上次备份到现在发生变化的文件，不存在重复数据，所以占用空间最小、备份时间短，但在数据恢复时需要有前次全量备份以及之后的每次增量备份，不然很可能出现数据丢失，而且数据恢复需要遍历之前的备份文件，所以性能较差。

（3）差异备份

差异备份是在前次全量备份的基础上进行新增文件备份，与增量备份不同的是前一次备份必须是全量备份，所以多次差异备份势必有新增文件的重复，空间占用介于全量备份和增量备份之间，不过在数据恢复时只需要遍历上一次全量和此次差异备份文件即可，所以恢复时间比增量备份方式短。

在生产实践中，考虑备份空间、备份效率、恢复时间等因素，可以灵活采用三种方式，如采用定期全量备份方式对重要数据归档备份，采用增量、差异备份方式对近期文件归档备份。

3.6.3 数据备份方案

如图 3-18 所示的备份方案，采用 4 级结构组成整套备份体系架构，从上到下分别是统一管理层、备份调度层、备份介质层、存储层。

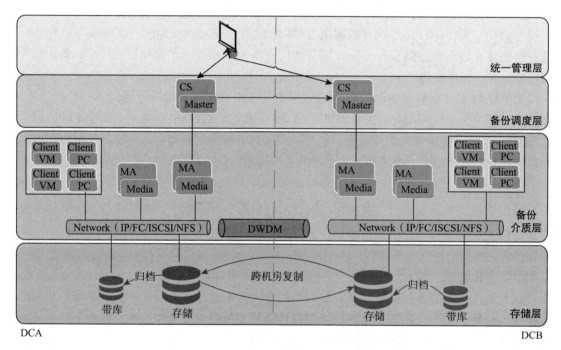

图 3-18 备份方案拓扑

- **统一管理层**：统一管理平台管理两个或者多个机房的管理调度层 Master 节点，进行日常策略下发、调度任务查看、备份日志查看及恢复等操作。
- **备份调度层**：单机房独立部署备份调度 Master 节点，管理备份介质层 Media Server 完成数据备份、恢复操作，对上接受统一管理层指令。Master 节点可以受管于统一调度层，也可以作为独立的 Master 节点使用。
- **备份介质层**：接受 Master 节点指令，对接 SAN、以太网络，通过 LAN-Base、LAN-Free 方式完成数据备份、恢复操作。
- **存储层**：主要对象为 FC 统一存储、分布式存储、磁带库等设备，是备份数据最终的存放介质，数据有效期以 Master 备份策略的过期时间为准。

通过搭建此四层备份架构，可实现 IT 环境重要数据的有效备份。对银行而言，一则满足监管合规要求，二则实现有效数据备份及快速恢复，三则通过备份到备份介质缓解生产环境存储容量压力、节约成本，也是一种有效的资产管理方式。

3.6.4 数据备份优化

数据备份作为数据保护的最后一道防线，为银行数据安全性提供了有力保障。在正常情况下，数据备份不应对生产应用系统的正常运行有任何影响。我们不希望因备份系统占用正常业务流量导致业务停摆或备份系统容量增长过快，所以可以从以下几方面对数据备份进行优化。

1. 网络隔离

LAN-Base 备份方式可以实现细颗粒度备份，最简单的搭建方式是通过业务网络同时实现业务接口调用及数据备份。这样的好处是不用搭建独立的备份网络，路由清晰，但同时存在突发的备份数据大流量问题及汇聚、防火墙性能占用问题。我们最不愿意看到的结果是，因数据备份导致业务带宽占满或防火墙资源用尽的情况，特别是在千兆网络环境中。因此我们建议搭建独立备份网络区域，包括 FC 备份网络及 LAN 备份网络。服务器通过新增备份网卡，配置静态路由，以此实现网络隔离。

2. 历史文件删除

数据文件、日志文件每日均有新增，服务器无法长久保存，我们必须保证文件在完成备份后才能删除，以此保证服务器空间的有效释放及备份数据完整性。通过备份策略关联删除脚本可以很好地做到这一点，备份系统在完成本日备份工作后会调用服务器脚本，删除备份目录大于 30 天之前的数据，即本地仅保留最近 30 天内的数据，如需使用超过 30 天的数据及日志文件，就需要从备份系统中恢复。

以使用 Netbackup 备份系统为例，可以在客户端 agent/usr/openv/netbackup/bin/ 目录添加删除脚本文件"bpend_notify.备份策略名称"，代码如下：

```
CMD_LOG=/opt/veritas/removelog.log
echo 'date' >>$CMD_LOG
echo $* >>$CMD_LOG
echo >>$CMD_LOG
if [ $5 -eq 0 ];then
    echo "Removing logs 30 days ago as following:" >>$CMD_LOG
    find /home/tomcat/logs/*/app/ -type f -name "*.zip*" -mtime +30 >>$CMD_LOG
    find /home/tomcat/logs/*/error/ -type f -name "*.zip*" -mtime +30 >>$CMD_LOG
    find /home/tomcat/apache-tomcat/logs/ -type f -name "*.txt" -mtime +30
        >>$CMD_LOG
    find /home/tomcat/apache-tomcat/logs/ -type f -name "*.log" -mtime +30
        >>$CMD_LOG
```

```
        find /home/tomcat/logs/*/app/ -type f -name "*.zip*" -mtime +30 -exec rm -rf {} 
            \; >>$CMD_LOG 2>&1
        find /home/tomcat/logs/*/error/ -type f -name "*.zip*" -mtime +30 -exec rm 
            -rf {} \; >>$CMD_LOG 2>&1
        find /home/tomcat/apache-tomcat/logs/ -type f -name "*.txt" -mtime +30 -exec 
            rm -rf {} \; >>$CMD_LOG 2>&1
        find /home/tomcat/apache-tomcat/logs/ -type f -name "*.log" -mtime +30 -exec 
            rm -rf {} \; >>$CMD_LOG 2>&1
    else
        echo "policy:$1 failed with error code: $5" >>$CMD_LOG
        echo "Removing logs failed." >>$CMD_LOG
    fi
    echo >>$CMD_LOG
    echo
"##############################################################" >>$CMD_LOG
    echo >>$CMD_LOG
        exit 0
```

3. 消重池

备份系统保存银行业务的全部历史数据，势必会占用大量存储空间，同时备份数据在传输过程中会占用大量网络带宽资源。通过消重技术，配置数据消重池和压缩技术，进行源端和目的端数据消重，可以有效减小备份带宽资源和备份数据占用的存储资源。

3.6.5 备份管理

所谓"十分系统七分管"，备份系统的搭建仅仅代表我们具备备份的能力，如何使用它、配置什么样的备份策略和过期时间、怎样实现数据的离线归档、怎样进行归档数据的恢复验证才是备份工作的重中之重。

生产环境中备份数据可以归类为日志文件、数据文件、镜像文件等。日志文件包括系统日志、中间件日志、代理访问日志、业务日志等；数据文件包括数据库数据文件、binlog日志、用户影像资料、用户合同文件、商户对账文件等；镜像文件包括虚拟机镜像文件，以及虚拟机、存储快照文件等。表3-3列出了部分常用备份策略，结合数据备份方面的内外部监管合规要求及企业IT基础设施的实际情况，对备份数据进行定期全量备份、每日增量/差异备份，根据不同重要等级的数据类型设置过期时间1年、2年、5年及永不过期。

表3-3 日常备份策略

备份对象	文件名	全备	增量\差异	过期时间
Nginx	access.log	三个月	每天	永久
	error.log	三个月	每天	永久
Apache	/日志目录/*.log	三个月	每天	永久
Tomcat	/日志目录/app.log	三个月	每天	永久
sftp	/data/目录	三个月	每天	永久
NFS共享目录	/共享目录/*	不需要	每天	永久

(续)

备份对象	文件名	全备	增量\差异	过期时间
Oracle rman		三个月	每周	永久
MySQL dump 文件		三个月	每天	永久
系统日志	Syslog	不需要	每天	永久
虚拟机整机	VM	不需要	每月	永久

作为历史数据的最终保存地，备份系统自身的可用性及数据存储策略显得格外重要。试想一下，某个用户需要查询 10 年之前的存单，如果我们只能回复"您的存单丢失，所以您暂时无法查看"，这势必会影响银行的信誉。所以我们将系统层设计为 Master、Media Server 冗余配置，将管理层设计为满足本地数据双备份、重要数据跨机房复制，任何情况下均能保留一份可用副本。

基于数据异地保存要求，常用的方式是通过磁带离线备份，然后进行异地保存。磁带作为磁性介质会受天气、磁场的影响，所以需要定期进行磁带翻带及离线数据验证，此项工作在备份管理中虽烦琐却也极其重要，保证数据可用性是运维人员的基本义务和职责。

3.7 本章小结

本章主要描述商业银行 IT 基础架构今生，描述商业银行总线＋微服务架构、容器化架构变迁，并对基础架构中的网络架构、计算架构、存储架构和备份架构进行了详细阐述。网络架构主要对网络整体架构、数据中心网络架构及网络安全架构进行方案及相关技术介绍，其中网络优化部分也主要是针对实际工作中遇到的一些问题进行优化处理。计算架构主要通过信息系统分级对计算资源进行分级配置，简述分布式计算和容器环境下的计算架构。存储架构则通过直连存储、集中存储、存储虚拟化、分布式存储的路线简述存储发展史及优缺点对比。备份架构部分简单描述了数据保护和块级、文件级备份技术，并对比了数据备份通道、备份方式之间的不同，最后通过经典备份方案简述备份拓扑、备份优化和备份管理相关内容。

通过本章的阅读，希望读者能够对商业银行 IT 基础架构有宏观的了解，并对其中涉及的相关技术有进一步的认识。

第 4 章

平凡的运维日常

"IT运维是块砖,哪里需要哪里搬,时刻准备被召唤,全力保障设备转。"对于运维人员来说,工作环境绝不仅仅局限在机房和运维间,有电脑的地方就是我们的办公地点。

现在让我们一起来亲历银行运维人的日常,看看这里有哪些不为人知的故事,他们遇到过什么样的困境,经历着什么样的考验,又是如何打破局面,挣脱加班熬夜的枷锁,摁平有惊有险的紧急故障,摆脱救火队员标签的吧。

4.1 运维组织管理

为了保持良好的运维战斗力,首先得有一个好的团队保障。叔本华曾说过:"单个的人是软弱无力的,就像漂流的鲁滨逊一样,只有同别人一起,才能完成许多事业。"要做好运维工作也一样,没有良好的组织管理以及团队的支持,仅靠单兵作战无法实现全方位的保障支撑。因此,要做好运维支撑工作,首先要建立一个良好的运维组织架构,打好扎实的人员保障基础,通过团队协作来创造更大的价值。

当下数字化转型已然成为各大银行业务发展创新的驱动力,在建设数字化生态的过程中不可缺少IT基础运维提供的支撑保障。那么,在数字化转型浪潮下,又该以怎样的运维组织架构去面对IT架构升级、产品快速迭代、业务迅速上量等一系列挑战呢?

要回答如何建立高效运维组织架构的问题,首先我们要看一下"数字化"给银行业运维工作带来了什么改变。对于传统银行而言,运维的主要目标是保障生产环境的安全稳定运行,而在打造数字化银行的背景下,除了要保障安全稳定性,还要保持互联网企业快速迭代的优势,保证信息系统建设思路既稳又敏,通过运维管理策略的调整、新技术的探索实践、自动化平台工具的研发投产，实现从传统运维向"稳敏"双态运维的转变，更大程度地发挥运维在数字化银行转型进程中的作用。

商业银行科技团队多数都是"一部多中心"的组织架构设计，"一部"是指信息科技部（如今多称为金融科技部），"多中心"则包括开发中心、测试中心、数据中心等。运维职能部门一般设立在科技部门的数据中心，在数据中心下通常又分设机房环境及基础资源管理、网络运维管理、系统运维管理、数据库运维管理、应用运维管理的组或科室，在这种组织架构下，运维在机房、硬件资源、系统、网络、应用等层面的支撑就有了基础保障，应对传统银行线下开展业务的模式也可以做到游刃有余。

对于当下的商业银行而言，原有的 IT 架构很难适应业务的快速发展，需要通过 IT 架构升级去支撑业务在互联网上的开展及规模上量，所以不得不加强基础平台架构能力、中间件运维能力以及非常关键的自动化运维能力。在这些能力建设补足的过程中，需要重点关注两方面：一个是"快"，一个是"稳"，但这两者本就存在一些矛盾。"快"是因为要快速响应业务系统运行需求，快速支撑业务规模上量的可用性保障，快速迭代产品版本以接入更多的渠道、商户以及给用户提供更好的体验，只有这样才能让银行业务在互联网运营市场突出重围；但"快"也意味着在保障稳定性时必将面对较大的挑战，该如何解决这两者的冲突关系呢？我们需要更专业的基础平台架构管理、中间件运维、自动化运维管理的人才，以解决我们在 IT 架构升级及运维能力提升上遇到的冲突、困难及瓶颈。因此，需要在传统银行运维组织架构的基础上，引入基础平台架构、中间件运维管理、自动化运维管理等职能岗位，以建立更适合商业银行发展的运维组织架构。

4.2　自动化巡检

可能大家会有疑问：不是有监控系统吗？如果有异常，它会自动告警，为什么需要自动化巡检系统呢？这得从银行业 IT 运维团队的工作环境说起。通常来说，商业银行外有行业监管，内有风险和审计，再结合 IT 合规，三道防线共同作用，三天一小检、五天一大查，日常巡检报告更是各类 IT 专项审计的必备材料。

每逢重大节假日或者重要活动，电信运营商都会"封网"。"封网"并不是停止使用网络，而是停止如升级、割接、设备入网等影响较大的操作，以保障数据中心网络运行的稳定性。不管是自建数据中心，还是租赁运营商机房托管硬件设备，在重大节假日或重要活动前夕，非常有必要对全网设备及信息系统进行全面巡检，以排查资源使用情况、业务运行情况等，在巡检结果出来之后，需要分析巡检报告，为资源紧张的系统适当扩容，并提前处理一些业务隐患。

针对一些重点业务的运行保障，可以创建统一的巡检计划进行重点巡查，以及时掌握重要业务及其上下游系统的运行情况、资源利用率等指标，帮助分析重要信息系统运行的健康状态，如有异常则可提前处理。

此外，因为银行的基础架构很复杂，且业务又处于动态发展的状态，像存储、网络、性能等指标不一定呈线性增长趋势，定期巡检更有利于我们掌握设备运行现状，为容量规划、监控优化、参数调优等提供基础数据。

前文列举了巡检对于审计报告输出、重要活动及重大节假日保障、重要业务运行保障、资源非线性增长情况及时掌控的作用，这里对于巡检还有一条最重要的启示：无数活生生的例子告诉我们，有些问题等收到告警再处理，可能就来不及了。因此，巡检是非常有必要的，而且非常肯定需要的是"自动化巡检"而非"手工巡检"方式，因为靠人力手工支持这么大工程量的巡检，显然效率非常低下，完全不可取。

自动化巡检系统是监控系统的有效补充手段，监控系统会根据系统运行情况实时告警，而自动化巡检系统则可以通过主动式巡检排查，尽早发现异常，将问题消灭在萌芽阶段，不需要等接收到故障告警通知后才去干预处理。下面将从巡检分类及实现方式来介绍自动化巡检工作的开展思路。

4.2.1 自动化巡检分类

从资源类型的角度来看，自动化巡检可划分为网络设备、物理服务器、虚拟机、存储、数据库、中间件、应用系统等多种不同的巡检维度。不同类型的巡检对象，其巡检方式会有差异，再者负责维护资源的团队不同，对资源运行情况的关注点也各有侧重，需要针对不同类别的资源编写专用巡检脚本，以尽可能保证巡检结果的准确性，进一步保障基础软硬件设施的可靠性。

从信息系统重要等级来看，商业银行内部信息系统的重要等级有高有低。对于服务用户数多、业务连续性要求高的重要信息系统，巡检实施的保障力度也要有侧重。例如，围绕业务系统自身运行情况以及调用链路上各关联系统的可用性，优先巡检或提高巡检实施频率，以便及时主动发现重要信息系统的异常。

4.2.2 自动化巡检实现

自动化巡检实现的总体思路大同小异，首先明确巡检设备类型，比如巡检虚拟机，那就需要制定巡检虚拟机的脚本或在自动化巡检平台增加巡检的功能；然后弄清楚巡检的资源范围，比如巡检多少台服务器，其 IP 地址分别是什么；接下来是制定巡检计划；最后，定期对自动化巡检的结果进行分析。

对于资源数量不多、监测点和调用链路并不复杂的场景，可以考虑通过脚本实现半自动化巡检；如果设备很多、种类较杂，最主要是内部开发资源充足，那么自然首推研发功能更加完善的平台级巡检系统，以提升巡检效率和质量。

1. 脚本式自动化巡检

要实现自动化巡检，通过脚本结合一些运维批量工具无疑是最直接的方式，比如使用 Shell、Python 脚本，结合常用批量运维管理工具，如 Ansible、SaltStack 等，让脚本在服务器上批量执行，可以快速实现自动化巡检。

在批量运维管理工具中，Ansible 是目前较为流行的自动化运维工具。Ansible 的执行方式有两种。一种是 ad-hoc 命令，类似于在命令行通过 Shell 命令执行的方式，不用保存命令。另一种是通过 playbook 来编排执行。相比 ad-hoc，playbook 功能更丰富也更灵活，它通过 YAML 格式来定制配置，并按照指定的编排步骤有序执行，支持同步和异步的执行方式。

下面以 Ansible+Shell 方式实现服务器巡检为例，来看看自动化巡检的大致执行过程。案例使用了 Ansible roles，这是一种通过结构化的方式来组织 playbook 的机制，可以将变量、文件、任务、模板及处理器放置于单独的目录中，并通过 include 来引用。由于巡检案例并不复杂，因此不再介绍类似 vars（存放定义变更文件目录）、files（存入需调用的文件目录）、templates（存储模板文件的目录）、handlers（存入 handle 触发器文件的目录）等 Ansible roles 目录的内容，项目具体路径如下：

```
inspection/                        //roles project 目录
├── inspection
│   ├── tasks
│   │   └── main.yml               // 任务执行脚本
└── inspection.yml                 // 使用 role 的 playbook
```

inspection.yml 是 playbook 的入口，inspection/inspection.yml 文件的内容如下：

```
---
# Server inspection
- hosts: servers                   // 主机组名：servers
    roles:
- inspection                       //role project: inspection
```

然后在 /etc/ansible/hosts 文末定义 servers，添加一台巡检的主机，如果巡检设备有多台，只需要在 [servers] 标签下依次添加服务器即可：

```
[servers]
192.168.159.21
```

/etc/ansible/roles/inspection/inspection/tasks/main.yml 存放的是任务执行脚本。main.yml 这个 playbook 中用到了 Ansible 获取的远程主机信息，比如"ansible_hostname"是取主机名，再结合 Shell 脚本方式获取进程、平均负载和磁盘使用率等巡检结果。main.yml 文件的详细内容如下：

```
---
    #server insepction
- name: Get number of processes
    shell: ps -ef|wc -l
    register: processnum
- name: Get load average
```

```
        shell: top -bn1 | grep load | awk '{printf "%.2f\n"* $(NF-2)}'
        register: loadaverage
    - name: Get disk information
        shell: df -h | awk '$NF=="/"{print ""$2"*"$3"*"$5""}'
        register: diskused
    - name: Print inspection results
        debug:msg="{{inventory_hostname}}*{{ansible_hostname}}*{{ansible_
            distribution}}{{ansible_distribution_version}}*{{ansible_
            kernel}}*{{ansible_processor_vcpus}}*{{ansible_memtotal_
            mb}}*{{ansible_memfree_mb}}*{{ansible_swaptotal_mb}}*{{ansible_
            swapfree_mb}}*{{processnum.stdout_lines[0]}}*{{loadaverage.stdout_
            lines[0]}}*{{diskused.stdout_lines[0]}}"
```

因为 Ansible playbook 默认只显示任务执行成功或失败，不展示执行结果，所以通过 debug 来输出。从 debug 输出的信息可以发现，巡检的结果以 * 号分隔，巡检字段依次为：IP 地址、主机名、系统版本、内核版本、vcpus、内存总量、可用内存、Swap 总量、Swap 使用量、进程数、平均负载、磁盘总量、磁盘使用量、磁盘使用率（其中磁盘以根目录使用情况作为示例）。

至此，准备工作已就绪，下面执行 playbook 开始巡检：

```
#cd /etc/ansible/playbooks/inspection
#ansible-playbook inspection.yml
```

上述脚本执行后的结果如下：

```
PLAY [servers] ****************************************************
TASK [Gathering Facts] ********************************************
ok: [192.168.159.21]

TASK [inspection : Get number of processes] ***********************
changed: [192.168.159.21]

TASK [inspection : Get load average] ******************************
changed: [192.168.159.21]

TASK [inspection : Get disk information] **************************
changed: [192.168.159.21]

TASK [inspection : Print inspection results] **********************
***
ok: [192.168.159.21] => {
    "msg": "192.168.159.21*centos6v01*CentOS6.5*2.6.32-431.el6.x86_64
        *1*1861*1232*2047*2047*112*0*17G*15G*89%"
}

PLAY RECAP ********************************************************
192.168.159.21              : ok=5    changed=3    unreachable=0    failed=0
```

可以看到，通过 Ansible 自动化工具，仅简单编排巡检的命令和执行的主机就成功输出了服务器的巡检结果，再结合 Linux 定时任务等方式，就可以轻松实现定时批量自动化巡检了。

基于上述 Ansible 脚本实现的自动化巡检报告，展示了操作系统配置及资源使用情况，可以帮助运维人员及时掌握设备运行状态，不过输出报告的展现形式并不太理想，一旦巡检数量过多，报告查阅分析就更不容易抓住重点了。此外，在报告历史存档及可视化操作方面也相对欠缺，而通过平台化的管理则可以很好地解决这些问题。接下来就让我们继续了解自动化巡检平台的功能吧！

2. 自动化巡检平台

相比脚本工具，自动化巡检平台在功能方面完胜。自动化巡检平台更便于做配置管理、资产管理、权限管理、巡检调度管理、巡检分析及安全管控，并且通过可视化的操作方式把自动化巡检变成了动动鼠标就能轻松完成的任务。自动化巡检平台的功能模块主要包括巡检资产获取及管理、巡检模板管理、巡检任务管理、巡检报告管理等，也包括用户管理、角色管理、权限管理等自动化系统的常规功能。

在自动化体系中，配置管理数据库（Configuration Management Database，CMDB）管理着最新、最全的资产数据，可以为监控系统、发布系统、巡检系统等提供资产信息源。自动化巡检平台在创建巡检计划时，通过后台调用 CMDB 的接口就可以获取巡检资源的配置信息，比每次巡检时都需要整理资产清单更高效。

自动化巡检平台内含巡检模板管理模块，主要管理各类软硬件的设备巡检指标项。比如虚拟机的巡检要实现 CPU、内存、硬盘、进程、I/O 等指标信息，那么巡检模板里就需要包含这几项信息及数据的获取方式。又比如要巡检 Java 应用的 JVM 内存使用情况，也可以统一创建巡检模板来管理。同一类设备关注的巡检指标其实并没有区别，只是巡检资产的 IP 地址不一样而已，因此在自动化巡检平台研发并管理好各类设备的巡检模板，在执行巡检时就可以按标准化方式巡检各类设备了。

有了巡检资产对接，管理好巡检模板，下一步就是巡检计划创建和调度任务创建了。通过资产选取，设定执行时间、执行频率，可以选择一次执行，也可以设置成按固定周期巡检。

在生成巡检报告后，每一份巡检结果数据都会在巡检报告管理模块中存档，这些数据不只是供运维做结果分析，也便于后续外部审计时使用。这也是平台化管理的一个优势，可以将零散的报告集中存储，后续如果有查询需求，直接根据巡检任务名字、巡检时间、巡检设备 IP 等信息就可以查询到对应的巡检报告，既可以在线预览，也可以导出成 Excel 或者 PDF 等格式，保存到本地供分析使用。

图 4-1 展示了自动化巡检平台的设备管理功能，此模块读取 CMDB 统一配置管理平台中维护的设备，通过设备组管理可以将同一类别、产品等设备标识出来。

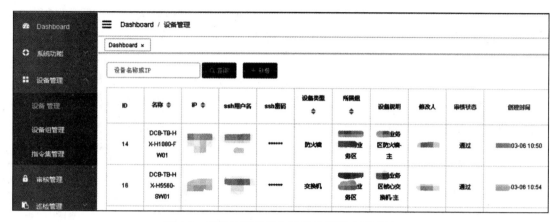

图 4-1　自动化巡检平台的设备管理功能展示

图 4-2 展示了巡检指令集的新增功能，首先命名指令集，再选择指令集类型（用于区分指令类别），最后编辑指令集详情即可完成一条指令集的添加。

图 4-2　巡检指令集的添加

图 4-3 展示了计划巡检的功能，通过计划任务名称及巡检日志命名、计划执行时间、设备组，以及执行指令集的选择可创建一个巡检计划，然后根据添加的巡检执行时间，这项巡检任务会自动启动并执行。

图 4-4 展示了巡检的历史结果，并提供了查询和下载的功能。

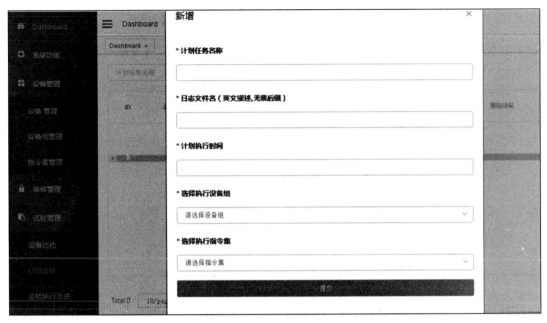

图 4-3 自动化巡检平台计划巡检的添加

图 4-4 巡检执行历史

4.3 系统变更

夜幕降临后,用户对手机银行 App、H5、微信公众号等系统的使用频率呈下降趋势,是时候喝一杯咖啡提提神,投入紧张的发布变更工作中了。下文将从发布方式、发布策略、发布实践等方面对系统变更展开介绍。

4.3.1 发布方式

发布方式一般分为两种，即手动发布和自动化发布，下面具体介绍其主要内容。

1. 手动发布

对于采用传统瀑布模式的商业银行科技团队，每一次投产往往要经历较长时间的设计、开发与论证，以确保推出的产品符合业务需求，并通过全面的测试验证，加强新版本投产变更后的系统稳定性。这种产品的系统变更并不频繁，通常是月度版本，甚至几个月才有一个稳定版本上线，对自动化发布的需求并不迫切，在运维自动化系统的建设上可能相对滞后，依赖数据中心运维人员手动发布方式支撑业务的投产变更也能满足需要。

随着数字化进程的加快以及互联网金融的快速崛起，各大银行陆续推出面向互联网运营的产品以应对新形势下的挑战，一些新兴的互联网银行更是如此。因为起步较晚且在传统线下市场并不占优势，互联网成为这些新兴互联网银行推广产品的主战场。在市场激烈竞争的压力下，它们不太可能以牺牲时间为代价，内部反复论证后再发布产品，而是需要实现产品快速发布并持续迭代，利用市场来检验产品价值，快速调整发展方向，优化用户体验，所以对于这些新兴银行来说，其业务系统版本发布一般以快速迭代的敏捷模式为主，在变更频率上自然会高于传统银行的模式，甚至比肩互联网企业的迭代速度。但很多企业在筹建初期，IT资源投入有限，运维自动化系统建设相对滞后，往往处于依赖手动发布的阶段。

手动发布模式也需要考虑如何保障发布的稳定性、如何优化发布效率，如果管理得当，手动发布模式支撑小规模的投产发布完全没有问题。手动发布顾名思义靠的是人力的支撑，不过要做好手动发布阶段的支撑，不仅要靠技术人员的操作稳定性，还需要有良好的发布过程保障措施。

（1）预发布环境验证

做过系统发布的运维人员应该都有这样的经历：在精神高度集中的手动上线操作后，准备喝口茶，放松神经，坐等验证通过的消息，可等来的却是验证失败的通知，大家都很诧异，因为在测试环境一切都是正常的。

为了避免这样的尴尬，在生产发布之前，我们还需要设置最后一道防线，即预发布环境，来进行最后的测试验证和发布过程验证。预发布环境要尽可能与生产环境一致，包括操作系统版本、中间件版本、Web容器版本、调用链、物理环境甚至数据规模等，尽可能减少环境影响带来的偏差，避免出现在测试环境无异常而在生产环境发生异常的诡异现象，进一步保障发布的可靠性。

（2）发布评审

投产发布前的发布评审，既要明确本次发布涉及的产品需求、业务系统，也要评审所涉及的网络策略开通是否合理，数据库脚本是否符合规范，新系统投产是否有完善的应急预案以及性能测试报告，新应用是否有相应的环境参数优化，是否需要增加新的系统或业务监控项，应用系统间的依赖及发布顺序是否合理，实际发布过程中的操作步骤是否详尽，以及最重要的一点，是否有健全的回滚机制，以保证在发布过程中遇到问题或风险时可以优雅回退，不影响原本业务的开展。

要回答这么多"是否满足"的问题，发布评审的重要性不言而喻。正所谓"不打无准备之仗"，只有做好了充分的准备，才能从容应对每一次系统发布。除正常的发布评审机制外，还应建立系统发布制度规范，对发布评审环节做明确要求，赋予运维人员根据发布评审结果决定是否可以正常发布的权限，以实现发布评审环节的严格管控。

（3）有效的发布版本

上线发布涉及数据库脚本执行、配置文件更新、网络策略调整、应用程序包部署等操作。在发布过程中除了要保障手工操作的准确性之外，还需要一个有效的发布版本，这个版本必须通过测试验证，且是准确、结构合理的增量或全量应用程序包。

增量包中只包含此次变化的那部分代码对应的文件，具有包体小、发布部署速度快、代码变化量少的优势。但增量包中的文件若有遗漏，则发布必然失败。同时，发布版本的准确性主要依赖研发人员的判断，而研发人员手动打包的过程比较耗费时间、容易出错。此外，增量部署增加了回滚操作的复杂度，比如要将增量部署的几个文件进行回滚覆盖，特别是要做部分版本回滚时，整个过程就非常耗时且要手动保障准确性。增量包发布还需要特别关注代码版本的维护，否则很容易出现生产环境运行版本与代码仓库版本不一致的情况。

全量包则包含了项目的全部程序代码。对于运维来说，全量发布操作非常透明，具有部署效率高、可重复、便于回滚的优点。但全量包发布也存在发布影响范围较大的风险，因为上线的版本不仅仅是修改过的部分，还容易影响其他功能模块，或对整个应用造成影响，所以需要在测试阶段做好质量控制，同时在发布阶段可以通过负载均衡调度实现滚动发布，以及采用灰度发布等策略降低影响。

因此，要识别有效的发布版本，就需要根据版本发布实际需求及自动化发布建设情况综合判断，如果交付次数较多，通常建议采用全量包发布，这也为后续自动化发布提供了重要的前提条件。

2. 自动化发布

随着业务系统越来越多，以及敏捷研发模式的盛行，当发布频率和规模达到一定量级的时候，靠人为手动发布模式支撑频繁变更会越来越吃力，一是不可能无限制地增加人力来做，IT运维也不是"地里的白菜"想要多少就有多少；二是尽管很多情况下都是低技术含量的重复性操作，但操作越频繁，出错的概率越多，这并不适合企业的长期发展，因此采用自动化发布方式，构建DevOps体系打造敏捷发布变得尤为迫切。

与手动发布相比，自动化发布将人工操作的部分都放到了自动化执行的脚本中，使应用运维人员不用再登录到服务器，逐条敲下执行备份、停服、变更、启动服务、查看启动日志等一系列命令，只需要在自动化发布平台创建自己的发布计划，动动鼠标就可以完成发布任务了，整个操作过程变得更加安全可控，在发布效率上也远超手动发布。

了解了自动化发布的优势后，接下来继续介绍如何使用自动化发布系统做应用发布，图 4-5 展示了一套经过实践检验的自动化发布流程。

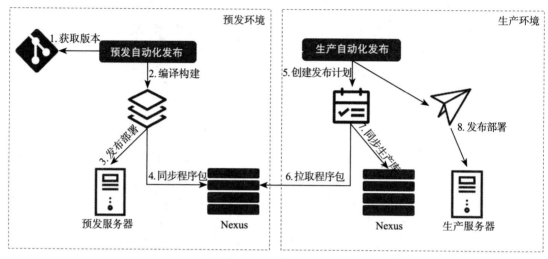

图 4-5　自动化发布流程

如图 4-5 所示，在预发布和生产环境各部署一套自动化发布系统，可用于将两种环境隔离，其发布过程主要有以下几个步骤。

第 1～4 步为预发布环境操作步骤，在预发布环境发起代码发布的操作后，首先会到 git 代码仓库获取代码，然后进行编译构建，再将编译好的部署包发布到应用部署服务器上，并将用于发布的部署包（比如 war 包、jar 包、静态文件包等）推送到预发布环境的版本仓库。

第 5～7 步为生产准备阶段，首先创建发布计划，在选择发布的版本后，由自动化发布系统启动线程去测试版本仓库拉取所选择的这个版本的程序包，然后将其推送到生产版本仓库存放。

第 8 步为生产正式发布阶段，当运维人员点击"发布"后，自动化发布平台首先会去生产版本仓库拉取发布版本，然后在后台执行发布操作指令，把发布包推送到目标部署服务器，并进行项目发布前备份，再停止应用程序，当应用程序正常停止后解压发布包进行发布，然后执行程序启动脚本。这一系列操作都是通过指令自动完成的，完全不需要人工介入。

这样的自动化发布流程可能与部分互联网企业的流程有一些差异，主要体现在对环境的隔离程度。考虑到银行网络安全的高标准，商业银行不会打通生产环境与测试环境代码仓库的网络，由生产环境直接拉取代码仓库的源码来编译打包生成发布版本，而是由生产环境的代理服务器去拉取在测试环境版本仓库通过验证的全量上线包。这种方式除了在网络安全方面更加有保障外，也避免了生产环境编译打包出现差异的情况，因为发布版本直接从测试环境版本仓库拉取，该版本与预发布验证环境一致，且经过了功能测试、性能测试、安全测试。此外，自动化发布系统还应具备如下特性。

- **发布计划管理**。通过发布计划管理的功能，可以让运维人员提前创建发布内容，在发布前做好任务的梳理、创建和审核，将发布工作前置。
- **集成应用启停日志和业务日志**。可集成应用启停日志、业务日志的实时展示功能，让运维人员不再需要逐台登录到服务器上查看。
- **实现变更结果巡检**。在变更完成后自动化巡检应用版本及应用启动时，复核发布的准确性。
- **集成发布策略**。自动化发布平台可以集成发布策略管理功能，包括对负载均衡后端服务器、微服务的下线操作，访问流量调度管理等，以保障整个发布操作过程中的平滑及变更过程中业务的可用性。接下来的章节会对发布策略进行更详细的介绍。

4.3.2 发布策略

自动化发布平台实现了从手工发布到自动化发布的转变，极大简化了运维发布工作，但在发布过程中应用的启停操作只是从人工执行命令变为后台自动化执行命令，本质上并没有什么区别，因此不管是手动发布还是自动化发布，在停止应用的过程中如果不做好发布策略管理，就会造成短暂的业务中断。如果升级失败需要回滚，那又将产生一次影响，因此发布操作还需要配合适当的发布策略来降低对系统可用性的影响。常见的发布策略有蓝绿发布、滚动发布、灰度发布等。

1. 蓝绿发布

蓝绿发布的原理比较简单，前端通过负载均衡引流来控制使用版本，后端提供两组服务器运行新旧版本，其中一组运行当前版本，另一组供新的待发布版本使用。当有新版本发布时，直接将新版本部署在相应服务器上，等运行正常后，通过负载均衡的流量调度功能把流量引流到新版本上即完成了发布。蓝绿发布策略一般较少使用，因为比较耗费服务器资源，如果业务系统较多，这种成倍的资源投入会对成本控制带来很大挑战。蓝绿发布的优势在于发布过程中不需要停机，如发布版本无代码异常，则对于用户无感知，可平滑过渡，且通过负载均衡调度，升级和回滚切换操作速度快；其缺点也显而易见，服务器资源需要加倍，增加了成本投入，且负载均衡切换流量后，如果有异常，将对全局用户造成影响，因此也注定了这种模式不可能在全网应用中大面积推广。

2. 滚动发布

滚动发布是在发布时先将一批后端服务器从负载均衡器中踢出，等待即将发布的服务器处理完已建立连接的请求后再开始更新版本，更新完成后观察应用是否启动正常，若正常,就可以把负载均衡器到新版本服务器的引流开关打开,如此循环,将集群中的应用更新成最新版本。滚动发布的整个过程为轮流发布,因此在发布部分服务器后会先验证应用是否正常运行,对用户影响较小,但滚动发布也有缺点,即发布过程中新旧版本短暂共存,此外发布和回滚均为轮流操作,发布过程较长。

从滚动发布的逻辑可以看出,要保障平滑发布有几点注意事项。

1)负载均衡器在即将发布的服务器下线时不能影响用户访问,专业的硬件负载均衡设备如 F5、A10,或软件负载均衡如 Nginx 等均支持这类特性。以 Nginx 为例,在发布应用前,可以先在 nginx.conf 配置文件中把将要发布的服务器的流量转发配置注释掉,在执行 Nginx 重新加载配置后,下线的服务器将不再接收新的访问连接需求,但可以等待已建立连接的用户响应处理完成。当然 Nginx 服务也可以实现动态注册(比如结合 consul 就可以实现动态注册),类似微服务架构下服务启动自动注册到注册中心的模式,当服务停止则自动从注册中心禁用,这样就省去了手动修改及重新加载配置的步骤。

2)应用程序本身要支持优雅停机,虽然负载均衡器引流后不会再有新的访问请求转发到即将发布的服务器,但是在停止应用指令下达后,要保证应用程序把未处理完的事务处理完毕后再关闭自身服务,否则也可能会造成部分来访请求中断。

3)在负载均衡器打开新版本服务器的引流开关前,也需要注意保障新版本是正常可用的,避免出现投入使用就报错的情况。

有了上述机制,就保障了停止服务、启动服务的整个过程对用户无感知,对于生产发布来说这一点非常重要。

3. 灰度发布

灰度发布又名金丝雀发布,在敏捷文化盛行的互联网企业中应用较为广泛。在用户基数较大的情况下,如果采用蓝绿发布或滚动发布策略,一旦引流的新版本有异常,所有转发到新版本服务器的访问都将报错,影响范围会非常大。灰度发布则可以保持原有版本继续提供服务,按策略选取部分用户作为灰度版本的用户先体验新版本,这样可以收集这部分用户对新版本功能、性能、体验等的反馈。如果新版本使用正常且体验较好,则可继续将新版本全量覆盖,如果新版本使用有异常或效果不佳则可以回滚至旧版本,将用户影响范围降低。

通过图 4-6 所展现的结构可知,90% 的用户流量仍然访问旧版本,而 10% 的用户流量访问新版本。其实在按比例分配流量前,还可以通过匹配 HTTP Header 等方式实现内部测试,当新版本通过内部测试验证后,再按百分比,将小部分用户引流到新版本,然后根据运行情况陆续增加引流到新版本的流量,直到全量运行新版本,期间如果有异常,可立即将流量回切到旧版本。

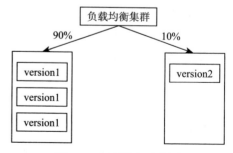

图 4-6 灰度发布示意图

通过灰度发布策略，可有效控制发布过程中影响的用户数量，相应发布窗口也会更加灵活，从而实现在任意时间均可以稳定、安全地发布新版本。当然要实现按比例或者特定用户引流，需要应用级负载均衡集群的支撑，且对自动化发布要求较高。

综上所述，蓝绿发布、滚动发布、灰度发布这几种发布策略各有优劣，在资源和技术投入上也各不相同。银行在不同的发展时期，对发布的需求有所差异。比如在发展初期，业务规模暂未上量，发布频率也不高，可接受轮流发布的操作时间及发布失败的影响范围，此时滚动发布就是符合需求的解决方案。因此，选择哪种发布策略，具体要结合银行所处阶段的实际情况，并综合考量发布影响和成本投入等因素，以此提升系统发布的效率和安全性。

4.3.3 发布实践

介绍了自动化发布的优势、特性及发布策略之后，现在以具体的发布实践来介绍一下自动化发布的流程及功能。

首先需要创建一个发布计划，如图4-7所示，每一行记录代表一条系统发布计划，需要选择发布类型、所属研发中心、系统名称、应用名称及发布版本，每次可以添加多条发布计划以便批量提交。

图4-7 创建发布计划

创建发布计划后，需要经过一个审核的过程，当发布管理员审核通过后，后台将会根据发布计划从测试版本库拉取发布程序包。

在发布计划菜单点击已通过审核的发布计划列表，可以打开具体的发布执行窗口。从图4-8可以看到app-server这个服务一共有3台服务器，状态都是"应用拉取成功"，达到待发布状态，可执行操作有"发布""回滚""启动""停止""冷备"。有两列日志展示按钮："tomcat 日志"，用于查看 Tomcat Web 容器的日志；"应用日志"，用于查看应用系统的日志。此外，还提供了巡检功能，点击"查看"按钮可以查看在这台服务器上的发布情况，包括发布包的版本及发布时间。通过图 4-8 可以发现，整个操作无须登录服务器，发布应用、回滚应用、启动应用、停止应用、日志查询等一系列功能一应俱全，如果在发布过程中出现异常，也可以通过发布前备份的版本进行回滚，整个发布过程操作简单，安全可控，极大地释放了运维发布操作的压力，也提升了整个发布过程的效率。

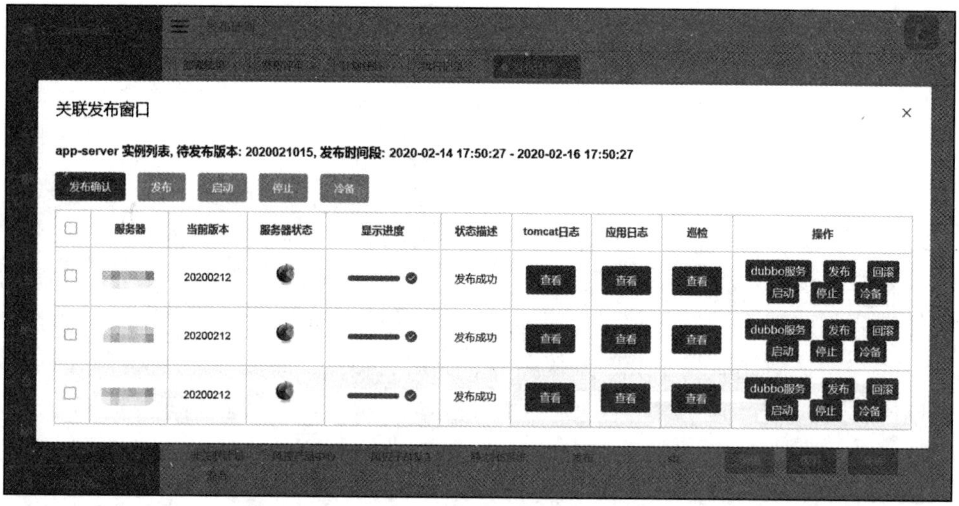

图 4-8 执行发布截图

在发布完成后，一般情况下运维人员还需要有一个复核的过程。如果是手动发布模式，就又需要逐台进行应用启动状态检查、漏操作排查、发布版本正确性检查等操作，工作量非常大，但如果是自动化发布模式，运维人员就可以轻松开启一键巡检模式，通过选择发布时段或者发布任务由系统自动完成巡检。

4.4 组件化

除了自动化发布的变革正改变着运维人员的工作方式之外，还有一些组件也功不可没。通过组件化的开展，可以帮助运维人员提高配置管理、日志收集等工作的效率，还可以规避一些手动管理带来的风险。

4.4.1 配置管理

配置管理是一个颇令人头疼的问题，就拿最常见的连接数据库的配置来说，硬编码在代码里的情况应该不多见了，多数都会以单独的配置文件存在。可是，即便是通过配置连接数据库，因为有多套环境的关系，配置文件会有多个，如本地调试时使用哪个、打包时使用哪个，规划得不好，使用时大概率会出乱子，下面就介绍一下配置管理的实际应用带来的变革吧。

1. 传统配置管理

对于传统基于本地配置文件的管理方式，由于各环境配置文件不同，生产环境发布包中的配置也与测试环境不一致，如果要实现全量发布，一不留神就可能混淆测试和生产的配置，但如果长期实施增量发布，又不利于版本的管理，因为生产的配置依赖运维手动增量维护，最后很有可能唯一的完整最新版本在生产环境，而代码仓库中却没有。

聪明的码农会考虑使用如 Maven Profiles 这类组件来实现多环境配置管理，但仍然存在测试环境拥有生产配置文件的问题。又或者是将配置文件独立存放在程序代码外的某个目录，这种方式比配置和代码混在一起的情况有所好转，至少程序发布包在各个环境是相同的，但缺点在于生产环境往往都是多节点的集群环境，需要在每台服务器都管理配置文件，这也给保持配置一致性和完成变更操作等增加了难度。

再进一步，我们可以把配置文件放在 NFS 等共享目录下，当配置文件发生变更时，在共享目录更新后，每台服务器读到的都是最新的。此时 NFS 的可用性就变得非常重要，因为所有应用程序都要访问它，如果 NFS 出现问题则会影响所有业务，这个代价就有点高了。当然 NFS 也可以实现高可用部署来降低风险，但随着接入的应用数量增加，NFS 自身的性能又可能成为瓶颈，并且单纯对 NFS 优化也很难，最终演变成只能升级硬件。

对于传统配置管理的方式，不管是本地开发测试环境的配置还是生产环境的配置，各类配置完全不设防，拥有工程代码访问权限的人都能轻易获取，在安全性方面也存在较大隐患。

还有些朋友考虑将配置信息保存在数据库或者缓存里面，但这种情况还要取决于具体的业务场景，毕竟不可能把所有的配置文件都存放在数据库或缓存里，比如保存配置信息所在位置的配置要有地方存放，才能被应用程序读取。

2. 统一配置中心

微服务架构兴起后，曾经的单体应用系统被拆分成多个承担不同功能的服务，随之而来的是这些被拆分出的服务都有各自的配置文件需求，配置文件中保存着各种参数、服务器调用地址、任务计划等，因此，对配置文件及其内容进行管理的工作量也是日渐增多，此时，建立统一配置中心，实现对配置的统一管理是应对这类场景的最佳方案。通过配置中心，可以实现配置文件的平台化管理，并解耦程序代码发布和配置文件发布这两个步骤，让同一个全量软件包可以运行在所有环境，也使系统发布的流程变得可重用，提高了应用部署和变更的效率。

（1）配置中心特性

配置中心的解决方案非常多，仅开源方向就有 Apollo、Spring Cloud Config、disconf、diamond

等，对于内部编码能力强的企业，自己实现也不是难事。银行业会着重关注下列特性。

- **平台化管理**。分布式配置管理中心提供可视化配置管理功能，同时支持按用户角色分配不同的应用系统配置管理权限，并可记录用户操作日志以用于审计。
- **配置与代码分离**。配置中心可按"项目"维度，管理该项目对应的应用系统的配置文件。若多个项目之间需要做配置共享，可以建立一个独立的空间来管理共享配置文件，当应用程序启动时会按请求的项目去获取配置文件并存放于应用程序代码目录之外。
- **高可用性**。作为所有配置的统一管理中心，必须具备高可用能力。考虑到性能，其架构应当支持分布式。此外，应用系统对配置中心并不是强依赖，当应用程序客户端初始部署时，在启动应用系统后会拉取一份配置中心的最新配置文件到本地磁盘，这样，即便配置中心完全不可用也不影响应用系统的运行。
- **多环境管理**。配置中心可实现一套平台管理多套环境，比如可以同时将开发、系统内部集成测试、用户验收测试、性能测试等测试环境的应用配置纳入统一管理。试想一下，运维人员要登录不同环境的服务器来修改配置和在分布式配置中心通过切换菜单完成所有环境的配置修改，两者工作量上的差距不言而喻。
- **版本管理**。配置中心具备版本管理功能，支持回滚到任一历史版本。也就是说，如果配置修改对生产造成了影响，再也不需要登录到服务器并查看历史命令来逐句确认修改了什么内容，可以直接按需回滚到任一历史版本，既快速又准确。
- **动态发布**。在应用系统启动后，如果要修改配置文件，在配置中心修改后点击发布即可推送到各订阅服务器，大部分情况下不需要重启应用程序来加载最新配置，除非更新的配置文件是需要应用启动时依赖注入的（这一点取决于应用程序本身）。
- **多客户端类型**。配置中心支持各种客户端接入，某些产品集成了 Java 的原生客户端，但非 Java 程序也可以轻松获取，因为可以提供 HTTP 接口。
- **多格式配置支持**。配置中心可支持 XML、JSON、YAML 等常用配置文件格式。

（2）Apollo 配置中心实践

下面以开源配置中心 Apollo 为例，介绍分布式配置中心的部署架构及应用。

Apollo 一共有 7 个模块，其中 4 个模块是与功能相关的核心模块，另外 3 个模块是辅助服务发现的模块，其总体设计⊖，如图 4-9 所示。

4 个核心功能模块及其主要功能如下所示。

- Config Service：提供配置的读取、推送等功能，服务对象是 Client。
- Admin Service：提供配置的修改、发布等功能，服务对象是 Portal（管理界面）。
- Client：为应用获取配置，支持实时更新，通过 Meta Server 获取 Config Service 的服务列表，使用客户端软负载 SLB 方式调用 Config Service。

⊖ 本段架构原理参考 GitHub 中的 Apollo 项目介绍，地址为 https://github.com/ctripcorp/apollo。

❑ Portal：提供配置管理界面，通过 Meta Server 获取 Admin Service 的服务列表，并使用客户端软负载 SLB 方式调用 Admin Service。因为 Meta Server 本身无状态，以集群方式部署，所以引入了 SLB 做 Meta Server 的负载均衡和流量转发。

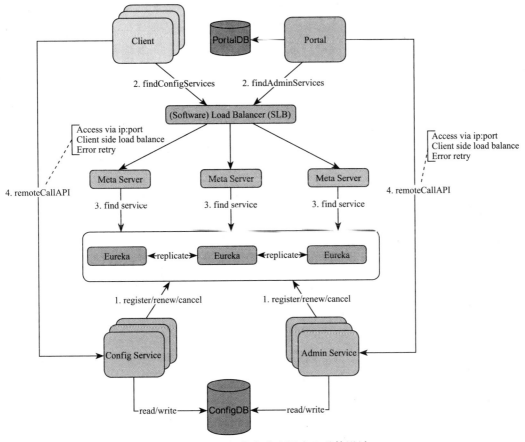

图 4-9　Apollo 分布式配置中心总体设计

3 个辅助服务发现模块及其主要功能如下所示。

❑ Eureka：用于服务发现和注册，通过 Config/Admin Service 注册实例并定期报心跳。

❑ Meta Server：Portal 通过域名访问 Meta Server 并获取 Admin Service 的地址列表；Client 通过域名访问 Meta Server 并获取 Config Service 的地址列表；相当于一个 Eureka Proxy。

❑ SLB：与域名系统配合，协助 Portal 访问 Meta Server 并获取 Admin Service 地址列表，协助 Client 访问 Meta Server 并获取 Config Service 地址列表，协助用户访问 Portal 进行配置管理。

为了简化部署，实际上会把 Config Service、Eureka 和 Meta Server 这 3 个逻辑角色部署在同一个 JVM 进程中。

Apollo 客户端采用 pull 和 push 结合的方式获取配置，在实现配置实时更新的同时，保证配置更新不丢失。配置的初始创建是在 Portal 管理界面进行的，通过新增配置管理项目，新增并发布后就完成了配置的初始添加。在应用程序启动后，Apollo 客户端会与服务端建立一个长连接，从而能第一时间获得配置更新的推送；客户端默认 5 分钟到 Apollo 配置中心拉取一次配置文件，如果配置无更新，服务端会返回 304 错误（Not Modified），如果有更新，则将更新保存在内存中，并把获取到的配置文件在本地系统缓存一份。应用程序从 Apollo 客户端获取最新的配置、订阅配置更新通知。以上就是从配置创建到获取的流程。配置中心基础模型如图 4-10 所示。

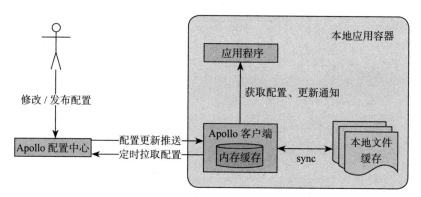

图 4-10　Apollo 分布式配置中心基础模型

注：图片来源为 https://github.com/ctripcorp/apollo。

在环境管理方面，一套 Portal 可以管理多个环境，但是每个环境都需要独立部署一套 Config Service、Admin Service 和 ApolloConfigDB。在 Apollo 的应用实践中，可以根据实际情况对各环境进行配置，比如可以分为开发环境、测试环境、集成测试环境、用户验收环境、联调环境、性能环境、预发布环境和生产环境。商业银行为满足更高的安全要求，需要将非生产环境与生产环境做物理隔离：对于非生产环境，可以部署一套配置管理中心，统一管理开发环境及各测试环境的配置；对于生产环境，需要再独立部署一套配置中心，只管理生产环境的配置。

Apollo 可以按项目分别管理配置，这也满足微服务架构对配置文件的独立需求，保障不同模块之间的配置互不干扰，Apollo 项目配置如图 4-11 所示，在"我的项目"标签后列举了已创建的 Apollo 配置项目，这些项目的配置均相互独立。

当然，一些公共配置需求也可以通过 Namespace 的功能实现配置共享。如图 4-12 所示，FX.apollo 就是关联的 Namespace，此 Namespace 可以被多个项目共享关联。此外，对于多数据中心配置不完全相同的情况，Apollo 也有解决方案，即可以通过 Cluster 功能实现多个数据中心差异化配置的需求，在图 4-12 左侧导航栏 PRO 环境下分别有 default、SHAQY、SHAJQ 这几个集群，集群下可以为这个项目维护不同的配置文件。

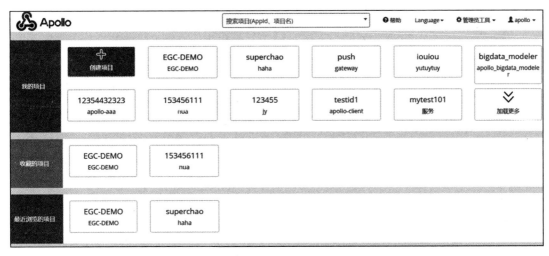

图 4-11　项目配置图

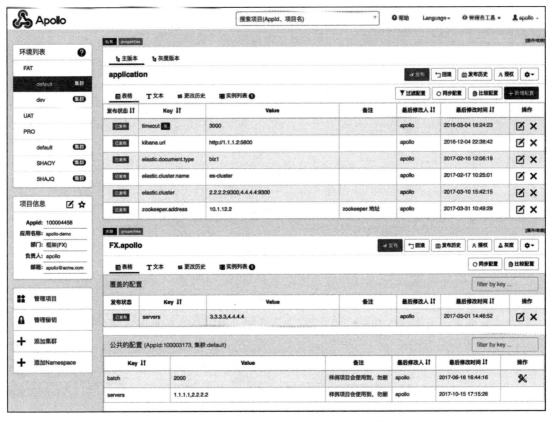

图 4-12　Apollo Namespace 及 Cluster 功能展示

4.4.2 日志收集

一般情况下,应用系统生成的日志保存在本地服务器,如果要分析系统或者应用的日志信息,必须在获得授权后登录日志文件所在服务器,使用命令匹配查询,能否查到和查询效率均取决于操作人员对命令或 Shell 的熟悉程度。同时,这种分析方式也面临着大量日志文件归档,搜索太慢,不便于做多维度查询等问题。此外,如果要根据日志文件来实现监控告警,只能在各应用服务器上部署监控脚本来实现,难以统一处理,可以想象其工作量之大,维护难度之高。因此,需要建立统一日志收集平台,对所有应用客户端的日志文件进行收集管理,才更便于后续实现日志查询、分析以及基于日志的业务告警。

1. 统一日志收集平台特性

统一日志收集平台用于日志文件的统一收集归档,同时可以基于收集到的日志提供多维度查询,为日志监控提供基础数据。

统一日志收集平台通过在客户端上安装日志收集代理应用,将日志数据采集上报到日志存储,然后就可以为日志可视化分析提供数据支持,并基于日志实现业务告警。这样的告警方式配置简单,且对应用系统运行无侵入性,通过设置告警规则,在应用日志中匹配告警关键字,如符合告警规则就可以按指定告警提醒方式通知运维人员。

统一日志收集平台打通了日志的统一收集、存储、分析、告警,对分散的日志进行统一管理,极大提升了运维人员的日志管理效率,其优势主要体现在如下方面。

- **操作便利性**。通过日志收集系统把各应用程序客户端的日志集中存储,运维人员查询日志时只需要登录日志收集系统,而不用再逐台登录服务器查询,在操作便利性上有明显提升。
- **安全性**。查询日志不需要再登录服务器,仅提供日志查询平台的账号、密码即可开展日志查询工作,再也不用担心在服务器上出现误操作,运维人员操作安全性明显提升。
- **权限管理**。可以根据运维人员所管理的系统分配日志权限,便于分权管理。
- **系统告警**。基于收集到的日志研发独立的日志告警系统,提供统一的日志告警解决方案,不再需要运维人员编写日志监控脚本,节约了时间和人力成本。

2. 统一日志收集实践

统一日志收集平台有成熟的商业软件,也有很优秀的开源解决方案,ELK 就是一套应用广泛的开源解决方案,下面我们以 ELK 为例介绍一下银行系统日志收集实践。

(1) ELK 组件介绍

ELK 取自 ElasticSearch、Logstash、Kibana 这三个开源框架的首字母,其中 ElasticSearch 是一个基于 Lucene 的分布式全文搜索引擎,也是日志处理及存储的核心组件;Logstash 是一个开源的服务器端数据处理管道,可用来搜集及处理日志数据,然后将数据发送到 ElasticSearch;Kibana 是一个前端日志展示框架,通过丰富的 UI 组件,提供了强大的数据可视化功能以展示 ElasticSearch 中的数据。

（2）ELK 日志收集原理

首先需要在各客户端应用服务器上安装 Logstash 客户端用于采集日志，然后将采集到的日志数据进行分析、过滤后发送到 ElasticSearch 存储，ElasticSearch 会以分片的形式对数据进行压缩存储，可以通过 ElasticSearch 提供的 API 进行日志查询，同时也可以在 Kibana 界面展示 ElasticSearch 中的日志数据。

（3）ELK 部署架构

目前越来越多的行业开始采用 ELK+Filebeat 的部署架构来满足日志收集需求的场景，这个架构与 ELK 原始架构的不同之处在于，它引入了 Filebeat 组件代替 Logstash 作为日志收集器。与 Logstash 相比，Filebeat 更轻量级、占用服务器资源更少。Logstash 在 ELK+Filebeat 这个架构中专注于做日志数据的加工、过滤等处理，因此不需要在每个需要收集日志的应用客户端上安装，只需要单独部署几个节点即可，具体 Logstash 节点数可以根据日志数据收集量来评估。Filebeat 收集各应用服务器日志后，经过 Logstash 的过滤再传输到 ElasticSearch，就形成了 ELK+Filebeat 这种部署架构，如图 4-13 所示。这个架构明显提升了日志收集的效率，同时降低了服务器资源占用，也是目前比较主流的部署架构。

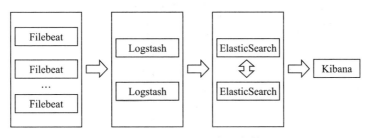

图 4-13　ELK+Filebeat 部署架构图

如果日志收集数据量比较大，可以考虑引入消息队列，此时，Filebeat 采集日志后不直接发送到 Logstash 中进行处理，而是作为消息生产者，将日志发送到消息队列（比如 Kafka），Logstash 则作为日志消费者，负责从 Kafka 中消费日志并进行数据加工、过滤等处理，然后再将日志发送到 ElasticSearch 存储。引入 Kafka 作为数据缓存层，可以防止在网络拥塞时发生数据丢失，也缓解了 Logstash 与 ElasticSearch 的负载压力，适合日志量较大的应用场景。

（4）ELK+Filebeat 应用实践

下面我们通过一个案例，介绍通过 ELK+Filebeat 来收集日志的过程。

首先第一步是实现日志从应用客户端到 Logstash 的过程，需要在应用客户端安装 Filebeat，编辑 filebeat.yml 配置文件。如下方配置所示，添加了应用客户端 IP 地址 192.168.10.11，日志收集路径和文件名称为 /home/tomcat/logs/*/app.log，通过 fields 标签配置自定义标签 type 并设置值为"app"，意为应用日志，以方便做索引判断，此外还指定了 Logstash 集群 IP 地址为 192.168.10.17、192.168.10.18、192.168.10.19 的 3 台服务器，filebeat.yml 的具体配置信息如下：

```
#====================== filebeat prospectors =================
filebeat.prospectors:
- input_type: log
      paths:
          - /home/tomcat/logs/*/app.log
      fields:
          type: app
          ip: 192.168.10.11
      fields_under_root: true
# 异常抓取
      multiline.pattern: '^[0-9]{4}'
      multiline.negate: true
      multiline.match: after
#====================== Processors =======================
processors:
   - drop_fields:
          fields: ["offset","beat","input_type","tags"]
#====================== kafka output =====================
output.logstash:
      hosts: ["192.168.10.17:5044","192.168.10.18:5044","192.168.10.19:5044"]
```

接下来就是 Logstash 处理日志并存储到 ElasticSearch 的配置过程。3 台 Logstash 服务器的配置相同，并轮流响应日志处理请求，这里我们以其中一台 Logstash 服务器的配置为例介绍。在 logstash.config 配置文件中，设置了 Logstash 的服务端口为 5044，然后配置了 filter，以及判断当 type 标签值为 app 时的日志处理逻辑，最后配置日志输出到 ElasticSearch 集群的 IP 地址，具体如下所示：

```
input {
    beats {
          port => 5044
    }
}
filter {
    if [type] == "app" {
          grok {
              match => { "message" => "(?<request_time>\d+-\d+-\d+\s\d+:\d+:\d+,\d+)" }
          }
          date {
              match => ["request_time", "yyyy-MM-dd HH:mm:ss,SSS"]
              target => "@timestamp"
              timezone => "Asia/Shanghai"
          }
          grok {
              match => { "source" => "/home/tomcat/logs/%{GREEDYDATA:appName}/%{GREEDYDATA:tag}.log" }
          }
          mutate {
              remove_field => [ "request_time","tag","source" ]
              lowercase => [ "appName" ]
```

```
            }
        }
    }
    output {
        ElasticSearch {
            hosts => ["192.168.11.17:9200","192.168.11.18:9200","192.168.11.19:9200"]
            index => "%{type}-%{appName}-%{+YYYY.MM.dd}"
            user => "elastic"
            password => "elastic_pwd!"
            pipeline => "estimestamp_pipeline"
        }
    }
```

在日志被存储到 ElasticSearch 之后，下一步就是创建日志索引。具体创建方法如图 4-14 所示，在左侧菜单栏点击 Management 菜单，选择 Index Patterns 来到如图 4-14 所示功能界面，再点击 Create Index Pattern 进入索引创建界面，通过输入 Index Pattern，即应用日志名称（此示例为 "app-fast-channel-*"），Kibana 会查询 ElasticSearch 存储的日志索引信息，点击 Next step 继续创建，再选择索引时间 "@timestamp"，确认后即可完成日志索引创建。

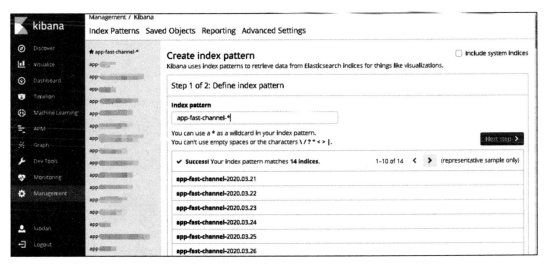

图 4-14　Kibana 创建日志索引截图

下一步需要做的是赋予用户查询刚配置的 "app-fast-channel-*" 应用日志的权限，权限模型为用户关联角色，角色再关联索引来进行分配，一般角色可以设置为某个系统，在角色下面可以关联多个应用日志索引，这样为用户分配索引查询权限就可以按角色（系统）维度去管理，用户授权和角色管理在 Management → Security 菜单下配置即可。

然后通过 Kibana 进行日志查询，具体如图 4-15 所示。首先选择应用日志 app-fast-channel-*（*代表统一收集从多台应用客户端服务器采集到的日志，这样查询日志时就不需要再登录到每台服务器上操作了），然后在搜索框输入日志查询关键字，比如搜索关键字 "WARN"，可以看到在查询列表中 "WARN" 相关日志被成功检索，且查询关键字

"WARN"也被高亮展示，此外，在此界面还可以选择查询日志的时间，同时关键字检查也支持更复杂的匹配。

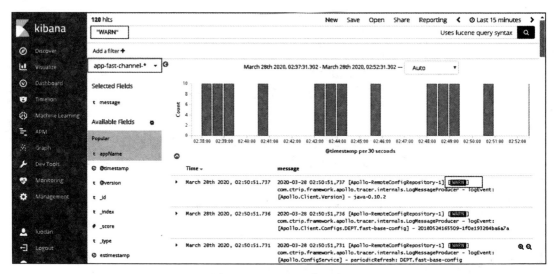

图 4-15　Kibana 日志查询

4.5　系统监控

想要做好一件事情，首先要了解它，了解得越深入、越全面，对它的观察越具体、越细致，就越能增强对它的掌控，监控也是如此。如果只是想搭建一套监控系统，那着实不难，可是若想把监控做好，就不止说说这么简单了。

金融行业系统非常复杂，从监控角度出发，要关注的点也非常多：从系统与系统间的调用链路关系和响应，到业务视角关注的关键指标；从基础设施各项物理指标，到客户端发起请求时的用户体验。鉴于监控系统要实现立体化构建，我们不妨先给它分个层：一方面将对象清晰归类，建立全局视角；另一方面根据不同层次对象的特点，针对性地设计监控指标。我们可以将监控对象进行抽象分类分层，如图 4-16 所示，具体分为基础设施层、系统层、应用层、业务层和用户体验层。

图 4-16　对监控对象进行抽象分类分层

4.5.1 基础设施层监控

首先从最底层开始，基础设施层是企业 IT 运维体系中的地基，地基打得牢固，并不能确保各项 IT 服务稳定运行，可是如果地基都不稳，上层应用必然更加难以稳定、可靠。

从设备类型角度来看，基础设施层的监控主要面向机房环境动力，包括暖通系统（如空调、新风系统、机房环境、漏水等）、电力系统（如配电柜、UPS、ATS 等）、安防系统（如防雷、消防、门禁等）等，以及物理设备状态，包括各种类型的网络线路（互联网线路、运营商专线、跨中心传输线路、设备间跳线等）的流量、连接数、延迟、丢包率等；从监控类型角度来看，基础设施层的监控要考虑状态监控（例如机房供电、硬件设备状态）、性能监控以及设备运行情况的监控（包括电流、电压、温度、湿度、资源使用率、端口流量、设备负载等）。

基础设施层的监控数据有些来源于各种类型的传感器，比如温湿度、电流、电压数据；有些来源于视频监控，比如面向机房环境；有些通过客户端 agent 采集，或者通过网络协议（如 IPMI 接口或 SNMP 协议等）取数；有些成熟的基础设施本身就具备完善的健康检测机制，通过与设施提供方的有效沟通，将相关关键指标和事件的触发集成至企业统一的监控平台进行整合即可。

对于基础设施层的监控，除了通过监控系统管理以外，现场的环境运维人员也非常重要，环境层和设备层面的一些物理故障远程无法处置，因此需要将人员现场巡检纳入监控环节，这也是基础设施层监控与其他监控不一样的地方。

4.5.2 系统层监控

系统层监控主要关注硬件设备、网络、虚拟化资源、存储及备份设备、安全设备的监控，下面将分别展开介绍。

1. 物理服务器及网络设备监控

物理服务器和网络设备的监控一般通过厂商提供的接口来实现，比如 IPMI(智能平台管理接口)，物理设备出厂一般会提供此接口。一般情况下，通过 IPMI 可以直接获取设备的运行状态信息，包括服务器各部分的温湿度、硬盘状态、风扇转速等信息。物理服务器及网络设备在硬件层面的监控目的是在设备出现故障时可以第一时间发现并更换配件，在物理机层面保证高可用。对硬件监控的覆盖程度视业务需求而定，比如服务器资源使用率包括 CPU、内存、磁盘、网卡等各项指标。

2. 网络可用性监控

基本的网络可用性监控包括互联网出入口流量及可用性、机房间专线流量及可用性，以及网络设备各端口流量及可用性等。

3. 虚拟化资源监控

目前虚拟化和容器化已经成为主流趋势，考虑到容器实际上也是进程，我们把容器放到后面的小节中专项描述，这里的监控对象主要定义为虚拟化集群和虚拟机。

对虚拟化集群的监控重点仍然是围绕几大块内容，包括 CPU 方面的核数、总频率、使用率等；虚拟存储资源方面的存储总容量、使用量、使用率、IOPS 性能、I/O 延迟等；内存方面的总容量、使用量、使用率等；网络方面的网络流量、网卡接收/发送速率、丢包率、广播、组播；运行方面的运行状态、异常日志、虚拟机总数量、运行中的虚拟机数量、运行时间等。

对虚拟机的监控来说，首先通过 ping 监控响应时间是一项必备指标，用以快速判断系统是否存活。其次，虚拟化集群关注的大部分指标均需要关注，只是取数方式会不同，并且关注的指标会更加细致，比如 CPU（CPU 整体使用率、CPU 各核使用率、平均负载）、内存（应用内存、整体内存、Swap 等）、磁盘 I/O（读写速率、IOPS、平均等待延时、平均服务延时等）、网络 I/O（流量、包量、错包、丢包）、连接（各种状态的 TCP 连接数）等。

4. 存储及备份设备监控

关于存储设备的监控，除了基础设施层要考虑的控制器、磁盘、阵列卡等硬件部件健康状态以外，重点要关注设备运行时的硬盘读写性能、读写超时、硬盘掉线、硬盘介质错误等。对于 SSD、PCI-E 卡等类型的存储设备，还需要关注通电次数、使用时间、元件擦写寿命比、备用块数量占比等指标，以便更全面地掌握此类设备的实际使用情况。此外，还需要关注备份设备如备份存储、磁带机等的运行状态，以及对备份任务执行情况的监控。

5. 安全设备监控

对于安全方面的 IDS/IPS、WAF、日志审计、数据库审计、威胁检测等设备或系统的监控更是不能轻视，这类设备有一个特点，就是误报率比较高，但每一次告警都不能轻视，因为安全无小事。我们宁愿它只是在喊着"狼来了"，而不是"狼真的来了"，这是每一名安全工程师的肺腑之言。

4.5.3　应用层监控

应用层监控需要从用户发起访问请求开始，包括在 DNS 解析、CDN 响应速度及性能、负载均衡能力、应用软件/中间件/数据库的可用性及性能监控，以及访问安全等层面进行监控。

对于应用层监控，从用户访问链路来讲，需要关注 DNS 域名解析、CDN 响应速度及性能、负载均衡转发能力。对于多机房场景，还需要考虑机房间的交叉监控，因为一般监控系统均为本地部署（避免网络波动造成的告警风暴），若机房互联网线路出现中断，那么业务肯定是断了，这个时候本地监控系统的某些监控指标可能也检测到异常，可是由于网断了，告警信息发不出来，如果没有一个机房外部的监控渠道来判断的话，很难应对这种场景。当然，其实单机房也会存在这种情况，只是互联网出入口中断这种情况并不常见，所以通常会忽略这样的场景，而且如果本身就拥有多机房，可以配置几个机房间的交叉监控项，这样当有类似情况发生时，仍能第一时间接收到告警信息，及时处置。

应用层最基础的监控就是进程、端口是否存活，以及文件句柄数等指标监控。对于应用软件的监控，如企业服务总线 ESB 和 Web 容器（如 Weblogic、Tomcat)等基础监控已经较为成熟，对于这部分应用服务状态是否正常、进程是否假死、日志输出是否有异常、网络连通性等，不管是纯自研还是采用商业化产品，都有成熟的解决方案。

互联网模式也带动了分布式架构和开源软件在金融行业的广泛运用：对于分布式任务调度服务、分布式缓存、消息队列、分布式数据库、分布式存储等中间件，传统企业在这方面的技术储备可能相对不足，此时需要针对性地重点投入资源进行相关监控指标的开发，围绕中间件集群的健康状态、运行情况及性能展开监控；在分布式与微服务之后，链路调用关系也更趋复杂，所以对于服务与服务之间的调用关系梳理和各节点间的应用性能也值得关注。

众所周知，大多数应用系统都是 I/O 密集型，通常情况下数据库会成为系统的性能瓶颈，如果能将数据库的运行状态及时全面反馈给监控平台，那么对及时消除性能隐患会有直接助益，因此数据库的监控项设计至关重要。尽管不同数据库类型的监控指标会有差异，不过由于数据库实在太成熟，也太重要，对于几款热门的数据库产品，如 Oracle、MySQL、MSSQL、DB2 等，主流的监控系统一般都提供了丰富的、可直接使用的监控模板，要考虑的不是有没有指标，而是指标太多，该重点关注哪些。总的来说，除了常规的数据库自身健康检查以外，日常最主要的关注点是缓存使用、连接统计、慢查询、锁数量、SQL 读写性能、主从同步、集群状态等指标。

此外，应用层的安全监控也是少不了的，可以通过全流量分析设备，对应用层请求进行分析，如果有攻击行为的访问，可以通过告警通知运维人员，以作观察处置。

4.5.4 业务层监控

应用系统实际上就是在支撑业务，应用层监控与业务层监控关注的侧重点不同。应用层监控关注系统运行状态，如进程是否存在、端口是否存在、JVM 性能、数据库连接池情况等；如果应用系统出现故障，则业务必然异常，不过业务出现异常时应用系统不一定运行异常。业务层监控关注的是业务运行状态，更多是站在业务逻辑的角度判断是否存在异常。

业务层监控在实施层面主要包括两个方面。一方面是关注关键业务功能是否正常，通过具体的业务功能模块，如发起注册、登录、交易、支付等服务，通过返回请求来判断业务能否正常运行。考虑到银行业的特殊性，一般不会在生产环境进行测试，有些场景也很难构建测试场景，因此，此项监控应在技术可行、业务逻辑支持的前提下落实。另一方面则会关注业务交易的整体情况和服务性能，如交易量、成功率、失败笔数、响应时间等具体指标，以及服务状态、日志刷新、端口监控、网络连通性等综合因素，每个业务系统都要根据自身的业务特点设计对应的监控项。

业务层监控是监控精细化管理的重要体现，不仅需要监控团队关注，而且需要研发团队配合落实，推动业务团队关注相应指标。

4.5.5 用户体验层监控

前面做了那么多，其实用户都看不到，对于用户来说，直观感受最强烈的还是自身的操作体验，具体可以从用户访问速度方面考虑设置相应的监控指标，比如页面响应时间、页面渲染时间、重要接口响应时间等。

我们要考虑用户访问的每一个页面，从浏览器的地址栏输入网址按下回车键或打开手机银行App等待页面加载，或者从点击一个按钮到收到反馈，需要经过哪些步骤，模拟用户发起请求，并对业务系统的可用性及请求返回结果进行相应验证，既监控页面响应速度及性能，也对业务逻辑正确与否进行校验性监控。

本节并不是要罗列所有监控项，实际上我们也列不全，更何况各家银行有各自的特点，这里更多是提供思路，希望能够对大家的工作有所启发，目标是对每一层涉及的原子级监控项进行梳理，相互之间最好能够有所关联，相互呼应，组成立体式监控系统。本书后续章节也会就监控工具和实施进行详细介绍。

4.6 事件管理

IT运维团队除了忙碌地做着各类IT服务支撑工作外，也要针对持续出现的各类IT事件与问题，思考如何对事件管理进行优化。

4.6.1 什么是事件管理

说起事件管理，首先不得不提一下ITIL（Information Technology Infrastructure Library，信息技术基础架构库）。ITIL是全球广泛接受的IT服务管理（Information Technology Service Management，ITSM）方法。基于ITIL的IT服务管理由服务台、事件管理、问题管理、变更管理、配置管理、发布管理、服务级别管理组成，而事件管理是ITIL体系架构中的核心流程，也是服务支持中的第一项流程，当IT系统出现问题后，事件管理是解决问题的第一个环节，因此相比其他流程，事件管理流程应用更广泛且重要程度更高。

提升事件管理的时效性，让事件管理回归本质，不但可以提升IT服务质量，还可以避免重开发、轻运维的现象，以达到切实践行服务导向的ITIL理念的目的，并通过有效的IT服务管理为企业创造价值。

事件管理在前面章节也提到过，其中管理的"事件"是一个广义的概念，并不单指"故障"，而是指可能引起或已经引起IT服务中断或服务质量下降的活动，所以事件既可能是软硬件问题，也可能是某项服务需求。事件管理的目的就是要尽快解决问题或消除隐患，减少事件可能对业务带来的影响，使可用性满足服务级别协议（SLA）的要求，从而保证最佳的效率和服务的可持续性，而并非通常理解的要查找到根本原因。因此，事件管理的时效性是一个非常关键的指标,用于评价事件管理水平的高低,也反映整体 IT 服务质量和运营情况。

4.6.2 事件管理流程

事件处理要以尽快恢复生产运行为宗旨,控制影响范围,减少对生产业务运营的影响,保障服务的稳定性。对于事件的管理过程,可能各家银行有不同的方案,总体可以参考 ITIL 的管理流程并结合实际情况开展,具体处理流程如图 4-17 所示。

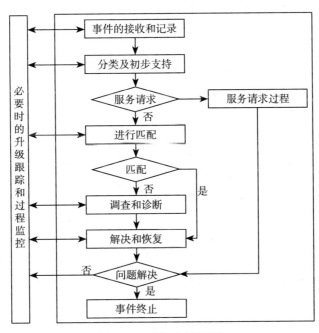

图 4-17 事件处理流程图

1) **事件的接收和记录**:事件统一由服务台负责接收(来源可以是用户、业务人员、IT 部门人员或系统自动检测发现等),接收后服务台会对事件进行唯一编号,并记录事件基本信息(包括时间、症状、受影响服务、影响范围、影响用户等)。在实际处理过程中,还需要预判事件的严重程度,如果严重,则需要先向管理层报告再处理,如果严重级别不高,则直接进入"分类及初步支持"步骤。

2) **分类及初步支持**:根据事件的类型、现象、影响度、紧急度、优先级等对事件进行初步处理。事件的分类和初步判断主要是通过事件知识库匹配,确定是否是曾经出现过的事件,若是出现过的事件,则可根据过往经验解决,若是从未出现过的事件,则需要转交给事件支持组排查做进一步调查和诊断。

3) **调查和诊断**:事件调查由事件管理人员组织事件支持人员(这个岗位角色可能各不相同,一般可由业务运维人员担任)开展,事件支持人员根据事件现象分析排查,确定解决措施，如涉及代码问题可协调研发人员排查源码。

4）**解决和恢复**：确定事件解决方案后，则按相应解决措施快速解决，恢复服务运行。

5）**事件终止**：在事件恢复后，应当向受事件影响的用户提供相应的服务支持，并协助用户解决事件期间相关业务办理问题。在最终事件处置到达终点阶段时，应记录事件处置关键要素，比如事件原因及归类、客户解决方案及实施反馈效果、事件处置时间、事件终止时间等。

6）**事件升级**：在事件解决过程中，服务台需要跟进处理进度及情况，如遇到困难或事件影响范围较大，并且在事件管理制度约定的时间内仍然无法解决时，应将事件升级，增加事件处理技术人员，投入更多资源积极响应排查。事件升级渠道即从一线到二线、三线、四线支持，一线支持通常由服务台提供，二线支持通常由管理部门提供，可以是业务运维团队或信息系统管理人员，三线支持多由软件开发及系统架构人员提供，四线支持则由供应商提供。

当然，事件终止并代表事件就结束了，还需要根据实际情况，对一些重大的事件进行分析、复盘，并出具相应的事件报告，再根据事件报告建议进行整改，最后在事件知识库更新事件处理要素，以此形成事件管理的闭环。

- **事件分析**：在事件处理终止后，需要对事件进行复盘分析，排查事件发生原因，以及复盘整个处理过程可能存在的问题。
- **事件复盘**：在事件解决后，需要召集相关业务人员、运维人员、研发人员进行事件处理过程的回顾，同时也需要关注事件根本原因，以及是否有改进措施。
- **事件报告**：根据事件复盘情况，需要出具整个事件的分析报告，报告内容需要体现事件原因、发生时间、影响范围、处理过程、整改措施等。
- **事件整改**：在事件复盘后，为避免同类型事件重复发生，可能会提出一些整改措施，需要持续跟进，推动相关整改措施完成改进。
- **事件库管理**：在事件处理分析均完成后，需要将事件录入事件知识库，这样在下次遇到相同或类似问题时，可以提供处理参考意见，提高初步判断阶段的处理效率。

4.6.3 事件应急处理

通过前面的事件处理流程我们可以发现，若流转到运维处理阶段，此时事件应该已经造成一定影响，并且服务台未能解决。不管出现什么问题，对于IT运维团队来说最根本的追求就是保障系统可用，先恢复业务是第一位的，因此应急恢复的时效性是事件应急的关键指标。为了保障事件应急处理的时效性，在事件处置过程中大致有如下注意事项。

1. 系统变更关联

"运维圈"一直流传着一句话：没有变更就没有伤害。大部分线上故障都与变更有关，确定故障现象后，如果事前有过变更操作，可以先分析故障是否由变更引起，进而快速定位故障并准备回滚等应急方案。

2. 避免全面性排查

在排查故障原因时应避免全面性排查，特别是在排查应用层面的异常时。一方面，随着微服务、应用系统解耦等设计思路的流行，一笔交易从发起到最终返回结果，会流经不同的应用系统及子系统；另一方面，故障可能由应用、系统软件、硬件、网络等环节引起，在对系统进行排查时，应尽可能缩小范围，再协调关联团队排查，以避免各关联团队同时无头绪地排查，浪费资源，甚至在过程中产生误导。

3. 分析应用日志

应用日志是定位故障的有力武器，运维人员要知道业务功能对应哪个服务进程，知道这些服务进程对应哪些应用日志，更要具备根据应用日志分析异常的能力。

4. 保护故障现场

有些故障场景由于情况比较特殊，难以在短时间内评估出影响，无法快速回滚或重启，这时比较关键的一点是保护好现场，以便后续的问题原因排查。现场信息主要包含进程内部状态信息、日志信息等。在实际应用过程中，可以结合工具进行现场保护，仍以服务启停工具为例，支持获取进程线程镜像信息、进程内存镜像信息及 GC 日志信息。

对于可重现的问题，跟踪定位到原因的概率是非常大的，也有助于问题的快速解决。不过，如果故障是偶发性的，则比较难排查，这依赖于系统是否有足够的故障期间的现场信息来决定是否可以定位到真实原因。

此外，虽然各种故障的表现形式很多，但在实际处理过程中，应急措施往往也有套路，为了避免手忙脚乱，要重视针对常见场景的应急方案，并且文档内容要注重实用性，明确当前应用系统在整个交易中的角色，明确这个服务影响什么业务以及服务涉及的日志、程序、配置文件在哪里，能用数据说明交易影响的情况，能定位到交易报错的信息。有了应急方案，如何持续更新也是难点，因此定期的应急演练非常有必要。

4.6.4 事件管理制度及分级

为了能让生产事件得到充分的重视，在发生后得到快速处理，以降低事件带来的影响，相应的事件管理办法、制度流程必不可少。制度可以规范生产事件报告、响应、处置、上报、总结、问责等流程处理，明确生产事件的分级。相应制度或管理办法的编制，可以从明确组织与职责，对事件进行分级，明确约定事件的受理、处置、上报、通告的流程和机制，事后对事件进行总结分析，形成报告，明确责任界定及问责标准、处罚方式等几个方面考虑。

关于事件分级，商业银行可以参考《银行业重要信息系统突发事件应急管理规范（试行）》，依照其影响及持续时间等因素对突发事件分级。具体如表4-1所示。

表 4-1 事件分级参考

事件级别	事件定义
特别重大事件（P1）	1）重要信息系统服务中断，或重要数据损毁、丢失、泄露，造成经济秩序混乱或重大经济损失、影响金融稳定，或对公众利益、社会秩序、国家安全造成特别严重损害的事件 2）由于重要信息系统服务异常，在业务服务时段导致银行业金融机构两个（含）以上省（自治区、直辖市）业务无法正常开展不少于 3 小时，或一个省（自治区、直辖市）业务无法开展不少于 6 小时 3）在业务运行时段外，出现重要信息系统故障或事件救治未果，可能产生上述 1～2 类的突发事件
重大事件（P2）	1）重要信息系统服务中断，或重要数据损毁、丢失、泄露，对银行或客户利益造成严重损害的事件 2）由于重要信息系统服务异常，在业务服务时段导致银行业金融机构两个（含）以上省（自治区、直辖市）业务无法正常开展不少于 0.5 小时，或一个省（自治区、直辖市）业务无法开展不少于 3 小时 3）在业务运行时段外，出现重要信息系统故障或事件救治未果，可能产生上述 1～2 类的突发事件
较大事件（P3）	1）重要信息系统服务中断，或重要数据损毁、丢失、泄露，对银行或客户利益造成较大损害的事件 2）由于重要信息系统服务异常，在业务服务时段导致银行业金融机构一个省（自治区、直辖市）业务无法正常开展不少于 0.5 小时 3）在业务运行时段外，出现重要信息系统故障或事件救治未果，可能产生上述 1～2 类的突发事件

在实际制定事件分级时，具体还需要看各个银行的标准，每个级别的定义可根据事件造成的社会或者利益影响、服务可用性影响、客户或账务影响来制定。也可以参考上述事件定级方式，根据银行实际情况，增加一般事件（P4 级）、轻微生产事件（P5 级）分级，以细分影响范围较小的事件，每个级别所造成的社会影响、收益影响、声誉影响、用户量影响按 P1 到 P5 的顺序逐级递减。

4.6.5 事件管理优化

通过前面的事件管理流程和应急处理手段，我们了解了事件管理的全生命周期，也清楚了时效性对于事件处理的重要性。除了上述应急技术手段，还应该如何提升事件管理的能力呢？

我们知道，随着商业银行互联网业务的不断发展，事件管理的能力对于服务运营也越来越重要，很多 IT 组织内部参照 ITIL 成立服务台或事件管理的组织，制定相关处理流程和制度，但在事件管理的效果方面往往感觉达不到预期，整体状态还是被动处理的"救火"模式，即使终日忙碌，对于 IT 服务质量的提升却助益甚微，不管是 IT 部门还是业务部门的满意度都不高。那么到底如何才能做好事件管理呢？不妨考虑从如下方面优化。

1. 建立事件处理优先级

服务台接收到事件后，首先该做的是根据事件对用户和正常业务带来的影响严重程度来评估优先级。通过判断优先级，明确事件处理的先后顺序以及 IT 资源的投入，以此保障事件解决的时效性。此外，要准确判断事件的优先级，最好能得到一个及时更新的配置管理数据库（CMDB）的支持，用以帮助评估事件的影响度和紧急度，最终确定事件的优先级。事件发生后，需要明确跟进责任人，对事件进行全程监控和跟踪处理。

2. 建立事件管理知识库

事件管理知识库可用于服务台接收事件后的查询，通过长期的积累和丰富，可以有效提升同类事件处理效率，也避免了不必要的事件处理流转。

3. 提供事件管理平台化工具

提供事件管理平台化工具，通过可视化界面支持，统一 IT 服务事件受理渠道，记录事件信息、处理流转情况及结果反馈，使事件得以快速推进并处理，变被动为主动。结合事件的优先级，设置不同优先级的事件在平台中的受理时长限制、资源配置等，通过平台化支持使资源分配得以落地。

4. 避免事件管理问题化

对于事件管理，通常会有一个误区，就是把事件当成问题处理，在事件处理过程中过分关注事件如何解决，而不是把恢复服务放在首位。问题管理的主要目标当然是查明事件发生的潜在原因并找到解决方法以防止再次发生，而事件管理过程中可能会采取一些临时解决方案，但永远强调把恢复中断业务作为首要目标。问题管理重质量，事件管理重时效，不能将两者混淆处理，以免降低事件处理时效性。

5. 规范事件管理流程

在事件管理的工作开展过程中，完善的制度可以明确约束事件管理的时效性、处理节点、各岗位职责等，以此规范事件管理的流程，并建立事件管理的重要性和时效性意识，从而更好地开展事件管理工作，更好地提供 IT 服务支持。

本节在明确事件管理目的的基础上，梳理了事件管理的流程，同时分析了运维人员在事件应急处理中使用的一些技术手段，也谈到了事件管理制度和分级制定，最后提供了事件管理的优化思路。开篇我们提到事件管理是 ITIL 服务管理体系中的一个核心流程，当然除了事件管理，还有问题管理、配置管理、变更管理等流程也属于 IT 服务管理的范畴。如果读者感兴趣，不妨对 ITIL 进行深入了解，相信通过 ITIL 为企业 IT 服务管理实践提供的客观、严谨、可量化的标准和规范，可以帮助企业切实提升 IT 服务管理能力。

4.7 运维标准化

在运维团队内部，也许每一位运维人员管理的系统都各不相同，假如每一位运维人员都按自己的想法来管理生产环境，我们系统的复杂性和凌乱程度一定不会只是肉眼可见的不合理这么简单，随着时间的积累，这些因为标准不同而埋下的"坑"，会在某个时间爆发，甚至影响生产环境的稳定运行。想要告别"救火队员"标签，想要彻底消除低级错误的发生，想要规范化 IT 服务，那么，是时候讨论如何标准化了。

不管是为了避免不必要的维护和改造工作量，还是为了更轻松地完成日常运维工作，又或是为了生产系统的安全稳定运行，都需要制定一套运维标准，让所有运维技术人员可以参照相同的规范去执行运维操作。下文将从域名化、安全基线、基础运行环境标准化、网络标准化、数据库标准化展开对运维标准化的介绍。

4.7.1 域名化

即便是现在，仍然有不少企业内部的系统与系统之间、组件与组件之间的相互调用是通过 IP 地址方式访问的。这种方式的弊端不少，比如测试的各套环境以及生产环境都使用了不同的 IP 地址，因为 IP 地址的差异，应用程序的配置文件在各套环境就完全不一致，在做系统变更时如果有接口地址的调用，就需要特别注意配置正确的调用 IP 地址；又比如某个应用系统部署服务器 IP 地址发生了改变，随之而来的是需要同步修改调用这个应用的其他程序的配置文件，可能还涉及应用重启等工作。微服务架构的盛行从某种程度上消除了部分问题，但跨系统之间未通过注册中心之类机制的调用仍然采用 IP 地址访问，还是存在相当多的问题。

在多机房的情况下，如果没有实现域名化调用，那么应用程序的配置文件就完全不一样，相当于维护的不是一份完全一致的程序，这个维护的工作量和难度可想而知。如果采用域名化调用，所有测试环境及生产环境的配置文件可以完全相同，多机房情况下各数据中心同一应用程序的配置文件也完全相同，因为调用的域名是相同的，仅仅是域名解析的 IP 地址不一样，并且不管 IP 地址怎么变化，对应用程序来说都是无感知的。

域名化能够简化配置，降低调用关系复杂度，使访问更敏捷、清晰、高效；提升部署效率，统一各测试环境和生产环境的接口调用参数，避免因环境不同、IP 不同而导致配置出现差异，从而提升系统变更时的部署灵活性；提升业务连续性保障能力，在发生故障需要做切换时，域名化后只需要修改服务域名映射的 IP 地址，而不需要修改程序配置文件及重启应用；为灾备提供支持，缩短业务恢复时间，并且为应用的发展提供必要的配套基础服务。

域名化的解决方案大致有如下几类：

- 修改服务器本地 hosts 文件，通过自动化运维工具，如 Puppet、Ansible 批量管理 hosts 文件，实现域名化，由于文件同步和异常排查都有其局限，这种方案仅适用于较小规模的企业。
- 通过专业的硬件 DNS 设备提供域名解析服务，这种方案在银行业使用较为广泛。
- 通过软件提供域名化服务，常用 Linux DNS 服务器软件 BIND。

实现 DNS 解析在整个域名化过程中是最简单的事情，主要工作是改造，首先要全找到,其次要确保均改到,最后要验证都改好,这里面没什么技术含量,全是体力活。

4.7.2 做好基线配置

不管什么类型的设备,其初始化后的默认配置通常都不适合企业内的实际情况,某些配置方面的缺陷甚至可能导致安全问题,因此通过基线配置对各类设备设施进行加固就非常必要。银行业的重要信息系统会要求进行信息系统安全等级保护测评(简称"等保测评"),该测评的其中一项工作就是检查各类设备设施的安全基线是否合理配置。基线配置也可以算标准化的一部分,是运维标准化管理的一项日常工作。

按照设备种类,基线配置主要分为操作系统基线、网络设备基线、数据库基线、中间件基线等的配置,对各类设备基线配置的关注重点如下。

- **操作系统基线**:对操作系统的设备账号认证、日志、协议、补丁升级、文件系统管理等方面的安全配置,对系统的安全配置审计、加固操作。
- **网络设备基线**:包括 SNMP 安全管理、其他设备安全管理、用户账号配置、日志审计配置、IP 协议管理等。
- **数据库基线**:包括账号管理、认证授权、日志配置、通信协议、其他设备安全要求等基线配置。
- **中间件基线**:包括文件权限配置、用户账号配置、其他设备安全管理、日志审计配置等基线配置。

上述基线标准化主要从操作系统、网络、数据库、中间件这几个分类来说明一些重要的安全基线配置项,但对于不同版本、不同型号的设备,应该分别制定安全基线标准化文档,同时设立一个安全基线标准化的文档库,以不断维护、更新安全基线的执行标准。此外,除了测试和生产运行环境已有的设备应该参照这个标准来执行外,对于增量设备,也一定要参照配置,避免有漏网之鱼。

4.7.3 基础运行环境标准化

基础运行环境的标准化既是自动化运维实践的基础,也是为运维工作的开展及故障排查提供帮助。本节主要介绍操作系统、中间件标准化方面的内容。

1. 操作系统

提到操作系统,大家可能觉得没什么特别,因为用户访问的是应用程序提供的服务而不是操作系统,它不过是一个运行环境而已,能出什么问题呢?其实,运维人员应该深有感触,操作系统内核参数配置合理与否,会给应用系统的运行带来极大影响,软件的标准化安装也可以减少日常维护工作量,因此有必要给操作系统的管理配置制定标准化方案。前面 4.7.2 节中提到操作系统的安全基线规范化,本节主要从实操层面说明操作系统标准化要完成的相关工作。

内部 yum 源。 银行基于分层分区的网络架构，其内部系统往往不能访问互联网，但内部系统也有很多需要安装的软件，因此需要指定一个默认的内部 yum 源。

rsyslog 配置。 无论从审计、安全管理还是问题排查角度看，都需要收集系统日志，因此所有服务器都需要在投入使用时配置好日志服务器，以便系统日志可以被日志服务器收集。

时区配置。 时区配置很容易被忽视，但因为时区带来的应用影响确实存在，因此有必要统一时区配置，避免各应用系统间出现差异。

NTP 时间同步。 银行的应用系统对时间都特别敏感，如果时间不一致，在系统调用、入库、记账等方面影响就太大了，因此需要设置统一的 NTP 时间同步服务器，让全网的应用保持时间完全同步。

开机启动项。 虚拟化技术目前在银行也使用广泛，当遇到物理机故障时，在这台物理机上的所有虚拟机的运行都会中断，当物理机恢复后，如果虚拟机上没有把应用程序设置成开机启动，就需要在虚拟机启动后登录到服务器上启动应用程序服务，如果这台物理机上有多台虚拟机，需要花费很长时间来做故障恢复，因此需要配置必要的开机启动项，在服务器重启后可以立即恢复业务运行状态，缩短故障恢复时长。

参数优化。 参数优化主要指对操作系统内核、中间件的参数优化。比如默认内核参数在高并发情况下支持不够，最直接的影响就是会导致程序报错或者服务能力下降，因此需要根据业务并发情况及服务器配置资源去优化"最大打开文件数""内核 TCP 参数""内核 IO 参数"等。中间件参数也是一样，此外中间件参数调优，最好是根据特定的资源分配（比如 4C/8G 的虚拟机）进行验证，得出适合的优化参数，从而推广到所有应用到该组件的地方。参数优化没有绝对标准，根据实际需求优化才是最合适的，但标准的、优化后的参数配置可以有效避免相同的问题反复发生。

必要软件安装。 在操作系统上安装相同的必要软件运行环境，可以有效提升运维的环境部署、监控等工作开展的效率，有了统一的标准，在服务器安装时即可初始化部署，不需要在有需求时才去响应，运维工作量会大幅减少。具体安装的必要软件应视应用运行和运维管理需求而定，主要包括了 JDK 运行环境、Filebeat 日志收集客户端、监控客户端、各类 agent 等。

2. 中间件运行规范

中间件版本的统一可以为各环境提供一致的服务，同时在做安全漏洞扫描修复时，相同的版本也会更便于统一梳理及通过自动化工具批量整改，如测试和生产环境的各信息系统使用的 Web 容器 (如 Tomcat、weblogic、Nginx 等) 版本、消息队列、缓存组件、数据库等中间件尽量统一版本。中间件版本统一可以很大程度降低运维管理的难度，主要体现在以下几个方面。

排除版本差异运行异常。 如果在测试环境和生产环境的中间件版本存在差异，很可能会影响变更工作的开展，因为有些中间件版本不同，配置参数也不一致，比如 Apache2.2 和 Apache2.4 版本的访问控制语法就不一致，在测试环境通过验证的配置在生产环境却不能进行变更配置。此外，中间件版本的差异还可能带来应用运行异常的隐患，因此需要在各环境保障中间件版本的一致性。

统一参数优化。由于不同的中间件版本其参数配置有差异，所以统一中间件版本，则中间件参数优化配置可以在各环境按资源配置复用，避免多版本参数优化管理，增加优化难度和测试验证工作量。

降低安全风险。面向互联网提供服务的业务系统使用的 Web 容器中间件，需要特别注意安全补丁的更新，因为直接面临互联网的安全威胁，所以每当出现漏洞需要更新时，都需要尽快打好补丁，避免漏洞被利用，但如果维护了多个版本的 Web 容器，那无疑增加了漏洞整改的测试验证和批量修复的工作量，所以需要统一中间件版本，这样只需要针对这一个版本快速升级即可，可以有效缩短中间件安全补丁更新时间。

3. 中间件编码规范

在编码过程中，研发人员使用中间件也应该纳入编程规范要求，对于中间件的命名、设计、使用原则等方面都应该执行相应的规范，以此来保障中间件的高效使用。

下面以消息队列中间件和缓存中间件的研发规范为例，说明中间件规范关注的重点。

（1）消息队列中间件规范化

命名规范。为便于监控添加及快速故障定位，各信息系统使用消息队列中间件时应遵循统一命名规范去命名 Topic 和 Group，比如 Topic 以 t 打头，把项目名称和功能名称加进去，并以下划线分隔。

幂等性。所谓幂等指的就是执行多次和执行一次的效果相同，主要是为了防止数据重复消费。当发生网络超时等情况时，生产者发送消息失败则会触发 MQ 的"重试机制"，此时消费者会收到两条消息，假设为一条扣款信息，则此逻辑将被执行两次，必定会导致账务的差错。因此，为了保障消息的可靠性，解决重复消费的问题，需要设计幂等逻辑，为每一条消息生成一个全局唯一标识，处理完消息后，就把标识存入 Redis 或者数据库中，在处理下一条消息前先判断这个标识是否为空，为空才进行消费。

（2）缓存中间件规范化

键值设计。为防止 key 冲突，在为 key 命名时，可以考虑使用冒号分隔项目名、功能名、业务含义字段来命名；禁止包含特殊字，比如空格、换行、单双引号以及其他转义字符；控制 key 的长度，避免过多占用内存；设计 key 时使用合适的数据类型，平衡资源和性能，拒绝 bigkey，string 类型控制在 10KB 以内，hash、list、set、zset 元素个数不要超过 5000。

冷热数据分离。根据业务需要，将高频热数据存储到 Redis 中，对于低频冷数据可以使用 MySQL 等基于磁盘的存储方式，不仅节省内存成本，而且数据量小，操作速度更快，效率更高。

按业务系统划分集群实例。按业务系统划分集群独立存储可提高请求响应速度，也避免单个实例数据量过大，且在故障情况下也可减少影响范围，同时加快恢复速度。

安全设置。设置密码认证，保证连接安全性。

4.7.4 网络标准化

如果网络运维工作不进行规范化、标准化管理，网络运维效率势必会受到影响，且随着网络复杂度的增加，网络管理的风险可能会逐步突显。本节主要从网络区域规划、网络设备规范命名、网络地址规划对网络标准化展开介绍。

1. 网络区域规划

随着互联网技术的发展，银行"线上"业务开展快速增长，但随之而来的互联网安全威胁也必须要重视。在网络架构规划上除了需要考虑网络边界的安全防护外，还需要考虑网络安全区域的划分，提升网络安全分区防护的能力。在前面 3.2.2 节中也介绍了"垂直分层，水平分区"的原则，具体划分方式这里不再赘述，但值得注意的是，此原则作为网络架构标准，指导各网络层次的划分。

垂直分层、水平分区的网络架构，可以在不同网络层次及不同区域之间实现必要安全防范措施，形成水平和垂直两个方向的多层次的保护，使网络架构合理，边界区分明确，数据流向清晰，便于网络运维配置管理，同时也进一步提升了银行网络安全，更大程度保障了用户的利益。具体到银行领域，可以从以下方面考量、规划。

关于垂直分层：可以提升银行的整体网络架构安全防护深度，当有外部入侵时，各网络层次的安全防护机制都将生效，攻击者要到达最核心的业务需要穿透多个网络层，既增加了攻击难度系数，也赢得了发现风险并开展防御的时间。

关于水平分区：在同一个网络安全层次内，需要进一步防范运维维护风险和安全攻击风险。在运行维护风险方面，可以将网络设备故障和运维操作等造成的影响限制在较小的区域内部，有利于保证整体应用系统的网络安全运行；在安全防护风险方面，同一安全层次内的区域间水平隔离，也可以防止将风险继续扩散到其他区域，属于缩小范围的安全控制原则。

2. 网络设备命名

在网络设备命名方面，通过标准化的规范设计，也能有效提高运维便利性，并有可能在无形中提升网络运维的效率。比如，设计网络设备的命名规范为 AA-BB-CC-DD-EE，其中各段代表含义如下：

- AA 用于标识数据中心，比如 DCA 代表某个数据中心，DCB 代表另一个数据中心。
- BB 用于标识网络区域，比如 HX（核心区）、JY（交易区）、YW（运维区）、WY（网银区）、WL（外联区）等。
- CC 用于网络设备类型，比如 FW（防火墙）、SW（交换机）、RT（路由器）、LB（负载均衡）等。
- DD 用于标识设备型号，比如 HWS5700、H3C5560 等。
- EE 用于标识同一位置、同一类型设备序号，比如 01 代表第 1 台、02 代表第 2 台。

举例来说，A 数据中心运维区的 H3C5560 型号的第 1 台交换机，其设备命名为：DCA-

YW-SW-H3C5560-01。看到这个名称，运维人员可以快速识别设备所在数据中心、区域、型号等信息，可谓清晰又直观，当发生网络告警时也有助于快速识别故障设备。

3. 网络地址规划

对于网络地址规划，不同银行可能有所不同，但为了统一管理银行网络，需要制定网络地址规划标准，用于规范银行信息系统内部的网络互联。首先需要规划的就是 IPv4 的内网地址。银行生产业务网可使用 A 类地址，结构为 4 字节 32 位，具体应用定义如下：

- 1～8 位：用于标识银行业务网和办公网。
- 9～16 位：用于标识该 IP 所属的机构，包括生产数据中心、同城双活/灾备数据中心、异地灾备中心、网点或异地机构。
- 17～24 位：用于标识所属功能模块区域，其取值范围为 0～255。
- 25～32 位：用于标识所属功能模块区域下的地址，其取值范围为 1～254。

上文对 IPv4 的地址规划做了简单介绍，当前，IPv6 的重要性也越来越高，IPv6 规模部署更有着建设网络强国的战略部署意义。2017 年 11 月中共中央办公厅、国务院办公厅印发《推进互联网协议第六版 (IPv6) 规模部署行动计划》后，工信部于 2018 年 4 月也发布了相关贯彻落实的通知，紧接着在 2018 年 11 月，人民银行、银保监会、证监会联合发布了《关于金融行业贯彻落实 < 推进互联网协议第六版 (IPv6) 规模部署行动计划 > 的实施意见》，其中明确提出加快推进基于 IPv6 的下一代互联网在金融行业规模部署，促进互联网演进升级与金融领域的融合创新，并对金融行业 2019 至 2021 年 IPv6 规模部署的主要目标和实施步骤给出了明确意见。所以 IPv6 真的来了，商业银行对于 IPv6 的地址规划也需要切实考虑了。

IPv6 的单播地址可分为可聚合的全球单播地址、链路本地地址、站点本地地址、唯一本地地址、特殊地址、内嵌 IPv4 地址等，其中单播地址中最常见的三大类地址分别是可聚合的全球单播地址（Aggregatable Global Unicast Address）、链路本地地址（Link-Local Address）、唯一本地地址（Unique Local Address，ULA）。全球单播地址相当于 IPv4 的公网地址，可用于 Internet 通信；链路本地地址相当于 IPv4 里面的 169.254.0.0/16 地址，用于同一个链路上的相邻节点之间通信，可用于同一广播域的局域网通信；唯一本地地址相当于 IPv4 的私网地址，可用于搭建大规模的 IPv6 局域网。这里我们需要规划的是"唯一本地地址"，即银行数据中心内网的地址。

ULA 在 RFC 4193 中被定义为单播地址，且拥有固定前缀 FC00::/7，具体定义如下：

```
|   7 位  |1|    40 位     |   16 位    |           64 位            |
+--------+-+-------------+------------+---------------------------+
| Prefix |L|  Global ID  | Subnet ID  |       Interface ID        |
+--------+-+-------------+------------+---------------------------+
```

其中占 40 位的 Global ID 用于创建全局唯一前缀，Global ID 是伪随机的，用以防止在两个私有网络互连时发生冲突，因为虽然是在本地使用，但唯一本地地址的 IPv6 地址范围是全局的（若不考虑私有网络的冲突，40 位的 Global ID 也可以自行规划）。在 RFC 4193 的定义中，如果 L 设置为 0，即 FC00::/8 暂未作定义，L 设置为 1，即 FD00::/8 表示本地分配。我们可以参照此规范定义来规划银行内网 IP，规划示例及具体定义如下：

- FD00：XXXX:XXXX:XXXX::/64。
- 1～8 位：私网固定位。
- 9～16 位：保留位。
- 17～22 位：数据中心、省级分支机构。
- 23～28 位：地市分支机构。
- 29～32 位：网络环境标识（包括生产环境、办公环境、测试环境、混合环境等）。
- 33～35 位：地址类型标识（包括网络设备、服务器、业务地址等）。
- 36～38 位：地址类型明细。
- 39～42 位：保留位。
- 43～48 位：网络区域。
- 49～64 位：子网网段。

其中保留位用于后期有其他需求时使用，当然，IPv6 的地址可规划空间较大，具体如何规划，还需要结合实际使用情况确定。

4.7.5 数据库标准化

作为最重要的 IT 服务支撑组件，数据库的技术架构和运行环境越来越复杂，银行使用的数据库种类从过去单一的企业级关系型数据库软件，转变为混合使用多种商业数据库、开源数据库以及 NoSQL 数据库，数据库架构从依赖主机性能的集中式，转变为读写分离、分库分表、分布式多活等各种复杂架构，运行环境也从物理小机转变为各种虚拟化、私有云、公有云甚至容器。

在这种现状下，传统的数据库运维方式必然面临巨大挑战，从数据库运维管理角度出发，为了提升数据库运维管理能力及数据库运行效率，增强数据库运维标准化、规范化，保障信息系统的安全、稳定、高效运行，必须制定标准化管理手段。尽管不同数据库软件产品在参数配置、管理命令等方面各有差异，但是数据库标准化管理思路是相通的。

本节着重从参数配置、用户管理、日志管理、开发规范、备份及恢复管理进行介绍，主要以 MySQL 为例说明数据库标准化的制定思路。

1. 参数配置

数据库类产品的参数调校是比较考验运维管理人员的，将一些常规的数据库参数优化项设置成默认配置，在同等硬件配置下，根据相关性能测试结果，针对性地配置性能相关的数据库参数，最大程度保障数据库的性能及稳定性，也可以避免一些性能问题重复发生。关于参数配置，可以考虑从如下方面着手。

字符集。数据库字符集设置不当，极易引发乱码问题，应强制数据库客户端、服务端、连接数据库统一使用相同字符集，比如对于 MySQL 可选择 utf8mb4，对于 Oracle 数据库可使用 AL32UTF8。

数据库隔离级别。数据库事务的隔离级别有 4 个，由低到高依次为 Read Uncommitted、Read Committed、Repeatable Read、Serializable，这 4 个级别可以逐个解决脏读、不可重复读、幻读这几类问题。

内存及连接数。这部分参数与数据库性能息息相关，参数的默认值是万万满足不了需求的，这类参数的配置除了基于经验，还需要考虑通过全面性能压测验证。

日志参数。包括慢查询、二进制日志、重做日志等，要注意日志文件大小、输出路径。

数据复制。根据场景需求，配置源和目标、同步模式等。

2. 用户管理

数据库用户的命名、权限及访问控制标准化，可以有效提升数据库访问的安全性，下面从各种用户维度进行标准化管理说明。

用户命名。对数据库用户命名进行规范，通过用户名即可识别用户分类。比如对数据库有读写操作的用户，用户名为数据库名+rw 作为后缀；对数据库只有读操作的用户，用户名为数据库名+ro 作为后缀，如果同一个库需要有多个读操作的用户，则用序号区分；DBA 在数据查询、自动化脚本编写时使用只读用户 dbaro，对数据库实例进行管理使用超级管理员用户；对内部管理的不同角色创建不同用户，比如数据备份使用 dbbackup、数据复制用户使用 repl，业务系统用户名根据业务名称而定。

密码管理。数据库的用户密码要强制符合强密码设置，避免数据库密码泄露引发安全事件，建议密码统一使用不低于 8 位的长度，包括数字、大写字母、小写字母、特殊字符。

用户权限管理。新增加的应用分配的数据库用户权限严格按照权限最小化进行管理，比如一个应用的数据库权限默认只有 insert、delete、update、select 权限，如果不能满足需求，再根据实际需求评估是否可开通；对于数据库的访问应进行 IP 访问白名单控制。

3. 日志管理

以 MySQL 日志管理标准化为例，主要包括中继日志、binlog 日志、慢查询日志和错误日志的规范存储和配置。

中继日志、binlog 日志管理。中继日志用于存放从库向主库请求复制的 binlog 文件，而 binlog 用于记录用户对数据库更新的 SQL 语句信息，因此都是非常重要的日志文件，关乎数据库的主从复制及数据库的增量恢复，但因为存储空间有限，中继日志和 binlog 日志也不宜保留太长时间，建议设置自动清理 MySQL 中继日志和 binlog 日志。binlog 日志在本地的保留时间可根据磁盘空间大小设置，通常建议本地保存 7～14 天。

慢查询日志和错误日志管理。MySQL 的慢查询日志用于记录在 MySQL 数据库中响应时间超过阈值的 SQL 语句，通过慢查询日志可以清楚掌握哪些 SQL 语句执行效率低下，从而进行相应优化；而 MySQL 错误日志用于记录 MySQL 数据库的服务进程 mysqld 在启动、关闭或运行过程中遇到的错误信息，通过错误日志分析可以发现 MySQL 的运行异常原因。因此可以针对慢查询日志和错误日志进行定时自动化检查，然后将检查结果同步给 DBA 进行分析。

4. 开发规范

银行各信息系统运行都依赖数据库的支持，数据库中存放的数据也至关重要，从研发的角度，遵循良好的数据库规范，不但可以提升数据库的使用效率，也可以降低运维对数据库运维管理的风险。本节仍然以 MySQL 数据库为例，挑选如命名规范、基本规范、字段设计规范、索引设计规范、SQL 开发规范等常用数据库研发规范实例进行说明，探讨如何高效利用数据库。

（1）命名规范

为更好地管理数据库对象的命名，尽量做到见名识意，命名最大长度不超过 32 个字符，命名使用大小写字母并用下划线分隔，禁止使用数据库保留关键字。

（2）基本规范

统一存储引擎。InnoDB 支持事务、行级锁，有更好的恢复性，在高并发下性能更好。因此在没有特殊要求（即 InnoDB 无法满足的功能，如列存储、存储空间数据等）的情况下，所有表均使用 InnoDB 存储引擎。

添加注释。所有表和字段都需要添加注释，使用 comment 从句添加表和列的备注，有助于维护好数据字典。

控制单表数据量。尽量控制单表数据量，如果超过限制，对于日志数据可以用历史数据归档，对于业务数据可以采用分库分表等手段来控制。

（3）字段设计规范

选择最小数据类型。优先选择符合存储需要的、最小的数据类型，因为列字段越大，索引所需空间也越大，一页能存储的索引节点数量越少，遍历时所需要的 I/O 次数越多，索引的性能也就越差。

避免使用 TEXT、BLOB。MySQL 内存临时表不支持 TEXT、BLOB 这样的大数据类型，如果查询中包含这样的数据，排序等操作就不能使用内存临时表，而必须使用磁盘临时表，因此应尽量避免使用 TEXT、BLOB 数据类型。

时间类型。使用 TIMESTAMP（4 字节）或 DATETIME 类型（8 字节）存储时间，TIMESTAMP 存储的时间范围为 1970-01-01 00:00:01 ~ 2038-01-19-03:14:07。TIMESTAMP 与 INT 均占用 4 字节，但可读性比 INT 高，如果超出 TIMESTAMP 取值范围，可使用 DATETIME 类型存储。此外还应避免使用字符串存储日期型数据，因为无法用日期函数进行计算和比较，同时还会占用更多空间。

（4）索引设计规范

单张表索引数量限制。索引并不是越多越好，索引可以提高查询效率，但同样也会降低插入和更新的效率，甚至在有些情况下会降低查询效率，因为 MySQL 优化器在选择如何优化查询时会根据统一信息，对每一个可以用到的索引进行评估，以生成一个最好的执行计划，如果同时有很多个索引都可以用于查询，就会增加 MySQL 优化器生成执行计划的时间，同样会降低查询性能，所以需要限制单张表的索引数量，建议含主键在内不超过 5 个。

合理创建联合索引。联合索引需要合理规则，比如（a,b,c）索引可以满足（a）、(a，b)、(a,b,c) 的索引需求。

主键字段限制。不建议使用 UUID、MD5、HASH、字符串列作为主键，因为无法保证数据的顺序增长，建议使用自增 ID 值。

（5）SQL 开发规范

查询条件参数与值类型匹配。where 条件中参数和参数值的类型应当匹配，若不匹配，会产生数据类型的隐式转换导致索引失效，比如：select name from user where id = '1'。

查询字段按需获取。select 语句只获取实际需要字段，要避免使用 select *，因为 select * 会消耗更多 CPU、I/O 和网络带宽资源。

注意关联查询。避免 JOIN 多个大表且没有 where 条件过滤，如果程序中大量使用多表关联的操作，或者关联缓存 join_buffer_size 设置得不合理，很容易造成服务器内存溢出，从而影响数据库性能的稳定性。

5. 备份及恢复管理

对于数据这样的重要资产，其备份和恢复工作可马虎不得，必须制定全方位标准化要求，把各种备份情况都考虑进去，同时需要定期进行数据恢复，以验证数据库备份工作开展的有效性。数据库的备份主要有实时备份、定时备份以及一些临时需求下的备份，在数据恢复方面则需要定期开展恢复验证，或根据需求执行指定的数据恢复操作。

实时备份。以双活数据中心的 MySQL 集群为例，通过 MySQL 复制特性，在两个数据中心做主从复制，由此实现数据的实时备份，当主数据中心发生故障时，可用备数据中心的数据来恢复。但是这种方式无法规避误操作造成的问题，由于主从是实时同步的模式，例如主库上的数据被 DELETE 后，备库也会同步这项操作，因此还需要其他保障手段来避免此类场景可能造成的影响。

定时备份。在双活数据中心的数据库上使用 Xtrabackup 等备份工具来做每日全量备份，备份数据统一保留至备份设备。关于备份设备，国外产品有 Veritas Netbackup、Commvault 等，国内有爱数等。备份设备可以提供数据库备份存储的一整套解决方案，对于短期、中期的备份数据可以存放在备份存储上，如果需要使用，可以通过备份设备快速恢复，而对长期不使用的备份数据，从备份存储成本考虑，可以离线保存到磁带上。Xtrabackup 是由 Percona 公司开源的免费数据库热备份软件，它能对 InnoDB 数据库存储引擎的数据库非阻塞地备份。mysqldump 也是比较常用的备份工具，但 mysqldump 是逻辑备份，其备份恢复的速度较慢，如果数据量太大，使用 mysqldump 备份就不太合适。

数据恢复。从业务连续性保障的角度出发，应定期对生产环境数据库进行恢复验证，包括验证备份数据恢复执行过程、验证数据有效性、验证恢复状态、验证应用调用数据库是否正常等。演练完成后，还应该记录好操作过程、现象及结果，对于演练过程中遇到的问题也需要特别关注其发生的原因并找到解决办法，因为当生产数据库真正遇到需要从数据备份来恢复数据的情况时，备份数据是唯一能恢复生产运行的希望，如果不能恢复，其打击可以说是毁灭性的。

4.8 本章小结

本章首先从运维组织管理切入，讲述了适合于商业银行的组织架构设置，再对巡检、监控、发布、配置管理、日志收集、事件管理、运维标准化等运维日常工作的困难进行拆解，讲述了如何在运维日常管理的层层考验中，通过自动化、标准化、可管理的方式破局重生，将运维人员从加班熬夜的窘迫和低效重复的工作状态中解脱出来。希望读者通过本章的阅读，可以进一步了解商业银行运维的工作内容，避免在日常运维过程中重复踩本章提到的一些"坑"，当然最重要的还是能对运维效率提升有所启发。

最后补充一句，也许在别人眼中运维人员是名副其实的"救火队员"，而我们始终坚信运维人员是数据中心及生产业务稳定运行的守护者。

第 5 章

构建立体化监控体系

"出了任何故障,其他环节都是可能有问题,唯独监控是一定有问题!"

——国际资深运维专家 安迪·贝果

"监控是什么"这类扫盲性质的问题不是我们关注的要点,这里我们直入主题,提出终极拷问:"为什么要做监控?"对于这个问题,可能每个人的回答都不尽相同,下意识回答和深入思考后的思路会不一样,工作场景的不同造成关切点的差异,也会产生不同的答案。在商业银行领域,监控是我们保障业务稳定运行的一种前置手段。

我们希望时刻掌握系统运行情况,希望能够判断系统当前是否处在异常状态,希望建立预警机制,甚至是在系统出现异常前就能介入,及时干预。监控系统就是我们的眼睛、耳朵;没有监控系统,我们就会耳聋眼花,缺乏对系统运行情况的掌握;有监控系统,但覆盖度不足,我们就是没戴眼镜的高度近视患者,看得见但看不清,听得到声音但不能准确定位。

信息技术发展迅猛,互联网时代促进各项业态爆发性增长,海量数据的场景也越来越普遍;再结合银行业同城双中心、两地三中心或多活数据中心架构的普遍应用,以及虚拟化和容器化技术的广泛运用,即便是中小型商业银行,所管理的机器数量、系统数量、服务数量都很惊人。别说靠人去看设备状态,即使有监控系统,如果操作流程优化得不够顺畅,可能监控人员连点击告警事件都响应不过来,毕竟对于很多数据中心来说,"告警"是常态。在这种背景下,对于银行信息科技部门来说,监控保障工作面临较大挑战。尤其要强调的一点,监控不是纯粹的技术问题,就像前面讲终极拷问时提到的,我们最终要保障的是业务的稳定运行,因此,我们的监控体系设计也围绕这一点展开,站在保障业务的角度来规划和实施监控保障体系。

5.1 为什么我们"没有"发现问题

说起一线运维人员的痛点,肯定有很多,不过如果投票选择最让运维人员头大的事件,"手机电话响"绝对排名靠前。特别是晚上电话响,一准没好事儿。手机拿起来发现是领导来电,更是让人心头一紧,最怕电话接通后领导这么说:

"小李啊,系统又出问题了吗,人家业务都反馈到我这里了!"

"呃,领导,我去确认一下!"

真的是太尴尬了,为什么我们"没有"发现问题?尴尬的不仅仅是系统可能出现了问题,而是领导知道了这件事情,更尴尬的是领导都知道了,而作为系统负责人的我们却不知道这个情况。

这个情况特别具体!首先,这里面存在"幸存者偏差"的因素,即我们看到的,是我们只想看到的,或者只被我们看到的。一方面,在监控系统 7×24 小时作业过程中,告警是常态,业务高峰时间 CPU 使用率狂涨、系统负载飙升时会有告警,备份任务执行期间磁盘空闲空间快速下降会告警,这些告警信息可能完全不需要人工介入处理(只是暂时的,任务执行结束后又会自动恢复正常),但又不能称之为无意义的干扰信息,需要值班人员保持关注,避免极端情况下真的出现生产问题。对于这些监控告警,数据中心运维团队内部都不一定会有动作,自然也不会反馈到外部,于是,其他部门人员对此一无所知。另一方面,监控团队 7×24 小时值守,流程完善有效,对发现的且经过判断必须人工介入处理的告警,往往在收到告警事件后即介入进行处理,只要处置及时有效,那么很多问题都能在萌芽阶段即被消除。按照企业内的正常处理流程,通常都是先处理问题,而后再复盘分析总结经验教训,如果事件等级不高,那么事件上升和信息同步范围必然也有限,于是,其他部门人员也对此一无所知。第三,对于确实未能覆盖到的监控点,尤其是对业务运行异常的监控,一旦出现问题,监控系统没有反映,但客户会有感受并通过渠道层层反馈,比如终端用户可能通过客服渠道投诉,ToB 客户则通过商务联络人反馈,最后知道的人却是本该最早知道的科技人员。

再者,监控项的设置相当于运维人员在有限的资源投入下完成无限的监控点组合,但对于不可预知的运行情况,总会有考虑不到的因素,特别是对业务运行健康指标的监控,所以,不管如何完善,监控覆盖率永远也无法达到 100%。

有经验的监控团队经过充分考虑以及一段时间的运行检验后,在基础监控方面能够实现关键指标项 100% 覆盖,但在业务监控方面,即便是仔细斟酌也难以覆盖全面,这个过程中最大的挑战在于对业务是否存在异常的判断并没有统一标准。我们没有办法说,某业务系统多数情况下每小时产生 1000 笔订单,当其降低到 500 以下或提高到 1500 以上就是异常,因为我们不知道 1000 笔订单是不是正常,不知道本月平均每小时 1000 笔,下个月是否依然平均每小时 1000 笔订单,不知道高峰时段的每小时 1000 笔和非高峰时段的 100 笔是不是正常……这里的"我们"并非特指开发或运维团队人员,而是与之相关的各方面人员，业务需求人员可能不了解有哪些技术手段可用来判断业务状态，产品开发人员可能不了解业务开展情况，业务运维团队人员可能不了解业务实际运行状态，这些环节任意一环缺失，都会造成业务监控难以落地。

业务监控的实施思路与基础监控项中的技术指标判断完全不同，它并非传统状态检测，也不是简单的指标判断，而是必须充分考虑到业务监控指标状态处于持续变动的特点，结合需求提出、设计编码、投产及上线运营阶段予以综合考虑。即便如此，还是会有盲区，因为多数情况下业务系统的投产变更不会停止，每次业务功能的更新迭代，都是在给监控植入新的覆盖盲点，因此监控的覆盖率只能无限接近100%，但永远达不到100%。

当然，这些因素并不能成为阻碍我们追求更高监控标准的理由，我们总会有空间做得更好，接下来，我们还是先回到源头，按照"第一性原理"，从头到尾，把监控讲明白。就像我们都知道生产环境发生故障是必然，但是我们能够通过各种手段，让发生的概率尽可能降低；尽管我们无法保障监控指标100%覆盖，可是我们能够通过各种手段，让它无限接近100%。

5.2 构建立体化监控体系

监控与告警是运维小伙伴每天都会用到的平台能力，从使用频率这个维度看，监控告警类平台的使用频率要大于各类运维自动化系统。多数自动化运维系统是由例行维护动作触发，而监控告警类平台是 7×24 小时都要使用，运维人员每天收告警、查异常、确认异常、分析事件等都得靠它。

监控系统从实施的角度来看主要可以分为三类。

- **主动上报**：通过在应用程序内部埋点，或者服务主动上报自身运行情况的方式，将运行状态同步至监控系统。这种方式就效果来说应该是最好的，只要应用能实现，想要什么指标都可以，缺点也比较明显，实施周期长。尽管大部分企业里最不缺的就是编码资源，但开发团队的"套路"我们都明白——需求要排期，催急了也伤感情，而且仅适用于自己能够掌控的系统，对于高度产品化的系统或硬件，可能无法通过此方式实现。
- **被动抓取**：不用埋点，而是从外部探测或主动获取服务的运行情况，如通过 ping 或 ssh 等。行业内也自发形成了一些信息上报或获取机制，比如 SNMP、IPMI 等。此外还可以通过采集日志或客户端部署 agent 等方式实现，尽管也有一定的实施工作，但并不需要代码层的改动。
- **旁路捕获**：通过镜像网络流量的方式，将系统之间的调用流量均镜像到专用设备或服务器，而后对接收到的流量进行解析和分析。这种方式听起来最简单，但是无法适用于所有场景，比如应用间传输通信都是加密流量，那么镜像设备必须能够对报文进行解密，否则就无法实现流量分析；又比如一些系统的状态变化本身不产生流量,那么此种方式就无法监控。因此,旁路捕获这种方式更多是用来做性能监控、业务级交易监控等。不过整体来看,因为该方式对现有应用系统以及网络结构的侵入性是最小的,因此对于较大型企业(历史包袱较重)来说,可能是投入最小、见效最快的一种。

对于上述提到的这几种监控方式,在实践过程中,具体怎么选、选哪种完全取决于企业自身的监控场景和需求。要了解监控的对象,找到监控基准指标,设定合理的告警阈值;要站在使用者的角度,全面梳理、分析监控场景,在抽象的基础上构建功能,力争满足大部分的使用者场景,解决实际的问题。接下来将从常见的监控工具、监控系统规划、监控实践等方面具体讲解如何构建立体化监控体系。

5.2.1 流行监控系统面面观

想看磁盘的使用情况和性能状态很简单,一条 iostat 命令即可;想查看 CPU 的使用情况,执行 top 命令即可;想快速判断服务器的存活情况,执行 ping 命令即可。但这些只是"小打小闹",要构建一套完整的监控系统,需要的远不止如此。IT 界的名文警句也不少,"不要重复造轮子"这句话想必谁都听过。监控系统这类通用需求并不需要从零开始,不管是用商业化解决方案,还是用开源解决方案,我们要担心的问题不是没有选择,而是选择太多。

图 5-1 列举了一些常见的运维监控系统,如 Nagios、Zabbix、Open-Falcon、Prometheus、ELK、Skywalking 等。这里既有免费的开源社区产品,也有收费的商业化解决方案,从数据采集到数据展现都提供了支持。不管哪一类监控诉求,都有多种方案可供选择,本章后续段落将对这些产品展开详细介绍。工具虽然多,但是需知工具是帮助用户落地需求、满足需求的,所以我们只要把握一点:哪个工具能够更快、更好满足我们的需求就选择哪个。对于有实力的 IT 企业,可以选择商业化监控解决方案,获得全家桶模式全天候、全方位、无死角的监控服务;对于小团队,如果没时间从零开始自建监控平台,开源方案其实是不错的选择。下面就来简要介绍一些流行(或流行过)的开源监控系统。

图 5-1 常见运维监控系统

1. Nagios

作为一款免费的开源监控系统，Nagios 曾经也是监控界的佼佼者。它非常轻量，性能也很不错，因为是基于插件实现监控指标的收集，因此功能非常强大，也足够灵活。当然也会有人抱怨它的配置复杂（插件多又全是配置文件），对于技术实力稍弱的同学，上手会有些烦琐。

Nagios 的功能丰富，而且至今仍在更新，各类插件也非常丰富，已经形成生态，但它的监控指标的图形化展示必须借助第三方组件实现（如 pnp4nagios、cacti）。

如图 5-2 所示，Nagios 的结构非常简单，服务端运行的守护进程会定时通过 NRPE（Nagios Remote Plugin Executor）访问远程主机上的脚本，获取脚本执行结果。NRPE 由运行于服务端的 check_nrpe 和运行于每个被监控服务器本地的 NRPE 守护进程两部分组成。NRPE 所访问的脚本也可以理解成插件，相当于提供一套服务端与客户端通信的框架，至于传输什么内容，则完全取决于插件。插件可以有很多，有的用于查询 CPU、内存、I/O 状态，有的用于通过执行复杂的逻辑验证请求来判断返回结果是否正常。

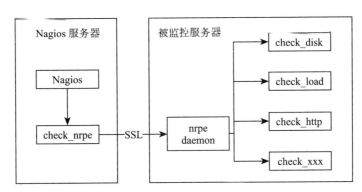

图 5-2 Nagios 监控系统结构

Nagios 没有强大的数据收集机制，数据出图很简陋，添加主机也非常麻烦，配置文件基于文本格式，不支持 Web 方式管理和配置，操作失误的风险大，当监控的主机越来越多时，维护难度也会同步提高。后来又出现一款叫作 Centreon 的监控系统，与 Nagios 渊源颇深，可以通过 Centreon 管理和配置 Nagios，或者说 Centreon 就是 Nagios 的一个管理配置工具。通过 Centreon 的 UI 界面添加主机、服务和修改模板等要简单得多，能够轻松完成 Nagios 的各种烦琐配置，并能自动将 Nagios 生成的监控数据生成图像显示，不需要人为手动控制。

2. Ganglia

作为一款专为大型分布式集群设计的高性能监控系统，Ganglia 也称得上是历史悠久，在设计之初就是用于监控数以千计的网络节点。Ganglia 监控系统由三部分组成，分别是 gmond、gmetad、gweb，其结构如图 5-3 所示。

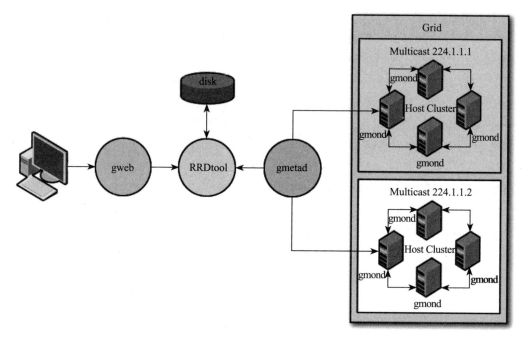

图 5-3　Ganglia 监控系统结构

注：图片来源于 https://www.oreilly.com/library/view/monitoring-with-ganglia/9781449330637/ch01.html。

运行在各个节点上的 gmond 进程采集 CPU、内存、硬盘、网络流量情况等方面的数据，然后汇总到 gmetad 服务端，由 gmetad 通过 RRDtool 存储数据，最后将历史数据通过 gweb 组件进行界面化展示。

Ganglia 的特色是收集数据，并可将所有数据汇总到一个界面集中展示，能够支持多种数据接口，可以方便地扩展监控。同时，Ganglia 数据收集模块非常轻量，运行在客户端的 gmond 基本不耗费系统资源，这个特点与 Zabbix 非集群模式性能不足的情况形成鲜明对比。Ganglia 本身也能支持集群化部署，不管是 gmond 还是 gmetad 都可以横向扩展，也可以说 Ganglia 天生支持分布式监控架构。

3. Zabbix

Zabbix 是企业级开源分布式监控解决方案，支持从数以万计的服务器、虚拟机、网络设备中收集指标数据，主流监控软件该有的功能一样不缺，部署相当便捷，支持自动发现；提供 Agent 模块采集数据，能够支持常见的各类操作系统，当然也支持无 Agent 采集数据；拥有监控集中展示、管理分布式的特点，功能全面，包括数据的采集、存储、展现以及事件告警等；支持监控对象的自动发现，开放式接口，扩展性强，插件编写容易，可以自己开发完善各类监控。

Zabbix 入门容易、上手简单、功能强大并且开源免费，但它也存在一些缺点。Zabbix

（默认）使用 MySQL 数据库作为底层存储，当监控项较多的时候，会产生大量数据读写，对于数据库的压力非常大，因此大规模集群服务必须要对数据库进行分库分表；上手确实容易，但对于特殊监控需求，需要使用者非常熟悉 Zabbix，并通过一些定制性开发才能实现，难度就有点儿高了；系统级别告警配置非常灵活，如果不筛选，报警邮件会很多，并且自定义的项目报警需要自己设置，过程比较烦琐；最令人遗憾的是 Zabbix 对如日中天的容器层监控的支持并不太好，大部分需求都需要自己实现，而且因为设计思路的限制，Zabbix 这种面向"主机"的设计思路在云时代面对云服务时总觉着有些别扭。

Zabbix 监控体系是由 Zabbix Server（服务端）、客户端 Agent、数据库服务以及 Proxy（可选组件）组成，如图 5-4 所示。Zabbix Server 用来获取 Agent 采集到的各项数据，并将这些数据存储到数据库中，当 Agent 节点很多，单台 Server 无法响应时，就会使用 Proxy 这个可选组件来分担 Zabbix Server 的负载。

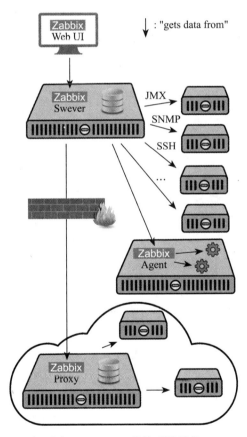

图 5-4　Zabbix 监控系统结构

注：图片来源是 https://en.m.wikipedia.org/wiki/Zabbix。

Nagios 曾经是开源监控平台的首选，不过后来被 Zabbix 替代。这倒不是说"长江后浪推前浪，一代新人换旧人"，这两款监控系统其实出现的时间差不多，Nagios 最早是在 1999 年发布，Zabbix 比它还早一年发布。Zabbix 能够取胜的主要优势是易用、安装简单、开箱即用，几乎全图形化配置，支持自动发现，不用费劲地一台台添加监控主机，Dashboard 也比 Nagios 更直观，同样支持插件，有自己的监控生态。相比 Nagios，Zabbix 自带图形展示，支持自定义大屏，可以用拖、拉、拽等简单操作实现关键监控指标集中展示页，且支持分布式架构，使得 Zabbix 目前应该仍然是最流行的开源分布式监控系统之一，不过 Nagios 也并不会孤单，优秀的后来者已经在一旁虎视眈眈，Zabbix 也面临诸多挑战。

4. Open-Falcon

Open-Falcon 是由小米公司的运维团队开源的企业级监控工具。作为一款灵活、可扩展并且高性能的监控解决方案，它是小米团队从互联网公司需求出发，根据多年的运维经验，结合 SRE、SA、DEVS 的使用经验和反馈，开发的一套企业级开源监控产品，是开源监控系统中的后起之秀，实现了对服务器、操作系统、中间件、应用等的全面监控。

作为互联网企业的开源监控方案，从图 5-5 的结构也大致能领略到，在设计层面 Open-Falcon 把微服务、模块化思想进行到底，由众多模块组成。

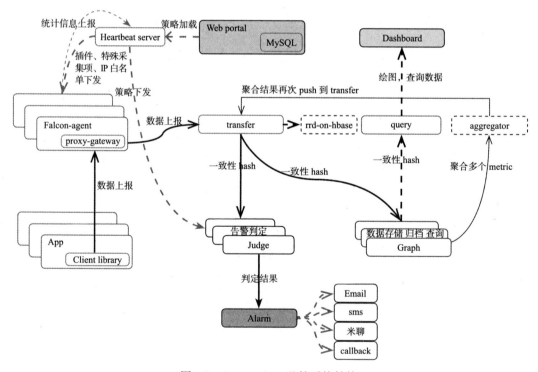

图 5-5　Open-Falcon 监控系统结构

注：图片来源是 https://book.open-falcon.org/zh/intro/。

下面简单做个解析。

Falcon-agent：专用于数据上报的本地代理，自动发现、自动采集，每台服务器上都要安装。另外，Falcon-agent 还提供了一个 proxy-gateway，用户可以通过 HTTP 接口将数据 push 到 gateway，再由 gateway 转发到服务端。

Heartbeat server（以下简称 HBS）：心跳服务器，简称 HBS 服务。每个 Agent 都要定期连接 HBS 服务上报自己的状态，包括主机名、IP 地址、Agent 版本和插件版本，并从 HBS 获取自己要采集的端口或进程信息。HBS 的处理性能不俗，一般单个实例就能响应数千台 Agent 的请求，而且 HBS 还支持水平扩展，完全可以通过类似 LVS 这类组件提供 VIP 给 Agent 连接，当 HBS 响应不过来的时候，就可以动态横向扩展，而无须对 Agent 节点做任何变更。

transfer：从命名上也能看出来，transfer 是做转发相关的服务，用于接收 Agent 上报的监控数据，并对数据进行处理，根据一致性 Hash 规则对数据进行分片，而后推送给 Judge 和 Graph 组件。

Graph：存储模块，将接收自 transfer 推送的数据归档保存，同时也负责响应 Query 模块请求，返回查询数据。

Judge&Alert：告警策略与推送模块，transfer 转发过来的数据，会由 Judge 判断是否会告警，对符合条件的数据同步给 Alert 模块并通过邮件、微信、短信等推送出去。

query：查询模块，提供统一查询接口来响应查询请求，通过一致性 Hash 算法到相应 Graph 模块查询不同 metric 的数据，并将数据汇总后统一返回给用户。

Dashboard：面向用户的 UI 操作界面。

Open-Falcon 发展至今用户众多，不少互联网大厂都在使用，如小米、滴滴、美团、360、京东、爱奇艺等企业，Falcon-agent 号称无须配置就能自动采集 200 多项监控指标数据，比如与 CPU、内存、磁盘 I/O、网卡等相关的指标。Open-Falcon 插件众多，对常见的数据库产品如 MySQL、MongoDB，缓存类 Redis、Memcache，消息队列，虚拟化产品 VMware ESXi，负载调度 LVS、HAProxy、Nginx 等各类常见的软硬件设备都有丰富的插件，可以快速实现指标的采集和监控。

有些企业会在 Open-Falcon 的基础上进行定制开发，比如美团，定制开发后改名为"Mt-Falcon"，所以即便社区热度不够，遇到冷门问题时官方没有提供插件，自己动手也能丰衣足食。

5. Prometheus

当今时代，市场上最不缺乏的就是监控系统，不过 Prometheus 仍有其独到之处。Prometheus 是一款真正面向服务监控而设计的监控系统，它的出现更多是响应容器时代的召唤。Prometheus 通过 HTTP 周期性抓取被监控节点的数据，只要目前对象提供了 HTTP 接口，并且返回的数据符合 Prometheus 定义的数据格式，就可以接入监控系统，不需要任何 SDK 或者其他集成过程。这点无疑非常适合虚拟化环境的 VM 或 Docker 容器，是为数不多的适合 Docker、Kubernetes（以下简称 K8S）环境的监控系统。近几年随着 K8S 的流行，Prometheus 被广泛认可，成为越来越流行的监控工具。

Prometheus 的出生是带着光环的。我们知道 K8S 已经是容器时代的事实标准，而 K8S 是 Google Borg 的开源实现，与之对应的是，Prometheus 是监控 Google Borg 的 BorgMon 的开源实现。站在巨人的肩膀上创新，在 2016 年 Prometheus 作为第二个开源项目被纳入 CNCF。

容器层的监控会在后续小节中详细介绍，这里我们先简单介绍 Prometheus 的特性，其本质是时间序列数据库。

> 提示　时间序列数据库（Time Series Data，TSD）：记录一串以时间为维度的数据，然后通过聚合运算，查看指标数据和指标趋势，可用来描述某个被测主体在一段时间内的测量值变化（度量）。

得益于时间序列数据库高速插入的自身特性，Prometheus 能够很好地支持大数据量场景下的并发写入，采用拉（Pull）的模式从被监控服务器中快速拉取数据，即便是单机环境，每秒写入几百万也可以轻松实现。

如图 5-6 所示，Prometheus 架构看起来有点儿复杂，方框和箭头都比较多，但真正用起来很简单，大部分组件都是开箱即用。软件安装过程基本上简化到解压缩后运行命令即可，即使有少部分配置工作，也可以分分钟搞定。

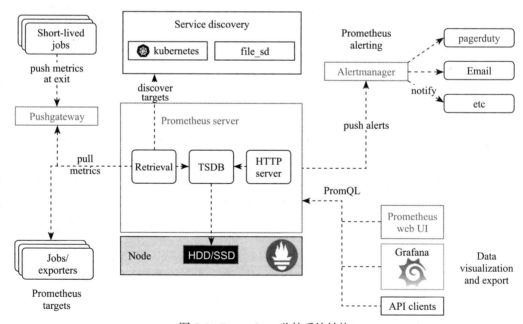

图 5-6　Prometheus 监控系统结构

注：图片来源于 https://prometheus.io/docs/introduction/overview/。

基本上 Zabbix 能够实现的功能，Prometheus 都能够实现。当然，Prometheus 不是万能的，它更擅长面向服务和可用性这类易于度量（Metric）的监控，对于日志监控或调用链分析并不适用，所以不能指望通过 Prometheus 解决所有监控问题。

6. Elastic Stack 组合

不管是开发人员还是运维人员，日常借助日志分析和定位问题是最常见的工作场景。若查看日志只能登录到每台服务器，使用命令进行检索的话，效率太低，而引入日志管理平台可以很好地应对这类问题。

曾经最流行的日志监控分析框架是 ELK Stack。ELK 是什么呢？ELK 是三个开源项目 ElasticSearch、Logstash 和 Kibana 的首字母缩写组合。其中，ElasticSearch 是基于 Lucene 的开源分布式搜索引擎；Logstash 是服务器端数据处理管道，可以对日志进行收集、过滤、分析等操作，能够同时从多个来源采集、转换数据，然后将数据发送到如 ElasticSearch 中存储；Kibana 是 ElasticSearch 的前端展示工具，可以让用户在 ElasticSearch 中使用图形和图表对数据进行可视化。

从 5.0 版本开始，ELK Stack 中加入了一系列轻量的单一功能数据采集器，并把它们叫作 Beats，后来考虑到它们的扩展速度如此之快，一直采用首字母缩写作为名称的确不是长久之计，于是 Elastic Stack 这个名字应运而生。所以 ELK Stack 就是 Elastic Stack（以下简称 ES），在应对海量数据场景时，它通过组合应用多个组件获得最佳实践，其日志分析架构如图 5-7 所示。

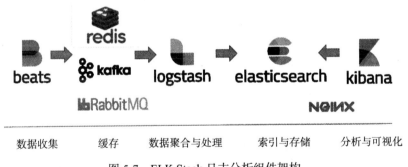

图 5-7　ELK Stack 日志分析组件架构

注：图片来源于 https://logz.io/learn/complete-guide-elk-stack/。

对日志的收集和分析有非常多的应用场景。比如前面提到的问题排查，对日志的分析是问题排查的基石；又比如基于日志的事件关联分析，对多个数据源产生的日志进行联动分析，通过运用分析算法，解释独立情况下看不到的各种问题，以及其他应用场景等。Elastic Stack 包含的功能众多，应用场景非常广泛，探索空间巨大。

7. 一点补充

即便不借助第三方监控工具，操作系统自身往往也有系统性能分析工具。比如 Windows 系统自带了资源监视器、性能监视器，Linux 系统同样有极为优秀的系统性能分析工具，如

sar（System Activity Reporter，系统活动情报）。这些工具可用来实现对单个主机的状态监视和性能分析，下面以 sar 工具为例简要做个介绍。

作为 Linux 系统下非常全面的系统性能分析工具之一，sar 可以获取当前主机的系统性能数据，包括 CPU 使用、磁盘 I/O 性能、内存、网卡、系统进程等各类系统活动，通过这些数据，帮助我们定位性能瓶颈。sar 在抓取性能指标方面的功能非常强大，而且它又非常轻量，仅仅只是一条命令。比如，我们通过 sar 获取当前 CPU 的使用情况，每秒钟获取 1 次，共获取 5 次，执行命令如下：

```
# sar -u 1 5
Linux 3.10.0-693.el7.x86_64 (dc-vm-redis01)      07/01/20        _x86_64_    (2 CPU)

15:33:51        CPU     %user     %nice   %system   %iowait    %steal     %idle
15:33:52        all      0.00      0.00      0.00      0.00      0.00    100.00
15:33:53        all      0.00      0.00      0.50      0.00      0.00     99.50
15:33:54        all      0.00      0.00      0.00      0.00      0.00    100.00
15:33:55        all      0.00      0.00      0.00      0.00      0.00    100.00
15:33:56        all      0.00      0.00      0.00      0.00      0.00    100.00
Average:        all      0.00      0.00      0.10      0.00      0.00     99.90
```

有些朋友可能会疑惑，如果等出现问题再执行 sar 会不会已经晚了？sar 的功能除了查看当前系统性能指标外，更重要的是它会默认为我们保存系统的历史状态。sar 命令行工具被打包在 sysstat 软件包中，sysstat 是 Linux 系统的常用工具包，其主要用于观察服务负载。安装了 sysstat 软件包之后，会创建自动任务，任务执行配置可以参考如下命令：

```
# more /etc/cron.d/sysstat
# Run system activity accounting tool every 10 minutes
*/10 * * * * root /usr/lib64/sa/sa1 1 1
# 0 * * * * root /usr/lib64/sa/sa1 600 6 &
# Generate a daily summary of process accounting at 23:53
53 23 * * * root /usr/lib64/sa/sa2 -A
```

在上述配置中，sa1 命令把收集的各项数据保存到二进制文件中；sa2 命令用来生成统计报表。只要安装了 sysstat，那么每隔 10 分钟就会自动收集一次系统数据，并在每晚 23 点 53 分生成当天的汇总信息。

各类输出的文件保存在 /var/log/sa/ 目录下，sa1 生成的文件是二进制格式，只能通过 sar 命令或者 sadf 命令查看，sa2 生成的是文本格式。纯文本的数据看起来也并不直观，各类信息分析可能不太友好，此时可以使用 kSar 开源工具，直接加载 sa2 生成的日志文件，不仅操作便捷且直观，能将各类数据通过图形界面显示，如图 5-8 所示。

若当前尚未建立或接入任何监控系统，又需要了解系统运行状态指标，可以考虑借助 sar 命令行工具能够帮助实现相关数据分析。

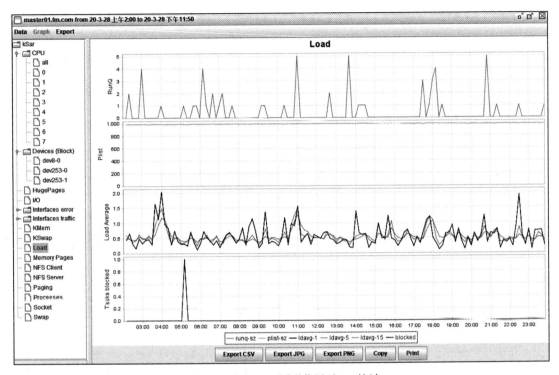

图 5-8　通过 kSar 图形化展示 sar 统计

除了前面介绍的这些工具或开源方案，还有 Zenoss、Hyperic HQ 等产品，监控不是只有开源方案，还有一系列商业化解决方案，以及众多公有云厂商提供的云监控平台。知名商业化产品的功能和可靠性毋庸置疑，例如网站监控、服务器监控、中间件监控、数据库监控、应用监控、日志监控、API 监控和页面性能监控等，可以说，开源监控平台能够实现的，商业化解决方案一定都能实现。

不过本文不打算介绍商业化的监控产品，如果想了解商业化监控全家桶方案的可自行查阅相关资料。

5.2.2　规划监控体系

很多企业的监控都是被动型建设，我们接触到的很多企业在一开始并没有在监控工具的选择方面花费太多精力，对于很多企业来说，Zabbix 几乎等同于监控系统的代名词，或者说选什么不重要，先搭建一套监控系统跑起来再说。当系统越来越多，不一定等到故障频发的时候，多数情况下会感觉对系统的掌控越来越弱，对于监控的内容才越来越具体，衍生出一系列新需求，并投入专门的资源加强监控能力的建设。

从系统建设角度来看，监控一定要建设成为一个体系。简单来说，就是对于有一定体量的公司，需要一系列各自关注点不同的监控方案，通过系统与系统间的内部交互来组成一个大的整体,从而满足不同场景下的监控需求,即监控体系。以笔者所在企业为例,内部各类与监控相关的系统或模块有十余个。多当然也体现了当前存在的问题,有进一步统一的空间,不过更重要的是,在构建体系时能从全局视角去看待这些系统产生的监控数据,而不是将每个系统看作一个数据孤岛管理。

目前来看,没有一个现成系统能够覆盖所有的监控需求。即便是非常有经验的人,在企业初创阶段就开始着手搭建,还是会因为受到各种客观因素的制约,使得监控覆盖无法完全达到预期。前面章节中提到的,通过对监控指标分层也有助于梳理待监控对象最值得关注的那些特征,监控体系的建设仍然可以采用这样的思路,对监控的需求划分不同的层次,不同的需求由不同的监控工具响应,最终基于统一标准化对这些工具进行整合。

运维监控平台不是下载或买一套工具,把它运行起来就行了,而是要根据监控场景的实际需求进行配置调整,甚至二次开发,以实现与自身诉求高度匹配。接下来就谈谈运维监控平台的设计思路。

1. 监控平台设计思路

构建成体系的运维监控平台,其整体结构可以由五大层次以及 CMDB 作为基础信息数据库组成,如图 5-9 所示。

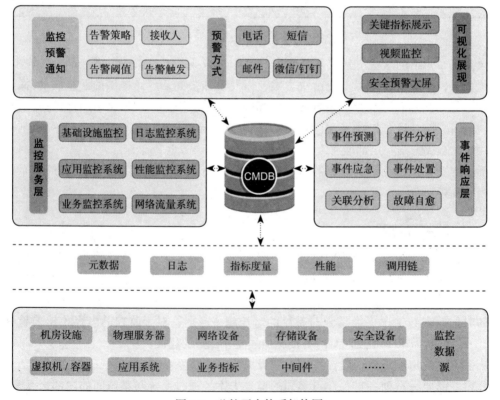

图 5-9 监控平台体系架构图

（1）监控数据源层

数据源层基本对应各类监控对象，通过数据源获取包括监控元数据、日志、度量值、性能状态、分析调用链等在内的各类信息。我们没有先选择工具，而是先盘点监控需求的原因有两个：一方面是前面提到的，就目前来看，没有一款监控工具能够满足所有场景需求，术业有专攻，因此有必要梳理清楚需求，再根据需求选择匹配的监控工具实现；另一方面，流行的工具很多，而且它们各有侧重，如果只是满足基础监控需求，目前主流的几乎任意工具就能满足，不过，由于我们要考虑搭建的是一套体系，事前先想清楚重点，也有助于我们分阶段实施。

（2）监控服务层

服务层的重点是完成各项监控数据的收集、存储和分析。数据主要来自监控数据源层，部分基础元数据会来自CMDB。注意，监控数据源中也有元数据，这两者提供的信息有差别。举例来说，要对某台物理机进行配置监控，机器名、IP地址、监控项等都属于监控元数据，不过CMDB中只记录了该物理机机器名、IP地址、所属服务等基础信息，如果要为其配置监控项，还需要根据物理机操作系统基线配置，以及监控服务层中的设置才能确认。

监控服务层对数据收集有多种方式，通过客户端Agent或者通过网络协议（如ICMP、SNMP）都行，根据阈值和触发逻辑，将分析后的数据同步到监控体系中的其他模块，如果监控指标超过阈值就触发告警逻辑，同时将告警信息同步到监控体系的其他模块，最终或统一展示，或触发事件，或告警。

（3）监控预警通知层

将监控预警功能作为一项能力独立出来，而没有在监控服务层实现，是参考、借鉴了流行的监控解决方案的设计，本质上更是考虑了监控上规模后的能力复用。如果企业内部监控服务层只对应一个系统，那么自然它可以在监控服务层内部实现。但如果监控服务层有多个系统，与其在每一个系统中重复造轮子，不如将此部分共性需求抽象出来，把告警的去重、聚合、抑制、收敛、发送等功能放到一个独立的模块中实现，这也符合"高内聚，低偶合"的设计理念。

监控预警就是要配置合理有效的告警规则，实现强大的告警信息送达能力。这两点说起来简单，想要做好却不容易。

出现异常情况后，首先要能识别，其次要能够让相关人员第一时间知晓，包括告警阈值设置成多少、哪些告警消息要发、发给谁、什么时候发、怎么发、发几次，告警发出后长时间无响应又当如何处理等。

（4）事件响应层

监控系统将数据源中采集到的各类运行数据，通过规则判断生成事件，这些事件反映的是IT软硬件系统在运行过程中出现异常的情形。系统在运行过程中有可能产生大量事件，每一个事件都应当记录，当然这并不代表着每一个事件都是问题，更不是每一个事件都需要人为介入。别说介入，考虑到我们的监控系统不止一个，如果没有很好的设计，信息多得有可能看都看不过来,从保障实施有效角度来看,要尽可能把需要人员介入或关注的信息展现出来。

事件发现一定意味着系统某个时刻的状态异于平常:要进行事件收敛,对同一个事件或同一个故障引起的多类指标告警进行收敛,避免大量告警事件对 IT 运维造成信息骚扰;要进行事件分组,对不同的事件要有不同紧急程度的标识;要进行事件分析,建立整个事件之间的关联分析,形成故障树,帮助 IT 运维团队分析、定位和消除异常。为了让来自不同工具、不同格式的监控事件以尽可能清晰、直观的方式展示给一线团队,就必须建设具备高性能的事件响应模块,实现事件统一汇总,并对不同层面、不同专业角度的事件进行收敛和关联分析,更全面地感知系统运行状况。

(5)可视化展现层

成熟的监控系统都会提供 Web 展示界面,主要是将数据收集层获取到的数据进行统一展示,提供 Dashboard、Screen,以曲线图、柱状图、饼状图等数据图形化方式展现监控数据。可是大多数监控系统自带的 UI 界面短板实在太明显:一方面是数据不全,各自只拥有自己那部分数据;另一方面是展现效果差强人意。不管是从展现效果还是实用程度,最终都要对整个监控体系中关键指标数据进行定制和集中展现,何况还会有像视频监控这类天生就适合投屏展示的场景。

可视化监控平台将运维各个环节的关键监控指标,比如网络的流量、访问的统计、应用的性能等,通过图表、投屏的方式进行展现,使运维人员能实时、全方位地观察到设备的健康状况,提升运维体验。

(6)CMDB 配置数据库

当然,还有信息化系统建设过程中最重要的一环——CMDB,作为各类软硬件资产的中央数据库,为各类系统提供基础元数据。

2. 监控整合

所有称得上体系的运维监控平台,其监控一定是贯穿所有环节,实时"监测"生产环境的软硬件环境运行状态,进而为"控"打下基础,实现数据集中、各监控模块能力互补、关键指标统一展示,同时具备灵活的扩展性。此外,监控平台本身海量且拥有丰富纬度的数据,可以作为数据源为大数据平台提供素材,为智能化运维体系建设打下基础。

很多时候我们所接触到的企业,为了满足基础设施、硬软件的监控需求,通过多年的积累,往往"多点开花",借助不同功能的各类工具满足不同场景的不同需求,覆盖日志、数据库、中间件、操作系统、网络、安全设备等方面。

采用"多点开花"的建设方式有助于快速完善监控覆盖面与覆盖深度,不过要构建监控体系,各套监控工具之间必须有效整合。一方面,由于所需工具太多,若无法集中管控,则管理维护成本会越来越高。另一方面,要实现数据集中,即能够有效进行信息收敛、去重,也方便后续大数据平台构建分析预警能力。

基于前面小节提供的设计思路,为了减少监控系统建设过程中可能出现的功能重复问题，需要对各个监控工具或系统进行整体规划，监控体系分层在其中的作用尤其重要。监控分层有助于清晰定义每一层的监控覆盖面与覆盖深度，防止建设失控，不过这也可能会带来运营管理成本增加的副作用，所以又需要同步考虑在事件、可视化、子系统、数据等方面的整合，以降低IT运维团队的系统管理成本。这也是为什么前面章节要讲监控体系的规划，我们得先知道目标是什么，然后奔着那个方向开工，简单来讲监控工具层面的工具整合就是如此。手上有称手的工具就用，不称手的工具能改的就改，不能改的先用着，等体系下的新工具到位后平滑地替换掉它即可。

3. 制定标准和规范

在整个IT生命周期内，组件的标准化运维非常关键。比如对于应用服务器，我们约定了单台服务器只能运行一个Java应用，那么在监控指标中就可以设计一个判断当前Java进程数是否等于1的监控项，如果进程数小于1则说明应用服务已经不存在，如果大于1则说明启动了多个Java进程，不管哪一种都属异常，需要运维人员介入，排查造成异常的原因。

标准化做得好，监控就会变得更简单。这样既能快速实施部署，也能减少培训难度，遇到特定场景时识别和处置也变得更轻松，同时无形中还能够简化监控逻辑，降低监控自动化实施难度。

（1）监控指标模型

监控指标以及监控指标阈值的设置对于把握应用系统的现状和趋势、进行服务可用性的有效跟踪以及持续改善，甚至故障的排查和消除都至关重要。可是，监控指标那么多，哪些才是最应该被关注的呢？针对这个问题，业内有一些成熟的模型可供参考。

①来自Google的黄金指标。

Google在 *SRE Handbook* 中提到过"4个黄金信号"的概念，将需要重点关注的监控数据分为4类。

- **延迟**（Latency）：表示请求所需花费的时间，注意成功请求的延迟和失败请求的延迟的区别。延迟较高通常不是好现象，这表示请求的响应时间较长，多数情况下这也意味着系统性能不佳，用户体验不好。
- **流量**（Traffic）：表示系统承载的用户或交易的量级。流量对于不同类型的系统而言可能代表不同的含义，比如对基于Web的HTTP应用，此类指标可能表现为TPS或者QPS。流量指标通常可用来展现当前系统的负载状态和不同时段的负载情况。
- **错误数**（Error）：表示当前系统发生错误的评价维度。错误一般可以分成显式错误和隐式错误。举例来说，HTTP 500错误就属于显式错误，而HTTP尽管返回200，但实际业务处理逻辑是错的，那么这种就是隐式错误。此类指标可以用来衡量系统的运行质量。
- **饱和度**（Saturation）：表示当前资源使用的饱和情况。通常情况下，资源达到饱和状态，服务的性能就会下降。比如磁盘的写性能是100M/s，如果此时I/O饱和度已经很高，那么并发场景下必然有些 I/O 操作会处于阻碍状态。这类指标可以用来衡量系统资源使用率。

这 4 类指标可以帮助衡量用户体验、服务中断、系统可用性和系统可靠性等方面的状态。

② RED 方法。

对于 Web 类应用的监控指标，可以参考 RED 方法。RED 方法是由 Weave Cloud 在 Google 的 4 类黄金指标基础之上提出的，它重点关注应用请求相关的 3 个关键指标，希望由此涵盖 Web 服务（也是占比最高的服务类型）的相关问题。这 3 个关键指标如下所示。

❏ Rate：每秒服务处理的请求数。

❏ Errors：每秒失败的请求数。

❏ Duration：每个请求所花费的时间。

RED 方法是以请求为中心，聚焦用户在使用 Web 服务时所应关注的重点，通过这三项指标，我们就能监测到通常情况下影响客户使用体验的关键信息。

③ USE 方法。

RED 方法中并不包含与资源使用率相关的项，如果需要同时关注此部分内容时则可以考虑使用 USE 方法。

USE 方法的全称是"Utilization，Saturation and Errors Method"，具体指标包括下列三项。

❏ 资源使用率（Utilization）：系统资源的使用率信息，比如 CPU、内存、网络、磁盘 I/O 等。如果某项资源使用率持续较高，那么通常说明其存在一定的性能瓶颈。

❏ 资源饱和度（Saturation）：与 Google 的 4 个黄金信号中的饱和度意义相同。

❏ 错误（Errors）：与错误相关的指标统计信息。

RED 方法主要适用于关注与请求相关的指标数据，USE 方法可以从资源使用率、资源饱和度等指标维度进行监控和分析，对于系统性能监控和性能瓶颈识别可以起到很好的作用。

（2）指标权重与阈值分级

监控的一项重要目标就是不漏报，不过在实施过程中，为了不漏报，可能无形中会造成告警信息过多的情况。如何能既不漏报监控事件，又能快速识别高风险的告警事件呢？这就需要对监控指标建立指标权重、阈值分级与上升机制。

❏ 指标权重：监控项并不是越多越好，有价值的监控指标所能起到的作用远超没有太多实际意义的监控指标，所以可以通过监控指标的权重，来定义或反映监控指标项的价值，也让监控实施团队能够有所侧重。比如，将服务可用性定义为一级指标，服务响应错误定义为二级指标，这里我们就可以判断，一级指标是必须要实施的监控项，而二级指标就是根据应用系统的实际情况，有些可能需要配置，有些可能并不需要配置。

❏ 阈值分级：监控指标必须要定义告警阈值，甚至阈值也要有分级设计，最常见的如通知、警告、故障几个等级。比如，某台服务器的平均负载指标值为 5 时触发通知类型的告警，此时需要保持关注；当平均负载指标值达到10时触发警告；当平均负载指标值达到15时则代表已经是非常严重的事件，必须马上进行处理。通过这种分组策略，能够让运维人员更精确地判断服务的运行状态。

- **告警升级机制**：当告警长时间未能消除时，需要有告警升级机制，以督促运维人员完成监控事件的处理。
- **指标阈值基线**：监控指标的告警阈值并不是一成不变的，在实际监控实施过程中你会发现固定阈值触发的误报并不鲜见。举例来说，业务高峰时期与非高峰时期、非工作日与工作日、白天与晚上的运行值都会有不小的差异，因此需要建立一个动态的指标基线，根据当前运行值与动态基线的偏离度大小来判断是否为异常事件。指标阈值基线建设过程需要关注的点就更多了，可以基于最为暴力的纯手工调整，也可以基于过去时间段内大量历史数据迭加计算，或者通过目前越来越成熟的机器学习算法，通过基线的自我学习，动态调整权重等。

（3）日志标识异常

对于各种类型的中间件，其日志文件中的内容对于定位异常非常有价值，有经验的IT工程师都知道这一点，应用系统日志也应有此功效。只是通常应用系统的日志输出并不规范，出现异常行为但日志并不会打印，或者尽管打印了，但输出的内容结构不易解析，拿到也不知道怎么处理。所以对于应用日志，监控实施人员通常都是又爱又恨。

应用日志对于监控实施来说是必不可少的，尤其对于业务监控，如果没有代码层面的配合，输出约定好的日志格式和内容，想要实现基于日志的监控无疑困难重重。针对这几个难点，可以考虑从以下几点着手处理。

- **定义标准**：对于日志文件路径、文件大小、保存时间，以及文件内容格式、日志级别、记录的异常信息等都要有标准，并且要通过代码检查、代码评审强制落实。
- **分步推进**：如果在应用系统编码之初没有落实好相应规范（对银行业来说，这实在是司空见惯的事情），叠加研发能力参差不齐的第三方外包团队，以及应用架构、语言、中间件等异构的现状等，要做到完全的规范化改造覆盖，其改造难度和实施周期着实是一件头疼的事情。在日志规范改造实施的过程中，可以考虑分阶段推进。银行业内部的信息系统都会定义重要等级，应优先保障重要等级高的系统的覆盖，在这个过程中，研发团队的配合力度也至关重要，监控实施团队务必做好沟通协调工作。
- **组件支持**：除了与研发团队的沟通配合之外，改造实施策略方面可考虑借助标准化的组件或应用日志接口，尽可能降低应用系统改造的难度。比如对于Java开发体系常用的日志组件Log4j2和Logback，可在其标准接口基础上重写或继承开发公共日志输出类，对输出规范进行统一封装，这样开发团队无须对现有应用做太大改动，甚至只需要修改几行配置文件，就能输出更标准化的应用日志。
- **优化改进**：通过数据分析，形成报表，发起日志标准化改造，以及基于日志监控落实情况，再不断反推研发团队优化，不断提高日志输出内容和质量。

4. 数据可视化展现

通常情况下，我们通过告警通知发现问题。告警通知当然非常重要，不过有没有其他补充手段，比如能不能通过趋势或者可视化手段来直观形象地反映系统运行情况，这同样是我们需要关注和解决的。运维可视化监控正是应对此类场景的最佳方案。不同监控工具有不同的界面、不同的操作方法，而对工具的掌握程度依赖于运维人员的经验，所以开展监控服务难以形成标准化，这也不利于监控的集中管理。一个支持统一展示，多维用户视角以及按需订阅的可视化监控可以解决这样的问题。

可视化监控平台将运维看不见但又必须关注的"数据黑匣子"，以可视化方式直观地展现出来，通过数据化手段提升运维人员体验。我们对生产运行情况的掌控程度，也可通过数据可视化展现。可视化监控平台将运维各个环节的关键监控指标通过图表、大屏的方式进行展现，使运维人员能实时、全方位地观察到设备的健康状况、网络的流量、访问的统计、应用的性能等。

在实践中，我们结合各种各样的监控系统，实现了多个维度的可视化监控，其架构如图 5-10 所示。

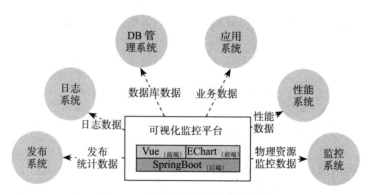

图 5-10　可视化监控平台架构设计

可视化监控平台对接各种平台和系统以获取关键指标数据，实现监控数据可视化：一方面为监控可视化提供了统一的入口，另一方面也弥补了传统监控软件可视化的不足，使得从多个维度来发现和预测问题成为可能。

- **应用性能监控平台对接**：通过对接应用性能管理来获取应用及应用调用链路的监控信息，例如，接口的响应时间、应用的调用依赖关系、中间件的响应时间等。
- **监控系统对接**：通过对接如 Zabbix/Prometheus 监控系统，来获取主机、网络设备、存储等相关监控信息。
- **发布系统对接**：通过对接发布系统来获取应用的发布计划、发布情况，对即将投产和已经完成的发布变更进行统计和监控。

- **日志系统对接**：日志中存储了很多关键信息，通过 ELK 可以对日志进行集中管理和实时分析，并且 ElasticSearch 提供了丰富的 API，通过对接 ElasticSearch 可以实现比较丰富的监控功能。例如，通过获取应用系统的埋点日志对业务指标进行监控；通过获取 Nginx 的日志对应用请求进行监控；通过分析 Nginx 日志中的 IP 地址对请求来源进行分析等。
- **运维自动化系统对接**：运维自动化系统本身也提供了一些监控数据，如 DBMS（数据库管理系统），对接之后，我们可以获取相关的慢 SQL、表空间大小、单位时间内的事务数等。

5.2.3 监控实践

监控系统对于科技条线的小伙伴来说，犹如人的眼睛，是我们判断信息系统是否正常运行的重要组件，对从事前发现、及时预警或者故障告警，事中分析判断，到事后提供数据回溯，都发挥着关键作用。正因为监控系统如此重要，所以业内在运维方面最成熟、可选方案最多的产品也是监控系统，不管是商业化解决方案，还是开源的监控系统，比比皆是。作为一名监控工程师，想要看得清、看得远，在实施监控的过程中具体要怎么做呢？接下来就一起看看。

1. 机房及硬件监控

定期机房巡检是最基础的监控手段，早期我们要安排人员到机房现场巡检，通过查看硬件设备状态灯闪烁情况判断是否发生故障，这样非常浪费人力，工作重复且技术含量很低，最重要的是，仅靠外部检查一般发现不了什么问题。金融行业设备冗余度还是很有保障的，所有设备至少都是成双成对的配置，而且硬件没那么容易坏（硬盘等易耗品除外），日常最容易出现问题的往往都是在硬件中以 7×24 小时运行的信息系统。何况，若硬件设备真发生了肉眼可查的问题，往往都不是小问题，以巡检这种频次到达现场才能发现，也难以满足时效性方面的要求。

注意这里并不是说现场巡检没有必要，而是说，监控硬件设备要有更加高效的手段，而不能仅依靠现场巡检的机制。例如通过视频监控了解机房情况，如图 5-11 所示。

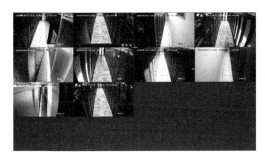 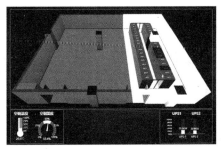

图 5-11 视频监控及机房 2D 图示监控效果

要监控硬件设备的运行情况，IPMI 是一个不错的选择。可以通过 IPMI 实现硬件状态的监控，包括 CPU、内存、磁盘、风扇转速、电压等多数特征。

> **提示** IPMI[注]：智能平台管理接口（Intelligent Platform Management Interface）的缩写，是管理基于 Intel 结构的企业系统中所使用的外围设备所采用的一种工业标准。用户可以利用 IPMI 监视服务器的物理健康特征，如温度、电压、风扇工作状态、电源状态等。更为重要的是，IPMI 是一个开放的免费标准，用户无须为使用该标准而支付额外的费用。此外 IPMI 还有一大优势在于它是独立于 CPU、BIOS 和操作系统的，所以无论是在开机还是关机的状态下，只要接通电源就可以实现对服务器的监控。

比如现在有一台服务器，我们在监控服务器上安装好 IPMI 的命令行工具：

```
yum -y install OpenIPMI OpenIPMI-devel ipmitool freeipmi
```

然后就可以通过该工具获取详细的传感器信息：sensor。

```
# ipmitool -I lanplus -H 172.52.2.95 -U jssoper -P jssoper sensor
SEL             | na         | discrete   | na     | na     | na       | na       | na       | na
Intrusion       | 0x0        | discrete   | 0x0080 | na     | na       | na       | na       | na
Fan1 RPM        | 5880.000   | RPM        | ok     | na     | 360.000  | 600.000  | na       | na
Fan2 RPM        | 6000.000   | RPM        | ok     | na     | 360.000  | 600.000  | na       | na
Fan3 RPM        | 5760.000   | RPM        | ok     | na     | 360.000  | 600.000  | na       | na
Fan4 RPM        | 5760.000   | RPM        | ok     | na     | 360.000  | 600.000  | na       | na
Fan5 RPM        | 5760.000   | RPM        | ok     | na     | 360.000  | 600.000  | na       | na
Fan6 RPM        | 5880.000   | RPM        | ok     | na     | 360.000  | 600.000  | na       | na
Inlet Temp      | 24.000     | degrees C  | ok     | na     | -7.000   | 3.000    | 42.000   | 47.000   | na
CPU Usage       | 0.000      | percent    | ok     | na     | na       | na       | 101.000  | na
IO Usage        | 0.000      | percent    | ok     | na     | na       | na       | 101.000  | na
MEM Usage       | 0.000      | percent    | ok     | na     | na       | na       | 101.000  | na
SYS Usage       | 0.000      | percent    | ok     | na     | na       | na       | 101.000  | na
Exhaust Temp    | 41.000     | degrees C  | ok     | na     | 0.000    | 0.000    | 70.000   | 75.000   | na
Temp            | 53.000     | degrees C  | ok     | na     | 3.000    | 8.000    | 82.000   | 87.000   | na
Temp            | 54.000     | degrees C  | ok     | na     | 3.000    | 8.000    | 82.000   | 87.000   | na
OS Watchdog     | 0x0        | discrete   | 0x0080 | na     | na       | na       | na       | na
VCORE PG        | 0x0        | discrete   | 0x0180 | na     | na       | na       | na       | na
```

ipmitool 工具的功能特别强大，不管你是想查状态，还是想查列数据甚至重启或关闭服务器，都没有问题，这个工具的使用并不是本节的重点，因此暂不做详细展示。在实际的监控场景中，其实大多数情况并不需要我们手写命令，主流的监控工具已经提供好了监控模板。

例如 Zabbix 提供的 IPMI 监控模板——HP DL380 Gen9 IPMI，直接配置使用即可，效果如图 5-12 所示。

[注] 陈禹. 信息系统管理工程师教程 [M]. 清华大学出版社，2006.

应用集									
Drives 8 Fan 18 Health 5 Power 9 Temp 43									

信息类型
数字(无正负) 13 浮点数 70

有触发器
无触发器 64 有触发器 19

间隔
90 1 300 82

Wizard	名称 ▲	触发器	键值	间隔	历史记录	趋势	类型	应用集	状态	信息
	01-Inlet Ambient		01-InletAmbient	5m	90d	365d	IPMI客户端	Temp	已启用	
	02-CPU 1	触发器 1	02-CPU1	5m	90d	365d	IPMI客户端	Temp	已启用	
	03-CPU 2	触发器 1	03-CPU2	5m	90d	365d	IPMI客户端	Temp	已启用	
	04-P1 DIMM 1-6		04-P1DIMM1-6	5m	90d	365d	IPMI客户端	Temp	已启用	
	05-P1 DIMM 7-12		05-P1DIMM7-12	5m	90d	365d	IPMI客户端	Temp	已启用	
	06-P2 DIMM 1-6		06-P2DIMM1-6	5m	90d	365d	IPMI客户端	Temp	已启用	
	07-P2 DIMM 7-12		07-P2DIMM7-12	5m	90d	365d	IPMI客户端	Temp	已启用	
	08-HD Max		08-HDMax	5m	90d	365d	IPMI客户端	Temp	已启用	
	10-Chipset		10-Chipset	5m	90d	365d	IPMI客户端	Temp	已启用	
	11-PS 1 Inlet		11-PS1Inlet	5m	90d	365d	IPMI客户端	Temp	已启用	
	12-PS 2 Inlet		12-PS2Inlet	5m	90d	365d	IPMI客户端	Temp	已启用	
	13-VR P1		13-VRP1	5m	90d	365d	IPMI客户端	Temp	已启用	

图 5-12 Zabbix IPMI 监控插件

注意，不同硬件设备的采集插件也不同，可以根据自己的硬件设备类型，到 Zabbix 相关网站下载匹配的插件（https://share.zabbix.com/）。

IPMI 提供的硬件状态指标若无法完全覆盖监控需求，可以借助其他工具进行扩展，比如使用 MegaCli 工具探测 RAID 磁盘阵列状态等，或者借助 iDRAC（DELL 服务器专用）、ILO（HP 服务器专用）、IMM（IBM 服务器专用）等远程管理卡，执行对硬件的监控和管理。

如果不知道如何通过远程方式获取硬件设备的状态，最佳选择是咨询设备厂商，使用设备厂商成熟的解决方案。要知道，对于设备监控的各类场景、各类需求，相信厂商已经储备了丰富的应对方案。

2. 系统监控

不管是物理服务器、虚拟机，还是网络设备，系统资源的使用情况是肯定要监控起来的。系统监控也是基础监控中重要的一环，特别是对 CPU、内存、I/O、网络运行情况的监控。

对于主流监控系统来说，基本上不需要我们手动操作。仍以 Zabbix 为例，通过 Zabbix Agent Interface 模板稍加配置，即可实现对 CPU、内存、磁盘、网卡等基础指标的监控，监控效果如图 5-13 所示。

注意，要根据实际情况配置告警触发阈值，避免阈值过低造成的频繁报警，比如对于 CPU 的监控指标，配置 CPU 利用率超过 80% 后告警。此外还可以根据系统繁忙程度，配置上下文切换的告警阈值。

内存使用率、SWAP 使用率是我们必须关注的监控点，同样可以借助 Zabbix 绘制内存使用率的曲线图形，记录操作系统内存使用情况，如图 5-14 所示。

对于磁盘监控，日常主要关注磁盘使用率、I/O 吞吐量等指标，如图 5-15 所示。

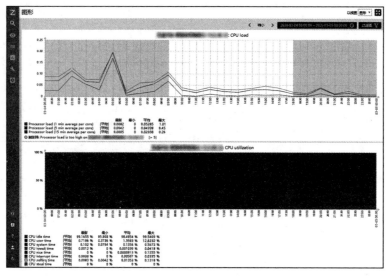

图 5-13　Zabbix 实现 CPU 监控

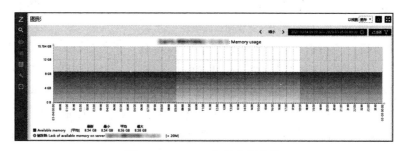

图 5-14　Zabbix 实现内存监控

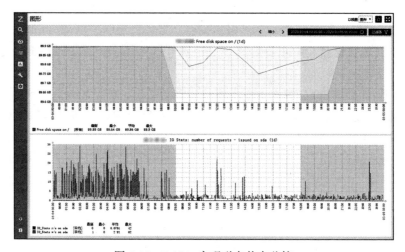

图 5-15　Zabbix 实现磁盘状态监控

在网络方面，除了关注网卡流量以外，还需要监控 TCP 的状态，获取所有的 TCP 连接，并展现不同 TCP 连接状态的数量，以便在大并发场景时及时发现 TCP 的相关故障，如图 5-16 所示。

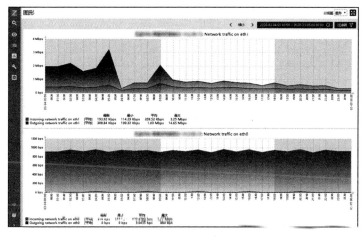

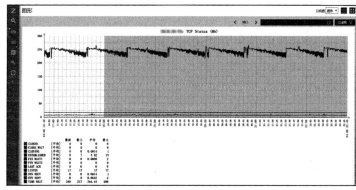

图 5-16　Zabbix 实现网络流量和 TCP 监控

openfiles 是一个很容易被忽略的监控点，笔者在几个项目中都遇到过因 openfiles 参数值未进行优化，导致应用故障的情况（当然这里面也涉及基线不规范或者规范执行不到位的问题）。其他应保持关注的系统监控指标还包括操作系统进程数、端口号等（详细查看 Zabbix 自带 OS Linux 模板）。

作为金融服务提供商，确保服务可靠、稳定运行绝对不只停留在口号上。银行数据中心是关键基础设施，同时考虑到目前互联网和移动互联网浪潮下用户来自全国各地，网络环境在整个 IT 运行环境中的角色愈发重要，所以网络监控是构建监控体系必须要考虑的重要因素，尤其是面对银行业普遍拥有多个数据中心的场景，各个数据中心之间的网络状态、数据中心与全国各地主要运营商之间的网络状态也都需要重点关注。这方面可以考虑借助商业化的网络监控服务实现，比如监控宝、监控易、听云等。

3. 应用监控

对服务器上所运行的各类应用服务的状态监控，是监控体系中非常重要的环节。应用监控既包括对 LVS、Haproxy、Nginx、Redis、MySQL、Oracle、Kafka 这类中间件的监控，也包括对基于 Java、PHP、Tomcat、Weblogic 等运行的应用系统的监控。

针对常用的各类中间件，主流的监控工具均提供了非常全面的监控模板，以 Zabbix 为例，如图 5-17 所示。

❑ 应用服务监控：Zabbix Agent UserParameter。
❑ Java 监控：Zabbix JMX Interface。
❑ MySQL 数据库监控：percona-monitoring-plugins。

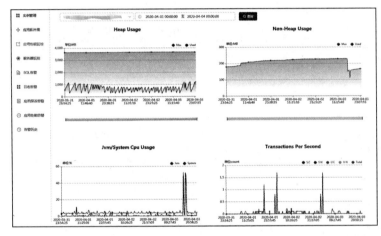

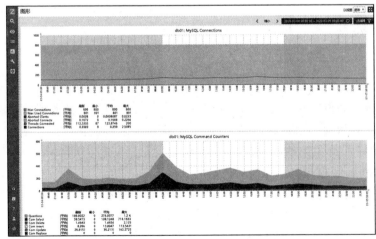

图 5-17　JVM 内存指标监控及数据库监控

各类硬件设备设施及软件服务都监控起来以后，也就对其详细运行状态有了一定的了解。总的来看，主流应用软件和中间件的监控已经非常成熟，有很多插件可供选择，能够涵盖常用的各类需求，监控实施基本上就是体力劳动，不过应用系统的监控需要花些心思。以 Java 类应用为例：一方面要关注应用系统组件的运行状态，比如 Java 线程数、端口等；另一方面要关注运行的性能指标。Dropwizard 提供了 Metrics 库，主要用于统计应用系统运行的性能指标，IT 运维人员在排查应用问题时关心的如 TPS、请求处理耗时等指标，都可以通过 Metrics 获取。

4. 日志监控

各类软件在运行过程中都会产生日志，如操作系统有系统日志、应用系统有访问日志、中间件服务有运行日志等，这些日志里面蕴含的数据都非常重要。通过日志能够统计 UV/PV，分析流量来源，了解用户行为，快速进行日志查询、分析，排查故障并帮助定位和解决问题。同时，通过分析日志文件输出内容实现监控，不会对业务系统的正常运行造成干扰。

所谓"工欲善其事，必先利其器"，实施日志监控有采集、存储、分析和展示几个环节，如果没有称手的工具，我们可能会需要借助一系列操作系统命令，如 head、less、tail、grep、wc、awk、sed、count、cut 等，也可能会需要写 Shell 或 Python 语句。其实前面我们已经介绍过，对于日志分析来说，我们没有必要重复造轮子，市场上已经有非常成熟的解决方案，下面我们就将借助 Elastic Stack 来完成日志监控方面的应用。

Elastic Stack 日志采集架构在前面已经介绍过，其大致逻辑是在应用服务器本地运行 Filebeat 采集日志，直接或借助 Logstash 发送至 ES，如果日志数据量较大，中间可以再引入如 Kafka、Redis 作为消息队列，实现模块间解耦并缓解写入瓶颈。应用日志写入 ES 后，可以通过 Kibana 查询，如图 5-18 所示。

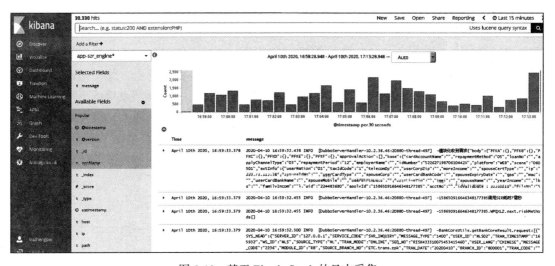

图 5-18　基于 Elastic Stack 的日志采集

由图 5-18 可知，系统还能实现自动分析统计。不仅如此，在 Kibana 中通过对 Nginx

日志的分析，以及简单的配置，就能实现统计 UV、PV、用户来访 IP、来访区域、最热页面、实时流量等功能，如图 5-19 所示。

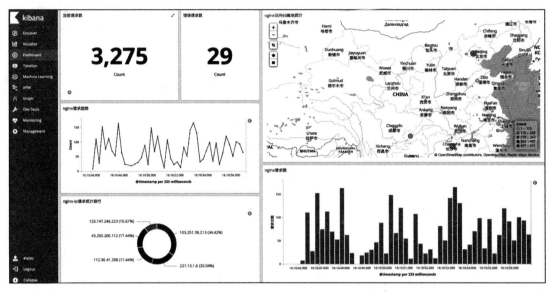

图 5-19　ELK 监控效果图

日志监控系统收集应用错误日志，在程序运行有异常输出信息后，可以立即在 Kibana 上看到。当然我们也可以通过配置关键字告警，通过过滤错误日志实现实时告警。

5. 用户体验监控

终端用户操作体验也是监控体系中重要的一环，在实施监控时也要全面考虑，包括被访问页面处理性能、DNS 响应时间、HTTP 连接建立时间、元素大小等环节都需要关注。用户体验监控与前面提到的一些监控实践有些差异，主要区别在于：用户的请求从点击按钮这个动作开始，直到服务器响应并返回给终端，这中间有很多节点，既与用户的本地终端、用户本地运营商网络有关，也受线路所属运营商骨干网、CDN 节点等的影响，更与银行数据中心机房网络、负载均衡设备状态、应用服务器集群处理性能等环节密切相关，而且这其中并不是所有环节我们都能掌控。实施用户体验监控就要从全局考虑，对用户端、机房网络出口端、页面和接口监控、流量接入端、业务集群端等关键环节的数据均进行采集和监控。

6. 安全监控

基于互联网开展业务的商业银行与基于传统线下柜面开展业务的商业银行，对信息系统安全方面的防范是有显著差异的。银行业，尤其是基于互联网开展业务的商业银行，必须要建立完备的、立体化的网络安全纵深防御体系，在这个过程中，针对信息系统开展全方位网络安全监控更是防御手段中的重点。

通过流量实时分析，及时感知安全威胁；通过监控网络或主机活动，分析用户和系统的行为，审计系统配置和漏洞，评估敏感系统和数据的完整性，识别攻击行为；通过对异常行为进行统计和跟踪，全面检测服务器、Web 应用安全，识别违反安全法规的行为，使管理员有效地监视、控制和评估网络或主机系统，降低安全隐患，避免出现安全事件。

之前国内网络安全方面整体重视度不足，金融行业相对较好，但安全在整体科技投入的占比始终较低。近几年通过一些安全方面的活动，包括银行业主管部门所组织的各种攻防演练、网络安全相关主管部门组织的一系列大型安全实战演练，暴露出不少重大安全隐患，也促使企业真正重视网络安全，通过加大安全方面的投入，加强企业的安全防护能力，提高企业的防护水平。

对于银行业来说，常规的 IDS/IPS/WAF/FW 设备均是必备的安全防护设备，如图 5-20 所示。

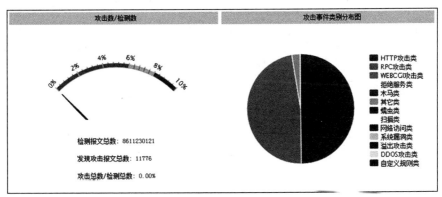

图 5-20　安全设备监控数据

开源的安全产品也有不少，几乎能够涵盖网络控制、应用层攻击、代码审计、漏洞检测、代码检测等方方面面的需求。比如通过操作系统自带的 iptables 实现网络策略控制，借助 Nginx+Lua 脚本搭建软 WAF 实现七层 Web 防护，通过 Cobra 组件实现代码安全审计，借助巡风系统执行漏洞检测，基于 Hawkeye 实现对 GitHub 代码检测等，除此之外还可以借助第三方安全服务厂商，实现页面防篡改、终端安全防护、威胁情报、态势感知等功能，提高安全防护能力。

网络安全是一个大的命题，尽管业内有不少专业的网络安全公司，提供各种功能强大的产品或解决方案，但是安全问题不可预知，网络安全永远在路上。

7. 业务监控

在落地实施监控的过程中，重点业务运行情况必须建立监控指标，设置阈值进行告警通知。比如每分钟交易量、每分钟注册数、对账异常笔数、日活用户、短信使用量等重要的业务指标都可以加入监控系统，当指标异常时及时预警。需要说明的是，业务监控的指标异常并不一定代表业务系统出现问题，只是交易指标出现异动，需要跟进并保持关注，以进一步确认指标的异动是否正常。

业务监控指标有自己的特点，不仅指标多，指标告警阈值还有可能总在变化。通常情况下业务指标的获取需要开发团队配合，提前在代码中进行埋点，从实现角度来看，实施周期可能也会较长。针对这些情况，我们内部在实施业务监控时，最终选择了基于日志分析的方式，主要原因在于这种方式对应用程序耦合度较低，组合运用方式灵活，实现也很轻量。

当然，基于日志分析的方式也有缺点，日志文件格式混乱就是摆在眼前的第一道障碍。对于这类问题，一方面要通过制定代码规范，约定好日志输出格式、级别、输出信息等；另一方面在技术实现环节，通过公共组件如重写 logback/log4j2 这类常用组件的日志输出，使得开发人员改造成本降到最低，同时也要运用 logstash/filebeats 这类工具，在客户端对日志进行格式化和序列化转换，并附加配置信息，如应用、环境、时间、IP，格式如下（业务指标在 body 中）：

```
{"appName":"app1", "env": "pro", "timestamp": 1582438563985, "ip": "127.0.0.1",
    "body": {"key1": "value1", "key2": "value2"}}
```

以上述日志输出为例，通过类似的记录信息就能知道，某个应用在某个环境的某台服务器上的某个时间点发生的具体事件，从而能够进行清晰的问题定位。由于这里在 body 中的业务监控指标属于自定义内容，所以非常灵活。这样首先减少了对应用程序代码级的依赖，其次基于日志收集为独立的进程，过程中不用担心会对业务系统的正常处理造成影响，这种方式也能减少整体实施工作量。

特别是对于已经部署了如 ELK 这类日志系统的企业，利用 ES 的存储和聚合索引能力，不必烦恼指标存储和检索的问题：一方面，可以将 ES 当成日志存储数据库；另一方面，利用聚合索引能力能够轻松实现对监控指标的查询和聚合操作，实施起来更是事半功倍。

在告警方面，告警系统的逻辑基本一致，即配置查询语句和告警阈值，定时基于 ES 执行检索，通过对比查询结果和告警阈值，满足条件则进行告警通知，并将匹配条件的记录推送至告警模块来满足对告警的提醒，甚至连可视化也可通过 Grafana 来实现。

整体来看，基于日志的业务监控方案对应用的要求相当低，只需要日志监控客户端按照制定的标准打印业务指标即可，从而实现与业务的低耦合，通过将日志导入 ES，利用 ES 的存储和索引能力，即可快速实现对业务指标的监控和告警。

8. 大屏展示

至此，我们已经有了这么多监控工具，也采集到大量的监控数据，可是现有监控平台现状是各个系统监控内容各自分散，无法统一实时查看，而且随着业务的不断发展，对应的业务系统数量及服务器数量都在持续增长，网络环境也愈发复杂，有必要将各系统关键指标抽离出来，在一个平台统一展示；如图 5-21 所示。

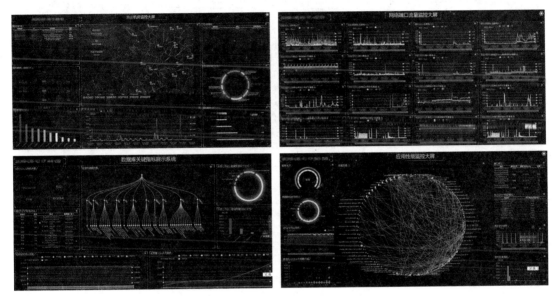

图 5-21 关键指标汇总监控大屏

尽管很多监控系统也都有 Dashboard 或者图形聚合之类的功能界面，但术业有专攻，比如 Zabbix 的图表聚合功能非常薄弱，酷炫的大屏展示并不是它的强项；ELK 家族中的 Kibana 的图形展示样式倒是不错，不过在日志达到一定量级后，展现也可能会出现性能问题。

投屏展示涉及数据聚合和调试，以及图形化展现，所以，首推商业化方案，如果企业内部开发能力较强，自建也不是难事，如果这两种都不适合，那么也可以尝试基于 Grafana 快速搭建一套运维大屏。Grafana 支持对多种数据源进行数据查询、分析及可视化展现，有着强大的社区支持，有丰富的模板插件，简单配置就能够对接如 ElasticSearch、MySQL、Zabbix、InfluxDB、Prometheus 和 OpenTSDB 等数据源，常用于基础设施和应用数据的可视化分析，当然也可以用于其他数据可视化分析的场景。如图 5-22 所示，Grafana 接入 Zabbix 数据源并对其中的数据进行图形化展现。

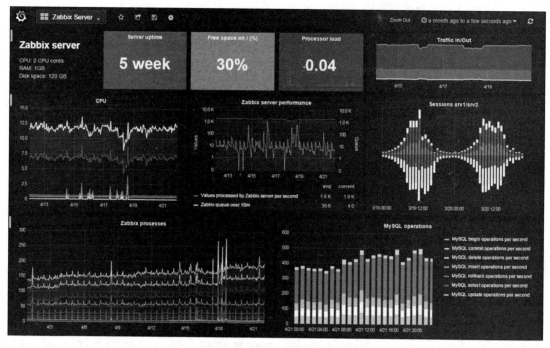

图 5-22 Grafana 接入 Zabbix 的大屏示例

注：图片来源为 https://grafana.com/grafana/dashboards。

Grafana 拖拽式的图形设计，可以轻松配置出样式不俗的图形化展示界面。即便是缺乏美术细胞也不要紧，社区提供了丰富的模板，直接导入即可获得不错的呈现效果。

不管是 Zabbix、ELK，还是其他工具，单纯讲它们的配置和使用，就可以写一本书。本节更多是站在如何运用这类工具的角度，介绍这类工具具体应用在什么场景、解决什么问题，希望能够给读者朋友提供一些参考，带来一些启发，如果想有更深入的了解，可以自行查阅专业图书。

此外需要注意的是，所有监控系统都应该是内部系统，不要暴露在互联网。即便有特殊需求，需要从互联网访问，也不要直接将监控系统的地址放开，而应该通过负载均衡配置反向代理转发，同时在网络策略中开通白名单机制，避免黑客以此为跳板尝试发起攻击。

5.2.4 事件响应与监控告警

监控系统运行过程中必然会产生各类告警，不过，有告警并不代表有生产事件，并不是每一条告警都需要人为介入处理。当然，也有监控漏报的情况，这就是另外的话题了。

什么是事件？ITIL 中对事件的定义是会引起或可能引起服务中断、服务质量下降的任何活动，包括硬件故障、软件故障、投诉、服务请求等。不过在我们的事件管理系统中事件的定义稍有不同：需要我们响应、处理、跟踪的事情都称为事件。

事件管理系统是监控体系中的重要组成部分，对外提供统一接口，以实现对外部系统事件的对接，事件的触发可能来自监控服务层的各个系统。为了能让来自不同监控系统、不同格式的告警事件，以尽可能直观的方式展示给监控运维团队，实现监控事件集中管理、聚合收敛、关联分析，事件管理系统要收集和汇总来自不同系统的各类事件。一方面要对包括基础监控、业务监控、全链路监控等在内的各套监控系统的告警信息进行事件多维度分析，为实现事件的关联分析、应急处置策略、事件影响范围评估、故障预测等智能化分析提供数据支持，为故障自愈的实施提供支持；另一方面也要通过系统，对事件的发现、处置、定级、跟踪等进行流程化管控，通过对事件提供统一受理入口，解决IT运维团队多系统对接处理困境，提升事件响应效率。

为了简化事件的响应，对于不同的事件，要根据该事件的影响、关联分析，给予不同的处理方式。事件的关联分析是形成故障树，为后续实现故障自愈的基础条件。执行关联分析可以从纵向和横向两个维度展开。纵向是指从基础设施层的服务器硬件、网络、虚拟机/容器、操作系统，以及应用系统、中间件、业务交易状态等方面展开分析；横向是指从当前应用节点状态，以及关联的上、下游服务器节点的交易状态等方面展开分析。这里面又涉及几个细节：一是如何评估事件的影响或重要性，也即给出其处理优先级（建议）；二是如何处理，也即制定清晰的事件应急响应策略（知识库）。

所有资源都是有限的，监控运维资源更是如此。如果出现事件后一股脑儿地同步给监控运维团队，运维团队的同事要么四处救火，疲于奔命，但问题始终不断，处置了一堆系统告警，可发现只解决了鸡毛蒜皮的小问题，真正的严重问题始终没有彻底消除；要么事件处理完全依赖最有经验的有限人员，其他人员或者经验不足，或者能力不够，手忙脚乱。

事件管理系统关注事件的应急处置、关联分析等，明确事件的危险程度、影响范围和优先级。这部分工作做得越细致、越精确，最终流转到运维团队的维护工作量就越小。对于已知的事件，通过标准化的事件应急策略，不管谁来处理，处置的策略都是相同的，结果也一样，通过这种方式也变相实现了对事件响应的标准化，甚至会实现有限程度的故障自愈。

各类信息系统多了之后，告警也可能越来越多，别说介入，有可能看都看不过来。为了让关键监控事件得到及时处理，信息系统要做分级，告警同样也要进行分级，并且告警信息中要有紧急程度的明确标识，方便接收者快速分辨哪些告警需要更高优先级响应，哪些告警可以等待。对于低级别告警要设置升级条件，比如处理时间过长或者短时间内多次发生等，则要考虑升级，必须尽可能把需要人为关注或介入的信息及时展示给IT运维团队。

企业内的监控系统并不止一个，从展现角度看，不同的工具有不同的展示界面，有不同的关注点。多套运维系统不仅需要投入更多的人力关注，而且相互独立展现也造成缺乏对各类数据的汇总分析，不能全面反映系统整体运行状况。一个问题发生时，有可能多个监控维度都会抛出监控告警信息。比如一台物理机宕机，那么该物理机上的所有虚拟机监控都会出现告警，虚拟机上运行的应用系统、交易级业务监控、应用性能监控、客户体验监控等也都会出现异常告警事件。这时，如果监控自身的信息归集、告警去重、事件收敛等策略不完善，监控指标越丰富，触发的告警就会越多，反倒会给监控团队造成干扰，不利于快速定位问题根源。对于同一个故障触发多类指标告警，以及同一个指标在故障未解除前重复产生告警的事件，把这些事件都展示出来既无必要，更是一种信息骚扰，因此一定要对告警进行收敛分析。

告警事件的处理属于日常性事务，工作琐碎但又不能轻视，需要耐心、细致，当然，监控系统自身功能是否完备也很重要。举例来说，发生生产事件并触发了告警之后，哪些人接收、谁负责跟进、处理的情况如何同步、持续一段时间后事件仍未能消除时的事件升级机制等，都需要能够清晰展示。尽管所有优秀的理念或设计最终都是落在软件功能上，但功能实现只是增加代码量而已，真正优秀的系统关注的是监控整体过程和用户体验，帮助企业建立和优化监控告警事件的处置机制。

传统的监控系统往往是一体化设计，数据采集、分析、告警、展现等都在同一个平台，对外没有 API 接口，无法实现与外部系统打通，另外对告警和事件的处理也缺乏聚合、收敛、关联分析等，而一些新兴的监控系统则会关注事件流转的全过程，以时间序记录、触发和展现从故障到恢复的各个节点的全过程。我们在选择或者建设监控平台时，也应更多关注监控全流程，即便是功能暂不支持，不管是商业化平台还是开源平台，都可以通过定制开发满足个性化需求。

5.3　全链路监控

近年来在互联网金融浪潮带动下，产生了很多新的业务场景。业务规模不断扩大，支撑业务运行的应用系统所采用的组件也越来越多地运用分布式、微服务架构来响应业务需求，这些组件越来越多的运用也形成了越来越复杂的分布式调用网络。

随着微服务架构的流行，服务按照不同的维度进行拆分，一次请求往往需要涉及几个，甚至几十个服务的协同处理。这些软件模块可能由不同的团队开发，可能由不同的编程语言实现，也可能分布在几百台服务器，横跨多个不同的数据中心。如何动态展示多个服务间的调用关系和状态，如何进行故障的快速定位，如何分析和定位复杂链路中的瓶颈并对其进行调优？我们需要一套不同于传统点对点监控的工具，用于实现多维度实时分析和异常诊断，监测复杂链路环境中各个服务组件的运行状态。我们需要一套不同以往的解决方案，需要增强对微服务架构的可观测性，于是，一个新的名词诞生了：APM（Application Performance Management，应用性能管理）。

5.3.1　原理扫盲

对于微服务系统，从前端发起的每个请求都可能形成一个复杂的分布式服务调用链路，一次调用有可能涉及多个服务。以这样一个场景为例，用户首先发起请求，看起来调用的服务是节点 A，节点 A 接到请求后，向节点 B 和节点 C 分别发起 RPC 请求，节点 C 收到 RPC 请求后，又分别向后端服务节点 D 和节点 E 发起请求，直到获取后端服务返回的数据包后，才将数据加工并返回节点 A 的 RPC 调用，最后由节点 A 响应发起请求的用户。一次请求的处理过程好像一个链条一样，形成了调用链。调用链记录了分布式系统中，一个请求从发起到结束所经过的所有模块的全过程。一次请求的完整调用链可能如图 5-23 所示。

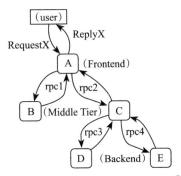

图 5-23　一次用户请求完整调用链㊀

在这种情况下，要想理解上下游系统的行为，就需要构建一个全局视图，通过追踪全链路上服务被调用的行为，把一个请求从开始到结束，把横跨了不同服务器、不同服务之间的所有调用过程统统监控起来，从而知道请求经过了哪个环节，系统的瓶颈在哪里。2010 年 4 月，Google 发表了一篇名为 *Dapper, a Large-Scale Distributed Systems Tracing Infrastructure* 的论文，介绍了大型分布式系统链路追踪的概念。全链路监控组件就是在这样的背景下产生，开始被越来越多的企业运用的。

全链路监控组件如何实现对微服务调用链的追踪呢？要回答这个问题，必须先弄清楚以下两个概念。

- Trace：表示一次完整的分布式调用追踪链路，包含为该请求提供服务的各个服务请求，用来记录一次调用的整个生命周期。每次请求都会生成一个唯一的 TraceID，在该次调用链路过程中，无论经过多少个服务，TraceID 都会保持一致。
- Span：表示跨服务的一次调用，每次请求的时候都会产生一个 SpanID。SpanID 是服务追踪的最小单元，每经过一个服务，每次 Request 和 Response 的这个值都会有所不同，这是为了区分被调用的不同服务。如果一个 SpanID 没有父 ID，则称它为 root span，可以看作一次调用的发起入口。同一个 TraceID 中的每个服务会拥有一个 SpanID，组成一次 Trace 追踪记录。

在一个调用链的整个调用过程中，每个请求都要透传 TraceID 和 SpanID，每个服务都会将该次请求附带的 SpanID 作为 ParentId 记录，并将自己生成的 SpanID 也记录下来。要查看某次完整的调用，只要根据 TraceID 即可查到该次调用的所有调用记录，然后通过 ParentId 和 SpanID 即可梳理出完整的调用关系，形成面向整个调用链路的监控（下文将以 APM 代指链路监控）。

以图 5-24 为例，入口请求看起来访问的是模块 A，不过实际上后面串了一长串，我们通过 TraceID 和 SpanId 可以把整个请求的完整链路梳理清楚。不管是要获取调用过程中的

㊀ BH Sigelman.Dapper, a Large-Scale Distributed Systems Tracing Infrastructure[EB/OL]. https://research.google/pubs/pub36356/2010.

处理性能,还是要定位故障源头,这部分数据都能派上用场,可缩短故障排查时间。

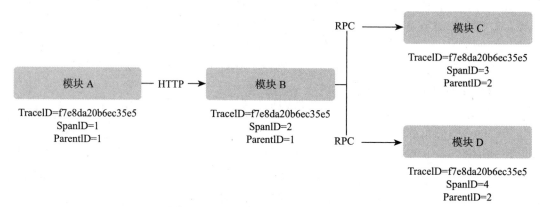

图 5-24　Span 在调用链路中的关联关系

5.3.2　全链路监控实现方案

市面上的全链路监控理论模型大多是借鉴 Google 关于 Dapper 的那篇论文,其中开源领域的 Zipkin、Pinpoint、SkyWalking 这几款产品的社区都非常活跃,版本发布也很频繁,用户较多,生态系统也较为完善,是非常流行的 APM 方案。

大的互联网公司基本都有自己的分布式追踪系统,Google 的 Dapper 就不说了,其他还有 Twitter 的 Zipkin、Uber 的 Jaeger、Naver 的 Pinpoint、新浪的 Watchman、京东的 Hydra、美团的 Cat、阿里的 EagleEye 等,这里面有些是开源产品,有些则并未开源,还有些尽管开源但已经停更。除此之外,还有一些商业化的产品,国内的 OneApm 和听云 APM 做得都很不错。

1. 选择时的关注点

全链路监控组件这么多,应该怎么选择,又有哪些关注重点呢？Google 在关于 Dapper 的论文中提到这样几点,总结如下。

（1）性能和稳定性

启用服务调用追踪后因为要多做些事情,一定会带来额外的性能损耗,有些应用之所以不愿意接入监控系统,就是怕影响自身服务的性能,特别是那些对性能特别敏感的应用,所以分布式追踪系统的采集模块一定要轻量,不能有太复杂的逻辑和外部依赖,以便尽可能地降低调用追踪的损耗。此外,最好能做到根据服务的流量来动态调整采集样本比例,通过配置采样率,只对一部分请求分析链路调用关系。此外,调用追踪组件的可靠性也至关重要,毕竟是要全链路接入,如果这个组件的稳定性不足,那么容易导致全链路的稳定性沦陷,这简直就是灾难。

（2）代码侵入性

全链路监控组件应当对接入的业务系统尽可能少入侵或者无入侵,对于使用方透明,减少开发人员的负担。分布式追踪系统面向的客户是开发者,如果他们开发的系统需要花费较大的改造才能接入分布式追踪系统，那么接入的意愿必然会受影响。那么怎样才能把对应用系统的侵入降到最低呢？建议在公共组件和中间件上做文章。分布式系统之间的通信大多依赖 RPC、MQ 等中间件系统，即使是内部使用的线程池或者数据库连接池，大多也是使用经过公司包装的公共库，这就给服务追踪带来了机会，就像我们前面做业务监控时改造 log4j2/logback 一样，只要对中间件和公共库进行改造，就几乎可以做到全方位追踪，当然，要实现这一点，技术上的门槛也不低。

（3）扩展性

扩展性，一方面是指处理能力的扩展性，随着接入的系统越来越多，监控组件自身的负载压力也必然越来越大，能否横向扩展来支撑不断接入的业务系统，是需要特别考虑的；另一方面是指插件的多样性，用户肯定希望能够支持的插件越多越好，至少要提供开放性插件开发 API，对于那些官方暂时未能支持的插件，开发者也可以自行扩展。

（4）数据分析及展示

数据采集和分析要全面，分析的维度要尽可能多。追踪系统能及时反馈信息，就能对运行过程中产生的异常状况快速反应。可视化的链路分析结果展现也非常重要，大家都会喜欢直观易用的工具。

2. 流行方案比一比

APM 这类调用链追踪在很多公司已经有大量的实践，商业化产品做得非常不错，同时开源领域能够开箱即用的产品也不少，主流的包括 Zipkin、Pinpoint、SkyWalking、CAT 等，本文重点对比以下三种优秀的开源 APM 组件。

- Zipkin：由 Twitter 公司开放源代码的调用链分析系统，基于 spring-cloud-sleuth 得到广泛使用，非常轻量。
- Pinpoint：由韩国 Naver 研发团队开源，专注于链路分析和应用性能监控系统，采用 Java 语言编写，埋点无侵入，稳定且易用。
- SkyWalking：国产的优秀 APM 组件，专注于链路和性能监控，埋点无侵入，已加入 Apache 孵化器，本身也支持 OpenTracing 规范，是开源 APM 领域的后起之秀。

结合前面小节中提到的关注重点，我们会从探针的性能、Collector 的可扩展性、调用链路分析、完整的应用拓扑、对于科技人员使用友好程度（部署安装、埋点接入、使用管理）几个方面来进行对比。

（1）探针性能

探针的性能是比较关键的指标，毕竟作为公共组件，如果启用链路监控后导致吞吐量大幅下降，这不仅不能被接受，甚至可能造成生产事件。因此在选择 APM 组件的过程中，必须要经过充分的性能对比测试。不过，要设计公平的性能测试环境来对比这三款方案也并不容易，探针性能与被接入的应用系统自身性能、高吞吐高负载场景、系统间调用关系的复杂度、探针采样频率，甚至 Web 应用服务器的自身性能都有密切关系，都可能对测试指标造成影响。

在我们所构造的相对简单的测试场景中,基于 Spring Boot 调用 Spring MVC 服务,并访问 Redis 和 MySQL 中间件,对 SkyWalking、Zipkin、Pinpoint 分别进行压测,并指定不同并发度及不同采样率,将取得的性能指标再与未使用探针时的性能指标进行对比。

从性能测试数据来看,在三种链路监控组件中,SkyWalking 的探针对应用系统吞吐量的影响最小,Zipkin 居中,Pinpoint 的影响最为明显,高峰时甚至可能使性能下降超过 10%;同时,启用探针之后,对被接入主机的 CPU 和内存方面也均会产生一定的性能开销,Zipkin 的性能开销最为明显,Pinpoint 和 SkyWalking 则相对较低。综合对比的话,SkyWalking 的表现无疑最优。

(2)Collector 扩展性

Collector 是链路工具收集探针或应用埋点时发送的各类数据的关键服务模块,Collector 能否水平扩展决定了该链路追踪工具能否支撑大规模服务器集群。

- Zipkin:Agent 与服务端之间通过 HTTP 或消息队列进行通信。推荐基于消息队列异步方式通信,有利于提高吞吐量。
- SkyWalking:Collector 支持单机和集群两种模式。Collector 与 Agent 之间使用 gRPC 协议进行通信。
- Pinpoint:Pinpoint 的 Collector 同样支持单机或集群部署。Pinpoint Agent 通过 thrift 通信框架,发送链路信息到 Collector。

(3)调用链路数据分析

对调用链路采集到的数据分析越全面,粒度越细越好,如果能够实现代码行级别的数据采集和分析,那么定位故障和性能瓶颈时也更加具体。

Zipkin 的链路监控粒度比较粗(相比较而言),调用链展示只到接口级别。如图 5-25 所示。

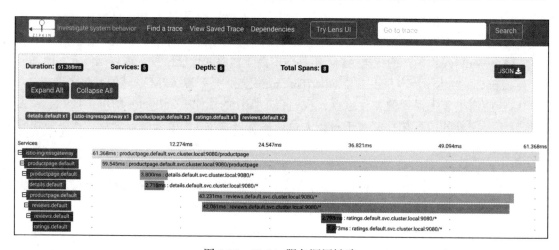

图 5-25　Zipkin 服务调用链路

注:图片来源于 https://istio.io/latest/docs/tasks/observability/distributed-tracing/zipkin/。

SkyWalking 支持主流的各类中间件、开发框架、数据库及消息中间件，不过调用链路分析只能说比 Zipkin 稍稍完备，粒度仍然不够细，如图 5-26 所示。

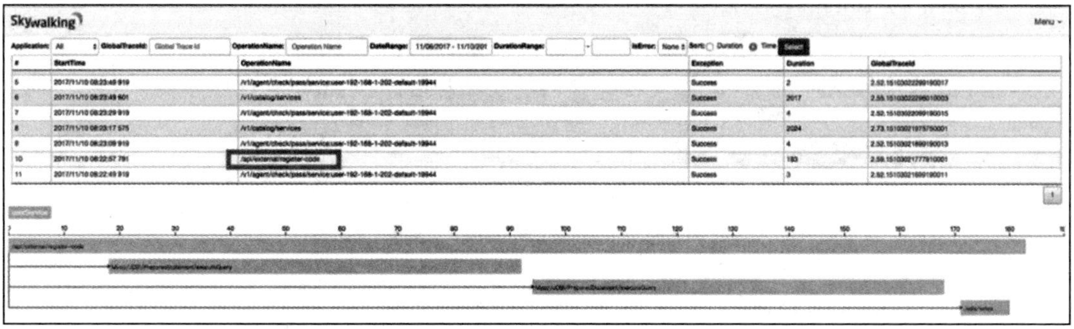

图 5-26　SkyWalking 服务调用链路㊀

SkyWalking 社区非常活跃，版本迭代极为迅速，相信随着其版本的快速更迭，功能也会越来越强。Pinpoint 是这几款 APM 组件中调用分析较为完备的一款，如图 5-27 所示。

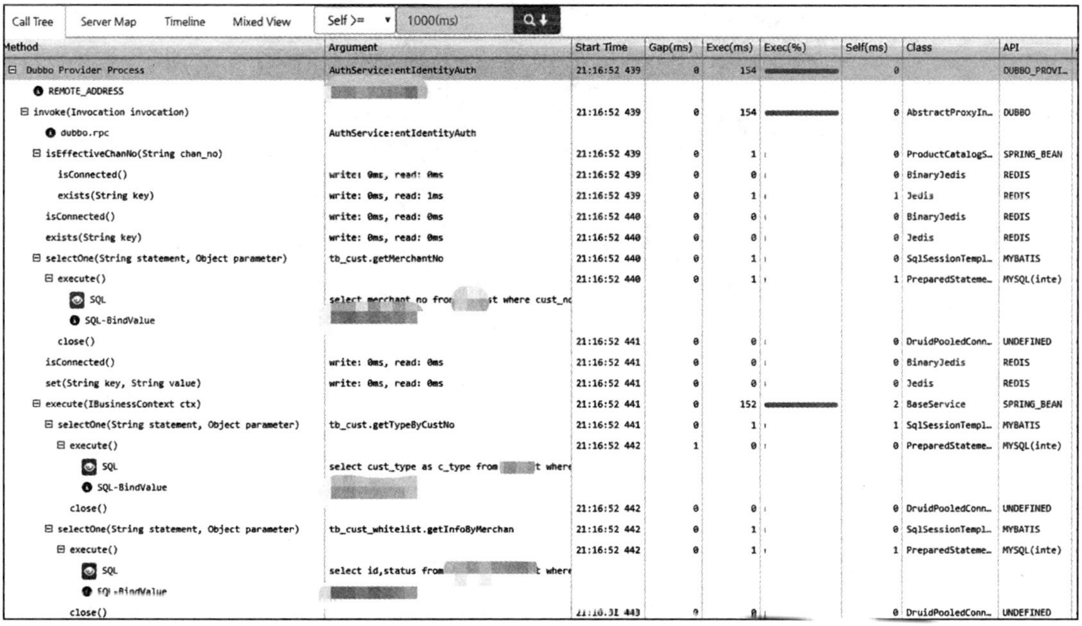

图 5-27　Pinpoint 服务调用链路

Pinpoint 提供了代码级别的追踪粒度，不仅对每个方法进行记录，甚至对执行的 SQL 的耗时都做了记录。当然，这有利也有弊，追踪的粒度越细，性能开销也有可能越大，尽管可以通过设置采样率来减少性能方面的影响，但采样率低的话，请求又可能追踪不到，

㊀ 图片来源为 https://skywalking.apache.org/blog/。

这中间如何平衡，就需要用户自己仔细考量了。不过，若单纯从链路追踪粒度和数据分析方面来看，目前 Pinpoint 完胜另外两款。

（4）完整的应用拓扑

自动分析应用拓扑，能够帮助梳理应用系统之间的调用关系。Zipkin、Pinpoint 和 SkyWalking 这 3 款 APM 组件都能实现完整的链路拓扑展示，如图 5-28 所示。

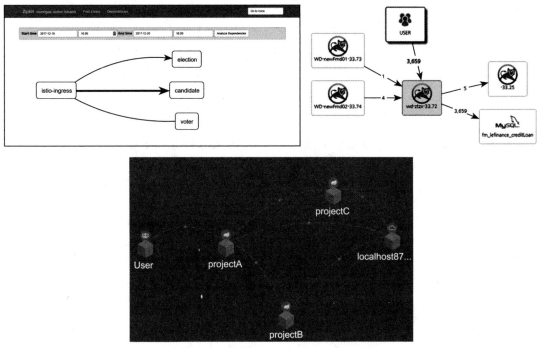

图 5-28　三款 APM 组件应用拓扑示例

相对来说，Zipkin 展示的拓扑结构主要展示服务与服务之间的调用关系，Pinpoint 和 SkyWalking 的调用拓扑则展示得更加丰富，除了服务与服务之间的调用关系外，过程中涉及的中间件（如 DB/Redis）也都有体现。

（5）使用友好

不管是 Zipkin、SkyWalking，还是 Pinpoint，都由 4 个模块组成。其中 SkyWalking 和 Pinpoint 都由 Collector、Storage、Agent 和 Web 4 个模块组成。Zipkin 没有提供 Agent，而是多了一个 Query 模块，负责查询 Storage 中存储的数据。

从接入方式来看，SkyWalking 和 Pinpoint 均基于 ASM 字节码增强技术实现调用拦截和数据收集，可以做到真正的代码无侵入，对代码的侵入性非常低，对开发人员可以实现完全透明，只需要在启动服务器时添加一些参数，就可以完成探针的部署；而 Zipkin 的链路追踪是基于 spring-cloud-sleuth，只提供了基本的操作 API，如果需要与框架或者项目集成的话，就需要手动添加配置文件或增加代码。

对于探针的扩展性，Zipkin 目前能够支持包括 Java、Scala、Node、Go、Python、Ruby 和 C# 等主流开发语言和框架。Pinpoint 只支持 Java 和 PHP，而 SkyWalking 目前已支持多种语言，包括 Java、C#、PHP、Node.js、Go 等，如果企业的系统服务涉及多个开发语言，那么 Zipkin 和 SkyWalking 都会是不错的选择。

> **提示** GitHub 上有开发者实现了 Pinpoint 对 Node.js 的支持，不过很久没有更新了，详见链接（https://github.com/peaksnail/Pinpoint-node-agent）。

在数据存储方面，Zipkin 基于 Cassandra，也能够支持 ElasticSearch 和 MySQL，Pinpoint 的后端存储基于 HBase（引申出一个问题，选择 Pinpoint 要有能力运维一套 HBase 集群），SkyWalking 支持的存储很多，包括 ElasticSearch、MySQL、TiDB 等。

在追踪数据查询方面，Pinpoint 无形中也受到 HBase 自身所能支持查询的限制（HBase 只能支持 3 种方式查询：RowKey 精确查找，SCAN 范围查找，全表扫描），至今仍不能支持指定 TraceID 的查询，只支持在视窗界面通过鼠标圈定时间范围后，查看这个范围内的 Trace 信息。而 Zipkin 和 SkyWalking 可以支持多个维度任意组合查询，如时间范围、服务名、Trace 状态、请求路径、TraceID 等。

Zipkin 和 SkyWalking 都是标配 jar 包，部署和启动都非常简单，有 Java 环境即可，而 Pinpoint 的 Collector 和 Web 模块都是 war 包，运行依赖 Web 容器。

在 UI 可视化功能方面，Pinpoint 具备完整的链路追踪与应用性能监控解决方案，Web 界面功能较为强大；而 Zipkin 虽说也提供了 UI 界面，但其功能不及 Pinpoint。如果是直接比较原生 UI 界面功能的话，当前 Pinpoint 要比 SkyWalking 和 Zipkin 稍微好些，尤其是服务调用之间的拓扑图展示。不过如果企业内部开发资源较为丰富的话，Zipkin 和 SkyWalking 都能够进行定制性的二次开发，从而扩展其 UI 功能。

在监控和告警方面，Zipkin 的链路追踪只到接口级，目前也不支持告警。而 Pinpoint 和 SkyWalking 都是代码级，且均支持自定义告警规则。不过，Pinpoint 配置告警时的用户、用户组信息以及告警规则都保存在 MySQL 数据库中，如果配置告警规则的话，既要维护 HBase 又要维护 MySQL，维护成本会升高。SkyWalking 在 config/alarm-settings.xml 中配置告警规则，无须其他组件支持，同时告警规则也支持自定义。

总的来说，在易用性和代码侵入方面，Pinpoint 和 SkyWalking 要优于 Zipkin；同时 Pinpoint 相比后起之秀 SkyWalking，在稳定性和易用性方面，目前来看仍具优势；在性能方面，Pinpoint 明显处于下方，不过整体损耗尚可接受。SkyWalking 和 Pinpoint 都是优秀的调用链追踪 +APM 监控系统，能够覆盖大部分使用场景，让研发和运维能够实时或准实时地了解应用系统的运行情况。对于二次开发实力强的企业，可以综合对比各方的可扩展性、接入效率、二次开发等方面，选择一个更能满足自己定制需求的全链路监控工具。

> **提示** OpenTracing 是一套分布式追踪协议，标准来自 CNCF，与平台、语言无关，统一接口，方便开发接入不同的分布式追踪系统。

3. 实践案例

某次系统发布后，客服陆续收到用户反馈：部分用户在开通理财交易账户时失败。开户操作逻辑相当复杂，后端涉及众多服务的调用，从前台应用到客户中台、风险中心，再到后台核心系统，过程中还涉及部分外部接口查验操作，调用链路很长。同时，它执行的逻辑也很复杂，包括检查姓名、身份证、银行卡、预留手机号、登录用户信息、风控查询信息等。整个操作中还涉及不少中间件，包括数据库、缓存、分布式文件存储等。任何一个环节出错，都有可能导致开户流程失败。此时若依赖运维人员手工排查，很难快速定位故障原因，是时候派全链路监控出场了。

进入 Pinpoint 调用链路查看页面，筛选要查看的应用，就可以看到该应用的整体调用链路监控情况了，如图 5-29 所示。

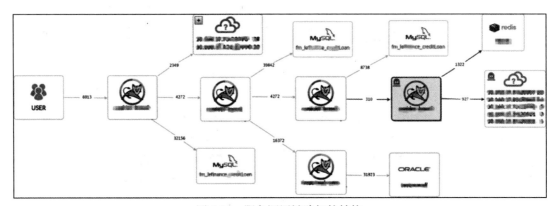

图 5-29　服务调用链路拓扑结构

从 Pinpoint 的调用链路图中可以根据图标的不同样式直观地了解调用链路的负载，以及节点健康状况。例如，如果 Tomcat 节点图标外面的圆圈是红色，说明存在严重故障，红色数字标识了调用失败的次数；如果 Tomcat 节点图标外面的圆圈有红色、绿色、黄色，说明存在调用故障或调用超时的情况。

再点击查看故障应用节点，界面右侧会展示调用详情，如图 5-30 所示。

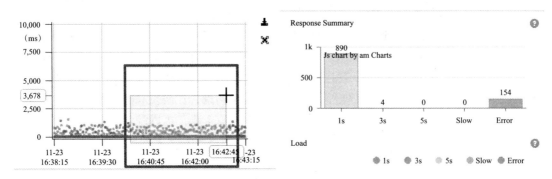

图 5-30　服务响应耗时统计

从图 5-30 中我们可以直观地看出请求的散点分布和错误的汇总统计。框选一个时间段，就可以查看程序内部调用详情，进一步分析，如图 5-31 所示。

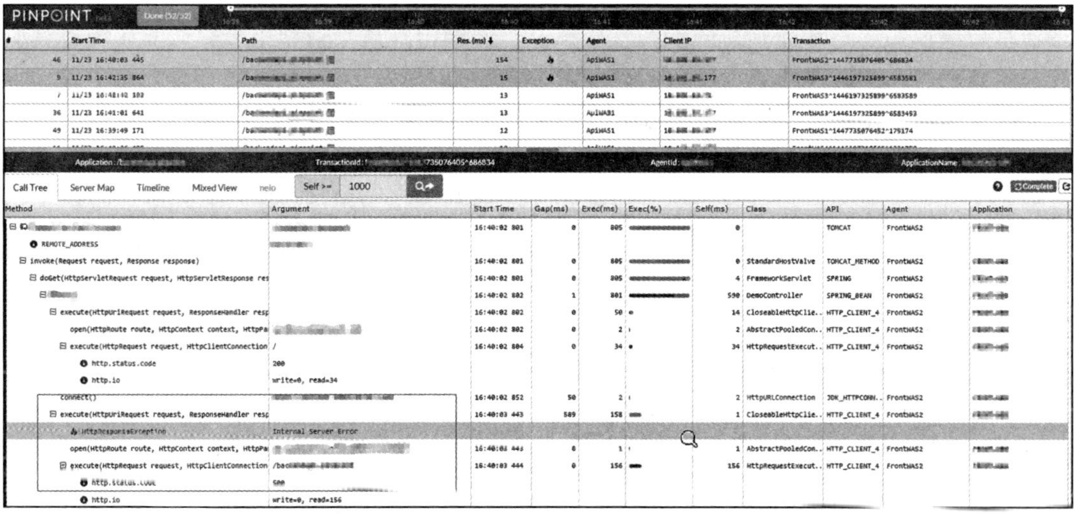

图 5-31　调用链路分析

图 5-31 中线框标识出来的就是程序中报错的地方，可以看到这是一个 HTTP doGet 方法内部的函数，报错类型为 HttpResponseException。这样，我们借助 Pinpoint 提供的数据，定位到了故障源头的应用以及该应用中程序报错的具体位置。在上面这个案例中是 HTTP 调用错误，根据对报错 URL 的进一步分析，发现是某个文件服务的域名解析有问题，刷新 DNS 后，问题很快得到解决。

借助 Pinpoint 这类工具的链路追踪能力和方法级的追踪颗粒度，对微服务或请求链路较长场景下的问题快速定位和分析，往往都能够起到巨大的帮助作用。为什么我们会选择使用 Pinpoint？原因也很简单，因为最早一批探针部署的就是 Pinpoint，后面就一直延续在用，随着使用的节点越来越多，即便想换也不适合换了。

追踪与监控

本节介绍的链路追踪与前面小节中提到的应用监控是什么关系呢？这里用两个单词来描述：Tracing 和 Monitor，也即追踪和监控。两者在功能和实现方面有许多共同点，不过具体关注点并不一致，分析过程也不一样。追踪的主要目标是分析，在复杂的微服务环境下帮助运维人员定位异常或系统瓶颈，监控则看重指标阈值和告警。一个是监控，一个是追踪，虽然功能有一定重叠，但定位不同，不能相互取代。

5.4　云 / 容器时代的监控系统

起初，类似 Zabbix 这样的传统监控方案很实用，可是随着容器、微服务技术的普及，情况发生了变化。首先体现在监控指标项的数量上，举例来说，对于物理机的虚拟化，1 比 20 都算是比较高的，一些非生产环境可能达到 1 比 50，当然这主要是由于虚拟机中的应用系统并非 7×24 小时高负荷运转，尤其很多主机的 CPU/内存等资源利用率更是长期偏低，这才给高虚拟化比带来提升空间。同等环境下，如果用容器，物理机与容器的比例还可能进一步提升，一台物理机上运行 50 个容器不过刚刚起步，在这种情况下，如果每个容器仍像虚拟机那样，使用 Agent 来采集数据，那么这个监控项的数量相较之前就会有数倍的增长。其次，以容器的方式创建应用时，类似 K8S 这类容器编排系统部署的服务天生具有弹性伸缩的特性，传统监控方案要么无法感知这些动态创建的服务，要么监控到的数据很快就失去了实际意义，因为容器已经停止或者漂移到其他节点，导致监控总是慢一拍的情况。

如果只是过渡方案，或者想将容器监控统一到公司现有的监控系统中，那么也有些临时方式，比如 Zabbix 可以参考 zabbix-docker-monitoring，该模块提供了如 zabbix-template-app-docker 等模板，但实际用起来仍显得有些吃力，核心原因就是监控系统的设计理念差异。因为 Zabbix/Nagios 这类监控系统是以主机/操作系统为核心，而容器时代的监控是以服务为核心。

在已经到来的容器化时代，我们的监控要面临怎样的挑战呢？Google 是业内最早践行容器化的 IT 巨头，Google 的编排服务 Borg 出现于 2003 年，在 Google 这样的体量下，对于监控的需求和挑战是巨大的，既要分析大量系统组件，又要对整体区域等多个维度进行测量、分析和报警，还要满足合理的维护成本，于是诞生了基于时间序列的监控系统——Borgmon。

2012 年由 Google 前员工参照 Borgmon 创建的 Prometheus，作为社区开源项目进行开发，并于 2015 年正式发布[一]。受到 Borgmon 启发的 Prometheus 天生就自带容器血统，也难怪 2016 年正式加 CNCF，成为受欢迎程度仅次于 K8S 的项目。

Prometheus 的功能非常强大。它具备完善的时序数据存储、告警中心等能力，支持的监控对象包括容器、虚拟机、数据库以及其他各类中间件，发展非常迅速，又有 K8S 在一旁助攻，相信会越来越火热。

> **提示** 什么是 CNCF？
>
> 在 2013 年，Pivotal 提出了云原生（Cloud Native）的概念，"云"已成为主流，"原生"表示应用程序在设计之初就考虑在云环境下运行。在 Google 的支持下，一群 IT 行业巨头于 2015 年 7 月成立 CNCF（Cloud Native Computing Foundation，云原生计算基金会），隶属于 Linux 基金会。CNCF 的初衷是围绕"云原生"服务云计算，致力于维护和集成开源技术，构建一套技术体系和方法论以编排容器下的微服务架构应用，充分利用和发挥云平台的分布式和弹性特性，让应用在简便高效的云上以最佳状态运行。2016 年 Prometheus 正式成为 CNCF 的孵化项目，也是 CNCF 的第二个正式组件。

㊀ 吴莉，殷一鸣，蔡林.Prometheus 入门与实践 [EB/OL].2018.

5.4.1 试用新一代监控系统 Prometheus

Prometheus 并不是一个软件，而是由围绕在它身边的一系列组件共同构建的、面向服务的监控生态圈，其设计理念非常先进，其中大多数组件功能既相互解耦，又支持以搭积木的方式自由组合，操作体验如丝般顺滑。这里列出几个最重要的组件。

- Prometheus Server：Prometheus Server 是整个监控生态圈中最核心的监控组件，是其他所有组件的基础依赖，用于收集和存储时间序列数据。
- Exporters：负责数据指标的采集。它会把各种类型和格式的指标数据转换成 Prometheus 能够识别的内容。如果说 Prometheus Server 是八爪蜘蛛，那么 Exporters 就是 Prometheus 监控平台中的小小鸟儿，就像传统监控软件中的 Agent 那样运行在监控目标节点上，专职抓取各种数据。不过与 Agent 不同的是，Exporters 不是一个组件，而是一堆组件，Prometheus 官方和社区提供了很多各种用途的 Exporter，用户也可以自己定义。
- AlertManager：告警组件，是真正给用户发送信息的模块。Prometheus 会推送告警信息到 AlertManager，由 AlertManager 对信息进行去重、分组、抑制，并通过短信、邮件、微信、钉钉等途径将告警信息推送出去。
- Push Gateway：这里需要先说明一下，Prometheus 数据采集是由 Server 端定时主动到客户端获取数据，也即 pull 的方式进行数据采集。那么对于某些服务生命周期较短的场景，为了避免数据在 Prometheus 实施 pull 之前就消失，客户端可以使用 Push Gateway 进行中转，先将数据 push 到 gateway，Prometheus Server 再采用 pull 的方式拉取 gateway 中的数据。Push Gateway 是一个可选组件。
- Grafana：用于监控数据的可视化展示。Grafana 本身是一款知名的开源可视化工具，在数据统计、数据展示方面非常专业，图表和布局展示看起来既美观又大气。尽管 Prometheus Server 也内置了一个 Web UI，但其操作界面和功能只能说"可用"，距离好用还有些距离，目前 Prometheus 图形化展示的首选还是 Grafana。

接下来我们就根据 IT 运维工作实际开展过程中最常遇到的监控需求，看看在 Prometheus 中是如何响应的。

1. 主机基础监控

Prometheus Server 如何安装这里就不详细演示了，到官网（https://prometheus.io/download/）下载 prometheus-server 的二进制包，并解压缩到指定目录，运行 Prometheus 程序即可。

系统主机在运行过程中的基本信息，如 CPU、内存、磁盘、I/O 性能等，是最基础的必备监控项，Prometheus 官方提供了 node_exporter，可以帮助采集主机的各项性能指标数据。

从 Prometheus 官方网站下载 node_exporter 二进制包，在需要被监控的节点解压运行，操作步骤如下：

```
# wget https://github.com/prometheus/node_exporter/releases/download/v0.18.1/
```

```
            node_exporter-0.18.1.linux-amd64.tar.gz
# tar xvfz node_exporter-0.18.1.linux-amd64.tar.gz
# mv node_exporter-0.18.1.linux-amd64 /usr/local/node_exporter
```

创建 systemd 服务，编辑 /etc/systemd/system/node_exporter.service 文件，增加内容如下：

```
[Unit]
Description=node_exporter
After=network.target

[Service]
WorkingDirectory=/usr/local/node_exporter
ExecStart=/usr/local/node_exporter/node_exporter

[Install]
WantedBy=multi-user.target
```

配置开机自启动并启动服务，执行命令如下：

```
# systemctl daemon-reload
# systemctl start node_exporter
# systemctl enable node_exporter
```

如果上述几条命令执行没有报错的话，现在 node_exporter 服务应该已经启动了。默认监听端口为 9100，可以通过浏览器访问该服务器的 9100 端口，看看是否有数据返回。如果对进程运行端口有要求，可以在执行 node_exporter 命令时通过 --web.listen-address 参数进行修改。

接下来，切换到 prometheus-server 节点所在服务器，配置 Prometheus 采集节点信息。编辑 Prometheus 的主配置文件：

```
# vim /usr/local/prometheus/prometheus.yml
```

在 scrape_configs 中增加新的 job_name，内容如下：

```
- job_name: "node"
    static_configs:
    - targets:
      - "10.2.128.36:9100",   # 运行在 Prometheus-server 本地的 node_exporter 服务地址
      - "10.2.128.37:9100"    # 计划运行 Grafana 的节点 node_exporter 服务地址
```

大家需要关注的有两处：第一是 job_name，用于指定任务名称，标准是清晰唯一即可；第二是 targets 中指定的目标地址，这里在两台服务器上安装了 node_exporter，因此 targets 也配置了两条记录，格式为 IP:PORT。

由于没有配置自动发现，配置变更之后只有重新启动 Prometheus Server 或者重新加载配置文件才能令其生效。配置生效后在 Status 菜单下点击 Targets，查看监控对象，可以看到新增加的两个节点已经出现在界面上，并且状态均为 UP，如图 5-32 所示。

此时，node_exporter 就已经在向 Prometheus 提供数据了，具体提供了哪些数据，可以

直接点击上述链接查看，也可以通过 Graph 界面查询监控指标数据，如图 5-33 所示。

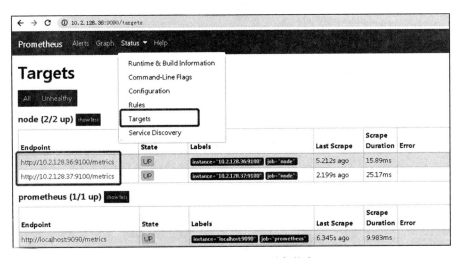

图 5-32　node_exporter 对象状态

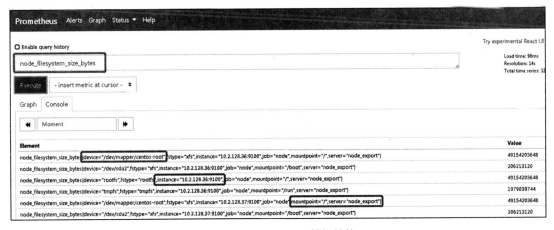

图 5-33　Prometheus 数据结构

从图 5-33 中也可以初步领略到，Prometheus 这种面向服务、基于 JSON 的数据格式，与传统监控指标有显著的区别。Prometheus 的每个指标都有一系列属性，自己实现 exporter 的话，指标项中的数据项可以自定义，我们可以把关注的各种数据都保存进去，通过强大的 PromQL 查询过滤数据，获取指定的状态指标。

 提示　什么是 PromQL？

　　PromQL（Prometheus Query Language）是 Prometheus 自定义的一套强大的数据查询语言，除了使用监控指标作为查询关键字之外，还内置了大量函数，帮助用户进一步处理时序数据。

2. 监控数据可视化

Prometheus 进程启动之后，即可通过浏览器，打开其自带的 UI 监控界面，默认服务监听端口是 9090，界面如图 5-34 所示。

图 5-34　Pormetheus 监控指标

由图 5-34 可知，通过 Prometheus 自带的 UI 界面可以查看当前配置、监控对象、运行状态、监控数据、告警信息等。Prometheus 中的每条数据都是由指标名称和键值对（称之为标签）唯一标识，用户可以使用 PromQL 表达式对监控数据进行查询。

尽管 Prometheus 自带了 UI 界面，能够进行数据的可视化查询和展示，不过展示效果并不理想，只能用于临时应急，作为正式的可视化方案还是有许多不足，所以我们需要一款专业的展示平台。Grafana 应运而生。作为数据展示工具，Grafana 并不是唯一的选择，不过是目前最流行的方案，面向 Prometheus 也非常友好，配置后可支持将 Prometheus 作为数据源，使用时只需填入正确的 Prometheus 路径即可，操作非常简单，而且有很多成熟的监控模板可以直接使用。

关于 Grafana 如何安装这里不详细介绍，可以参考其官方网站（https://grafana.com/grafana/download）的相关内容，Grafana 整体也是开箱即用的模式，安装非常简便。进入 Grafana 后，第一步需要配置数据源，在数据源类型中直接选择 Prometheus 即可，如图 5-35 所示。

在 HTTP 的 URL 地址中填写 Prometheus-server 的地址，如图 5-36 所示。

配置好数据源后，点击 Save&Test，保存并验证数据源是否可用。第二步，配置数据面板，如图 5-37 所示。

点击左侧的加号，添加面板（Dashboard），在该面板中能够自定义添加各种类型的图表。通过 Grafana 对接 Prometheus 已经非常成熟，业内也有很多爱好者将自己配置好的模板共享出来。这里我们选择 Import 以导入模板，在弹出的表单框中输入 8919，而后点击

Load 即可。8919 对应的模板专用于 node_exporter 采集数据展示，效果如图 5-38 所示。

这个效果看起来就酷炫多了，对于显示图形的样式、加载的数据等也均可以进行个性化调整。如果你的 Grafana 无法连接互联网，或者对定制的模板不太满意，也可以直接到 Grafana 官网下载与该模板对应的 JSON 文件，粘贴导入即可。Grafana 官方提供了非常多的各类模板可供选择，详细可参考 https://grafana.com/grafana/dashboards。

图 5-35　Grafana 中新增数据源

图 5-36　配置 Prometheus 数据源

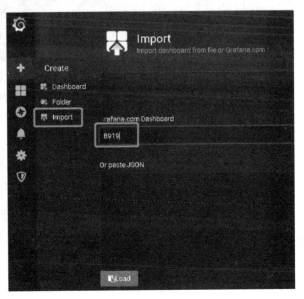

图 5-37　Grafana 中导入 Dashboard 模板

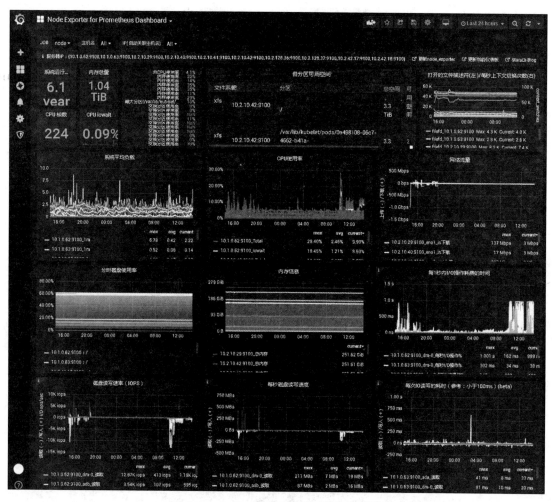

图 5-38 Grafana 8919 模板对应的效果图

3. 配置自动发现

如果每次增加节点都要修改 prometheus.yml 文件并且重启 Prometheus 服务，那就太麻烦了。Prometheus 支持当 prometheus.yml 主配置文件修改后，重新加载配置而不用启动服务，前提是在启动 Prometheus-server 时指定了 --web.enable-lifecycle 参数。

除此之外，Prometheus 也能够支持自动发现。这里我们详细介绍一下基于文件的自动发现机制。这种方式提供了一种更通用的方法，只要将监控对象的配置保存在独立的文件中，当 Prometheus Server 检测到文件内容发生变化后，就会自动应用，文件可以支持 YAML 或 JSON 格式。

下面实际验证一下。我们切换到 Prometheus Server 所在的服务器，首先创建一系列目录和文件，具体操作如下：

```
# mkdir /usr/local/prometheus/targets/nodes -p
# vim /usr/local/prometheus/targets/nodes/nodes.json
[{
    "targets": [
        "10.2.128.36:9100",
        "10.2.128.37:9100"
    ],
    "labels": {
        "server": "node_export"
    }
}]
```

nodes.json 文件中保存了 node_exporter 的节点信息，目前写入的内容与 prometheus.yml 主配置文件中的 static_configs 配置完全等效。

然后修改 prometheus.yml 主配置文件，将名为 node 的任务配置项从 static_configs 静态配置，改为 file_sd_configs 的基于文件的动态配置，修改后的内容如下：

```
scrape_configs:
....
....
    - job_name: "node"
      file_sd_configs:                          # 这个配置项表示将通过文件发现
          - files:
              - targets/nodes/*.json            # 读取目录下的所有以 json 结尾的文件
            refresh_interval: 1m                # 刷新频率，1 分钟
```

检查一下修改后的配置文件是否合法：

```
# /usr/local/prometheus/promtool check config /usr/local/prometheus/prometheus.yml
Checking /usr/local/prometheus/prometheus.yml
    SUCCESS: 0 rule files found
```

重新启动 Prometheus Server 或者重新加载配置文件，使其生效，注意这次重启验证的不是 file_sd_configs 是否有效，而是令 Prometheus 主配置文件的变更生效：

```
# curl -X POST http://10.2.128.36:9090/-/reload
```

通过 file_sd_configs 配置能实现修改对应的文件后，不必手动重启 Prometheus，而是由 Prometheus 自动完成配置信息的载入工作。

接下来验证一下 file_sd_configs 是否有效。在 targets 目录下新建 k8s_nodes.json 文件，增加一批已经部署好 node_exporter 的服务器，详细内容如下：

```
# vim /usr/local/prometheus/targets/nodes/k8s_nodes.json
[
    {
        "targets": [
            "10.2.10.29:9100",
```

```
            "10.2.10.40:9100",
            "10.2.10.41:9100",
            "10.2.10.42:9100"
        ],
        "labels": {
            "server": "k8snode_export"
        }
    }
]
```

而后无须任何重启服务，通过 Prometheus 的 UI 界面查看，新增的节点就已经被检测到了，如图 5-39 所示。

图 5-39　基于文件的新增节点即时生效

通过这种方式在一定程度上有所简化，在面向传统监控场景，即所有监控对象都是已知的情况下进行，倒也能解决一些问题，不过现在已然是云服务时代，云端的应用在资源的使用上具有动态性，可以更加容易地进行横向扩容甚至自动扩容，使得用户根据需求进行资源的购入成为可能，而为了让使用者更好地把握和预测自身资源和系统状况，需要结合一些服务发现机制进行监控。

Prometheus 目前能够支持十几种服务发现的配置，在 Prometheus 的设计理念中，动态的配置发现更新是直接利用现有服务发现的功能框架，比如 Consul、DNS，来确认可能会动态变化的监控对象，对于一些主流平台如 Azure、K8S 更是原生支持，这样在使用过程中就极大地简化了我们在监控对象配置方面投入的精力。

要最大化发挥 Prometheus 的功能，关键点之一是要弄清楚它的配置，根据自己的实际情况，定制符合场景需要的配置文件。前面没有过多涉及配置文件的内容，并不是说 Prometheus 的配置适应性强，主要原因是前面示例中的场景太过简单，使用默认配置即可。

Prometheus 主配置文件主要可以分成 4 个部分。

- global：全局配置。包括采集频率、抓取超时时间等配置。
- alerting：告警配置。主要是指定 Alertmanager 实例地址。
- rule_files：告警规则。Prometheus 根据指定的告警规则，将这些信息推送到 Alertmanager。
- scrape_configs：抓取配置。Prometheus 的数据抓取策略就是在这里配置。

scrape_configs 具体说明了 Prometheus 想要抓取的目标，本章介绍的各项数据抓取策略都由 scrape_configs 进行控制。一般来说，每个抓取都对应一个独立的抓取任务，也即一个抓取片段，这里面又包含一系列参数，比如 scrape_interval（抓取间隔）、scrape_timeout（抓取超时时间）、metric_path（抓取路径）、*_sd_configs（服务发现配置）等。在默认配置中有一项名为 Prometheus 的任务，在其包含的 static_config 配置项里，配置该任务通过静态配置的方式抓取指定对象。该任务项的功能是监控 Prometheus Server 自身，默认从 /metrics 路径抓取数据，因此它获取监控指标实际访问的地址是 http://localhost:9090/metrics。

尽管官方文档的结构性不是很好（截至 2.16 版本，希望后面能够改善），但仍然是目前最全面的参考文档，希望全面深入了解 Prometheus 的朋友，建议务必将官方文档（https://prometheus.io/docs/prometheus/latest/）完整浏览一遍。

5.4.2 服务监控

一个好汉三个帮，要想获得监控数据，Prometheus 可少不了 Exporter 的帮忙。Exporter 不是一个组件，而是一堆组件，Prometheus 获取监控指标，主要就是依靠各类 Exporter。

社区针对主流的中间件已经开发了众多 Exporter，涵盖了基础设施、中间件以及网络等各个方面的监控功能，这些 Exporter 可以实现大部分通用的监控需求，并且开箱即用。表 5-1 列举了一些社区中常用的 Exporter。

表 5-1 Prometheus 的常用 Exporter

监控对象分类	常用 Exporter
数据库	MySQL Exporter、Redis Exporter、MongoDB Exporter、MSSQL Exporter 等
硬件	Apcupsd Exporter、IoT Edison Exporter、IPMI Exporter、Node Exporter 等
消息队列	Beanstalkd Exporter、Kafka Exporter、NSQ Exporter、RabbitMQ Exporter 等
存储	Ceph Exporter、Gluster Exporter、HDFS Exporter、ScaleIO Exporter 等
HTTP 服务	Apache Exporter、HAProxy Exporter、Nginx Exporter 等
API 服务	AWS ECS Exporter、Docker Cloud Exporter、Docker Hub Exporter、GitHub Exporter 等
日志	Fluentd Exporter、Grok Exporter 等
监控系统	Collectd Exporter、Graphite Exporter、InfluxDB Exporter、Nagios Exporter、SNMP Exporter 等
其他	Blockbox Exporter、JIRA Exporter、Jenkins Exporter、Confluence Exporter 等

如果找不到合适的，用户可以定制开发自己的 Exporter。

不管是社区提供，还是自己开发，Exporter 都要按照 Prometheus 规范返回监控指标数据。接下来挑选几个最常见的 Exporter 来演示用法。

1. MySQL 监控

MySQL 是目前最流行的关系型数据库系统之一，数据库的稳定运行也是保证业务可用性的关键因素。对于 MySQL 数据库服务器相关指标的采集也有专用的 Exporter，本节将介绍如何使用 Prometheus 提供的 mysqld_exporter 来实现对 MySQL 数据库性能以及资源利用率的度量和监控。

下载二进制文件并解压缩：

```
# wget https://github.com/prometheus/mysqld_exporter/releases/download/v0.12.1/mysqld_exporter-0.12.1.linux-amd64.tar.gz
# tar xvfz mysqld_exporter-0.12.1.linux-amd64.tar.gz
# mv mysqld_exporter-0.12.1.linux-amd64 /usr/local/mysqld_exporter
```

mysqld_exporter 可以运行在任何地方，不过在运行时必须能连接到 MySQL 数据库，读取 status/variables/tables 等信息，以获取数据库的运行状态。因此我们创建一个专用的数据库账户，并授予必要的权限，供 mysqld_exporter 使用。例如在 MySQL 命令行模式下执行如下命令，创建用户并授予权限：

```
mysql> GRANT PROCESS, REPLICATION CLIENT,SELECT ON *.* TO 'exporter'@'10%'
    identified by 'exporter';
```

切换到 mysqld_exporter 所在服务器，创建用于连接数据库的配置文件：

```
# vim /usr/local/mysqld_exporter/my.cnf
[client]
user=exporter          # 根据实际情况配置访问 MySQL 数据库的账户
password=exporter      # 根据实际情况配置访问 MySQL 数据库的密码
```

配置 mysqld_exporter 服务、配置自启动等操作步骤就不演示了，可以参考前文内容进行操作，而后启动 mysqld_expoter 服务：

```
systemctl start mysqld_exporter
```

mysqld_exporter 默认会暴露 9104 端口，服务启动后，我们可以通过 http://hostname:9104/metrics 这个地址查看 MySQL 抓取的数据。

切换到 Prometheus Server 所在服务器，在 prometheus.yml 主配置文件的 scrape_configs 中新增名为 mysqld 的任务，配置内容如下：

```
# vim /usr/local/prometheus/prometheus.yml
scrape_configs:
……
    - job_name: 'mysqld'
```

```
    file_sd_configs:
        - files:
            - targets/mysql/*.json
          refresh_interval: 1m
```

基于文件的自动发布的配置内容如下：

```
# vim /usr/local/prometheus/targets/mysql/mysqlserver.json
[{
    "targets": [
        "10.1.0.62:9104",
        "10.1.0.63:9104"
    ],
    "labels": {
        "server": "mysqld-server"
    }
}]
```

重新加载 Prometheus 令配置生效：

```
# curl -X POST http://10.2.128.36:9090/-/roload
```

切换至 Grafana，导入 MySQL 监控模板，推荐 7362 号模板，最后完成的 MySQL 实例监控如图 5-40 所示。

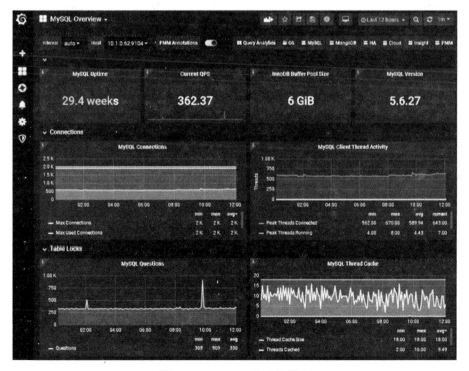

图 5-40　MySQL 的监控图表

2. Redis 监控

Prometheus 通过 redis_exporter 抓取 Redis 的数据。下载组件、解压并运行，步骤如下：

```
# wget https://github.com/oliver006/redis_exporter/releases/download/v1.4.0/
    redis_exporter-v1.4.0.linux-amd64.tar.gz
# tar xvfz redis_exporter-v1.4.0.linux-amd64.tar.gz
# cd redis_exporter-v1.4.0.linux-amd64.tar.gz
# ./redis_exporter -redis.addr redis://localhost:6380 &
```

在 prometheus.yml 主配置文件的 scrape_configs 中新增名为 redis 的任务，配置内容如下：

```
# vim /usr/local/prometheus/prometheus.yml
scrape_configs:
......
    - job_name: 'redis'
        file_sd_configs:
            - files:
                - targets/redis/*.json
                refresh_interval: 1m
```

基于文件的自动发布的配置内容如下：

```
# vim /usr/local/prometheus/targets/redis/redisserver.json
[{
    "targets": [
        "10.2.42.16:9121",
        "10.2.42.17:9121",
        "10.2.42.18:9121"
    ],
    "labels": {
        "server": "redis-server"
    }
}]
```

重新加载 Prometheus 令配置生效：

```
# curl -X POST http://10.2.128.36:9090/-/reload
```

Granfana 导入 Redis 监控图表，推荐图表 ID " https://grafana.com/dashboards/763"，展现效果如图 5-41 所示。

Redis 监控稍稍又有些不一样，在很多企业中，像 Redis 这类缓存中间件往往都是被大面积使用，甚至在有些企业内部，Redis 还是以资源池的形式管理，每台机器上运行的 Redis 实例非常多，如果为每个 Redis 实例配置独立的 redis_exporter，则要启动相同数量的 exporter，不仅配置麻烦，而且增加了资源开销，实际上，一个 redis_exporter 也可以抓取多个 Redis。

举例来说，目前已经部署好了一个 redis_exporter，运行在 10.2.42.16:9122 端口，想要监控运行在 10.2.42.16 节点上的多个 Redis 服务。那么首先在 prometheus.yml 主配置文件的 scrape_configs 中新增名为 redis 的任务，配置内容如下：

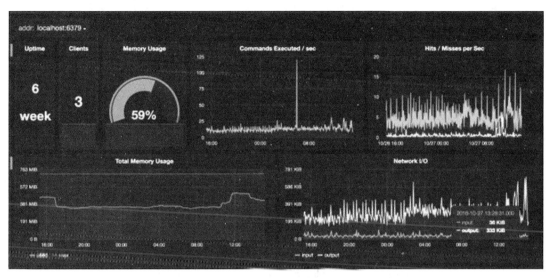

图 5-41　Redis 的监控图表

```
# vim /usr/local/prometheus/prometheus.yml
scrape_configs:
......
    - job_name: 'redis_exporter_for_multi'    # 定义一项新的任务
      file_sd_configs:          # 配置基于文件的自动发现
        - files:
            - targets/redis-m/*.json
      metrics_path: /scrape    # 指定抓取地址为 /scrape
      relabel_configs:          # 通过 relabel 标签将 address 替换成指定的地址
        - source_labels: [__address__]
          target_label: __param_target
        - source_labels: [__param_target]    # 将 target 参数值替换成实例名
          target_label: instance
        - target_label: __address__
          replacement: 10.2.42.16:9122
```

创建基于文件的自动发布，配置内容如下：

```
# vim /usr/local/prometheus/targets/redis_m/redisserver.json
[{
    "targets": [
        "redis://10.2.42.16:6390","redis://10.2.42.16:6391","redis://10.2.42.16:
        6392","redis://10.2.42.16:6393","redis://10.2.42.16:6394"
    ],
    "labels": {"server": "redis-server"}
}]
```

重新加载 Prometheus 令配置生效：

```
# curl -X POST http://10.2.128.36:9090/-/reload
```

然后到 Prometheus 的 UI 界面查看监控对象，就会发现配置已经生效，如图 5-42 所示。

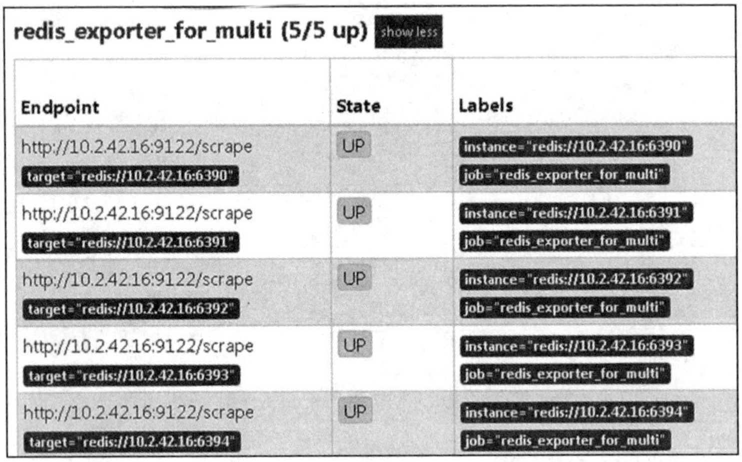

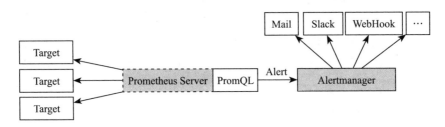

图 5-42　基于 redis_exporter 的 scrape 接口抓取示例图

这样就能够实现基于有限的 redis_exporter，监控大量 Redis 节点的目的了。

5.4.3　监控告警

通过前面章节的介绍，现在监控数据拿到了，监控指标的界面看起来也很友好，可是有些指标很明显是异常的，而实施监控的目标之一，就是希望当有异常时能够自动告警，那么怎样让它告警呢？在 Prometheus 中，监控告警要由两个独立的组件联合起来发挥作用才能实现：一方面是配置告警规则，这部分是在 prometheus-server 中实现；另一方面是触发告警，这部分是由 Alertmanager 执行，其处理逻辑如图 5-43 所示。

图 5-43　Prometheus 监控与告警的处理

1. 部署 Alertmanager 组件

Prometheus 的这种告警规则与告警触发分离的设计是非常合理的，因为告警是公共能力。作为独立的组件，Alertmanager 接收并处理来自 Prometheus Server 发来的信息，除了具有基本的告警通知以外，也可以对告警的信息做进一步处理，比如，当接收到大量告警时，能够对接收到的同类告警进行收敛和消重，设置在一定时间段内的同类告警只发送一条，防止告警风暴。

- 分组（Grouping）。由于关键组件不可用，导致短时间内大量告警被同时触发的情况并不鲜见。例如，集群环境中的网络故障可能导致集群中大量服务运行状态异常，结果就会批量产生各种类型的告警并发送到 Alertmanager。在这种情况下，分组机制可以按照所在集群或者告警名称对告警进行分组，将被触发的告警进行合并，避免运维人员一次性接收大量的告警通知。
- 抑制（Inhibition）。分组是做聚合，抑制则是消重。例如数据库不可用时触发的告警，除了数据库服务自身的告警外，如果不做任何配置，那么其他连接数据库出现异常的系统也会触发告警信息，站在运维人员的视角，这里面的绝大部分都是垃圾信息，收到的信息越多，非但不会有助于问题的分析和定位，反而可能形成干扰。通过 Alertmanager 的抑制机制，可以对告警配置抑制规则，避免运维人员接收到大量由同一问题产生的其他告警通知。
- 静默（Silences）。Alertmanager 支持通过 UI 界面，临时屏蔽特定的告警信息，官方将这一行为定义为静默。这个特性与前面介绍的抑制有些相似之处，都是用来限制哪些告警会被触发，哪些不被触发。如果接收到的告警通知匹配静默规则，那么 Alertmanager 则不会发送告警通知。

Alertmanager 是一个非常轻量级的小工具，下载后解压即可使用：

```
# wget https://github.com/prometheus/alertmanager/rcleases/download/v0.20.0/
    alertmanager-0.20.0.linux-amd64.tar.gz
# tar xvfz alertmanager-0.20.0.linux-amd64.tar.gz
# mv alertmanager-0.20.0.linux-amd64 /usr/local/alertmanager
```

也可以参照前面的章节，将 Alertmanager 配置为自启动服务，操作步骤不再详述。Alertmanager 默认启动的端口为 9093，服务启动后即可访问 http://alertmanagerhostIP:9093/，打开 Alertmanager 的 UI 界面，页面样式如图 5-44 所示。

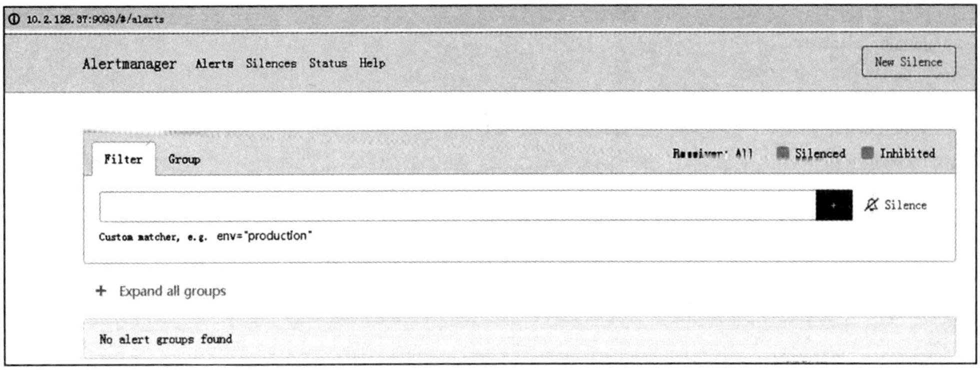

图 5-44 Alertmanager 控制台

Alertmanager 通过其专用配置文件 alertmanager.yml 定义各项配置，配置文件主要包含 4 个部分：

- global：全局配置，定义告警相关的公共参考，包括 SMTP 配置、超时时间、通知推送 API 地址等。
- route：配置告警的路由匹配规则。
- receivers：配置告警消息接收者信息，如 email、webhook 等消息通知方式。receivers 会配合 route 使用。
- inhibit_rules：配置抑制规则。

我们来看一个 alertmananger.yml 配置文件，详细内容如下：

```
global:
    resolve_timeout: 5m
    smtp_from: "5454589@qq.com"
    smtp_smarthost: "smtp.qq.com:465"
    smtp_auth_username: "5454589@qq.com"
    smtp_auth_password: "邮箱授权码"    #注意此处并非邮箱密码，而是授权码
    smtp_require_tls: false

route:
    group_by: ['alertname']
    group_wait: 10s
    group_interval: 10s
    repeat_interval: 1h
    receiver: 'email'      #此处指定使用哪个receiver，可能会存在多个，如本例中就定义了两个

receivers:
- name: 'webhook'
    webhook_configs:
    - url: 'http://localhost:8060/dingtalk/ops_dingding/send'    #配置钉钉推送
        send_resolved: true
- name: 'email'
    email_configs:          #配置邮箱推送
    - send_resolved: true
        to: junsansi@sina.com
inhibit_rules:
    - source_match:
```

其中 global 全局配置中指定 SMTP 相关信息，receivers 中定义了 webhook 和 email 两个 receiver，具体告警信息使用哪个 receiver 是在 route 中进行配置的。

2. 配置告警规则

下面我们通过实例展现 Alertmanager 的运作过程。回到 Prometheus Server 端，先配置一个简单的规则，编辑文件如下：

```
# vim /usr/local/prometheus/rules/node-up.yml
```

配置当节点宕机时（实际上取决于 node_exporter 进程是否在运行）触发告警，内容如下：

```
groups:
- name: node-up
  rules:
  - alert: node-up
    expr: up{instance="10.2.128.37:9100"} == 0
    for: 15s
    labels:
        severity: 1
        team: node
    annotations:
        summary: "{{ $labels.instance }} 已停止运行超过 15s！"
```

编辑 Prometheus Server 主配置文件，增加内容如下：

```
rule_files:
    - "rules/node-up.yml"
```

重新加载 Prometheus Server 服务：

```
# curl -X POST http://10.2.128.36:9090/-/reload
```

我们可以在 Prometheus 提供的 UI 界面中查看 Alerts，此时能够看到前面配置的该条规则，如图 5-45 所示。

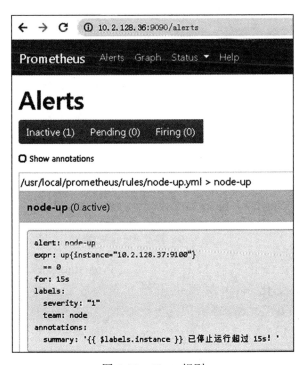

图 5-45　Alerts 规则

最后，我们还需要让 Prometheus Server 知晓告警信息推送的 Alertmanager 地址，因此要修改 Prometheus Server 的主配置，增加内容如下：

```
alerting:
    alertmanagers:
    - static_configs:
        - targets:
            - 10.2.128.37:9093
```

再次加载 Prometheus Server 服务：

```
# curl -X POST http://10.2.128.36:9090/-/reload
```

3. 触发告警

触发这个规则，也即停掉 10.2.128.37 中的 node_exporter 进程，然后配置的 alert 规则会被触发，效果如图 5-46 所示。

图 5-46　触发 Alerts 规则

node_exporter 进程停止超过 15 秒后，通过 Prometheus 的 UI 界面可以看到 node-exproter 状态发生了变化，alert 页面也由绿变黄，最后变成红色 Firing 状态，此时 Alertmanager 就将按照配置向 receiver 发送告警邮件，如图 5-47 所示。

接下来，我们启动 10.2.128.37 节点的 node-exporter 以恢复服务，服务恢复正常后会自动发送一封 Resolved 的通知邮件。

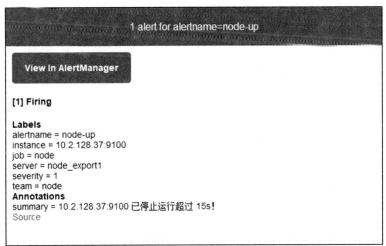

图 5-47 Alertmanager 告警及告警邮件

5.4.4 容器监控

传统的应用系统都是在服务器本地安装、配置、运行、销毁，整个应用服务的全生命周期都与当前服务器绑定，对于监控系统来说，既然所有的运行状态都与服务器相关，那么以服务器为基础进行采集再自然不过了。进入容器时代，则一切都不同，特别是基于编排工具搭建的 PaaS 容器云平台，服务状态成为运维人员关注的重点。

我们都知道，容器的启停非常"任性"，升级过程中它会重建，管理员维护过程中可能无意间就让它消失 (delete)，容器运行过程中出现问题也会重启，但这对服务可靠性并没有影响，因为编排工具会自动重建异常容器，以保持服务节点（ReplicaSets）数量符合预期，保持服务持续在线。不过监控系统就复杂了，容器重新创建之后，之前为其配置的监控项就失去了意义，不得不再重新配置一遍。工作量暂且不说，编排工具对容器的调度是完全自动的，而传统监控系统对监控项的管理、维护和配置则没有这么智能了。

在这种情况下，传统的监控系统应对得比较吃力，Prometheus 出现得恰逢其时。由 Google 力推的编排工具 K8S 可被视为容器编排领域的事实标准，对于 K8S 运行环境来说，我们希望获取哪些信息呢？包括 K8S 集群节点的资源使用情况，内部系统组件比如 etcd、kubelet、kube-scheduler、kube-apiserver 等的运行情况，各节点中运行的项目、整体资源使用率，各节点中运行的 pod 状态指标，容器本身包括 CPU、内存等资源的开销，除此之外，还希望获取容器中运行的应用状态指标，不过应用程序运行情况的监控指标偏重应用程序自身实现，需要开发人员暴露接口才能采集相关数据。

本文接下来的各个环节将以 K8S 为例，演示一下如何通过 Prometheus 实现 K8S 环境下的常用监控。为了与现有服务加以区分，创建一个新的命名空间，定义为 kube-monitor，执行命令如下：

```
# kubectl create namespace kube-monitor
namespace/kube-monitor created
```

以下所有 service、pod，如未特别注明，均会被置于 kube-monitor 命名空间下。因为 Prometheus 需要访问 K8S 集群内部资源，为方便起见，这里采用 RBCA 认证，我们要获取的资源可能位于任意多个 namespace 中，因此这里使用 ClusterRole 资源对象，权限声明中的 nonResourceURLs 授权对 /metrics 进行操作以获取度量数据。创建 yaml 配置文件内容如下：

```
[root@k8s-master-1 note]# more prometheus-rbac.yml
---
apiVersion: v1
kind: ServiceAccount
metadata:
    name: prometheus          #sa name
    namespace: kube-monitor
---
apiVersion: rbac.authorization.k8s.io/v1
kind: ClusterRole
metadata:
    name: prometheus          #ClusterRole name
    Namespace: kube-monitor
rules:
- apiGroups: [""]
    resources:
    - nodes
    - nodes/proxy
    - services
    - endpoints
```

```
      - pods
      verbs: ["get", "list", "watch"]
- apiGroups:
    - extensions
    resources:
    - configmaps
    - nodes/metrics
    - ingresses
      verbs: ["get", "list", "watch"]
- nonResourceURLs: ["/metrics"]
      verbs: ["get"]
---
apiVersion: rbac.authorization.k8s.io/v1
kind: ClusterRoleBinding
metadata:
    name: prometheus
roleRef:
    apiGroup: rbac.authorization.k8s.io
    kind: ClusterRole
    name: prometheus
subjects:
- kind: ServiceAccount
    name: prometheus
    namespace: kube-monitor
```

基于上述 yaml 文件，执行下列命令创建服务账号及角色：

```
[root@k8s-master-1 note]# kubectl create -f prometheus-rbac.yaml
serviceaccount/prometheus created
clusterrole.rbac.authorization.k8s.io/prometheus created
clusterrolebinding.rbac.authorization.k8s.io/prometheus created
```

1. 监控 K8S 容器集群节点

K8S 集群节点的监控，比如节点的 CPU、内存、磁盘、网卡等指标，同样可以通过 node_exporter 获取，在前面小节中我们也介绍过 node_exporter 的应用，不过在 K8S 容器环境里使用会更简单，因为不需要我们手动到每个节点上初始化和配置 node_exporter，自动化程度更高。

在 K8S 环境中通常会使用 DaemonSet 控制器来部署该服务（其管理方式类似于操作系统中的守护进程），确保在集群中每个节点上都会运行一个 Pod 实例。

新建 yaml 文件，编辑内容如下：

```
[root@k8s-master-1 note]# cat daemon-node-exporter.yml
apiVersion: apps/v1
kind: DaemonSet
metadata:
    name: prometheus-node-exporter
    namespace: kube-monitor
```

```yaml
spec:
  selector:
    matchLabels:
      name: node-exporter
  template:
    metadata:
      labels:
        name: node-exporter
        app: node-exporter
    spec:
      hostPID: true
      hostIPC: true
      hostNetwork: true         # 启用本地端口映射
      containers:
      - name: node-exporter
        # 指定镜像名称及版本，此处设置获取最新版本
        image: prom/node-exporter:latest
        imagePullPolicy: IfNotPresent
        # 定义容器运行端口，注意此处指定的端口与应用程序启动的端口要保持同步
        ports:
        - containerPort: 9150     # 指定容器暴露的端口
          hostPort: 9150          # 指定映射到宿主机的端口
          name: scrape
        resources:
          requests:
            cpu: 0.15
        securityContext:
          privileged: true
        args:
        # 自定义node_exporter监听端口，与前面配置一致，如果有其他参数也可在此指定
        - --web.listen-address=0.0.0.0:9150
        - --path.procfs
        - /host/proc
        - --path.sysfs
        - /host/sys
        - --collector.filesystem.ignored-mount-points
        - '"^/(sys|proc|dev|host|etc)($|/)"'
        # 挂载下列路径到容器，以便能够取到相应资源使用数据
        volumeMounts:
        - name: dev
          mountPath: /host/dev
        - name: proc
          mountPath: /host/proc
        - name: sys
          mountPath: /host/sys
        - name: rootfs
          mountPath: /rootfs
      # 希望master节点也一起被监控，添加响应的容忍设置
      tolerations:
      - key: "node-role.kubernetes.io/master"
```

```
          operator: "Exists"
          effect: "NoSchedule"
      volumes:
      - name: proc
          hostPath:
              path: /proc
      - name: dev
          hostPath:
              path: /dev
      - name: sys
          hostPath:
              path: /sys
      - name: rootfs
          hostPath:
              path: /
```

鉴于我们想要获取的数据是主机的监控指标数据，而 node-exporter 又是在容器中运行，因此我们在 Pod 里配置 hostPID: true、hostIPC: true、hostNetwork: true 这些安全策略，主要就是用于容器隔离。另外考虑到节点中的很多数据都来自于主机层面 /proc、/dev、/sys 等目录中的文件获取，比如 /proc/meminto 中包含 free 命令输出的内容，/proc/stat 中包含 top 中 CPU 的使用情况等，因此，我们将这些目录也挂载到容器中。

接下来创建前面定义的资源对象即可：

```
[root@k8s-master-1 note]# kubectl create -f daemon-node-exporter.yml
daemonset.apps/prometheus-node-exporter created
[root@k8s-master-1 note]# kubectl get pod -n kube-monitor
NAME                              READY   STATUS    RESTARTS   AGE
prometheus-node-exporter-d4q2k    1/1     Running   0          17s
prometheus-node-exporter-g5rjx    1/1     Running   0          17s
prometheus-node-exporter-hf9t7    1/1     Running   0          17s
prometheus-node-exporter-rqgvn    1/1     Running   0          17s
```

当前这套 K8S 集群共有 4 个节点，部署完成后，可以看到在每个节点上都运行着一个 node-exporter，前面配置文件中通过 hostNetwork=true 指定了主机端口映射，每个节点上都会绑定 9150 端口，因此，此时访问本地 127.0.0.1:9150/metrics 即可获取当前节点的监控指标数据。

接下来需要将数据抓取到 Prometheus 中，而且最好是由 Prometheus 自动发现节点里的 node-exporter 程序，自动为它分组、分类、打标签，并且不管 K8S 集群添加还是删除节点都能自动进行扩展，这时就可以借助前面小节中提到的 Prometheus 的自动发现功能。

Prometheus 提供的 kubernetes_sd_config 配置项支持对 K8S 中多个组件的服务发现，包括 Node、Service、Pod、Endpoints、Ingress 等进行集成、抓取集群数据。要让 Prometheus 获取当前集群中的所有节点信息，可以使用 Node 服务发现模式。

尽管通过前面章节的操作，我们已经创建了一套 Prometheus，不过考虑到容器内外环境隔离，如果要将容器内数据开放到外部访问，网络层面配置较为复杂，并且会带来安全方面的隐患，因此这里我们选择在 K8S 集群中部署一套 Prometheus，专用于抓取 K8S 集群中的各项指标。

创建 prometheus-configmap.yml 文件，内容如下：

```
[root@k8s-master-1 note]# vim prometheus-configmap.yml
apiVersion: v1
kind: ConfigMap
metadata:
    name: prometheus-configmap
    namespace: kube-monitor
data:
    prometheus.yml: |
        global:
            scrape_interval: 15s
            scrape_time: 15s
        scrape_configs:
        - job_name: 'prometheus'
            static_configs:
                - targets: ['localhost:9090']
        - job_name: "k8s-nodes"
            kubernetes_sd_configs:
            # 指定 Kubernetes_sd_config 的模式为 node，令 Prometheus 自动从
                    Kubernetes 中发现所有 node 节点，并作为当前 job 监控的目标实例
            - role: node
            relabel_configs:
            - source_labels: [__address__]
                regex: '(.*):10250'
                replacement: '${1}:9150'
                target_label: __address__
                action: replace
            - action: labelmap
                regex: __meta_kubernetes_node_label_(.+)
```

细看就会发现，configmap 实际上就是 Prometheus 的主配置，本例中配置一个单独的 job 名为 prometheus，用于采集 Prometheus 服务自身的数据和监控自身的健康状况。此外，代码中还定义了一个名为 k8s-nodes 的任务，用于监控 Node 节点。

Prometheus 默认使用 10250 端口发现 Node 服务，在本环境启动 node-exporter 时，自定义了端口号 9150，并且指定 hostNetwork=true，所以每个节点上实际绑定的端口号为 9150，这时就需要用到 Prometheus 提供的 relabel_configs 中的 replace 能力，将默认端口由 10250 替换成 9150。relabel_configs 能在数据被抓取前动态更新目标 Label 的值，是非常强大的配置项。这里就是通过正则表达式去匹配 __address__，将端口由 10250 替换成 9150。此外，还在配置中增加了一项 action，指定标签动作为 labelmap，通过正则 __meta_kubernetes_node_label_(.+) 的配置，令表达式中匹配到的数据也添加到 replacement 的 Label 标签中，使得后续数据查询时可用标签更加丰富。

接下来创建运行 Prometheus 的部署文件，内容如下：

```yaml
[root@k8s-master-1 note]# more prometheus-deployment.yml
---
apiVersion: v1
kind: Service
metadata:
    name: prometheus-service
    namespace: kube-monitor
    annotations:
            prometheus.io/scrape: 'true'
            prometheus.io/port:   '9090'

spec:
    selector:
        app: prometheus-deployment
    type: NodePort    # 指定节点本地端口映射
    ports:
        - port: 8080
          targetPort: 9090
          nodePort: 36666     # 指定映射端口号为 36666
...
---
apiVersion: apps/v1
kind: Deployment
metadata:
    name: prometheus-deployment
    namespace: kube-monitor
spec:
    replicas: 1
    selector:
        matchLabels:
            app: prometheus-deployment
    template:
        metadata:
            labels:
                app: prometheus-deployment
        spec:
            containers:
                - name: prometheus
                  image: prom/prometheus:latest
                  args:
                      - "--config.file=/etc/prometheus/prometheus.yml"
                      - "--storage.tsdb.path=/prometheus/"
                      # 控制对 admin HTTP API 的访问，其中包括删除时间序列等功能
                      - "--web.enable-admin-api"
                      # 启用热更新，直接执行 localhost:9090/-/reload 立即生效
                      - "--web.enable-lifecycle"
                  ports:
                      - containerPort: 9090

                  volumeMounts:
                      - name: prometheus-configmap
```

```
                    mountPath: /etc/prometheus/
                - name: prometheus-storage-volume
                    mountPath: /prometheus/
      serviceAccountName: prometheus
      volumes:
        - name: prometheus-configmap
          configMap:
            defaultMode: 420
            name: prometheus-configmap
        - name: prometheus-storage-volume
          emptyDir: {}
```

这里通过 storage.tsdb.path 指定了 TSDB 数据的存储路径，默认保存在 Pod 本地，也就是说 Pod 一旦被重建，则 Prometheus 中的数据也将被清除，注意，生产环境一定不要这样配置。可以考虑通过 PVC 将 TSDB 保存到共享存储（比如 NFS）以实现数据的持久化保存，或者使用 rewrite 参数将数据存储到远端服务器。还有下面的 web.enable-admin-api 参数可以用来开启对 admin api 的访问权限，参数 web.enable-lifecyle 可以用来开启支持热更新，有了 web.enable-lifecyle 参数之后，prometheus.yaml(configmap) 文件若有更新，通过执行 localhost:9090/-/reload 就会立即生效。

执行创建命令如下：

```
[root@k8s-master-1 note]# kubectl create -f prometheus-*.yml
configmap/prometheus-config created
service/prometheus-service created
deployment.apps/prometheus-deployment created
```

查看 Prometheus 服务的运行状态，执行命令如下：

```
[root@k8s-master-1 note]# kubectl get svc -n kube-monitor
NAME                 TYPE       CLUSTER-IP       EXTERNAL-IP   PORT(S)          AGE
prometheus-service   NodePort   172.19.79.106    <none>        8080:36666/TCP   154m
```

我们在配置文件中定义的本地映射端口为 36666，要访问 Prometheus 的 UI 界面，可以通过浏览器上访问任意 K8S 集群节点 IP 地址的 36666 端口即可。例如，Prometheus 的 dashboard 中查看 Targets 是否能够正常抓取数据，打开浏览器，输出地址后界面如图 5-48 所示。

node-exporter 所采集的指标包括 node_cpu_*、node_disk_*、node_load_*、node_memory_*、node_network_* 等，可以看到全是与节点相关的资源使用情况。在 Graph 界面通过 promQL 语法就可以查询、获取数据。在图形化展示方面，我们仍然使用前面章节中配置过的 Grafana，导入 1860 号或 8919 号模板，效果如图 5-49 所示。

2. K8S 容器监控

cAdvisor 也是 Google 开源的容器监控工具，可采集主机上与容器相关的性能指标数据，包括容器的内存、CPU、网络 I/O、资源 I/O 等资源，通过这些指标还可进一步计算出 Pod 的指标。

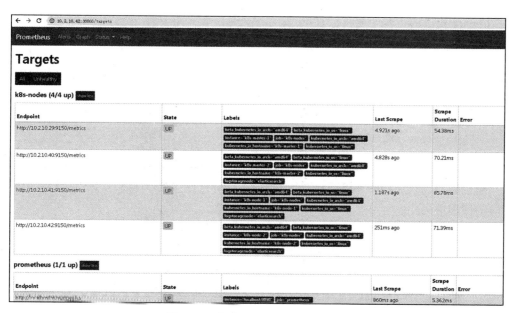

图 5-48　查看 Prometheus 监控对象

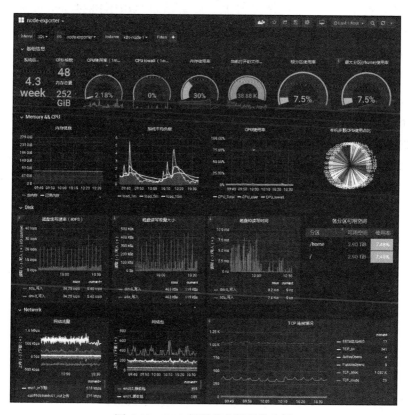

图 5-49　K8S 集群节点运行状态图

cAdvisor 提供的一些主要指标有：

```
container_cpu_*
container_fs_*
container_memory_*
container_network_*
container_spec_*(cpu/memory)
container_start_time_*
container_tasks_state_*
```

比如通过 sum(rate(container_cpu_usage_seconds_total [5m]))by(container_name) 就可以计算出每个容器正在使用的 CPU；通过 container_memory_* 等一系列指标就可以计算容器中内存的使用情况。

cAdvisor 已经内置在 kubelet 组件之中，不需要单独安装，可以在 K8S 集群每个启动了 kubelet 的节点中使用 cAdvisor 提供的 metrics 接口，获取该节点所有容器相关性能指标数据。有个细节需要注意，在 1.7.3 之前版本，cAdvisor 的 metrics 数据集成在 kubelet 的 metrics 中，但在 1.7.3 以后版本中 cAdvisor 的 metrics 被独立出来了，所以在 Prometheus 采集的时候需要配置两个 scrape 的 job。

在 K8S 环境抓取 cAdvisor 数据很简单，这里我们只用编辑 prometheus configmap 文件，增加下列内容：

```
[root@k8s-master-1 note]# vim prometheus-configmap.yml
......
......
    - job_name: 'k8s-cadvisor'
        # 通过 HTTPS 访问 apiserver，通过 apiserver 的 API 获取数据
        scheme: https       # 默认值为 http
        tls_config:
           ca_file: /var/run/secrets/kubernetes.io/serviceaccount/ca.crt
        bearer_token_file: /var/run/secrets/kubernetes.io/serviceaccount/token
        kubernetes_sd_configs:
        # 从 K8s 的 node 对象获取数据
        - role: node
        relabel_configs:
        # 用新的前缀代替原 label name 前缀，没有 replacement 的话功能就是去掉 label name 前缀。
        # 例如：以下两句的功能就是将 __meta_kubernetes_node_label_kubernetes_io_hostname
        # 变为 kubernetes_io_hostname
        - action: labelmap
            regex: __meta_kubernetes_node_label_(.+)
        # replacement 中的值将会覆盖 target_label 中指定的 label name 的值，
        # 即 __address__ 的值会被替换为 kubernetes.default.svc:443
        - target_label: __address__
            replacement: kubernetes.default.svc:443

        # 获取 __meta_kubernetes_node_name 的值
        - source_labels: [__meta_kubernetes_node_name]
            regex: (.+)
```

```
# replacement 中的值将会覆盖 target_label 中指定的 label name 的值，
# 即 __metrics_path__ 的值会被替换为 /api/v1/nodes/${1}/proxy/metrics,
# 其中 ${1} 的值会被替换为 __meta_kubernetes_node_name 的值
  target_label: __metrics_path__
  replacement: /api/v1/nodes/${1}/proxy/metrics/cadvisor
```

修改完成之后，我们需要更新 configmap，并且使用 curl 对 Prometheus 执行热更新：

```
[root@k8s-01 prometheus]# kubectl apply -f prometheus.configmap.yaml
configmap/prometheus-config configured
[root@k8s-01 prometheus]# curl -X POST http://10.2.10.29:9090/-/reload
```

执行完之后可能需要等一会儿，更新有时效，着急的话可以通过 kubectl exec -ti 进入容器中，查看配置文件是否已经更新。

确认配置文件更新之后，刷新 Prometheus 页面，验证下 cAdvisor 抓取对象和数据是否正常，如图 5-50 所示。

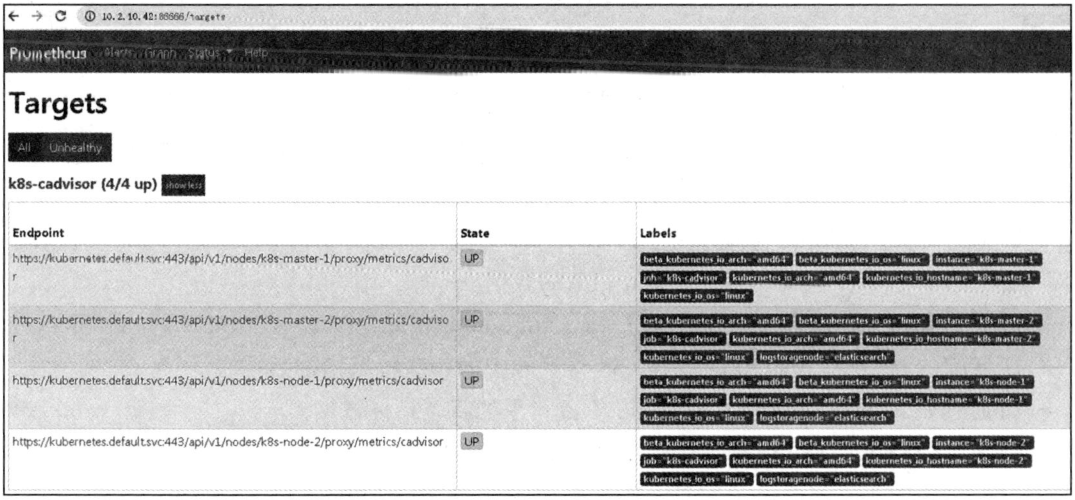

图 5-50　查看 cAdvisor 抓取对象

打开 Grafana，导入 8588 号或 315 号模板，效果如图 5-51 所示。

3. K8S 监控小结

想获取 K8S 中各类资源对象的状态信息，比如 node、pod、deployment、daemonset、ingress、endpoint 等类型资源的状态，可以使用 K8S 官方提供的 kube-state-metrics 组件，kube-state-metrics 中记录的各类资源相关信息非常全，采集的指标项特别丰富，部分与前面 node_exporter、cAdvisor 的指标项有一定的重合，比如 node 信息、容器信息等，不过也有些信息是后者没有提供的，比如 configmap 信息、cronjob 信息、daemonset 信息、namespace 信息等。大概可以这样理解，kube-state-metrics 更多是关注各类资源的使用状态，其中采集到的 node、pod 这类指标是顺带获取的。

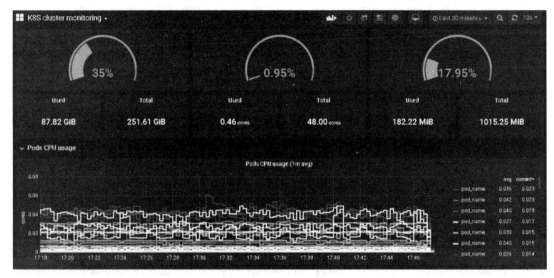

图 5-51　cAdvisor 监控指标效果图

前面通过几个示例，简要描述了 K8S 中各类资源的监控思路和效果，对于 K8S 集群环境总体监控，可以考虑应用下列组件组合：

- 通过 node_exporter 采集 K8S 集群节点资源数据。
- 通过 cAdvisor 采集与容器、Pod 相关的数据。
- 通过 etcd、kubelet、kube-apiserver、kube-controller-manager、kube-scheduler 自身暴露的 /metrics 获取节点上与 K8S 集群相关的一些特征指标数据。
- 通过 kube-state-metrics 采集 K8S 资源对象的状态指标数据。
- 通过 blackbox-exporter 采集应用的网络性能（HTTP、TCP、ICMP 等）数据。
- 应用层的业务监控指标数据仍然基于 ELK 日志埋点方式实现。
- 通过 Grafana 展示监控信息。
- 通过 Alertmanager 进行告警。

本书并不是专门讲解 Prometheus，只是通过一些典型的示例对常见的场景和 Prometheus 的应对机制进行简要描述。实际上还有相当多的精妙设计未能体现，包括 Blackbox 实现应用探测、Prometheus 后端存储、强大的 PromQL 语言、集群与高可用、PushGateway 的使用等。希望了解更多 Prometheus 知识的同学，可以通过专门资料深入研究。

5.5　再谈监控

监控是一场攻坚战，更是持久战，一方面监控系统的功能需要持续优化，另一方面监控策略需要持续完善。因为其持续优化的特点，对于监控任务达到一定量级的企业，需要设置专职监控体系建设团队，持续增加和优化监控系统工具，为监控工具的使用者提供强有力的炮火支援；需要设置专职指标优化团队，作为监控系统的使用者，持续推动监控指标的补充完善，推动监控系统功能建设，推动监控持续优化的工作落地。运维团队需要关注监控，开发、业务、运营团队也需要关注监控，因为强大可视化展示能力的监控系统和告警信息同样可以帮助他们站在另外的视角快速掌握和定位系统的运转情况。

在监控实施过程中不能片面地追求监控指标的覆盖度。提高覆盖度乍看起来是为了全面掌握对象状态，但其实一开始方向就错了。实施监控的目标绝对不是为了达到多少个指标、多少条告警规则，这些数据虽有意义，但绝不应该成为我们追逐的目标。有句话是这样说的：不要因为走了太远，而忘了当初为何出发。监控的核心目标是为业务稳定运行保驾护航。从实施层面来看，监控归纳起来就两条：少漏报和少误报。

漏报主要有两方面原因：一个是没有监控到，这个好解决，升个级把它监控起来就行了（注意不是堆砌监控指标或系统功能）；另一个是没有想到，摸着石头过河，谁知道哪块淤泥里埋了钉子呢，只有被扎到的时候才感觉到痛。所以漏报的情况尽管很难避免，但我们总能想办法尽可能降低漏报的发生。此时还要注意，不要为了实现不漏报，而放松对发送告警信息的控制而产生误报。

误报带来的问题也很大：一方面总有人在旁边喊着"狼来了"，会让监控人员产生麻木心理；另一方面误报的信息极易成为干扰数据，造成告警疲劳，甚至有可能使监控人员忽略或者错过真正的故障告警事件，所以监控抛出的告警一定要有价值。

设定合理的监控告警级别是减少监控误报的有效手段。分析清楚哪些告警需要引起关注，哪些告警需要人为干预，哪些告警对应着故障，通过"提醒、预警、告警"等级别进行区分，提高告警即故障的比例。如果所有生产故障的发现都来自监控，那么这一定是最强大的监控系统。要实现这一点不仅要通过技术手段加强保障，提高监控对故障的覆盖率，还要结合企业内部的事件处置流程，优化事件上报机制，保持较为通畅的沟通渠道。

在故障处置过程中，还应努力提高对监控告警事件的处理效率，争取发现即响应，并能在短时间内有效消除故障影响。基于有效的技术保障措施，对大量告警进行针对性优化，提高监控指标的覆盖度，降低误报，同时结合管理手段，重点关注告警事件多次发生但整改效果不明显的系统或团队，通过多方面举措，不断降低告警事件的发生，进而不断提高系统稳定性。

监控系统建设要完善"监"能力，更要增强"控"能力，多数监控系统仍然是"监"多"控"少，本章提到的持续优化主要也是针对"监"能力的落实。从辨证角度来看，作为监控系统的两个功能点，"监"与"控"应当相互搭配、相辅相成。我们前面提到了数据要打通，这个打通不仅仅是监控与事件打通，也不仅仅是监控数据与大数据平台打通，还包括监控系统与自动化运维系统打通，对于某些确定性事件，通过规则匹配或者智能学习算法，当告警发生时应能够自动触发干预的策略，也就是故障自愈。

古语有云："下医治已病，中医治欲病，上医治未病。"医术最高明的大夫是能够预防疾病的人。监控系统建设的长远目标之一是预测故障并提前化解生产环境可能发生的故障。通过手工设置预警规则的方式，终归属于被动响应，最理想的情况当然是能够通过历史趋势建立预测模型，利用模型自动判断当前数据是否存在异常。在故障尚未发生时，就能根据数据趋势预判异常征兆，然后第一时间进行干预。预测监控需要建立模型，需要应用系统配合改造，需要借助大数据平台做运维数据分析，对监控采集的运行数据建立一条运行基线，通过对当前监控采集的数据与运行基线做对比，加上当前运行数据与基线比较的策略模型，预测业务运行情况。本书第 7 章将会对借助大数据、机器学习构建智能化监控进行介绍。

5.6　本章小结

我们希望能够实时掌握当前系统的运行状态，判断应用系统、服务模块、业务组件是否正常运行，保障服务可靠性和安全性；一旦出现故障，能在第一时间收到告警信息，以便快速跟进处理，降低故障对线上服务的影响，尽可能保障业务持续、稳定运行。

本章关注的焦点并不是监控知识点的扫盲，而是要讲解构建监控体系的方法论和实践，对构建企业级监控体系的关注点进行全面介绍，特别是对主流监控，对流行或曾经流行的开源监控工具及其功能做了对比和简要描述，并通过一些示例展现监控软件的实际运用，希望对于关注监控实施的朋友们能有一些启发。

第 6 章 Chapter 6

构建自动化运维体系

本章我们将了解如何构建自动化运维体系,包括自动化运维体系的基本概述、笔者的经验总结以及在构建自动化运维体系中关于安全的思考。

6.1 自动化运维概述

多数人谈到运维,总能将它和一些消极的关键词联系在一起,低效、重复、无趣似乎成了这个行业的标签,"救火队员""背锅侠"更是运维工程师们自嘲的代号,而自动化运维的出现,犹如一道曙光,为运维人指明了方向。

6.1.1 传统 IT 运维的现状

传统 IT 运维人的日常工作重在对网络、存储、系统、数据库等各种软硬件基础设施的管理维护,这里的维护包括但不限于安装、上架、更新、迁移、下架等操作,从广义角度来看,就是对整个软硬件全生命周期的管理。IT 运维工作对人的依赖程度,也能反映企业中 IT 自动化运维程度的高低,对人的依赖程度越高,自动化的程度就越低,反之自动化程度就越高。

在企业发展的初期,业务种类单一,各类软硬件设施数量少,运维相关工作的复杂度较低,工作量相对也较小,完全依赖人力模式手动运维也能够适应,但随着企业不断发展,业务复杂度会急剧增加,各类软硬件设施的数量增长速度迅猛,大量重复和琐碎的运维工作不可避免,人手紧缺,工作积压,单靠人力模式手动运维会越来越吃力。

人既可靠,又不可靠:可靠在于对事物的掌控度高,不可靠在于人有情绪波动且易于疲劳，疲劳之后就容易出错，以此往复容易形成恶性循环，使团队缺乏战斗力和创新性。同时，手动运维意味着效率低下，交付周期长，客户体验较差，扩大到公司层面，使企业不适应市场竞争。除此之外，过度对人的依赖使得风险不可控，种种因素的综合作用下，传统IT运维已经无法应对企业的发展需要。

6.1.2　自动化运维的发展因素

IT自动化运维的迅猛发展，总结起来受到两方面因素的影响：外部因素的驱动，促使传统运维的方式不得不发生转变；内部因素的驱动，运维本身也希望向更加自动化的方向发展，以此来改变重复、烦琐的工作现状。

其中，从外部因素来看，自动化运维的发展主要受两方面驱使。一方面，在分布式、微服务等架构的应用下，传统运维很难满足日益频繁的发布需求，同时，业务的增长、应用架构的变化导致运维工作开展的复杂度也急剧变化，传统运维模式越来越难以响应新的运维需求。简单来讲，即业务运维和基础架构运维支撑不了业务的发展。另一方面，当前企业正处于数字化转型和变革的时代，自动化、智能化成为运维发展的风向标，自动化运维的发展程度也在一定程度上反映了企业数字化转型的程度。

6.1.3　自动化运维的发展阶段

自动化运维的发展经历了几个阶段，从手动运维、脚本运维、平台运维，再到体系化运维。这个过程不仅是运维方式的变革，也是IT运维人员自身的变革。

手动运维的阶段，全靠人力。这种场景适用于运维发展的初期，彼时业务规模较小，遇到的问题也不多，运维工程师往往需要身兼数职，既是DBA，又是网络工程师，既能肩扛2U服务器健步走，又能轻敲键盘命令绕指柔。随着业务的发展，系统规模逐渐变大，运维工程师身兼数职的模式迅速改变，主要体现在数据库、网络、存储等职能专业化细分，会有专业的数据库工程师、网络工程师、存储工程师来承担相关的工作，系统运维工程师的队伍会逐渐壮大，但运维工作开展的方式，本质上没有太大改变。

随着时间的推移，运维工程师会逐步抽象日常运维工作，通过开发相应的shell脚本来完成重复性的日常工作，并且一次开发，终生受用。但受限于shell脚本语言的能力，开发出来的脚本功能终归有限。考虑到Python是一个不错的尝试，于是运维工程师逐步向运维开发过渡，开始尝试通过API调用来实现一些自动化。Python比shell脚本功能更强大，操作力度更细，控制力度更强。后来配置管理工具出现了，以Python系为代表的Ansible和SaltStack受到了热烈欢迎，它们直击运维的痛点，更加简单、易用，通过相应的声明式的配置方式，甚至不用写一行代码，便能通过强大的模块编排实现自动化，并且开源社区已经积累了大量相关模块，开箱即用。另一个优势在于，和脚本运维相比，配置管理的运维方式使得经验更利于积累和沉淀，从而使自动化运维达到了一个新的高度，但本质上来讲，配置管理工具也是在脚本语言之上封装，必须在终端使用，其管理功能相对较弱，虽然使用体验相对脚本运维有了较大提升，但实质上也离不开脚本运维的范畴。

作为有追求的 IT 人，运维工程师们没有止步于此，自动化运维应该更加便捷，体验更好，主要体现在对配置数据的管理、运维操作的执行、操作结果的确认、执行过程的记录以及资源的监控等方面。要达到这种程度的自动化，只能通过构建系统化、平台化的运维工具实现。运维工具的产出物变成了自动化运维系统，相应的，运维工程师们的部分工作前置，进入开发和测试阶段，由此也引出了从开发到运维的 IT 管理模式，即 DevOps。由此，软件定义运维也就成为了自动化运维建设的指导思想，这很关键，这个转变使得运维的工作模式发生了本质的变化，主要体现在对人的依赖程度降低，效率却飞速提升，因为大多数重复工作都由系统自动完成，只有一些无法自动化或者实现成本较高的工作需要人工介入。

虽然平台化运维阶段自动化程度已经比较高了，但还是存在一些问题。例如各自动化系统都比较孤立，彼此没有关系，导致一部分必要的需求很难实现，如果我们想知道哪些服务器没有被监控，不得不先获取一份完整的服务器清单，然后和监控系统对接。另外，平台化运维阶段存在重复的功能模块开发，自动化运维系统需要对资源进行管理，然后在资源之上做一些自动化操作，这就导致了各系统都要有资源配置的功能。同时，因为各自动化系统都比较独立，使得资源无法聚合，不能站在一个统一的视角进行资源的操作，那么就需要通过 CMDB 来做统一的资源配置和管理，将各个分离的系统联系到一起，令 CMDB 成为自动化系统的数据中心，通过加强 CMDB 的建设来提升自动化运维。

6.1.4 自动化运维体系的规划

使用 SOA（面向服务的架构）的理念来设计自动化运维体系再恰当不过。我们都知道 IT 运维的工作重点之一，即对软硬件资源的生命周期进行全方位管理，不同的资源有不同的管理方式，而自动化运维的理想做法就是用平台化运维来代替人工运维，结果就导致我们可能需要很多基础运维服务来进行资源操作，那么最好的做法就是将运维能力服务化并通过运维门户来集成各个服务，从而对外提供统一的入口。

自动化运维体系自上而下可分为三层，依次是前台接入层、中台能力层、后台资源层，如图 6-1 所示。

1. 前台接入层

接入层要满足的需求重点包括运维门户、流程管理以及服务运营。对运维门户来讲，主要的作用和关键属性在于提供统一的入口来进行能力输出，其本身并不具备自动化的能力，需要通过对接相关的运维服务，最终实现对各项资源的自动化运维操作。流程管理最主要的关注点在于协调人和自动化运维服务，让需求的处理变得更加规范和高效，降低沟通成本。自动化运维服务和流程管理平台的对接，会让自动化的程度有较大的提升。服务运营平台主要包括事件管理、事故管理、问题管理以及知识库。事件管理主要通过对接监控平台来进行统一的事件存储、分析、告警去重、降噪等，事故管理是对生产事故的记录，问题管理和知识库主要用来提供更好的运维服务。

图 6-1　自动化运维体系

2. 中台能力层

中台能力层主要包含面向各种运维场景的运维服务，例如针对应用部署的场景，通过自动化发布，能够实现对应用的一键部署、回滚、启停。针对虚拟机管理的场景，通过虚拟机管理平台，能够实现虚拟机的批量新增、资源的动态调整以及远程管理等。针对数据库自动化运维的场景，通过数据库管理平台，能够实现自动化修数、提数、数据库安装、性能管理、容量管理等。针对运维批量操作的场景，通过作业平台，能够实现对运维操作的编排、幂等化执行以及基本管理等。

3. 后台资源层

后台资源层主要包含运维架构中的软硬件基础设施，例如服务器、操作系统、存储、负载均衡、网络设备、容器等。CMDB 将收集的资源层的配置信息提供给前台接入层和中台能力层，而中台能力层则通过获取 CMDB 中的配置数据最终实现对资源的自动化运维。

4. 监控

从自动化运维体系架构规划中可以看出，监控体系位于中台的能力服务层，实际的监控体系是一个大的概念，本书第 5 章已有详细介绍，这里只做一个简单回顾。监控体系主要包括日志监控、业务监控、应用性能监控、基础资源监控、中间件监控以及可视化监控，如图 6-2 所示。

不同的监控模块视角投射了不同的资源或者同一资源的不同维度，而且术业有专攻，因此即便是看起来很简单的监控系统，在落地实施的过程中也要按照体系化的思维来构建。这里需要额外进行的是，监控的可视化并不是一种全新的监控手段，单独提出来是因为在大多数情况下，企业中的可视化监

图 6-2　监控体系

控都相对不是很完善，我们期望的是能有一个平台将各个维度的资源信息进行数字化、可视化，从而形成一个立体化的资源监控体系。

6.2 自动化运维建设的经验分享

自动化运维落地的关键在于通过软件开发的方法对运维能力进行抽象和封装，最终实现运维能力平台化、体系化。这是建设自动化运维的一个基本共识，然而，自动化运维开发并不如想象中一帆风顺，实际也会有许许多多的"坑"，过程中仍然需要一些方式方法来不断改进、完善。"只有实践过，才能明白其本质"，这句话用在自动化运维的建设上再恰当不过了。虽然当前各个企业运维平台的建设方式基本都不一样，技术栈及应用的运维场景也各不相同，但对平台本身的理解基本一致。配置管理数据库（Configuration Management DataBase，CMDB）的核心价值就在于数据支撑，所以打造一个面向数据消费的 CMDB 是一个关键点。而对自动化部署系统来说，重点在于对应用服务器的操作方式。操作方式基本可以分为两类：基于 SSH 的工具类（例如 Jenkins），基于 RPC 的部署平台类。对数据库自动化运维来说，主要关注点在于如何进行平台化 SQL 执行管理、资源创建、性能管理、容量管理等，从而解决运维真正的痛点。希望本章内容能够对读者建设运维平台有所启发。

6.2.1 CMDB

CMDB 是 IT 运维领域最耳熟能详的一个系统，有人把它比喻成运维的基石，的确，它很重要，尤其是在构建 DevOps 体系环境下。也有人把它想象成一个万能的运维解决方案，大而全。但似乎 CMDB 究竟应该是什么样子，一时半会儿也说不上来，用虚无缥缈来形容也不为过，加之在厂商各种概念的加持下，CMDB 的自建道路更是遥不可及。

1. 什么是 CMDB

CMDB 是逻辑数据库，和我们通常所熟知的数据库有区别。简单来说，CMDB 存储和管理了各种维度的实体信息（这里的实体是一个广义的概念，可以指 IT 基础设施、中间件、应用）。作为数据源，CMDB 关系到自动化运维体系的方方面面。

从定义中我们可以看出，CMDB 的能力和价值在于数据支撑，数据支撑面向的对象可以是人，能够为我们提供相关数据报表以及配置数据的检索，也可以是自动化系统，此时 CMDB 就可以作为自动化运维系统的数据中心。并不是说 CMDB 必须要这样用，而是在综合考虑并结合企业内部情况后，我们给予了 CMDB 这种定位。在这种情况下，我们不会再将配置数据分散在各个自动化系统中维护，而是通过 CMDB 来统一管理和获取，其优势在于 CMDB 能像胶水一样将各个自动化系统极大程度地结合在一起，从而使得行内的自动化系统成体系化构建。

以应用发布的审批流程为例,对于流程的发起通常有两种解决方案:一种是在自动发布系统内设置审批流程,一种是通过行内的 OA 系统来发起流程。第一种方案的优势在于自动发布系统本身会有应用管理的模块,对于发布审批流程有配置数据的优势,即能够获取到应用相关的配置信息,而不足之处在于发布系统没有除应用之外的其他配置信息,从而导致一些不足,例如由于发布系统没有对企业人员组织架构信息进行管理,无法获取审批人相关的信息。第二种方案是通过 OA 系统来发起流程,其优势在于 OA 系统的通用性以及对企业人员组织架构的管理使得在其中发起各种流程变得理所当然,其不足在于 OA 系统无法获取应用配置数据,使得流程发起人需要填写很多应用信息,待流程审批通过之后,再到发布系统上发布。CMDB 使得这个过程有了第三种解决方案:将 CMDB 当成数据源进行关联,获取特定流程关联的配置信息,并且流程审批通过后能够在对应的能力系统上创建相关的任务。从这个方案中可以看出,CMDB 能够增强自动化能力。

一言以蔽之,CMDB 就是轻量级的、自动化运维系统的数据中心。因为从本质上来讲,CMDB 是对资源的配置数据进行管理,这并不是一件复杂的事情。其重点在于对配置数据的维护,其价值在于统一对配置数据的管理和支撑,其难点在于对配置数据准确性的保障。收集配置数据时以自动收集为主,人工录入为辅,主要原因在于大多数基础配置数据能够自动被收集,而人工录入反而会提高错误率,使得运维的成本更高,准确性难以保障,但对于部分无法自动收集的配置数据,就只能通过人工录入和流程来进行保障了。CMDB 数据消费主要体现在为相关自动化系统提供数据支撑,而自动化系统完成变更之后,会将结果反馈到 CMDB,从而形成一个完整的闭环。

2. CMDB 的选型

自研还是采购,基于开源还是完全自研,这些可能是我们建设 CMDB 时需要首先考虑的问题,这会涉及以下两个关注点。

(1)商用 CMDB 的适配度

毋庸置疑的是,厂商在产品建设方面的经验一定比我们丰富,因为我们是从零开始,而厂商已经在该领域耕耘数年了,所以这里我们考虑的重点是商用 CMDB 能否适配现有的自动化运维体系。可以从多个方面来分析,首先是接口层的适配。由于 CMDB 本身类似于一个数据源,采购商用 CMDB 必然涉及和现有自动化运维平台的对接,这个改造是一个长期的过程,因为不知道未来还会有什么需求。其次是业务组织架构层的适配,商用 CMDB 的模型必然不满足现有的业务组织架构关系,也需要进行改造。再者,考虑到 CMDB 对基础设施层的影响,我们希望尽量不要有大的变动,然而很多 CMDB 的解决方案需要在服务器上部署相应的 agent,改造成本高。另外,技术栈的适配也是我们的一个关注点,因为后期必然会由我们自己来维护,如果技术栈不适配,会很棘手。当然,在商业化方案中全家桶模式往往较为盛行,选了 CMDB 可能还附带一系列其他运维服务,例如流程、监控、任务编排等功能模块,"买一送十"的全家桶模式没准儿能帮助企业一次性解决一堆难题。

（2）开源 CMDB 技术方案

目前主流的开源 CMDB 解决方案包含 CMDBuild、OneCMDB、iTop CMDB、Rapid OSS、ECDB 等。在笔者刚接触 CMDB 的时候，也调研过其中的一些方案，总体来说，它们都存在类似问题，例如更新速度慢、UI 很古老、大多数配置属性需要人工操作、没有对外暴露的 API 等，这导致了 CMDB 就像一座孤岛。开源 CMDB 发展缓慢的一个重要因素在于 CMDB 本身很难变得通用，每个企业都有自己的业务特点和运维技术架构，例如处于虚拟化阶段的运维，通过对接虚拟机管理平台就能获取所有虚拟机的信息，而且一定是最全的，从而就不需要通过 agent 来收集配置数据，这也简化了配置数据收集流程。

既然 CMDB 商用和开源解决方案都存在一些问题，那么就自研吧。然而在自研 CMDB 之前我们还得弄清楚一系列问题，例如，什么是 CMDB，CMDB 在自动化体系中的定位，CMDB 能够带来的价值，以及怎么建设 CMDB。通过分析这些问题，我们才能得出 CMDB 的本质、CMDB 建设的成本收益，以及如何来达到这个目的。

3. CMDB 的建设思路

虽然配置管理本身不是一件复杂的事情，但建设一个有生命力的 CMDB 仍然需要一些方式方法，如何让运维工程师平滑地将传统配置管理的方式迁移到 CMDB 上，如何收集、管理配置信息，如何消费配置信息从而最大程度地发挥出 CMDB 的价值等，都是我们要思考的。

（1）关于配置项

明确了 CMDB 的定义之后，一个比较难的内容来了，那就是配置项。配置管理的本质是对配置项进行管理，那么首先我们需要梳理应该管理哪些资源的哪些配置项，这是一个关键点，很多人容易在这个地方迷失自我而无从下手。可以将上述问题拆解成两个问题：第一个问题是哪些资源应该纳入 CMDB 进行管理，第二个问题是哪些配置项应该纳入 CMDB 进行管理。

对于第一个问题，普遍认为所有的 IT 设施都应该纳入管理，但这只是一个目标，并不意味着一开始就能达到，在实践中，我们要按需接入，持续迭代。由于不同类型的资源往往接入方式和配置属性差别较大，一般情况下会先对资源进行分类，然后根据需求逐步接入对应的资源，例如为了对应用发布提供支持，应用服务器是我们需要优先考虑并进行管理的对象。

对于配置项的管理，通常情况下我们也会对其进行分类，例如针对应用服务器，我们可以将属性信息分为 3 类，包括基本配置信息、静态属性信息、运行时属性信息。基本配置信息包括资产编号、设备型号、品牌、资产上架时间、维保到期时间等；静态属性则包括 CPU 核心数、内存大小、磁盘大小、数量等；运行时属性信息包括 CPU 负载、CPU 使用率、内存使用率等。其中，CMDB 需要管理的是基本配置信息和静态属性信息，而运行时属性信息则不需要纳入 CMDB 进行管理，因为 CMDB 建成之后，我们只需要对接监控系统，就能获取到运行时属性信息。

（2）兼容使用习惯

在运维工程师的日常工作中，即便没有CMDB，配置管理的运用也无处不在，例如Excel表就是其中一种形式。大多数情况下，运维工程师会维护多种信息的Excel表：关于服务器的Excel表记录了服务器的配置信息，机房的Excel表记录了服务器的布局信息，SA的Excel表记录了应用配置信息和部署信息，DBA的Excel表记录了数据库资源的分配信息，网络工程师的Excel表记录了策略开通的信息等。这些都是配置管理的体现，只是通过Excel表来进行承载。CMDB首先要做的便是对配置管理系统化，相应需要考虑到的便是兼容运维工程师的使用习惯，即如何将Excel表中的配置信息抽象到CMDB系统中，这样不仅能提高配置管理的可维护性和便捷性，也能为配置属性的抽象和归纳提供参照，对后期CMDB系统推广也提供了潜在的帮助。

（3）配置信息收集

配置信息的收集，实际上是将资源管理落地，首先我们要做的是对资源进行分类，一般情况下，可以通过资源面向的服务类型来进行分类，例如基础设施层、中间件层、应用层，也可以根据资源的特性来进行分类，例如硬件资源、软件资源。

通常情况下，底层的资源配置信息以自动收集为主，人工录入为辅，例如对应用服务器来讲，操作系统的版本号、CPU核数、内存大小等配置就可以自动收集，而资产编号、上架时间、合同编号等配置就需要人工录入。

对于应用层和中间件层，则主要以人工录入为主，自动收集为辅，例如应用的日志路径、部署路径以及类型等就需要人工录入，如果科技团队内部的标准化做得比较到位，那么这其中的部分工作也可以自动化实现。总地来说，配置信息收集的基本原则是基础配置信息自动收集，逻辑配置信息人工录入，不过即便对于自动收集的配置来讲，仍然不能缺少手工复核的过程，以保证数据的准确性。

（4）有价值的功能

有了配置数据之后，就要分析如何应用配置数据打造一个面向消费的CMDB，即从中能挖掘出哪些有价值的功能。经过分析，我们总结了以下几个要点。

- 统一的配置查询。CMDB存储管理了各种维度的配置数据，能快速有效地进行资源检索是一个关键能力。通常情况下，我们在查询的时候往往希望能够关联出任何和查询条件相匹配的数据，例如通过IP能查询出关联的虚拟机、物理机以及运行在上面的应用等。这种查询方式使得易用性和查询的效率变得更高，同时查询结果也更加立体。然而传统的关系型数据库并不能达到上面的要求，在实践中，可以考虑将配置数据同步到ElasticSearch，然后利用ElasticSearch灵活强大的查询能力进行查询。查询示例如图6-3所示。
- 报表中心。运维的对象是资源，那么难免会涉及对资源状态的查询，对资源容量的监控等。在传统模式下，运维工程师们通过定期输出报表来达到类似的目的，而CMDB存储管理了各种类型的配置数据，对于报表的制作有天然优势。例如：通过获取监控数据，我们可以定期输出监控报告；通过查询资源使用情况，我们可定期输出容量报告；通过定期巡检，我们可输出巡检报告等。CMDB 通过报表中心对相关报表进行统一配置和管理，数据中蕴含着无穷的价值。

图 6-3 统一查询输入框

- 资源状态关联查询。在实践中，CMDB 往往并不局限于自身的数据收集，其强大之处在于通过关联系统来获取关联数据，从而实现过去无法满足的应用场景，例如：我们想找出没有被监控的服务器，通常情况下，只有当事件发生后，才发现没有被监控，告警没有发送出来。CMDB 可以解决类似的问题，因为 CMDB 管理着所有配置数据，关联监控系统后，就能获取所有设备的监控信息，从而能很快定位出哪些设备没有被监控，哪些监控项没有正确配置。另外，前面提到资源有一部分运行时属性，关联监控系统后，就能够很容易地获取到，这使得在 CMDB 上不仅能查询到资源的静态配置信息，也能动态获取到资源的监控信息。

4. 自动化运维系统的数据中心

CMDB 的价值在于数据支撑，问题又回到应如何建设一个面向消费的 CMDB。前面提到过，配置数据消费的对象可以是人，也可以是自动化系统，鉴于我们主要通过自动化系统来实现自动化运维，所以 CMDB 对自动化系统的支撑是需要我们重点关注的。通过分析自动化运维系统的执行过程我们可以了解到，大多数系统执行过程都会分为三个步骤：第一步获取资源配置信息，第二步自动化执行作业，第三步获取执行结果。

如图 6-4 所示，自动化系统通过 CMDB 获取资源配置信息，然后对资源执行相关操作，最后获取操作结果，并将相关的配置信息反馈给 CMDB。在实践中，CMDB 在我们自动化运维体系中的架构如图 6-5 所示。

图 6-4　自动化系统与 CMDB 的交互

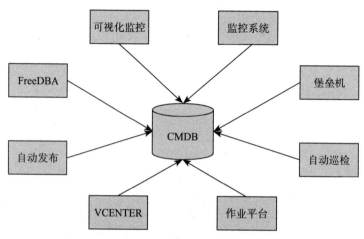

图 6-5　CMDB 是自动化运维系统的数据中心

（1）自动发布系统调用 CMDB

CMDB 是自动化运维的数据中心，所有的资源配置信息都在 CMDB 上维护，其中就包含应用的配置信息以及应用与服务器的部署关系，而自动发布系统在发布之前会通过 CMDB 相关的 API 来获取应用和服务器的相关配置信息。

（2）作业平台调用 CMDB

CMDB 维护了各种层面的配置信息，我们可以通过定义不同维度来对资源进行分组。例如对服务器来讲，从物理层面，我们可以通过机房、机柜来进行分组；从业务层面，我们可以通过组织、应用来进行分组。分组信息的存在相当于给资源打上了标签，这使得批量操作有了规则。例如，我们可以实现以下语义操作：对某个机房的某个机架上的主机进行批量关机，对某个组织下的某个应用的主机进行批量打补丁。通过调用 CMDB，作业平台不仅可以获取资源信息，还可以获取资源相关的分组信息，从而为批量操作提供关键的数据支撑。

（3）数据库管理系统调用 CMDB

CMDB 维护了数据库的实例信息和连接信息，当数据库管理员（DataBase Administrator，DBA）进行数据库资源分配时就会在 CMDB 上创建相关的资源配置，并将配置信息关联给对应的应用，这样在数据库管理系统执行运维操作时就会通过 CMDB 来获取对应的实例信息、连接信息，进而支持如数据订正或者数据库初始化创建等操作。

(4) CMDB 调用虚拟机管理平台

虚拟化阶段，所有的虚拟机和部分物理机都由虚拟机管理平台管理，CMDB 通过将虚拟机管理平台作为一个数据源来同步虚拟机和部分物理机信息。

(5) CMDB 关联堡垒机

服务器创建好之后都需要添加到堡垒机上，通常情况下，服务器的创建和堡垒机的添加分别由不同角色的成员来完成，效率较低，而 CMDB 通过对接堡垒机，可以一键完成对设备的添加以及密码托管，效率得到有效提升。

(6) CMDB 关联监控平台

因为 CMDB 维护了设备信息，通过关联相关的监控平台，可以很容易地获取到设备的监控信息，同时使得 CMDB 的配置数据更加丰富。

5. 面向资源关系的 CMDB

设备设施之间往往存在各种依赖关系，对设备的维护也意味着对设备之间依赖关系的维护。在微服务大行其道的今天，应用数量急剧增加，要弄清楚应用、中间件、虚拟机、服务器等资源的依赖关系并不容易，特别是在涉及服务迁移、故障关联分析的时候，弄清楚各资源的依赖关系变得尤为重要。CMDB 本质上是对配置信息的管理，实际上也是对设备的管理，它的存在给我们提供了解决此类问题的方法，下面从三个方面进行分析。

(1) 物理拓扑关系

物理拓扑关系主要描述了机房中设备的布局信息，通常情况下我们会借助此类信息来查找相关的物理服务器以及构建服务器所在机房的部署拓扑。CMDB 通过维护机房、机柜、服务器、虚拟机等的配置信息，能比较容易地关联出如虚拟机运行在哪台物理机上，物理机放在哪个机柜上，机柜位于哪个机房等信息，如图 6-6 所示。

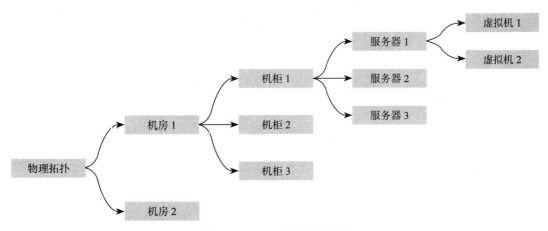

图 6-6　CMDB 物理拓扑关系

(2)业务拓扑关系

业务拓扑关系描述企业内部信息系统建设的整体业务架构,通常情况下我们能够使用此类信息进行业务资源梳理、信息系统查询和统计等。通过维护业务线、应用、虚拟机、物理机等配置信息,CMDB 就能随时轻松地获得如业务条线包含哪些应用、应用运行在哪些虚拟机上、虚拟机跑在哪台物理机上等信息,如图 6-7 所示。

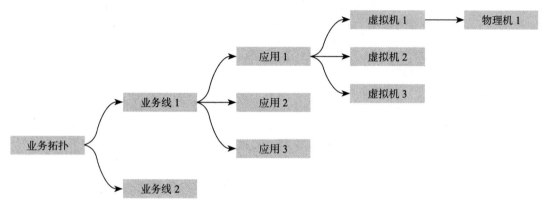

图 6-7 CMDB 业务拓扑关系

(3)应用依赖拓扑

应用依赖拓扑主要描述了应用对中间件的依赖关系,我们可以借助此类信息来对应用的依赖进行分析,特别是涉及资源迁移的关键场景。因为 CMDB 维护着中间件的配置信息,所以在涉及资源分配的时候,只需要关联到应用,应用和中间件的关系就能建立起来,应用的依赖拓扑也就随之构建出来了,如图 6-8 所示。

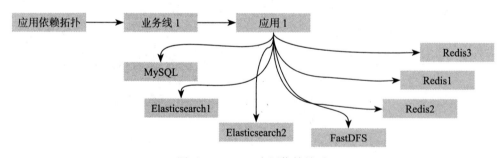

图 6-8 CMDB 应用依赖关系

6. 总结

资源的配置信息是 IT 运维团队的关键生产资料,对配置信息的管理极为重要,在实际日常运维中,从对 Excel 表的维护到自动化运维系统中对资源配置的维护,都无处不体现配置管理的理念。针对 CMDB 的建设,关键看我们对配置管理的需求,如果我们的需求是对配置信息进行统一管理,那就做一个 CMDB。基于 CMDB 的集中式配置管理无论是在自动化运维程度、资源的统一管理,还是在资源整合上,都较非基于 CMDB 的配置管理有较大提升,同时也为智能化运维打下了基础。

6.2.2 离不开的自动部署

自动化运维发展的驱动力之一在于,传统的人力运维已经很难满足日益增长的发布需求,在微服务等分布式架构盛行的今天,应用数量急剧上升,IT 运维团队更是得时刻准备着发布新版本。然而人力模式发布效率低,应用交付周期长,对企业快速投放新产品到市场也可能造成一定阻碍,传统的手动发布模式已然不能满足企业发展的需求。

1. 手工部署的困境

业务发展初期,应用的功能往往比较简单,大多数采用单体应用架构,所有功能都部署在一起,以减少部署的资源、降低成本,这时手工发布能比较好地适应这种场景,但很快,随着业务的发展、系统访问量的提升,单体应用不得不进行拆分,以提升请求处理的能力,或水平拆分或垂直拆分,其结果导致应用数目急剧增加,而微服务的发展使得拆分的技术成本更低。总结来说,应用架构的变化给应用部署带来了强烈的冲击,最直接的改变是部署任务成倍增长,在这种情况下,手工部署的弊端被完全暴露出来,效率低、错误率高,运维变得很被动,迫切需要以自动化的方式来解决应用部署的难题。

2. 应用部署分析

对于应用系统发布部署,相信大家并不陌生。在实践当中,部署的过程基本都是模板化的,例如都会经过负载切换、应用备份、服务器启停等相关操作。要实现自动部署,第一件事就是要抽象应用部署的过程。虽然不同类型的应用,其部署的实施过程并不一样,但整体涉及的步骤基本一致,大致有如下 11 个关键步骤。

- ❑ 代码拉取:从 SCM 上拉取指定版本的代码。
- ❑ 编译:通过构建指令进行编译。
- ❑ 打包:通过构建指令进行打包。
- ❑ 拉包:从制品仓库拉取指定版本的软件包。
- ❑ 停止负载:防止新的流量进入系统。
- ❑ 停止应用:准备更新包。
- ❑ 备份:备份当前的应用部署包,以支持回滚。
- ❑ 部署包:部署新的软件包。
- ❑ 启动应用:启动应用服务器。
- ❑ 部署结果确认:确认应用部署是否成功,如果部署失败,则进行排错,或者进行应用回滚。
- ❑ 开启负载:确认部署成功后,开启负载,流量进入系统。

以上步骤基本囊括了应用部署的各个阶段,接下来我们将分析如何对这些步骤进行自动化。

3. 部署策略

应用部署时必然涉及对应用服务器的操作，从操作执行的类型来看，可以分为两种：一种是简单、独立的应用部署，另一种是集中式的指令下发部署。

（1）简单、独立的应用部署

如图 6-9 所示，这种部署方式通常是使用脚本代替手工来进行部署，在一定程度上能够简化操作，提升效率，不过缺点也比较明显，因为不能进行批量部署，难以集中管理，虽然解决了部署的问题，但自动化程度比较低。

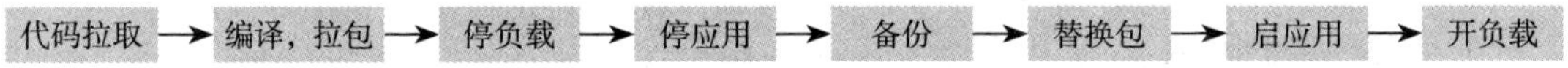

代码拉取 → 编译，拉包 → 停负载 → 停应用 → 备份 → 替换包 → 启应用 → 开负载

图 6-9 简单独立的应用部署

（2）集中式的指令下发部署

如图 6-10 所示，部署的架构分为控制端和应用服务器端两类。控制端通过下发指令对应用服务器进行控制，从而实现应用系统的发布部署。这种架构的优势在于控制端具备较强的管理能力和集中式的控制能力，对部署系统来讲既能够实现对应用信息和部署信息的集中管理，又能够对应用进行批量部署。

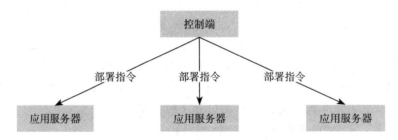

图 6-10 集中式的指令下发部署模式

通过分析部署的过程我们可以发现，代码的拉取、编译、打包可以独立于应用的部署，即并不需要在应用服务器上执行，加上编译的过程对资源的消耗比较大，也确实不适合在应用服务器上执行。另一方面，我们知道在应用部署的过程中，主要的性能消耗是在编译阶段，通过独立该过程，我们能够横向扩展打包的能力，从而支撑大规模的并发部署，优化之后的整体架构如图 6-11 所示。

如图 6-11 所示，控制端在打包阶段通过下发构建指令对构建服务进行打包，打包完成后上传构建结果到制品库，在应用部署时由控制端下发相关指令到应用服务器，从而执行相关的部署操作，包括从制品库拉包、备份、替换包、应用服务器的启停等。

4. 指令下发机制

对构建部署系统来说，要实现应用的部署就涉及对应用服务器的操作，即部署指令的下发。主要有两种实现方式：基于 SSH 的实现，基于代理的实现。

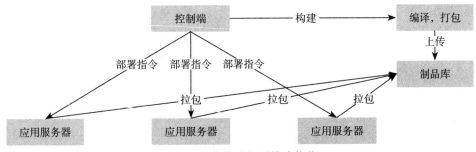

图 6-11 集中式部署模式优化

（1）通过 SSH 来实现远程控制

通过 SSH 来实现远程部署有多种实施方案，主流 Jenkins 本质也是使用 SSH。通过 Jenkins 构建来配置相关的部署脚本，在应用部署的时候直接执行构建即可。这种方式相对来说比较原始，尽管配置使用门槛不高，但 Jenkins 的用户体验着实一般，通常情况下会在集成测试的阶段采用这样的方案，而更好的做法是在 Jenkins 上构建一套部署系统，用于维护应用的配置信息，应用发布阶段部署系统通过调用 Jenkins 的参数化构建来进行发布。

基于 Jenkins 的部署架构如图 6-12 所示，这种解决方案最大的进步在于，部署系统对 Jenkins 封装后，易用度和自动化都有了较大的提升。同时，相对于原生 Jenkins 工具的闭塞，部署系统在信息管理方面也有较大的优势。但这种方案也不是完美的，在实践过程中，还是会遇到相关的问题。例如基于 Jenkins 的部署系统使得异常排查变得困难，原因在于当出现部署异常时，我们不得不同时对 Jenkins 和部署系统进行分析。另外，部署系统调用 Jenkins 的构建以及构建的执行实际上是一个异步操作，这意味着构建结果的获取必须采用异步通知的方式，如果部署系统需要动态呈现部署结果，那么需要将相关的通知从后端推送到前端，也就是不得不采用类似于 WebSocket 的解决方案，这又导致发布过程的处理更复杂了。

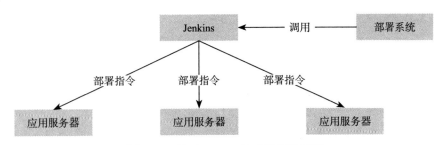

图 6-12 基于 Jenkins 的应用部署系统

除此之外，通过 SSH 进行远程控制的方式从本质上来讲仍是通过脚本来实施相关的操作，主要问题在于脚本的控制力度不够，异常处理能力较弱。比如部署过程中一个比较重要的需求就是对日志进行查询，通过 Jenkins 很难动态获取应用服务器上的日志信息，这需要 API 级的控制力度。总体来讲，虽然通过 SSH 能达到远程控制的目的，但脚本的处理方式难以应对相对复杂的部署场景。

（2）通过代理来实现远程控制

系统设计比较关键的目的之一，就在于将复杂的问题简单化，虽然 Jenkins 具备足够的扩展性以及解决远程控制的能力，但也有可能让整个部署架构变得复杂，同时也存在一些固有问题难以处理。接下来我们要引入的便是另一种实现远程控制的方式，即通过代理来实现，架构如图 6-13 所示。

如图 6-13 所示，相比 SSH 的远程控制方案，Server-Agent 的架构模式从结构上来讲更简单，具有控制力度强，灵活性高的特点。主要原因是通过在应用服务器上部署 Agent，应用服务器可编程，从而具备较高的灵活性，而 Server 端通过 RPC 直接调用 Agent 的远程控制方式使得 Server 端具备较高的控制力度。

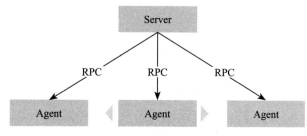

图 6-13　基于 RPC 的远程控制

5. 自动部署实践

基于之前的分析，我们对自动部署的架构有了一定的了解，Server-Agent 的模式比较适合应用发布的场景，接下来我们会介绍如何设计部署系统，主要从以下两个方面进行分析。

（1）控制服务器端模型设计

部署系统的业务并不复杂，经过分析，主要可以抽象出以下几个模型：业务线、应用、应用实例、应用服务器、发布计划、计划详情、发布结果。其中业务线、应用、应用实例、应用服务器主要维护部署系统的相关静态配置数据，它们的关系如图 6-14 所示。

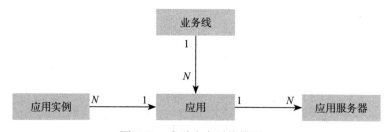

图 6-14　自动发布系统模型 1

从图 6-14 可以看出，业务线和应用是 1 对 N 的关系，这里的业务线是一个组织的概念，而组织是可以嵌套的，即一个大的组织下面可以对应多个小的组织。应用和服务器之间是 1 对 N 的关系，即一个应用可以部署在多台服务器上。应用和应用实例之间也是 1 对 N 的关系，即一个应用可以有多个实例。实例是一个动态的概念，例如可以存储当前应用的版本号以及显示应用当前的状态等。

整个发布过程分成多个阶段，包括发布计划、发布详情以及发布结果，它们之间的关系如图 6-15 所示。

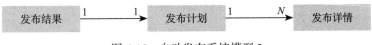

图 6-15　自动发布系统模型 2

发布计划主要指在应用发布开始之前需要创建的计划信息，例如发布的应用、发布的时间段、发布的版本号等。发布详情指发布过程中的详细信息，一个应用实例对应一条发布详情。发布结果则表示发布完成的情况。

发布的整个过程可以通过以下几个阶段来描述。首先我们得在部署系统上对应用相关的部署信息进行维护，例如应用的部署路径、类型、日志路径等，然后将部署的资源关联给应用，让系统知道应用需要部署在哪些服务器上。应用发布之前，先要创建相应的发布计划并提交审批，审批完成之后，就具备了应用发布的权限，这时，发布计划会生成与应用实例数相同的发布详情数。在应用部署阶段，对应用进行发布，在发布的过程中需要记录每个应用实例的发布状态，当所有的实例都发布完成后，确认发布的结果。

（2）原型设计

原型设计主要包含以下内容。

（a）应用信息维护

应用信息维护即维护应用部署相关的配置信息，例如应用的构建类型、包类型等，通过这些配置信息来支撑对应用的部署，如图 6-16 所示。

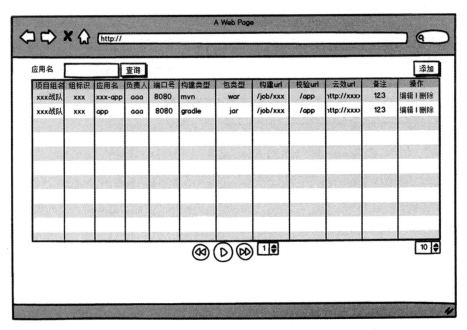

图 6-16　应用配置列表

（b）部署计划

应用发布之前，需要创建对应的发布计划来进行应用发布，包含需要发布的应用、应用的版本号等信息，如图 6-17 所示。

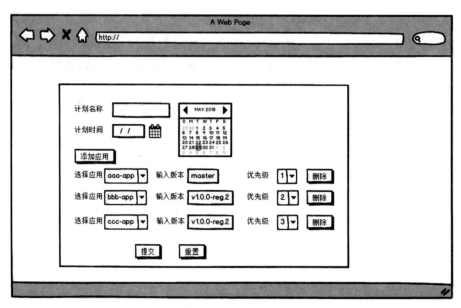

图 6-17 新增发布计划

部署计划列表如图 6-18 所示。

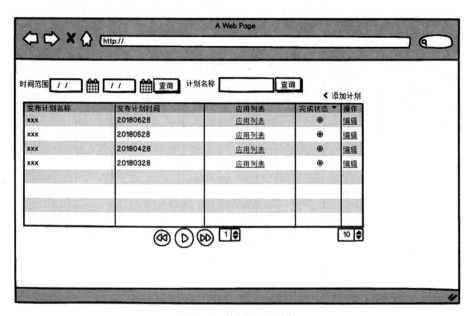

图 6-18 部署计划列表

（c）部署详情

应用部署阶段，通过部署计划进入部署详情页面进行应用部署，该页面包含了应用部署的具体操作，如发布、回滚、启动、停止等，如图6-19所示。

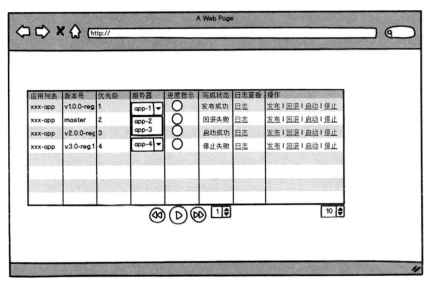

图6-19　部署详情页

（d）历史记录

通过应用部署历史记录来进行操作记录的日志查询，如图6-20所示。

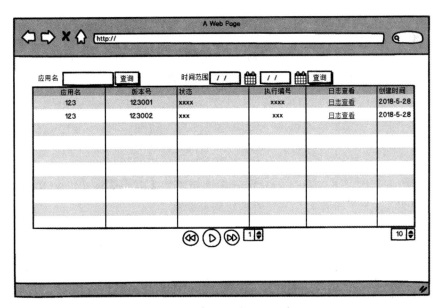

图6-20　部署历史记录查询

服务器端要能够调用到代理端，首先得获取代理端的服务地址，而服务器端和代理端是 1 对 N 的关系，为了保证数据的准确性，代理端会在启动时自动向服务器端进行注册。注册信息包括对应的服务地址信息、代理版本信息等。服务器端收到代理端的注册信息之后，需要管理服务地址，当需要调用远程方法时，获取相应的服务地址进行具体的操作即可。

基于以上特点，很多语言都提供了相应的框架以轻松满足这些需求。以 Java 为例，Java 提供了一套比较成熟的解决方案，即 JMX（Java Management Extension）。JMX 是管理 Java 的一种扩展工具，它提供了一套标准的 API 来对应用、设备、服务、虚拟机进行管理和监控。

另外对代理端的调用还需要提供相应的认证方式，架构如图 6-21 所示。

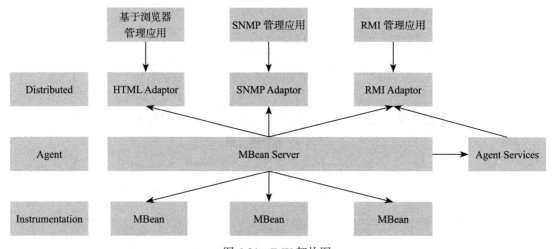

图 6-21　JMX 架构图

简单来说，要对资源进行管理，首先得实现资源管理的 MBean，并通过注册到 MBean Server 来暴露相关管理的接口。JMX 提供了几种方式来支持远程管理，其中包括了 RMI 的远程调用方式。

基于 JMX 的以上特点，在自动部署实践中，我们将控制服务器端作为远程管理端，由代理端通过 MBean 暴露相关的管理接口。在代理端启动时，将 JMX 的 URL 注册到控制服务器端，控制服务器端就可以通过 RMI 的远程调用模式来调用代理端以实现远程控制，这样不管是发布部署还是其他控制操作，都可以轻松实现。

6. 总结

发布部署是自动化运维体系中至关重要的一部分，原因在于部署是个重复性的日常工作，而且随着应用架构的变化以及业务系统的持续增长，部署任务成倍增长。自动化部署对效率的提升以及对 IT 运维团队的帮助最大，其中，效率的提升效果极为显著，甚至对于很多企业中的 IT 自动化运维建设来说，第一套自动化系统正是自动化发布系统。

本节首先分析了应用部署的过程，接着又详细描述了自动部署的架构，其中主要比较了通过 Jenkins SSH 实现的远程控制方案和通过代理实现的远程控制方案。最后，在自动部署实践中，对系统模型进行了抽象并介绍了如何基于 JMX 的方案来实现基于代理的远程控制。

6.2.3 容器云平台的建设

随着互联网金融业务的迅猛发展，银行传统的 IT 基础设施与架构面临着巨大挑战，不少银行紧跟互联网企业的步伐，开始引入容器云平台。银监会也在 2016 年发布了银行业应稳步迁移云平台的指导意见[⊖]，鼓励探索容器化及私有云。银行在实施自动化运维建设的过程中，也会考虑搭建容器云平台，但不应盲目跟风，而是要结合行业现状及自身情况冷静思考、深入分析。总结下来，引入容器云平台的原因主要有以下三个。

1）随着业务模块的增加及微服务架构的普及，银行在服务器硬件上的投入越来越大，采购扩容服务器的申请一批接着一批。以一个新的理财业务为例，后端可能要新增十几个微服务应用，按每个应用最少部署两个节点算，至少需要几十个虚拟机来部署。资源吃紧的同时，我们发现相对于 Docker 容器，虚拟机的管理运行方式的资源利用率很低。根据当时的情况测算，如果将生产环境的虚拟机换成容器，资源利用率可以提高约 40%，相当可观。

2）由于联调环节多、测试流程复杂，银行通常都有 N 套独立的测试环境（$N>3$），每一套都有很多服务器（虚拟机），上面部署了各式各样的应用。身处其中的运维同事都知道，这些环境与服务器的维护管理工作非常琐碎和复杂。虽然有"虚拟机模板"技术来帮忙，但其实际作用很有限，而且维护和更新也不太方便。而容器技术，利用其强大的"标准化"和"可移植"特性，可以为环境与服务器的管理和维护提供极大的便利。

3）传统的运维平台及架构在服务的运行环境管理方面存在很大不足，主要表现在两个方面：一是面对互联网业务的流量波动大、峰值高等特性时，传统运维架构很难做到全自动的弹性伸缩和故障转移；二是难以实现灵活的部署策略，比如金丝雀发布（先发布一小部分应用、切一部分流量）。通常的做法是搭建一套新应用，然后更改负载均衡配置，将一部分流量指向新应用，再重启负载均衡器，整个流程全靠手工运维操作，效率太低。使用容器云平台，这一切操作都很容易做到自动化：应用基于容器构建，可以被 Kubernetes 等引擎自动部署，相关的网络配置、服务发现、负载均衡、监控接入等全都是配套的，可以自动完成配置。

综上可见，引入容器云平台确实能够给企业带来巨大收益，不但能提高资源的利用率，还能提高企业的自动化运维水平。从技术发展角度来看，容器化也是一个趋势，从 IT 巨头公司的公有云平台，包括 AWS、阿里云、腾讯云等，再到各种企业私有云，比如青云、博云、灵雀云等，都在蓬勃发展，越来越多的企业用上了私有云、混合云。

⊖ 参见《中国银行业信息科技"十三五"发展规划监管指导意见》第七章。

1. 容器云平台建设思路

容器云平台功能虽然强大，但是要在企业落地，却不是一件容易的事。一方面，容器云技术最近几年发展得非常快，比如容器编排引擎，之前有多个主流的选择，如 Swarm、Mesos 及 Kubernetes，然而现在 Kubernetes 已成为首选，但是 Kubernetes 的周边生态仍然很复杂而且变化很快。另一方面，容器云平台相对于传统企业来说，还是一个比较重量级的、较新的东西，如何与之前的技术、工具和流程对接，也是很大挑战。

下面从容器云平台的选型和搭建以及分阶段推广实施两方面谈一谈我们的思路和经验。

（1）选型和搭建

容器云平台的底层设施，倾向于选择 Docker+ Kubernetes。目前此二者属于标配，其中 Docker 提供系统容器化能力，而 Kubernetes 提供容器编排能力及标准。但是仅有这两个底层设施还不够，还需要完善上层生态。对 Docker 来说，需要一个私有镜像仓库，来存放和管理企业内部的 Docker 镜像。对 Kubernetes 来说，一方面，使用原始命令和 API 操作不够方便，需要一个图形化管理系统，来降低使用成本；另一方面 Kubernetes 自身定义了许多插件接口及标准，需要引入第三方组件才能实现，比如容器存储、网络、域名解析、负载均衡等。除此之外，一些配套功能也必不可少，包括基于容器的 CI/CD、监控、日志采集等。

所以，需要围绕 Docker 和 Kubernetes 组合多种工具，才能形成一个完整的、综合性的容器应用及管理平台。关于这个平台，其组成部分、常用开源组件如下所示。

- 底层：Docker + Kubernetes。
- 私有镜像仓库：常用 Harbor、Sonatype Nexus。
- Kubernetes UI 界面及综合管理：比如 Kuboard、Kubesphere、Rancher 等。
- 基于容器的 CI/CD 平台：比如 Rancher Pipeline、Jenkins Pipeline、Drone 等。
- 容器存储（Storage Class）：可选 NFS、CephFS、GlusterFS、OpenEBS 等。
- 服务发现（Service Discovery）、内部域名解析：常用 CoreDNS。
- 负载均衡（Ingress Controller）：Nginx Ingress、F5/HAProxy/Kong Ingress、Traefik 等。
- 容器网络（Networking）：Flannel、Calico、Weave、Canal 等。
- 监控告警：Prometheus、cAdvisor、Grafana 等。

除了上面列举的这些开源产品，还有一些商业化的容器云产品，由于起步比较早，并且经历过实践的检验，所以相对更加成熟。对银行等企业来说，首先面临一个问题：容器云平台，是自研（基于开源产品）还是采购商业化产品？我们前期做过不少调研，并对多家厂商的产品进行了 PoC 测试及试用，得出的结论是：厂商的产品比较成熟，但是有些定制化的功能并没有集成到通用版本中来，如果想要使用这些功能，需要等待更新和定制。如果选择自研，就基础组件来说，很多都是开源的，和商业产品差别不大，只是像管理平台、CI/CD 流水线、网络组件等需求集中的地方，开源产品一般不如商业化产品强大。另外，在自研的过程中，由于缺少实践经验，在某些技术细节上，难免会踩一些"坑"（后文有相关介绍）。当然，自研的好处也显而易见，首先是免费，能节约一笔资金，另外，企业能够自己掌握技术细节，灵活地定制开发。具体怎么选，还得结合企业自身情况考虑，具备较强研发实力又不急于全面实施的企业，可以先在开源产品上做一些尝试和实践。我们银行对于容器云平台的实施，也经过了一定的探索研究和实践，形成了一套基于开源组件二次开发的容器云平台，在本节的后面将对此做详细介绍。

（2）分阶段推广实施

容器云平台确立之后，想在短期内全面推广实施并不现实，因为要考虑如何平滑过渡及与现有流程、工具整合，以及如何以影响最小的方式逐步推进等问题。由于银行的特殊性，生产环境和测试环境相对独立，而且生产环境稳定性要求高，容不得半点差错，所以容器云平台的实施通常是先在测试环境中进行，积累了丰富经验后，再推广到生产环境。在具体实施过程中，无论哪个环境，都应该遵循先小规模试用、再逐步扩大的原则。

在我们的实践方案中，将实施分成了四个阶段：测试环境体验试行阶段（小规模）、测试环境使用验证阶段（中规模）、测试环境替换实施阶段（大规模）、生产环境部署阶段。其中，前三个阶段是针对测试环境，目标是将传统测试环境整体迁移到容器云平台上来，最后一个阶段才轮到生产环境，是仿照测试环境的实施过程对生产环境进行应用迁移。

第一阶段，即小规模的体验试行阶段。选择一个易于管控的测试环境来实施，这套环境中的各项操作最好不那么频繁，同时要相对规范，这样运维对它的可控程度会高一些。在该环境将容器云平台搭建好之后，先在内部小团队的项目上做实验性部署，比如在运维开发团队的项目上测试。在这些项目成功部署和稳定运行一段时间后，再考虑选择重要性较低、影响较小的业务项目，在技术专家的指导下，由业务团队的开发、测试人员共同来试用容器云平台，解决他们的疑问，满足他们的需求。在这个阶段，可以根据试用情况，继续增加不同特点的团队及项目来试用，以确保容器云平台在功能性和易用性上没有大的问题，并且服务能长时间稳定运行。

在第一阶段中，要解决的关键问题包括容器云环境和虚拟机环境的网络互通，以及原有运维流程和使用容器之后新的运维流程之间的衔接等。在具体实施上，我们采取的策略是：只迁移无状态的应用，数据库及中间件等暂时在虚拟机上保持不动；原来的应用服务器暂时断网隔离、资源不释放，一旦有异常情况也方便随时回切；测试、上线等流程与原来保持一致或者变得更简单，尽量不增加使用者的负担。

第二阶段，就是扩大规模，进行中等规模的测试验证。经过第一阶段的试运行，容器云平台已经比较稳定，可以被业务团队正常使用，项目接入和团队配合上也积累了一定经验，但是规模还不够大，经验还不够多。所以，接下来考虑在第一阶段所选的测试环境中将能接入容器云平台的项目全部接入，并将以前基于虚拟机的发布部署全部切换为基于容器的发布部署。经过一段比较长时间的使用和磨合，待所有人员（包括开发、测试、运维等）都熟悉容器云平台之后，就可以释放掉原来的虚拟机资源，进入下一个实施阶段了。

第三阶段，就是在测试环境大规模地部署实施。前面说过，测试环境一共有 N 套，在第二阶段已经替换掉一套，第三阶段则要把剩下的 $N-1$ 套传统测试环境也用容器云平台替换掉。（注意，容器云平台通常支持环境整体克隆，所以新搭一套环境很简单。）最终的效果是，所有测试环境的大部分应用都部署在容器云平台上，原来的虚拟机只会保留小部分，用来部署那些比较难迁移的特殊应用和一些中间件服务，比如数据库、消息队列等。

第四阶段，就是针对生产环境的容器化部署。出于内部规范化和安全方面的需要，生产环境一般要搭建独立的容器云平台，与测试环境完全隔离。生产环境的应用接入，同样也不是一步到位，可以参照之前测试环境的推进策略，先选择一些次要的、影响不大的项目部署试用，待调试完善、长时间稳定运行之后，再逐步替换其他应用。那些不适合容器环境的特殊应用和服务，一般仍保持原样，不做迁移。

2. 基于开源技术的自研方案

通过对容器云平台具体产品技术的研究和试用，我们搭建了一套基于开源技术的、基本能够自给自足的容器云平台，下面就相关经验做一些分享。

（1）Kubernetes 图形化管理系统

开源的 Kubernetes 图形化管理系统有很多，比如 Kubesphere、Kuboard、KubeOperator、Rancher、Wayne 等。其中，Rancher 属于里面的佼佼者，它的社区非常活跃，相关功能比较全面。Rancher 不但可以方便地创建和管理 Kubernetes 集群，还可以与很多实用组件一键集成（例如监控、日志采集等），最新版本的 Rancher（v2.0+）还自带了 CI/CD 流水线（Pipeline），可以说是接近于企业容器云平台的一站式解决方案。

图 6-22 展示了 Rancher 的基本定位。

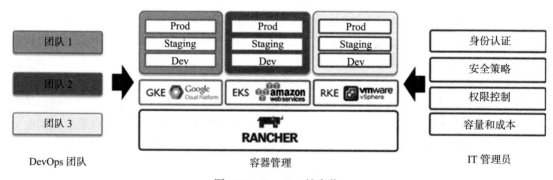

图 6-22 Rancher 的定位

注：图片来源：Rancher 官网 https://rancher.com/docs/rancher/v2.x/en/overview/。

从图 6-22 中可以看出，Rancher 支持多套环境，可以将私有云和公有云统一管理，并能够被 DevOps 团队与 IT 管理员使用。图 6-23 展示了 Rancher 的技术架构。

从图 6-23 可以看出，Rancher 独立部署在 Kubernetes 集群之外，并对 Kubernetes 的 API 做了代理，用户可以直接通过它来管理 Kubernetes。注意 Rancher 并没有使用关系型数据库，而是选择 etcd 来存储数据。另外，Rancher 的后端与 Kubernetes 一样使用 Go 语言编写，二者交互非常方便，而前端使用 Ember.js，这是一个主流的 JavaScript MVC 框架，对非专业前端开发来说比较友好。对于一个开源产品，除了考虑功能是否满足需求之外，技术上我们能否完全掌控、是否有良好的二次开发体验，也是选型时的重要考虑点。

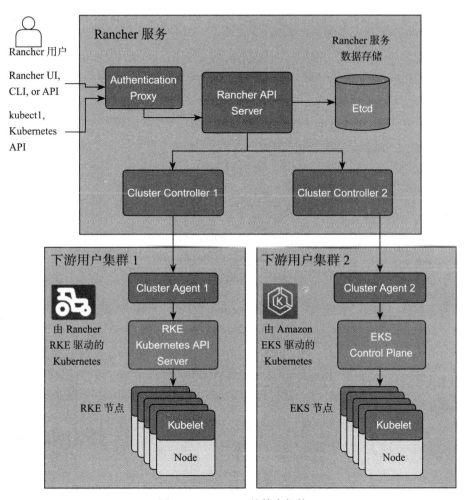

图 6-23　Rancher 的技术架构

注：图片来源：Rancher 官网 https://rancher.com/docs/rancher/v2.x/en/overview/。

总地来说，Rancher 功能比较完备，扩展方便，架构也比较简单，容易掌握。不过，对于银行业这种重视流程和安全的企业，Rancher 仍有不少值得改进之处。例如，Rancher 的发布流水线（Pipeline）功能过于简单，需要加强；Rancher 平台的权限控制功能也比较弱，达不到银行的要求，需要改善。后文会对这些点的改进做进一步说明。

（2）容器云存储

容器云的存储需求，按场景可以分为如下几种。

- 小配置文件（证书 / 密钥 / 文本配置等），大配置文件（Linux 动态链接库、字体等）。
- 临时缓存文件（在应用关闭后可以删除）。
- 短期文件存储、中转（下载的数据和日志文件也属于这一类）。
- 应用程序之间的共享文件。

从大的存储解决方案来看，有三种形式，如图 6-24 所示。

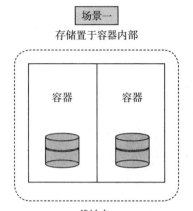

图 6-24　三种典型的存储方案

在具体方案选择上，总结下来，有如下几种策略：

- 对于小配置文件（证书、密钥、文本配置等），可以用 Kubernetes 的 ConfigMap 和 Secret 来存储与挂载；
- 对于较大的配置文件，有两种办法，一是放到 FTP 等文件服务器上，在创建镜像或者容器初始化运行时，拉取下来放入容器中，二是挂载在可以永久保存的外部存储上；
- 对于临时缓存文件（在应用关闭后可以删除的那种），可以直接放在容器内部，而对于容器内短期存储的、中转的文件，或者多个容器共享的文件，在容器关闭后不能立即销毁，则可以挂载到外部共享存储上。

容器的外部共享存储有很多选择，既有商业化产品，又有开源产品，既有集中式存储，又有分布式存储。开源产品以分布式存储为主，业界主流的是 CephFS 和 GlusterFS，它们都兼容 POSIX 标准，可以挂载到容器上直接使用。其中，CephFS 复杂度更高，GlusterFS 稍微轻量一点，但都不简单，像这种偏系统底层的分布式存储，内部逻辑通常都非常复杂，如果对其底层原理不熟悉，遇到问题时会比较头疼。另外需要注意，OpenEBS 是一个新兴的"云原生"分布式存储方案，目前已经被 CNCF 基金会收录，前景还不错，但还不够成熟，资料和应用案例都很少。开源的分布式存储，功能一般比较强大，比如支持多副本、支持海量存储等，但比起商业的集中式存储，其性能、可靠性通常会差一些。

回到需求上，容器中存储的数据通常还是少量的、临时的，存储密集型的服务（比如 MySQL、Kafka）暂时没有计划部署在容器上，而一些海量文件存储场景，也有专门的中间件（比如 HDFS、FastDFS）支持。所以综合考虑，在容器存储需求不是特别旺盛的情况下，若追求简单稳定，可以使用传统的商业 NAS 存储。Kubernetes 本身对 NAS 的支持非常好，接入和使用都非常方便，像一些公有云平台，比如阿里云，NAS 也是其主推的容器存储方案。

（3）日志采集和备份

银行业的日志备份有明确的时限和完整性要求。要做到完整、全量、长期有效的备份机制，传统的物理机、虚拟机较容易实现，毕竟日志文件就在本地磁盘上，直接将文件打包压缩再备份即可。然而换成容器部署之后，日志若保存于容器内部，一旦容器被销毁，则日志也一并被删除，无法及时备份；倘若把日志挂载到容器外部存储，则需要在外部存储中另外设计策略去备份日志，实现起来也有一定难度。

对于容器环境下的日志采集，常见方案是在容器内安装专用的采集 Agent（例如 Filebeat、Logstash）。这种方案有利有弊，优点在于配置灵活，缺点在于每个容器都要多出一个进程，多少有些浪费资源，而且也不便于集中管理。经过一些研究和摸索后，我们找到了一种比较好的解决方案。该方案利用 Rancher 官方的 Flex Volume 驱动插件，直接将每个容器实例（Pod）挂载到本地磁盘卷，容器 Pod 销毁时，卷上的数据不会销毁，可以持久化存储，这样我们就能够在 Kubernetes 的宿主机上安装日志采集插件，在特定的目录下去批量采集日志（从磁盘目录的名称中可以解析出应用的名字和 ID）。由于日志存储在本地磁盘上，所以日志备份的方式也与原来使用虚拟机时没有区别。该方案能够很好地解决我们内部容器云平台日志采集和备份的问题。

（4）私有镜像仓库

关于容器私有镜像仓库，可供选择的产品并不多，主要有 Docker Registry、Harbor 和 Nexus。其中 Docker Registry 是 Docker 官方提供的一个最小化私有仓库，非常简单，没有 UI 界面，通常仅限个人或小团队应急使用。Harbor 则是目前最主流、最通用的私有镜像仓库，它开源得比较早，且专为容器镜像而生，在镜像管理方面比较专业，除了支持在线管理容器镜像之外，还具备权限管理、操作审计、仓库间镜像复制等功能。

Nexus 是一个老牌产品，最早是 Java 的 Maven 私有仓库，后来拓展到其他领域，实现了多种仓库，包括 Node.js 系的 NPM 仓库、Python 系的 PyPi 仓库、Debian 系的 APT 仓库等。其强大的设计已经可以将各种仓库作为插件来扩展。Nexus 3 增加了对 Docker 镜像仓库的支持，同时支持 Hosted（私有仓库）模式和 Proxy（代理仓库）模式。虽然 Nexus 的镜像管理功能不如 Harbor 强大，但 Hosted + Proxy 的模式却非常实用，在一些服务器无法连接公网或者网络不佳的情况下，可以借助带有 Proxy 功能的 Nexus 私有仓库去公网拉包，拉取的包会缓存到私有仓库中，供以后直接使用。

Harbor其实也可以作为Proxy代理仓库部署，但代理仓库不能用作私有仓库，也就是说，当前新版本的Harbor（v1.8）运行时只能选择Hosted和Proxy模式中的一种。在Harbor的后续开发计划中，可能会加入"Image Proxying and Caching"功能，但目前还未实现，期望使用这个功能的用户，可以自己动手基于Harbor源码做二次开发。

（5）域名解析和负载均衡

容器内部的域名解析，通常会采用Kubernetes推荐的CoreDNS实现，一般情况下，CoreDNS均能满足相应需求，无须更换和改造。路由解析及负载均衡，由Kubernetes的入口控制器（Ingress Controller）实现，传统的负载均衡（Nginx、HAProxy、F5等）基本上都有实现Ingress Controller的组件，例如Kubernetes官方维护的nginx-ingress，功能上和传统的Nginx几乎一致。另外还有一款人气非常高的Ingress Controller组件——Traefik，它是专为容器而生的，完美支持容器下的各种负载均衡场景，而且功能强大、性能非常好，目前社区也是最活跃的。如果想继承Nginx、F5等中间件的功能，不妨直接使用基于它们实现的入口控制器，否则Traefik是一个不错的选择。

（6）容器网络插件

容器网络（Networking）插件，常见的有Flannel、Calico、Weave，每一种插件都有自身的特点。其中，Flannel的核心目标在于为Kubernetes提供一种功能简单的、易于使用的网络结构；Calico则致力于为容器、虚拟机和裸机工作负载提供网络连接及网络安全解决方案；Weave致力于创建一种虚拟网络，将Docker容器连接到多个主机（可跨数据中心、跨云服务提供商），并实现它们的自动发现。根据这些描述，不难看出它们各自的侧重点，考虑到银行业非常看重网络安全，网络策略比较多，所以Calico是一个比较好的选择，而且Calico还支持BGP（边界网关协议），可以用来打通容器、虚拟机、物理机之间的网络，非常易用。

3. 容器云平台主要功能

容器云平台是实现DevOps的重要工具，基于该平台可以完成对应用的持续集成和持续发布，以及对系统和应用的日常运维（资源分配、环境配置、部署更新、系统监控等）。下面就以基于Rancher等开源组件搭建的容器云平台为例，来看一下容器云平台的主要功能。

（1）容器镜像及容器平台流水线

容器（Docker）镜像封装了应用程序及其运行环境（操作系统＋相关软件、工具及配置）。下面是一个典型的Java项目容器镜像配置（Dockerfile）示例：

```
1   # 基础镜像，基于CentOS 7，安装了Tomcat v8.5和JDK 8
2   FROM registry.docker.i.com/public/centos7-tomcat:8.5-jdk8
3
4   # 打包后，将target下的war包复制到指定tomcat目录
5   COPY target/*.war /usr/local/tomcat/webapps/
```

从示例中可以看出该项目有两个构建指令：第一个是使用FROM引入基础镜像，这

个基础镜像封装了应用程序的运行环境（本案例中是一个安装了 JDK 8 和 Tomcat 8.5 的 CentOS 系统）；第二个是使用 COPY 将打包好的应用程序 war 包复制到 Tomcat 部署目录下。

应用程序编译打包和 Docker 镜像构建过程，完全基于容器平台 CI/CD 流水线自动执行。该容器云平台使用的流水线是 Rancher Pipeline，在 Rancher Pipeline 里，每个项目都需要关联一个 Git 代码库，其流水线配置文件存储在各自的 Git 仓库中。流水线的主要执行步骤及配置如下。

1）配置 Git 代码库地址和分支：从代码仓库指定分支拉取代码。

2）配置打包镜像及打包脚本：使用指定的 Docker 镜像运行代码编译和打包。

3）配置 Dockerfile：使用指定的 Dockerfile 配置创建包含应用程序的 Docker 镜像。

4）配置工作负载信息：将制作好的 Docker 镜像部署到指定工作负载上。

在流水线的 Web 界面上，可以对流水线的步骤及配置进行可视化管理，如图 6-25 所示。

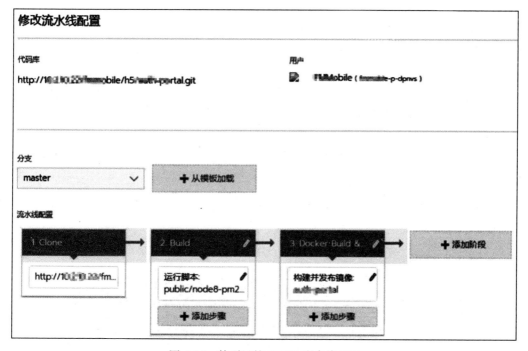

图 6-25　某项目的 CI/CD 流水线配置

项目的流水线配置好之后，就可以进行构建了，每次构建的执行记录，都会保存在"构建记录"列表中，如图 6-26 所示。

从构建记录列表中可以看到最近 N 次的执行状态（N 可以配置），点击一个构建记录可以查看构建的详细情况（包括执行时间、构建日志等），如图 6-27 所示。

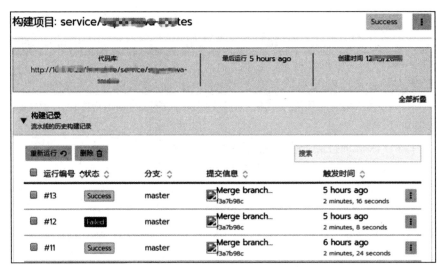

图 6-26　流水线构建记录

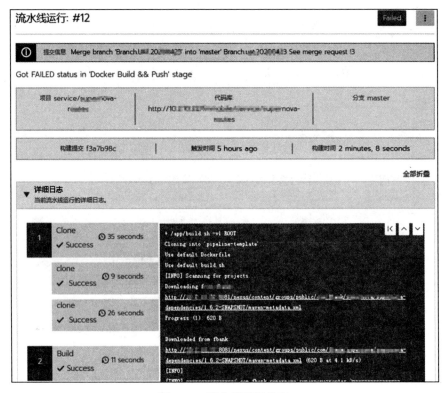

图 6-27　流水线运行信息

可以看到，这个容器平台流水线的功能与传统的 CI/CD 产品（比如 Jenkins）的功能非常相似。它简单易用,且流程步骤可以灵活配置,但是在功能全面性和扩展性上,却不如传统的 CI/CD 产品强大,后文会说明相关问题并介绍改进经验。

容器流水线真正的优势在于,它是弹性伸缩的,当有 100 个编译打包任务同时发起时,它会同时创建 100 个容器来运行任务,而且在任务结束后,这些容器会被立即销毁,资源得以回收。传统的 CI/CD 平台,仅靠单个或者几个服务器节点,很难支撑短期的高并发任务。

(2)自动部署及扩容缩容

容器云平台沿用了 Kubernetes 的核心概念,将最小的应用部署和运行管理单元称为 Pod。通常一个 Pod 部署一个容器(特殊情况下允许部署多个),一个容器运行一个应用程序。如果要水平扩展应用程序(运行更多实例来提供更多资源),则需要使用多个 Pod。

在容器云平台上,使用工作负载(Workload)来创建和管理多个 Pod。工作负载有多种类型:Deployment、StatefulSet、DaemonSet 等。下面以最常用的 Deployment(无状态的应用部署形式)为例,说明如何实现应用的自动部署、发布、回滚及扩容/缩容。

在容器云平台上,可以直接创建工作负载,如图 6-28 所示。

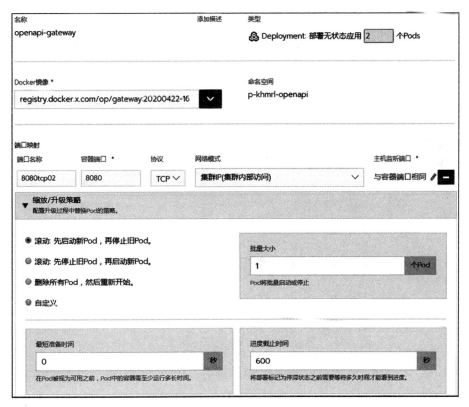

图 6-28 工作负载示例

从图 6-28 中可以看出，这个应用的工作负载类型是 Deployment（无状态应用），并且有 2 个 Pod（每个 Pod 代表一个应用运行实例，设置为 2 代表该应用计划部署两个节点）。另外，还需要指定应用的 Docker 镜像，并设置容器端口映射等信息。

在"缩放 / 升级策略"一栏中，默认有多种发布策略。例如常见的"滚动升级"：先更新一个实例，成功后，再更新下一个实例。至于更高级的"金丝雀发布"，需要精确控制 Pod 的流量，通常还会给 HTTP 请求增加特殊 header 来路由流量。目前，开源社区已经有一些方案，比如 Flagger + Istio，但是我们当前的容器云平台暂时还不支持。

在扩容 / 缩容方面，使用容器云平台操作非常容易，如果只是想手动扩容、缩容，只需要在 Web 界面上调整 Pods 的数量即可，如图 6-29 所示。

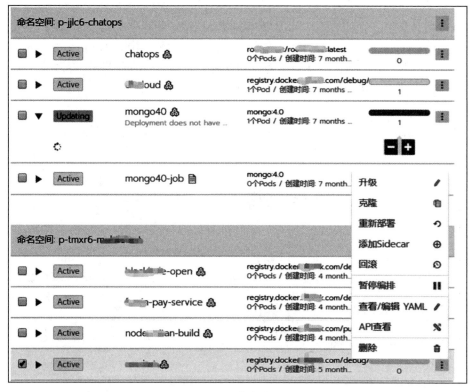

图 6-29　工作负载列表

从图 6-29 中可以看出，每个工作负载的下方都有一个"加号"和"减号"图标，点击"加号"就可以扩容一个节点，点击"减号"就可以缩容一个节点。打开工作负载的右侧菜单，还可以对工作负载进行升级、克隆、重新部署、回滚、删除等，部分功能可以勾选工作负载前面的钩进行批量操作。

自动伸缩功能需要用到 Kubernetes 的 HPA（Horizontal Pod Autoscaler）新特性，目前 Kubernetes 的 Autoscaling API 的稳定版本是"autoscaling/v1"，它只支持基于 CPU 的自动

伸缩，如果想要支持内存和其他自定义指标，则需要用到 beta 版本"autoscaling/v2beta2"。

使用类似如下命令即可创建自动伸缩策略：

```
kubectl autoscale deployment my-app --min=2 --max=5 --cpu-percent=50
```

分析上述命令可知，当工作负载"my-app"的所有 Pod 的平均 CPU 使用率超过 50% 时，就会自动扩容，最多扩展到 5 个节点；反之，当平均 CPU 使用率低于 50% 时，它会逐个缩容，最少保留 2 个节点。更复杂的自动伸缩策略，可以使用 yaml 格式来定义。

（3）系统及服务相关配置

（a）CPU 及内存的分配及限制

在容器云平台上，可以从命名空间（Namespace）、容器（Container）等维度去设置资源限制。以容器为例，如图 6-30 所示，设容器内存预留为 128 MiB，最大限制为 2048 MiB，CPU 预留为 100m，最大限制为 2000m（m 代表 milli，千分之一，100m 就是 0.1CPU）。

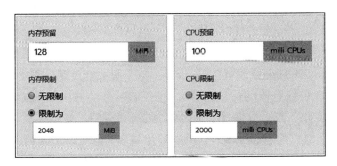

图 6-30　CPU 及内存的分配及限制

（b）为容器分配数据卷

在容器云平台上，可以使用 Kubernetes 的存储驱动对接外部存储，比如 NAS、vSphere、NFS、Amazon EBS 等，然后创建指定容量的持久卷（PV），再通过 PVC（持久卷声明）挂载到容器上。图 6-31 展示了某个命名空间下的 PVC 列表，状态为 Bound 代表已经被挂载。

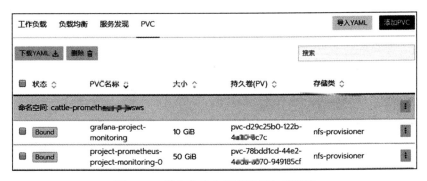

图 6-31　某个命名空间下的持久卷列表

（c）配置环境变量

在容器云平台上，可以为系统添加环境变量，如图 6-32 所示。

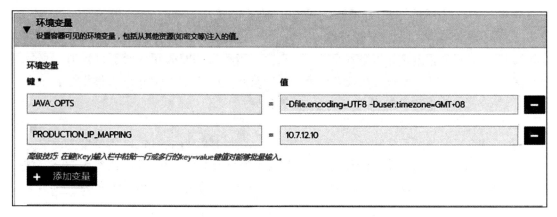

图 6-32　在容器云平台上添加环境变量

（d）服务发现

在容器云平台上，可以创建服务（Service），每个服务会关联一批 Pod（Pod 可以根据工作负载选择，也可以根据容器的标签选择），服务的名称能被内部的 DNS 解析。这就意味着，无论 Pod 如何变化，都可以通过 DNS 域名访问到它们。如图 6-33 所示，有三个服务，它们关联的是工作负载，通过服务名称（可以看作域名）就可以访问到工作负载。

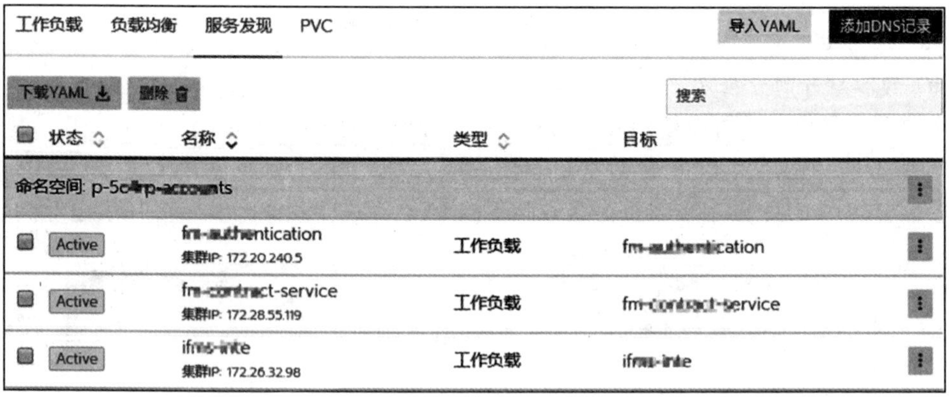

图 6-33　容器云平台服务发现配置

（e）负载均衡

通过容器云平台的负载均衡组件，可以将容器集群的内部服务暴露给外部访问，并且支持 L7 层负载均衡（可以根据 URL 做路由）。

如图 6-34 所示，容器内部服务 portal-admin（可视为内部域名）被解析到容器外部域名 portal.test.com 上，而内部服务 portal-admin-h5 则被解析到带 /h5 路径的 URL 上。

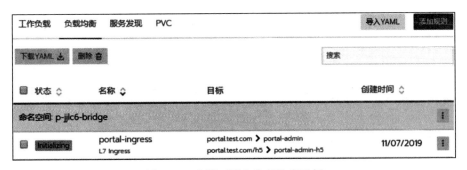

图 6-34　容器云平台负载均衡示例

4. 实践与应用经验

在容器云平台的搭建和实施过程中，我们总结了不少实践经验，在此简单分享下。

（1）镜像模板

统一容器基础镜像是业界公认的做法，但在统一基础镜像的理念下，我们更进一步地探索出了镜像模板的做法。最初我们也是按照传统思路，只统一了 Docker 基础镜像，没有统一 Dockfile 及打包、部署脚本，但在接入了几十个项目之后，我们发现大多数项目的 Dockerfile 及打包、部署脚本有共同点，很多项目甚至是一模一样的！因此，完全可以将这些项目的构建配置（Dockerfile 及脚本）统一起来，定义成基础模板，在部署项目时，只需要选择一个模板（比如 Java_Maven_Tomcat、Node_NPM_PM2、Java_Maven_Jar 等），然后填入相关参数（比如项目名称），而不必接触 Dockerfile 等底层的构建配置。这样能最大限度地为运维做统一管理提供便利，因为在项目的打包构建、配置运行过程中，运维可以添加特殊操作或流程（比如缓存编译结果以加快构建效率、记录应用包的 MD5 以便与上线包进行比对等）。当然，为了灵活性，在特殊情况下，还是允许应用自定义 Dockerfile 及相关脚本，但实践下来，只有少部分项目有这样的需求。镜像模板采用 Git 仓库统一维护，如图 6-35 所示。

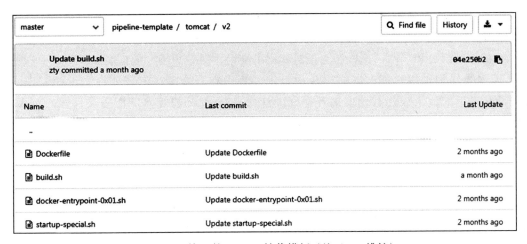

图 6-35　统一的 Docker 镜像模板（基于 Git 维护）

除此之外，我们还开发了流水线模板（如图 6-36 所示），它的主要作用是在 CI/CD 流水线上创建新项目时，可以一键应用模板，自动生成流水线配置，从而减少手工操作的工作量。

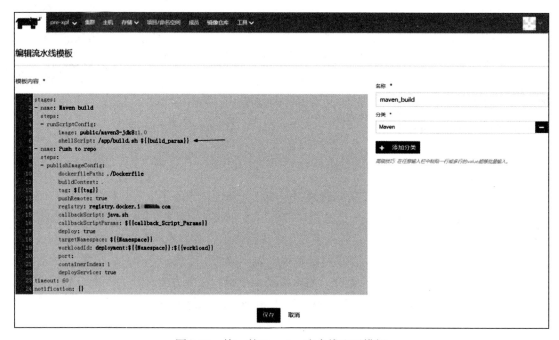

图 6-36　统一的 Rancher 流水线配置模板

（2）流水线的改进

Rancher 的流水线提供了全生命周期的应用构建能力，它的"项目"与 Git 仓库关联，构建时有三个主要步骤：先从 Git 仓库拉代码，再创建专用容器去编译打包代码，最后构建 Docker 镜像并上传到镜像仓库。除第一个步骤外，其他步骤前后可以添加自由流程（执行自定义脚本或调用 API），具备一定的灵活性。但 Rancher 流水线底层，实际上是对 Jenkins 和 Git 的深度封装和定制，这种做法虽然简化了使用，但是却不方便扩展。

流水线作为常用功能，同样也成为需求的集中点，众多需求需要在它上面实现，而 Rancher 自带的流水线仍有较大提升空间。首先，Rancher 将流水线配置文件 rancher.yaml 放置在项目 Git 仓库的根目录下，这就导致一个项目只能有一个 rancher.yaml 配置，换言之，一个 Git 仓库只能对应一个流水线项目。而实际情况是一个 Git 仓库里面可能有多个独立项目，比如 Java 的 Maven 父子工程，一个 Maven 工程下可以有多个子项目，这些子项目可能需要独立部署。针对这一情况，我们对 Rancher 做了改进，允许一个 Git 仓库配置多个项目，子项目的 rancher.yaml 配置文件放在子目录下面，从而解决了一个仓库多个项目的问题。虽然这种改进并不全面（不如 Jenkins 可以自由配置那样灵活），但是能快速解决问题。说到快速响应需求、解决问题，这是自研容器云平台的一个巨大优势。

另外，Rancher（v2.0）自带的流水线流程，在将镜像打包上传之后就结束了，这没有实现完整的 CI/CD 功能，缺少了自动部署这一步。于是，我们又快速对 Rancher 流水线进行改造，在构建配置中增加应用部署信息（非必填项）。如果填写了部署信息且构建时勾选了自动发布选项，那么流水线将 Docker 镜像上传到仓库之后就会开始自动部署。图 6-37 展示了我们二次开发的 Rancher 流水线配置。

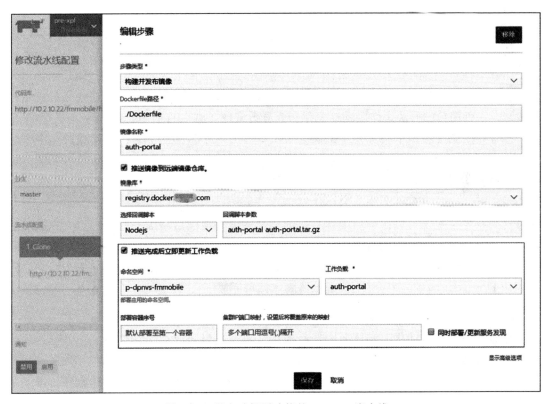

图 6-37　带自动部署功能的 Rancher 流水线

除了上面两项，还有一些小的功能定制及改进，包括给流水线内部封装的 Jenkins 安装 Sonar 代码扫描插件，修改流水线默认的 Git 指令使其显示 commit 记录，给流水线添加推送原始应用部署包到 FTP 上等，都是通过修改 Rancher 流水线的源代码来实现的。

(3) 踩过的坑

在基于 Rancher 的容器云平台实施过程中，我们也踩过很多坑，主要来自编译打包和应用运行环境两方面。刚开始使用容器流水线来编译打包的时候，速度很慢。Rancher 流水线默认的打包方式是借助 Kubernetes 新建一个容器（Pod）来执行，对那些基于 Maven 构建的 Java 项目和基于 NPM 构建的前端项目，由于新创建的容器没有本地缓存，每次构建都要重新拉取大量依赖包，所以整个打包构建过程非常慢（Maven 项目通常要 5 分钟以上，NPM 项目则要 20 分钟以上）。针对这一情况，可以考虑为 Maven 打包的容器挂载固定卷，让拉取的包能永久缓存下来；而 NPM 则稍微复杂一些，不但要挂载固定卷，还要为每个应用创建独立的缓存目录以保证项目之间互不影响，在构建时先判断应用的依赖包是否有变化，有变化时才需要更新依赖包，否则直接使用上次缓存的包。

应用部署在容器云平台上，每次更新时系统的 IP 和 MAC 地址都可能会变化（因为 Kubernetes 会根据调度算法，在整个资源池的某个地方创建新的容器），如果应用的 IP 被其他平台静态引用，那么 IP 变化后，就会导致其他平台无法调用。针对这种情况，需要对应用配置进行改造，将 IP 替换成域名，但如果涉及 IP 白名单策略，则需要考虑策略变更的影响及替代方案。

还有一些应用程序，使用本机的 MAC 地址作为参数来生成 ID，一旦 MAC 变化，导致生成的 ID 不再连续，就会引发业务错误。针对这种情况，需要对应用程序使用的算法进行改造，一种简单的办法是使用环境变量作为参数来取代原来的 MAC 地址。

还有些团队会在一个服务器中部署多个项目，而基于容器的部署，通常建议一个容器对应一个项目，因为多个项目部署在一起非常不便于管理。尽管如此，有些业务团队的特殊需求也必须重视并积极支持，例如，有些 Java 项目需要在 Tomcat 下面部署一个固定附属项目（Swagger-UI，一个静态 HTML 项目）、某些前端项目代码分散在两个 Git 仓库等。针对这类特殊情况，可以在项目编译打包前后及镜像构建前后增加一些扩展点，在扩展点上执行特定功能（比如从 FTP 或 Git 上拉取文件并放到镜像的指定目录）。例如，对于前面提到的 Java 附属项目，就可以直接在镜像构建之前增加一个拉取 Swagger-UI 文件并放到 Tomcat 目录下的步骤，调用一个标准扩展脚本即可完成。

5. 总结

容器云平台是自动化运维体系中的新成员，也是重量级成员，它提供了一整套自动化运维解决方案。借助容器云平台，服务器硬件资源可以被统一管理和调度，网络、存储、服务发现、负载均衡等配套功能都可以实现自动化、可配置化管理，环境和服务器可以用容器镜像、容器平台来维护，打包、部署可以基于流水线去管理和自动执行。这些功能打通了开发、测试、运维人员之间的壁垒，服务器相关配置（系统、环境变量、网络、存储、负载均衡等）对开发、测试人员透明，使他们能很容易地参与（甚至接手）应用及服务器的管理和维护，而运维人员也更容易掌握应用部署的情况，快速响应开发和测试人员的需求。

容器云平台虽然功能强大，对自动化运维提升明显，但是具体怎么搭建、怎么实施却不是简单的问题，特别是对银行业，相对于互联网企业而言，银行业需要考虑的问题更多。本节结合银行行业背景及具体经验，分享了容器云平台的建设思路、研发及实施过程，供读者参考。

6.2.4 为 DBA 减负

IT 运维团队的日常工作往往都比较琐碎，DBA 群体则尤为突出。在大多数情况下，

DBA 不是在修数（修改数据）就是在提数（提取数据），而且要花很多时间去沟通，不难想象一个 SQL 脚本在 DBA 和开发人员之间反复修改和审核的场景，其根本原因在于数据订正没有一个标准化的流程，而这样的标准化流程需要一个自动化的平台来做强有力的支撑。

1. DBA 的痛点

结合实际经验，下面我们从 5 个方面来分析 DBA 工作的痛点。

（1）库表设计规范的落地

自动化运维的一个前提在于标准化，库表设计及 SQL 语句标准化无疑是数据库团队标准化梳理中最为关注的内容，比如命名规范、表设计规范、字段设计规范、索引设计规范以及 SQL 使用规范等，标准确立之后，如何进行标准化落地也是一项难题。通常情况下由开发或测试人员将 SQL 语句提交给 DBA，DBA 会通过人工分析的方式验证语句规范性、合法性和执行性能等，随着标准化的规范越来越多，待审查的 SQL 语句越来越多，检查的成本也越来越高，这在无形之中间接造成 DBA 推行的规范越来越多，验证工作也越来越复杂，久而久之，规范的约束力就很难保障。

（2）SQL 语句审核

人工审核很难在大量的 SQL 脚本中发现潜在的问题。像多字符或少字符、半角或全角等完全取决于"视力"好坏的问题着实很难发现，更深入的问题就更不容易被发现了，例如添加已存在的字段，或删除不存在的字段等。如果操作失败，想要回滚也很麻烦，因此每当生产环境要执行 SQL 脚本时，DBA 都会再三确认，小心翼翼地执行每一个操作，因为数据回滚的成本很高，或者有些脚本执行后根本不敢回滚，只能一条道走到底，通过修数解决问题，但这又会引出另外的问题。此外，SQL 的版本控制也是一个问题。DBA 团队希望在测试环境执行的脚本与将在生产环境执行的脚本完全一致，但如果没有科学的流程和工具，很难实现。多个环境之间执行的 SQL 版本不一致是常态，若完全一致极有可能导致一些不确定的后果。所以，我们希望 SQL 审核是一个全自动化、纯线上、强约束力的操作。

（3）数据提取

在业务发展初期，提数的需求尤其多，原因在于此时业务对应的运营系统还没来得及建设，遇到问题就得查库，在没有相关的自动化平台支撑的情况下，DBA 很大一部分人力资源都得耗在这上面。

（4）资源管理

量变引发质变，对于业务规模相对较大的企业，即便是资源管理这样的小事儿，对 DBA 来说也可能演变成一件头疼的琐事。以数据库的创建为例，此类操作本身并不复杂，但考虑到对不同版本以及不同容错模式的支持，加之随着业务规模的扩大，重复性的资源创建等，资源的频繁创建和分配将是常态，若采用人工管理的话，成本投入高不说，也很"废"人，所以通过自动化的方式对资源进行管理很有必要。

（5）监控的需求

数据库监控也存在多种维度：从资源存活性角度来看，我们需要对数据库进程进行监控；从数据库性能角度来看，我们需要对事务的执行状况以及吞吐量进行监控；从 SQL 执行的角度来看，我们需要对慢 SQL 进行监控；从容量的角度来看，我们需要对数据库的表空间进行监控等。

2.数据库自动化运维

数据库自动化运维以解决 DBA 的实际痛点为主，主要包括了 SQL 语句审核的自动化，数据提取的自动化，数据库元数据的系统化管理，以及数据库资源的创建、监控等。

（1）自动化 SQL 语句审核

自动化 SQL 语句审核完成了从人工操作到自动化的转变。它通过流程来规范审核的过程，底层则是通过相应的中间件来对 SQL 进行检查和约束，实现对关系型数据库（如 MySQL、Oracle）的 SQL 语句自动化评审和校验。SQL 审核架构如图 6-38 所示。

图 6-38　SQL 审核架构图

SQL 审核的流程由开发人员发起，请求一经提交，审核平台就会自动检查提交的 SQL 是否符合规范，如果不符合，那么提交就会失败，并提示用户失败的原因。提交成功之后，会生成相应的审核记录，由具备权限的 DBA 审核。DBA 会重新通过自动审核的方式来进行审核，当然也可以人工审核，当审核确定通过之后，审核订单的状态也就变成已通过，此时可以选择直接执行，也可以由请求发起者来自己执行。这里的执行者没那么重要，原因在于 SQL 已经通过双重检查，满足执行要求，同时，SQL 执行完成之后，也会自动生成相应的回滚语句。

在整个 SQL 语句审核的过程中，多数情况下，DBA 需要做的仅仅是在审核完成之后，点击"XXX"按钮，令审核订单变成通过状态。整个过程是全线上操作，便捷度和执行效率都非常高，真正做到了 SQL 审核的自助化，使安全性和可靠性得到有效保障，同时 SQL 规范也能顺利落地，给 DBA 的工作开展带来极大的便利。

（2）关于数据提取

关于数据提取，首先想到的是平台化的解决方案，即通过 Web 平台来完成数据库的查询，这本身并不复杂，更重要的需求在于权限的控制以及数据查询的脱敏。

- **权限控制**。一方面是数据库账号的权限，对于数据提取来说只能是只读，且预先已经由 DBA 配好，不需要用户关注；另一方面针对权限控制的逻辑，通过平台来进行库和用户角色的关联，就能实现应用负责人只能对所使用的库进行查询。
- **数据脱敏**。可以考虑采用动态脱敏的方式，即对 SQL 查询语句进行解析，识别出敏感字段，然后通过替换函数来改写 SQL。敏感字段的匹配则通过维护敏感字段的字典表实现。该表由业务部门自行在平台上进行字段添加维护，由 DBA 进行管理，以保证敏感字段的维护比较完善。

（3）元数据管理

针对数据库自动化运维，主要从几个维度进行了配置信息管理，分别是机房、主机、业务、集群、实例、库等。通过这些信息能够比较容易地构建出数据库的物理部署拓扑以及业务对数据库的依赖关系。一方面这些信息在故障关联分析上能发挥较大的作用，另一方面也为后续的自动化运维提供了数据基础。

（4）资源的一键部署

通过数据库运维平台实现一键创建适配不同版本、不同容错机制的数据库，例如单机/主从/多主模式，极大地提高了生产力，缩短了交付周期。传统运维模式主要通过人工方式创建数据库，效率低下，执行过程高度依赖于运维人员的个人经验，且重复性的运维工作本身是常态化的；脚本运维模式虽然能够解决人的问题，但难以管理；而平台化的方式则能将类似于数据库创建的操作带到 Web 平台上来，从而实现一键部署，也使操作体验得到进一步提升。

（5）数据库监控

对数据库的监控主要从系统存活、性能以及容量三个方面考虑。系统存活监控主要通过对数据库进程的定时探测完成，获取探测结果后，通过部署在服务器上的代理将结果上报到自动化平台。数据库性能监控则主要通过执行数据库内置的指令来查询 QPS、TPS、并发数、连接数等监控指标，慢 SQL 则主要通过日志来进行分析，同样通过代理的方式将相关指标上报到管理平台来进行聚合、图形化展示、分析等。容量监控则主要通过周期性查询 MySQL information_schema 表来进行总体统计、分析。通过数据库运维平台进行监控的优势在于监控指标丰富，可定制化程度高，同时具备较高的可配置性图形化展示以及大屏监控，能够进行周期性的趋势预测。

3. 总结

建设数据库自动化运维平台的初衷非常简单，想简化 DBA 的工作，解放 DBA（笔者所在企业内部数据库自动化运维平台的开发代号，正是 FreeDBA）。数据库自动化运维平台除了功能囊括各项日常操作，更是面向数据库运维的综合性的解决方案：一方面，对数据库运维的能力进行了统一封装，提高了操作标准化程度，也极大程度地提高了效率，并且通过流程审批的方式来将这种能力赋予资源请求者，具体的执行过程对用户来讲是透明的，由平台来保证；另一方面，DBA 通过数据库管理平台将自身的角色从一个最终执行者转换为平台的管理者、审核者，规范了流程。

6.3　自动化运维体系中关于安全的思考

毫无疑问，自动化运用得当，将明显提升运维团队各项工作开展的效率，不过在大力实践自动化运维的同时，也要重视安全问题。恶意破坏和误操作而导致的运维安全事件屡见不鲜，本身自动化能力提升的同时安全问题也被放大了，主要体现在安全问题的影响面扩大了，产生影响的速度也加快了。

安全问题带来的后果通常情况下都较为严重，事件一旦发生，可能给企业正常生产运行带来巨大影响及重大的经济损失，这使得在自动化运维体系建设的每一个环节，都要全面考虑企业安全运维。

6.3.1　平台设计方面的安全保障

鉴于自动化运维的能力最终是通过平台输出，平台建设的安全性就成为我们首先需要考虑的内容。在系统开发层面，安全方面也会涉及功能性需求，例如访问控制策略，这也是通用性需求，大多数管理类系统都应具备。

访问控制策略业务实现已经非常成熟，从模型角度有 DAC（自主访问控制）、MAC（强制访问控制）、RBAC（基于角色的访问控制模型）三种访问控制策略模型，不同技术栈都能够找到对应的安全框架。安全框架提供了常用的绝大多数功能，开箱即用，例如会话的管理、多数据源认证以及对多种访问控制策略的支持等。没有必要重复造轮子，而且新造的轮子，大概率不如久经考验的解决方案那么完善，特别是在遇到通用需求的时候，只需要集成自己的数据源来适配框架即可。

与此同时，我们还需要在认证和授权方面进行一些特有的设计，主要包括下列几个方面。

1. 错误认证次数

为了防止用户通过撞库来获取别人的用户名、密码，可以考虑将登录错误次数超过一定阈值的用户列入黑名单，或者通过设计登录时限，来限制用户多次登录的时间间隔。

2. 双因子认证

双因子认证有时又称作两步认证或双因素认证，它比单因子认证更能提高系统认证的安全性，且双因子认证的应用场景在运维的工作中也比较常见，例如 VPN 的使用、堡垒机的登录等。对于自动化运维平台来讲，通过双因子认证提高安全强度，也是保障自动化运维系统抵御攻击的有效手段。

3. 用户密码存储

通过不可逆的加密算法来加密用户密码，基本上已经是目前系统设计的常识，这种方式使得就算被人拖库，用户信息泄露也无法获取用户的密码，况且目前通过安全框架来实现这个需求基本没有技术门槛。

4. 访问控制策略

除了认证之外，授权也是一个需要关注的部分。目前，大多数系统都是基于 RBAC（Role Base Access Control）的授权方式，也就是我们常谈论到的用户关联角色。这种授权方式是通过角色关联资源来代表权限，将角色关联给用户，从而进行授权。这也符合面向对象的设计思路。在进行应用访问时，要尽可能进行细粒度的访问控制，例如基于 URL 的访问控制就会比基于菜单的访问控制安全很多。原因在于菜单对用户来讲只涉及可见性，URL 才是最终实现访问控制的有效手段。

5. 操作安全保险策略

从开发角度来看，也要考虑对于关键功能的操作安全风险设计。例如针对资源的写或者变更操作，特别要注意访问控制，因为风险往往来自于变更，针对资源操作失败的情况也可以有多种处理方式，比如是否可以故障转移，是否可以忽略，是否可以快速失败，是否可以重试，是否能够回滚，以及操作之前是否需要备份等细节，都需要充分考虑。

6. 日志审计策略

对自动化运维平台中的各项操作，必须记录详细的日志，以便实现操作审计、追溯以及还原事件当时发生的情况。此部分需求也可以借助第三方的成熟方案，比如通过堡垒机接入来保障。

6.3.2 功能测试验证的安全保障

功能测试验证，是保障自动化平台操作安全的质检线，那么毫无疑问，测试覆盖率是评价测试质量的唯一标准，而测试覆盖率和测试用例直接相关。测试用例的编写一方面体现了测试人员对自动化运维系统的了解程度，另一方面也体现了测试人员对系统的思考。当然，过程中自动化运维开发人员也可以提供有价值的信息，帮助测试人员完成用例的编写，例如：应该重点关注哪部分功能测试，这就相当于测试人员常会询问开发人员修改了系统哪些功能一样。具体到安全层面，主要有两点是测试人员应该考虑的。

1）**越权访问**。防止用户具备超越自身权限的问题，特别是针对恶意用户，这个问题更加严重，解决方法是在权限控制方面尽量采用细粒度的访问控制，在测试阶段，需要做的是对权限方面的问题保持敏感，提供尽可能多的测试用例。

2）**关键功能特殊关注**。这可能更多是由研发人员根据经验来保证，与之前开发设计阶段一样，针对系统、针对资源的写操作一定要重点关注、重点测试。

6.4 本章小结

本章从多个维度描述了自动化运维，主要通过相关自动化平台来体现，分别是配置管理数据库、自动化发布系统、容器云平台、数据库管理平台。其中配置管理数据库作为运维的生产资料，其重要性不言而喻。而自动部署系统、容器云平台、数据库管理系统描述的则是自动化运维的过程。最后，我们也聊到了自动化运维体系在安全方面的一些思考，主要关注点在平台设计和测试方面，虽然不能完全避免安全事故的发生，但我们希望尽可能地从自身角度来规避风险。

自动化运维使得运维的工作模式发生了根本变化，这主要体现在，在传统运维模式下，运维工程师是最终的执行者，而随着自动化运维的发展，运维的能力最终通过自动化系统来输出，运维工程师则变成了自动化系统的开发者、管理者，这也意味着，自动化运维的发展使得运维工程师逐步向系统开发和平台管理过渡。从运维能力输出来看，自动化运维极大地缩短了资源的交付周期，降低了错误率，规范了资源变更的流程。同时，自动化运维也解放了运维工程师，这也是自动化运维发展迅速的关键因素。

第 7 章　智能化运维探索

近年来许多新型运维方式和运维理念被业界提出来，特别是 DevOps，可谓风靡全球，对运维影响深远，紧随其后的 ChatOps、GitOps、AIOps 等也声名大噪。除此之外，还有软件定义网络（Software Defined Network）、基础设施即代码（Infrastructure as Code）、全栈追踪（Fullstack Tracing）等技术和理念也逐渐流行。仔细分析，不难发现一些比较普遍的特性。

首先，运维向着更加自动化、智能化的方向发展，这主要是因为运维规模和复杂度的增加让运维人员不得不想办法提高工作效率。其次，运维和研发走得越来越近，许多运维的问题都倾向于用研发的手段来解决，程序和算法成为打开新运维方式之门的钥匙。

本章将从运维的发展历程说起，解释什么是智能化运维，并通过分析运维现状和趋势，总结运维智能化建设的必要性。接着从四个方面阐述如何打造智能化运维体系，包括智能化运维基础设施、新型运维协作方式、运维工程研发框架以及智能运维大脑。

7.1　运维方式的演进

IT 运维方式在最近十几年发生了翻天覆地的变化，像"去 IOE"运动，以及云计算、微服务架构的流行，都给运维带来了巨大影响，可以说十年前的运维方式与现在已经不可同日而语。特别是近些年，随着 DevOps、ChatOps、AIOps 等技术的发展，IT 运维已经进入了深水区。

本节以运维的发展史为线索，探讨运维未来的发展方向，分析为什么我们会进入智能化运维阶段，这一路走来运维的痛点和追求是什么，运维的现状和趋势是什么，以及智能化运维能解决什么问题。

7.1.1 从手工到智能化

随着运维规模的扩大、软件架构复杂度的上升以及信息技术的快速发展，运维方式和手段也在不断改进。总结下来，运维团队工作模式的发展，可能会经历以下几个阶段。

第一阶段：没有专职运维

公司没有设置独立的运维服务部门，仅由各项目组制定支撑运维的简单流程，个别人员兼职负责某部分运维工作。缺少体系化的过程管理，缺少专业的运维人才。

第二阶段：专职手工运维

随着业务发展，运维规模扩大，公司开始成立 IT 运维团队，由专职的运维人员负责网络、服务器的维护以及应用的上线部署等，但主要是使用系统命令和简单脚本实现。在这一阶段，一个运维人员只能同时服务有限几个项目，运维人员的数量需要和项目数量成正比。随着项目、服务器的大量增加，运维人手不够，开始手忙脚乱，出了问题更是疲于奔命。

第三阶段：半自动化和工具运维

随着前一阶段的发展，运维人员开始思考如何才能提高效率、减轻压力，于是想到编写自动化发布脚本、搭建流程管理工具、部署简单易用的监控工具等办法。运维团队内部开始广泛地借助工具进行运维。但是最开始，工具和脚本繁多，不易管理，学习成本也高，另外，某些工具可能不好用，或不能满足特殊需求，不能做到足够的自动化，所以，很多地方还是得依赖人工操作。

第四阶段：平台化运维

经过前一阶段的发展，运维人员开始思考，是否能整合工具和脚本，并根据自己的需求进行定制开发。他们希望这些工具能满足更多需求、实现更多的功能，也希望能更集中、更方便地管理它们。于是，开始招聘研发人员，对运维工具进行改造升级，建立起更加强大的统一运维平台，比如容器云平台、自动化发布平台、统一日志平台、统一告警平台等，并借助这些平台的自动化能力和标准体系，让研发人员也参与运维，使运维向着更规范、更简便的方向发展。

第五阶段：智能化运维

所谓智能化运维，其实是一种高度自动化的运维方式。在前一阶段已经有了各种运维平台，但还是需要人工操作，因为平台自身没有任何思想，它不能辅助决策，也不能分析问题。随着运维规模的进一步增大，即便是使用统一运维平台，工作量也会累加到运维人员身上，直到出现新一轮瓶颈。

那么，运维操作能不能更简单、便捷呢？简单得根据提示就能操作、不用过多思考，便捷得就像说话、举手一样方便。于是，ChatOps、AIOps 被陆续提出，并被应用到越来越多的运维场景中。比如，通过 ChatOps 运维聊天机器人，你可以随时随地让它帮你实现你想做的事情，例如部署应用、查看服务器情况、查看日志等；再比如，借助智能告警系统，可以快速分析故障的原因和影响范围，并给出解决建议，再也不用运维人员逐个排查服务器，并翻阅资料去分析网络异常、程序死锁、内存溢出等常见问题了。

第六阶段：无人化运维

无人化运维是运维的最高境界，意味着运维设施能够支撑所有系统长期稳定运行而不需要人工维护。在无人化运维阶段，所有的软硬件从整体上看都是高可用的，都有故障自愈和自动运维能力，基本上不需要人工介入运维，而且运维决策系统胜过运维专家，可自动处理流量高峰期自动扩容等事件。

到了无人化阶段之后，返璞归真，又回到了最初"没有运维人员"的阶段。有人把它比喻成科幻片里面的无人驾驶飞船，可以飞 120 年而无须人为干预。更现实地说，我们知道云计算平台、IaaS 服务已经能让使用者无须关心硬件的运维了，使用 PaaS、Serverless 服务更是连基础的应用运维工作也省了，而无人运维则可以看作比 IaaS、PaaS 更加先进的智能运维平台，这个平台的一切组件及应用都能够实现自我运维，使用者只需要将程序交给它并定义好运维需求即可。

总结：从上面的分析不难看出，运维的发展是一个"从无到有"到"从有到无"的过程，前者更多是需求的推动，而后者更多是技术的推动。可以预见的是，智能化是运维技术发展的必然趋势，我们将长期处于"智能化运维"阶段，因为它是需求和理想的平衡点，也是我们容易达到的；而"无人化运维"则是理想状态，它代表着运维的终极方向。

7.1.2 运维的现状和未来形势

近几年，随着互联网业务的迅速发展以及微服务、大数据、云计算等技术的流行，运维人员要关注的服务数量也呈指数级增长。普通的运维工具及自动化平台已经不能很好地满足运维需求，对于涉足互联网业务的传统银行业来说，其 IT 运维团队更是面临诸多挑战。

1. 微服务架构对运维的挑战

微服务架构是指将传统的集诸多功能于一体的大应用拆分成许多功能单一的小项目。这样做有很多好处，比如故障隔离、敏捷迭代，但也给传统运维带来了很大的麻烦。过去的单体应用被拆分成了多个独立运行的小项目，导致运维人员所维护的项目数量成倍增加，部署工作繁重。而且一旦出现生产故障，比如转账失败，因为应用由很多微服务和中间件组成，调用关系复杂，所以很难确定是在哪个模块、哪个环节出的问题，也无法像单体应用那样跟踪调试。

2. 分布式系统的运维复杂性

现在很多应用和中间件都属于分布式系统。一个分布式系统通常由很多部分组成，各部分独立运行，通过网络通信和协调机制有机组合在一起，对外提供整体服务，例如分布式任务、分布式配置中心、分布式文件存储。分布式系统通常比较复杂，要考虑数据同步、异步处理、网络延迟等问题。对运维人员而言，分布式系统的监控很难做到统一，服务间的依赖和交互也很难摸清,出现问题不好排查,有时候运维人员对分布式系统的部署和升级更新都存在疑问,更别提系统的服务治理和控制能力了。

3. 容器云带来的技术变革

相比传统物理机或虚拟化技术,基于容器技术的运维方式有着很大不同。现在越来越多的企业使用容器云平台,用到了很多新技术和组件,如 Docker、Kubernetes、Calico、Helm 等。这意味着运维人员要具备良好的容器云专业知识,才能做好实施与维护,比如要学会怎样在容器云平台上做网络配置、流量管理,怎样做监控,怎样做日志采集,怎样实施弹性扩容等。容器云不仅给运维团队带来了新技术,还带来了新思维,对传统运维来说,需要做的转变很大。

4. 大数据技术对运维的挑战

大数据技术引入了众多中间件,例如 HDFS、Hive、HBase、MongoDB、Kafka、Elasticsearch 等,以解决海量非结构化数据的存储和使用问题。有的中间件(像 Kafka)还被广泛应用于业务系统,具有举足轻重的作用。所以,不能轻视对中间件的运行维护。

实际上,当文件、数据多到一定程度的时候,各种系统和中间件本身也容易出现问题,比如 Kafka 数据丢失、ElasticSearch 响应缓慢、GlusterFS 文件系统 CPU 速度飙高、MongoDB 内存异常增加等,这些问题都不太好解决,也使运维工作面临前所未有的巨大挑战。遇到难题不可怕,可怕的是经验不足,没有专业人员支撑,处理问题缓慢甚至"火上添油"。因为不是所有运维人员都有中间件问题的处理经验和能力,误用一个命令就可能让某个中间件集群数据丢失或瘫痪。

5. 运维未来面临的情况

可以预见的是,未来的运维环境会更加复杂,面临的各种新技术、新架构也会越来越多。

比如,正在走入我们视野的 Service Mesh 技术。在没有该技术之前,微服务项目通常使用 Dubbo、Spring Cloud 等框架,并需要配套服务注册、负载均衡、重试、限流熔断等功能,再接入 APM 全链路监控,实现灰度发布。诸如此类的很多事情都需要运维人员配合,所以运维人员至少要熟悉具体应用的服务治理,以及怎样做链路监控、故障切换、灰度发布等。而 Service Mesh 被称为下一代微服务,可以做到和语言技术栈无关,并将动态路由、容错限流、监控度量等功能从应用框架中剥离出来,实现运维的集中管理。另外,由于有 Google、IBM 等 IT 巨头公司在背后推动,又与"云原生"等概念结合被各大云厂商实践与宣传,根据趋势来看 Service Mesh 技术会逐渐流行。但看似美好的背后,运维承担的担子可能会更重,而且必然面临许多新的问题。

另外,随着前端技术向后端渗透以及人工智能、移动开发等技术蓬勃发展,将来 Node.js、Python、Go 等技术栈在企业应用中的使用比例会进一步提升,开发语言多样化后,每一种语言都会带来自己庞大的技术体系,随之而来运维涉及的组件、中间件都会大量增加。比如机器学习方面的应用可能会用到 GPU,某些算法训练程序的运行还需要很大内存对于不熟悉相关内容的传统运维人员来说，要实现这些应用程序的监控和升级维护，存在一定挑战。所谓 DevOps，不仅仅是工具的协作，还越来越趋向于"你中有我，我中有你"的态势，需要运维和开发人员多多相互学习，了解对方的技术，才能更好地协作。而现阶段，运维和开发人员之间还是有一定的代沟，将来可能需要进一步融合。前面提到运维的终极方向是无人化运维，这也意味着大部分传统运维人员需要逐渐转型。

还有一些科技变革也会给运维带来巨大的影响，比如基于物联网的边缘计算。目前的"大型集中式"数据中心也许会被更多小型数据中心取代。这些微数据中心将建在靠近城市和商业区等人口集中的地方，使得企业的应用不再全部部署在大型 IDC 机房，而是有可能分散在各种物联网和移动设备上，这无疑会给运维带来巨大挑战。

总结：根据以上分析不难看出，运维已经进入深水区，今后的发展将不只在应用程序的外围做一些自动部署、监控等工作，而是要深入应用服务和框架层面，深入中间件技术层面，提供更加深入、全面的运维服务。传统的运维技能和方法需要进化：一是要跟上技术架构变化的步伐，与应用技术适配、紧密结合，形成程序化、自动化的运维工具和平台；二是要运用智能化的思维，尽量将重复的工作交给运维机器人，因为机器人在某些领域做事、解决问题，比人更快、更可靠，做得更好。

7.2 智能化运维的基础

从前文可知，智能化运维是平台化运维的"升级版"，离不开前一阶段基础能力的铺垫。要实现智能化运维，首先要具备平台化运维能力，建立各种统一基础运维平台，比如 CMDB、监控平台、DevOps 平台等；其次要实现下文提到的运维服务化、开放化，建立运维开放平台，将各种运维平台的能力开放、关联起来；另外，考虑到智能化算法需要全方位的数据支撑，所以要建立一套运维大数据平台，完善运维在大数据采集、存储、实时计算、时序分析等方面的能力。

7.2.1 运维基础工具及平台

智能化运维必须建立在平台运维的基础上，其底层基础设施离不开运维工具和基础平台。下面的表 7-1 收集了目前一些常用的工具、组件和平台。

表 7-1 运维常用工具、组件和平台

种类	名称
批量自动化运维工具	Ansible、SaltStack、Puppet、自研等
应用 CI/CD 平台	Jenkins、Travis CI、容器云平台、自研等
配置管理数据库（CMDB）	iTop、腾讯蓝鲸、AdminSet、自研等
用户认证及权限管理	OpenLDAP、Keycloak、Kerberos 等
系统监控和告警	Zabbix、Prometheus、OpenFalcon 等

(续)

种类	名称
应用性能监控	Zipkin、Pinpoint、SkyWalking 等
应用统一配置管理	Apollo、Disconf、自研等
分布式文件存储	HDFS、CephFS、SeaweedFS 等
其他存储、缓存	Redis、etcd、ZooKeeper 等
消息队列	ZeroMQ、Kafka、RocketMQ 等
日志采集	Flume、Filebeat、Logstash 等
其他基础系统	漏洞扫描、网络巡检、SQL 审核、中间件监控等

下面对智能化运维的部分核心基础设施做简单说明。

1. 批量自动化运维工具

以 Ansible、Puppet、SaltStack 为代表的批量自动化运维工具，可以让用户轻松管理和维护数十台、数百台甚至成千上万的服务器。它们支持使用模板、剧本、分组等形式来简化系统维护中的自动化和任务编排，并提供标准的、一致的批量运维体验。

批量自动化运维工具的主要作用如下所示。

1）环境配置：比如系统配置，用户、通用工具脚本等基础环境的初始化。

2）应用发布：包括应用程序和配置的上线发布。

3）运行监控：上线后应用的日志采集、监控 Agent 的安装。

4）日常运维：服务器的单机、批量等日常运维操作，打补丁等。

不少企业有自研 Agent 的需求，可以参考阿里的 Star-agent，将 Agent 做成插件扩展模式，应用管理、文件传输等功能都可以在其上面扩展，支持的扩展方式包括命令、脚本甚至运行程序代码（Python、Go、Lua 等）。运行扩展程序时，可以使用 Cgroup 和 Ulimit 等机制限制其资源占用。

2. 应用 CI/CD 平台

持续集成（CI）和持续部署（CD）是软件研发的日常迭代过程（编码→构建→集成→测试→交付→部署）。如果没有一个统一的平台来将这些操作流程化、自动化，仅靠手工来执行 CI/CD 会是一件非常辛苦的事情，何况当应用数量变大之后，全凭手工操作几乎不现实。

最经典和常用的 CI/CD 平台非 Jenkins 莫属。它是一个开源的、提供友好操作界面的软件，具有丰富的 API，可以通过外部程序调用。一些研发实力较强的公司也可以选择自研 CI/CD 平台。另外，随着容器技术的发展，大多数容器云平台也具备了 CI/CD 功能，支持 Pipeline 流水线作业。一些商业化产品在这方面已经做得比较成熟。

3. 配置管理数据库

通常来说，配置管理数据库（CMDB）具备发现、分类和管理所有硬件和软件资产的能力。当 CMDB 发现新的设备时，可以自动采集相关配置信息并分类保存。在 CMDB 平台上还可以对配置项进行可视化管理。在众多的开源 CMDB 中，腾讯蓝鲸（github.com/Tencent/bk-cmdb）是一个旗舰产品，支持主机拓扑、组织架构、模型管理、审计分析等功能。有关 CMDB 的具体选择和说明，可参考第 6 章。

4. 用户认证及权限管理

通过统一的用户认证和权限管理（Identity and Access Management）平台，可以实现所有运维系统的单点登录，以及对系统资源权限的控制。常用的认证授权协议包括 OAuth、CAS、SAML、OIDC、LDAP 等，常用的权限控制模型主要有 ACL（Access Control List，访问权限列表）、RBAC（Role-based Access Control，基于角色的权限控制）以及 ABAC（Attribute-Based Access Control，基于属性的权限控制）。在登录方面，安全性要求较高的系统还要求实现多因素认证（MFA），至少是双因素认证（Two-Factor Authentication），可以使用动态令牌、短信验证码等。

有很多开源平台提供了认证和权限管理的能力，比如 CAS、Keycloak、OpenLDAP 等。其中 OpenLDAP 是一个老牌产品，得到了很多产品的支持，但功能比较简单。Keycloak 是一个针对现代应用及服务的、功能完备的用户登录和访问权限管理系统，由 RedHat 赞助开发，采用了更加现代化的协议和技术（比如 OIDC、OAuth 2.0、JWT），同时兼容旧的 SAML 协议和 LDAP 数据源。另外，如果要把服务器资源、大数据组件也纳入统一身份认证管理，可以结合 Kerberos 使用。

5. 监控和告警

监控系统大体上可以分为如表 7-2 所示的几种类型。

表 7-2 监控系统分类

名称	内容
硬件监控	物理机、路由器、交换机、磁盘等
系统（OS）监控	CPU、内存、磁盘使用率、磁盘 I/O、进程数等
网络监控	端口、连通性、负荷、丢包率、平均响应时间、数据包大小
应用监控	Tomcat、Apache、Nginx、MySQL、Redis、MQ 等
性能监控	服务性能、数据库性能、网络性能
日志监控	系统产生日志、访问日志、错误日志等
业务监控	根据业务数据自定义监控指标

使用最为广泛的监控工具非 Zabbix 莫属，它是一个开源免费的分布式监控解决方案，支持多种通信协议/接入方式，无论是硬件还是软件，都可以轻松接入。当然，除了 Zabbix，还有很多的监控工具，例如 Prometheus、Skywalking 等。整个监控体系的设计和实践见第 5 章。

7.2.2 运维开放平台

运维服务化、开放化，是运维智能化的基础前提。在传统运维模式下，运维工具化、平台化的目标是简化运维的人工操作，不管工具如何好、平台如何好，都需要运维人员去操作。而智能运维提出的新要求，是所有运维工具、平台主要供程序和机器人使用，而非运维人员。所以，不管我们的运维工具、平台如何强大，如果不能为程序所用，其利用价值一定会大打折扣。搭建运维开放平台的目的，是将运维工具、平台的能力通过 API、开发套件等方式暴露出来，通过程序调用和编排这些能力完成各种复杂的运维操作。

运维开放平台的最主要功能是对外提供运维系统（包括各种工具和平台）的远程调用能力，形成标准接口、聚合接口。为了实现这个功能，有很多方面需要考虑。

首先是安全性，我们知道，运行在生产环境中的运维系统是直接接触生产系统的，若前面没有防护，引发生产事故就麻烦了；另外，生产数据是不能轻易接触或者修改的。所以运维开放平台需要考虑这两方面的因素，建立一道屏障，避免误操作，杜绝危险操作，其权限控制和审查自然是严之又严。

其次是灵活性、可扩展性和稳定性。运维开放平台作为枢纽系统，要面对形形色色的运维系统、工具和平台，所以必然要有强大的适应能力和接入能力，同时要避免成为性能瓶颈和单点故障源。

安全性方面，主要包括认证授权、权限控制模型，API 调用管理（API 网关），以及数据加密和脱敏。

（1）认证授权、权限控制模型

认证授权的主流方式是 OAuth 2.0 和 OIDC（OpenID Connect 1.0），配合完善的权限控制模型，比如 RBAC。有时还得做一些特殊的数据权限和数据加密处理以及 IP 白名单处理。

（2）API 调用管理（API 网关）

首先要包括流量控制、超时处理、重试、排队、熔断等必备功能，而且要有完善的日志记录，方便跟踪问题和审计。由于第三方接口可能使用 Protobuf、XML、JSON 等不同数据格式，对应的协议也可能有 HTTP、TCP、UDP 等多种形式，因此还会涉及协议转换、数据拆包封包等功能。此外，在性能方面，要合理运用缓存、消重、幂等设计，对于一些短时间内重复的请求，可以在网关层直接返回，降低服务方压力。

上述功能不需要完全自研，有很多开源的 API 网关可以直接使用，目前最主流的包括 Kong、Spring Cloud Gateway、Zuul2 等。以 Kong 为例，它的社区活跃，用户量大，官方插件非常丰富。

（3）数据加密和脱敏

通过运维开放平台可以获取到生产数据，对于一些重要的、敏感的信息，需要在服务封装层或 API 网关层进行脱敏或加密处理，不能因为开放平台的"开放"而泄露生产隐私数据。

目前主流的加密技术是 AES 和 RSA。其中，AES 算法是对称加密算法，加密/解密共用一个密钥；而 RSA 算法是非对称加密算法，它有一对密钥，公钥用于加密、验签，私钥用于解密、加签。从安全性角度比较，以目前的科技水平来看，RSA 和 AES 都很难破解,可以认为是足够安全的。从算法角度来比较,AES-256 的安全性要比 RSA-1024 的安全性高得多,而且 AES 算法的计算速度也比 RSA 快得多。所以 RSA 不适合对比较大的数据进行加解密(以 1024 位的密钥为例,最多只能加密 127 位数据)。但从应用角度来看,RSA 和 AES 各有其用途。AES 要向使用者公开密钥,有很大安全隐患;而 RSA 只需要对使用者公开公钥,私钥不对外公开。针对这些特点,可以将它们结合使用,AES 用于加密,RAS 用于签名(例如 SHA-256+RSA)。

(4)其他功能

其他功能是指一些普通开放平台的常见功能,包括服务注册发现、Portal 及后管、文档中心,后期还可以实现业务模块动态部署、服务编排、沙箱和 Mock 测试、统计和监控等高级功能。

运维开放平台的总体架构如图 7-1 所示。

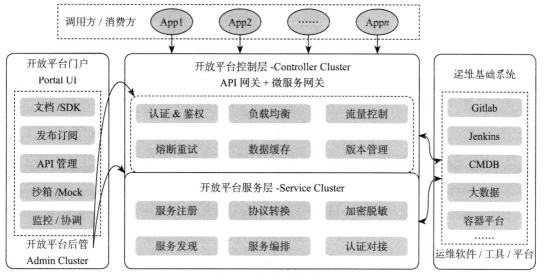

图 7-1 运维开放平台

7.2.3 运维大数据平台

运维大数据平台负责收集和构建运维全域数据,包括运维相关的日志、事件、指标、报警等,具有多维度、多层次、时效性、关联性等特征,可以分为数据采集平台、实时计算平台、数据分级存储等几个部分。其整体架构如图 7-2 所示。

1. 数据采集平台

数据采集平台负责最底层、最基础的数据采集工作,这些海量的运维数据主要来源于各种应用和中间件的日志。常用的日志采集工具有很多,包括 Rsyslog、Flume、Fluentd、Filebeat、Logstash 等。这些工具各有特点,具体见表 7-3。

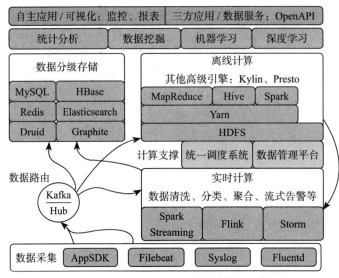

图 7-2 运维大数据平台架构

表 7-3 常用日志采集工具

名称	编写语言	特点、备注
Rsyslog	C	高性能、安全和模块化，与 Linux 服务器集成友好，通用性好。缺点：功能稍弱
Logstash	Java	ELK 组合的官方搭配，功能完善，稳定。缺点：资源占用率高，依赖 JVM
Flume NG	Java	灵活可靠，功能强大，流计算模式，为大数据而生。缺点：同上
Fluentd	C+Ruby	比较轻量，具备高扩展性和可用性，被容器平台广泛采用。缺点：中庸且灵活性稍差
Filebeat	Go	轻量级、内存占用率低、低延迟。缺点：功能稍弱

仅使用简单日志工具还不够，数据采集作为整个运维大数据平台最基础的部分，需要我们对它进行全面的架构设计和优化，在实际方案中，通常会组合多种日志采集工具和存储中间件。

传统的日志采集平台通常使用 ELK 组合（Elasticsearch + Logstash + Kibana）。这种方案在简单使用时是没问题的，但在连接的客户端特别多、日志传输量特别大时，还存在一些优化空间。比如为提高数据传输的稳定性和效率、减少日志数据丢失风险，可以引入专业的大数据组件 Kafka 作为缓存，将各客户端上日志采集 Agent 采集的数据，先发送给 Kafka 缓存层做汇聚，再由汇聚层统一推送给后端 ES 存储。下面总结了几种常见的优化改进思路。

1）由于 Logstash 内存消耗比较大，可以换成更轻量的 Filebeat、Rsyslog、Logkit 等工具，且最好能支持 CPU 及内存使用限制，支持数据压缩传输。

2）传统的日志文件收集基本上都采用轮询模式，可以结合轮询与事件触发的混合方式（可参考阿里的 Logtail，在 Linux 系统中 Inotify 的性能比轮询好，但实现起来略为复杂）进行改进。

3）如果具备在应用中集成日志平台 SDK 的条件，可以直接通过 SDK 将数据发送到日志汇聚层，减少中间处理过程，提高采集效率。

4）上面提到引入 Kafka，但是如果大量的 Agent 都向 Kafka 相同 Topic 写入，也会导致 Kafka Partition Leader 节点的连接数过多（建议控制在 3000 以内），且权限不太好管理。改进方案是先将日志汇聚到一个自研的、非常轻量且专业的 LogHub 集群上，再集中提交给 Kafka。LogHub 不仅可以作为缓冲和汇聚，还可以实现灵活的数据路由、流量控制、动态扩容等功能。

另外，基于大数据平台的实时计算能力，日志在存储前还可以做必要的清洗、聚类、特征提取、聚合、采样等处理（引入"流计算"），多次改进后的日志采集平台架构如图 7-3 所示。

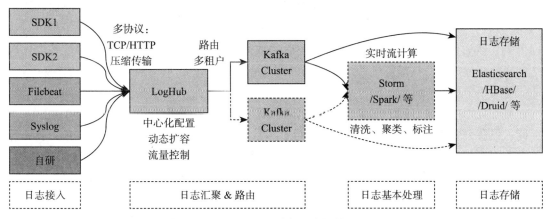

图 7-3　日志采集平台架构

2. 数据分级存储

数据采集之后，怎么存储和落地使用也很有讲究。数据存储一直是非常热门的技术领域，随着数据的爆炸式增长，各类存储中间件也如雨后春笋般涌现，总体可分为关系型数据库和非关系型数据库两大类。其中非关系型数据库又有键值存储数据库（例如 Redis、etcd）、列存储数据库（例如 HBase、Cassandra）、面向文档数据库（例如 MongoDB）、图形数据库（例如 Neo4j）、搜索引擎存储（例如 Elasticsearch）和时序数据库（例如 InfluxDB、Graphite、OpenTSDB、Druid）等。

运维平台中有各种海量的非结构化及半结构化数据，因此多会用到非关系型数据库。针对海量数据的存储、使用场景、保存期限等不同情况，下面总结了存储中间件的选择思路。

首先，观察存储中间件的特点。不同数据库的区别主要体现在数据结构、可扩展性、特定领域的性能、特殊能力这几个方面，所以首先要了解它们的具体特点并进行试用。

然后，需要分析数据自身的特点。数据使用的时间特点有如下几种情况：

❏ 一次性实时使用；

❏ 短期内使用（每小时、每天、每周等）；

❑ 长期存储，供随时使用。

数据的产生频率情况如下：

❑ 高频率、低频率；

❑ 规则间隔、不规则间隔。

数据处理的性能要求又有如下几种情况：

❑ 性能要求极高，需在内存中使用；

❑ 性能要求比较高，至少要用 SSD（固态硬盘）；

❑ 性能要求一般，能接受普通硬盘的速度。

除此之外，还要考虑"是否允许数据更新""是否允许数据偶尔丢失""是否允许数据乱序"等特点选择不同的存储中间件和存储介质。也就是说，要考虑数据的分级存储。所谓"数据分级存储"，就是根据数据的重要性、访问频率、保留时间、容量、性能等指标对数据分类，然后使用不同的存储方式将分类后的数据分别存储于不同性能的存储设备上，以达到降低存储成本、提高整个系统的数据处理性能等目的。

下面举个例子来说明。

对于应用的海量日志，如果有全文搜索需求，可以考虑使用 Elasticsearch（简称 ES）来存储。但我们知道 ES 的主打功能是全文搜索，数据存储的吞吐量并不是它的优势。具体到单个节点数据写入，ES 的性能并不算高，在面对高并发大流量场景时仍会出现性能瓶颈。一些公司会用大数据组件 Kafka 做中介，由 Kafka 去承担前端大并发流量，然后再统一写入 ES。另外，ES 支持近乎实时的搜索，会用到大量内存，如果一些日志时间较久远且很少使用，全部保存在 ES 中既影响性能，又浪费资源。此时可以考虑转存到成本更低、实时性要求不太高的存储中间件上，例如 HBase。

同样是日志，如果是做监控、实时分析或类似的应用，比如监控网络流量、CPU 内存使用率、API 调用趋势等，则可优先考虑使用时序数据库来存储。简单的数据查询与分析可以选择 InfluxDB、Graphite 等，它们自带了特定于时间序列处理的函数，比较易于使用；复杂的数据分析可以使用 Apache Druid，它具有非常强大的聚合分析能力。另外，对于一些数据处理结果，比如统计信息，则又可以存到关系型数据库上。关系型数据库的经典二维表结构非常方便业务方使用。

3. 实时计算平台

由于性能等原因，底端的日志采集层通常不会对日志做过多处理，所以采集到的是原始数据。这样的数据流量非常大、流速非常快，包含的数据类型也很多，必须借助大数据实时计算平台对这些数据进行处理，包括筛选、清洗、聚合、特征提取等，再按分类（用途、冷热、周期等）发送到不同的存储中间件进行保存。实时计算平台的核心是流计算引擎，目前的三大主流实时计算引擎为 Storm、Spark Streaming、Flink。

（1）Storm

Storm 是由 Twitter 开源的分布式、高容错的实时处理系统，是最早出现、如今已相对成熟的流式计算引擎之一。它设计并实现了数据流（Data Flow）模型，令持续不断的流计算变得容易，弥补了 Hadoop 批处理所不能满足的实时要求。至今为止，Storm 仍在实时分析、在线机器学习、持续计算、分布式远程调用和 ETL 等领域被广泛使用。

在 Storm 集群中有两种节点：控制节点（Master Node）和工作节点（Worker Node）。控制节点上面运行一个名为 Nimbus 的进程，用于资源分配和状态监控。每个工作节点上面运行一个名为 Supervisor 的进程，来监听分配到当前机器的工作，以便根据需要启动、关闭工作进程。

Storm 提交运行的程序称为 Topology（拓扑），为任务的抽象概念。Topology 处理的最小消息单位是一个任意对象的数组——元组。Topology 由 Spout 和 Bolt 构成：Spout 从数据源获取数据并进行分发，Bolt 可以随意订阅某个 Spout 或者 Bolt 的数据，处理后再交给下一个 Bolt。图 7-4 是 Topology 的处理逻辑的示意图。

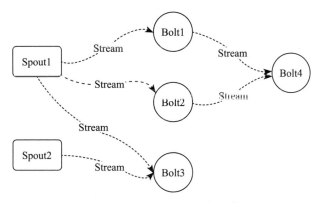

图 7-4　Topology 处理逻辑示例

Storm 具有容错性强、支持水平扩展、支持多语言等特点，但相比其他同类产品，它的主要优势还是实时性好，可以达到毫秒级，但吞吐量不算高，并且只能为消息提供至少一次（At-least Once）的处理机制，不能做到恰好执行一次（Exactly Once）。这意味着 Storm 可以保证每条消息都能被处理，但也可能重复处理。

（2）Spark Streaming

Spark Streaming 并不像 Storm 那样，来一条数据就处理一条，而是在处理前预先将数据按时间间隔切分成小片段，再借助 Spark 引擎进行"微批次"处理作业。这种处理方式使得它的吞吐量得到很大提高，但实时性不如 Storm，不过也可以达到秒级处理。

Spark Streaming 最主要的抽象是 DStream，表示连续不断的数据流。在内部实现上，Spark Streaming 会将输入数据（通常来源于 Kafka、Flume 等）按照时间片分成一段一段，并将每一段数据转换为 Spark 中的 RDD（Resilient Distributed Dataset，弹性分布式数据集），最终交给 Spark 处理。对 DStream 的操作实际上都转变为 Spark 引擎对 RDD 的操作。

严格来说，Spark Streaming 并不是一个真正的实时框架，因为它的本质是分批次处理数据。但这样的"微批次"处理方式，使得它既适用于批量数据处理，又适用于实时数据处理，因此方便了一些需要历史数据和实时数据联合分析的特定应用场合。

（3）Flink

Flink 是新一代流式计算引擎，是原生的流处理框架。它基于纯流式的架构，将所有数据都看作流，认为批处理只是流处理的一种特殊情况。Flink 的数据流编程模型可对有界数据流和无界数据流进行处理，并提供丰富的 API 以便用户编写分布式数据处理任务。

作为后起之秀，Flink 有很多优势。首先，Flink 的设计同时保证了实时性和吞吐量，即便是上千个节点接入也能保证很高的吞吐量和较低的延迟。相比 Storm，它的吞吐量要大很多，相对于 Spark Streaming，它的实时性更好。其次，Flink 的流式语义也做得非常好，能够保证恰好执行一次，甚至在出现数据偶尔延迟加载、乱序的情况下，也能提供较准确的结果。Flink 还巧妙地运用了分布式快照的设计来解决流处理中的容错问题，实现用户对整个任务进行快照的时间间隔的自定义设置。当任务失败后，Flink 会将整个任务恢复到最近一次快照，并从数据源重发快照之后的数据。

值得一提的是，Flink 还针对特定的应用领域提供了专业库，例如机器学习库 Flink ML，它提供了不少常用的机器学习算法（K 最近邻、线性回归等），另外还有图计算的库 Flink Gelly。

（4）实时计算平台的选择

作为新一代的流式计算引擎，Flink 在各个方面做得都还不错（低延迟、高吞吐、容灾能力和精确执行一次），目前已经逐步成为主流。之前一些稍微旧一点的实时计算平台可能会采用 Storm 或 Spark Streaming + Redis + HBase 这样的架构，现在可以尝试一下 Flink + Druid，不但能简化开发流程，极大降低 Redis 等资源消耗，还能做到同吞吐量下更低的延迟。另外，"流式计算 SQL"正在快速成熟，将来可能会成为主要的流计算开发技术，而 Flink 正是这个领域的领跑者，它提供的 Stream SQL 功能强大易用，且现在正在被 Flink 大力推广。

最后再提一下离线计算平台。通常情况下，运维更关心实时数据或者短期内的数据（热数据），离线数据用得相对较少，但并不是说离线计算平台不重要，例如机器学习相关的数据就会通过离线计算平台来提取。但离线计算平台的架构选型基本都差不多，一般都是使用 Hadoop。上面提到，一些不要求实时性的数据通常会保存在 HDFS、HBase 或 Hive 中，这些数据可以通过 Hadoop 的 MapReduce 分布式任务进行离线分析，也可以使用 Spark 做批处理。如果需要经常做业务查询，可能还会用到 OLAP 引擎，例如 Kylin、Presto，此时可以使用 SQL 语句实现复杂的查询和分析。

7.3 新型运维协作方式

一直以来，运维的经典形象是与服务器相伴，对着黑漆漆的控制台敲命令。我们知道，社会已经进入各种"新时代"，例如"PC 互联网时代""移动互联网时代""5G 时代"。运维人员作为新时代的建设者，理应走在时代的前列，怎能还用着 PC 互联网时代的老旧工作方式呢？所以我们看到，有些高效运维团队（例如 GitHub 运维团队）早已经开始使用"现代化"的工作方式了。

所谓"现代化"的工作方式，其实有两重含义。

一是已经发生的，即在移动互联网时代（2010～2017 年），人们越来越习惯使用手机，而渐渐减少了对电脑的依赖。以前，很多运维人员需要 24 小时带着电脑，随时待命；而现在，我们希望用手机替代电脑，移动办公。

第二重含义，是面向现代和未来的（2017～?）。我们一直在思考如何优化 IT 运维团队的工作方式，最后在 ChatOps 上找到了答案——用聊天的方式做运维。试想一下，未来，无论是交通工具，还是家居设备，都高度信息化、自动化，和这些东西交流一定离不开各类智能语音助手。如果你看过经典的科幻电影——钢铁侠系列，一定对钢铁侠的 AI 管家 Javis（贾维斯）印象深刻。Javis 是一个超级计算程序，能帮助钢铁侠处理各种事务，计算各种信息以及操控钢铁侠的 35 台机甲。如今运维界的 Javis 已经出现，即 ChatOps。接下来就带你去深入了解 ChatOps 及其应用与实践。

7.3.1 ChatOps 介绍

ChatOps，即"Chat + Ops"，是一种实时聊天驱动型的运维模型，简单来讲就是"用聊天的方式来做运维工作"。通过将机器人植入聊天会话，形成人、机器、数据的自动化、透明化的联动，使运维团队能够高效执行任务和沟通协作。ChatOps 是 DevOps 的一种实践演进方法。

1. 概念及背景

ChatOps 是以人类最原始、最自然的会话方式来做事情的。就像我们对着智能音箱说"小爱同学，帮我打开电视"，然后电视就被打开了，只不过在 ChatOps 中，帮我们启动服务器的是虚拟机器人，即一套后台应用程序。对话驱动的协作并不是新生事物，但 ChatOps 是数字时代的体现：最古老的协作形式与最新技术的结合。这种令人惊讶的简单组合将改变我们的工作方式。千万别低估了这种工作方式的影响力，事实证明，我们正在从邮件沟通的工作方式，进化成实时聊天软件式的工作协同。一个典型的信号：国外有个企业级 IM 聊天软件 Slack 已发展为百亿美金的独角兽。

从表面上看，ChatOps 就是一个聊天工具，里面有一个聊天机器人对象，向它发送一条命令，它就把信息转发给后台程序，由该程序匹配我们的意图，再执行具体的操作，最后返回信息。如果你用过手机、汽车的智能助手，或者智能音箱等，应该对此并不陌生。而 ChatOps 更深层次的作用，是将运维自动化的能力通过"现代化"的方式提供给运维、开发等人员使用。

我们来看一下 ChatOps 的基本架构，如图 7-5 所示。

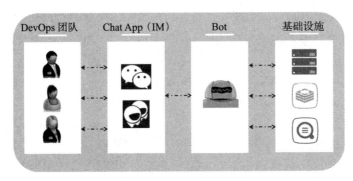

图 7-5　ChatOps 基本架构

它主要包括 4 个部分。
- 一个 DevOps 团队：使用 ChatOps 的人（运维、开发、测试等人员）。
- 团队实时聊天（IM）工具：企业微信、钉钉、倍洽、Slack、RocketChat 等。
- 机器人（Bot）：一套后台程序。
- 基础设施：服务器 + 中间件 + 运维工具和平台。

其中，实时聊天（IM）工具介于运维机器人（Bot）和用户（DevOps 团队）之间，只负责转发双方的消息，并不对消息进行处理。

机器人（Bot）负责解析用户的消息，分析匹配用户的意图，然后在研发和运维的系统和基础设施上执行相关操作。机器人可以在服务器上执行命令脚本，也可以调用运维工具，调用发布平台、监控平台等的 API。

结合上文可以看出，ChatOps 的前提是，运维平台和基础设施体系建设已经比较成熟，各种信息和运维能力几乎都可以通过远程调用，比如 HTTP、SSH 等。只有机器人（Bot）获得了这些基础运维信息和能力，才能真正发挥 Ops 的作用。

2. ChatOps 的优点

ChatOps 只是运维自动化的一个外壳吗？表面上看，好像是这样。但实际上，它是一种创新的工作方式，当你真正用起来时，会有意想不到的收获。

首先，它拟人化的身份，让枯燥的运维操作立即变得简单和有趣了许多。聊天可能是我们寻求信息的最快路径。和机器人实时对话，可以立即得到反馈，它像是一个贴心和强大的管家，轻松帮你完成日常运维工作，而不需要人为切换各种运维工具，方便、快捷。

想象一下没有 ChatOps 的情况下，一个原始的 Tomcat 服务器重启流程：

1=> 打开 terminal，2=>ssh 到相应的 vm，3=> 输入密码，4=> 进入到 Tomcat 目录，5=> 关闭 Tomcat 服务，6=> 等一会儿，7=> 确定服务已关闭，8=> 启动 Tomcat 服务，9=> 检查状态并确认启动成功。

整个过程是不是有一些烦琐？有了 ChatOps，只需要 @ 一下机器人，"@ 小宝，帮我重启一下服务器 10.1.23.2 上的 tomcat"，即可根据提示轻松完成工作，如图 7-6 所示。

是不是很方便？通过 ChatOps，你不用登录服务器或运维平台即可执行各种操作。运维机器人背后有一个强大的系统，其操作的过程全程由智能监控，不需要人工干预。

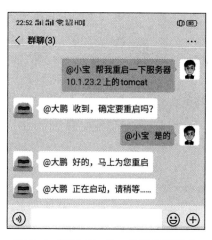

ChatOps 作为我们的智能运维小助手，可以随身携带，随叫随到，殷勤工作，全年无休。这就意味着，任何时候，任何地点，你都可以询问它，让它执行任务。它的专业能力是由运维研发领域的工程师编写程序赋予的，经过了细致的思考、缜密的设计、完善的测试，所以可以把 ChatOps 看作一个专家团队。有了它，即便是运维新手，也能很快掌握专家级的运维技巧，比如给服务器扩容、分析 JVM 线程信息等，甚至不懂运维的人也能看懂运维操作。

图 7-6　使用 ChatOps 重启应用服务

举个例子，当公司的领导正在向重要客户演示某个产品功能时，突然遇到了系统故障，不能登录了，领导很着急，直接在 IM 群里 @ 运维负责人，询问"怎么回事"。这时候，ChatOps 就派上大用场了，如图 7-7 所示。

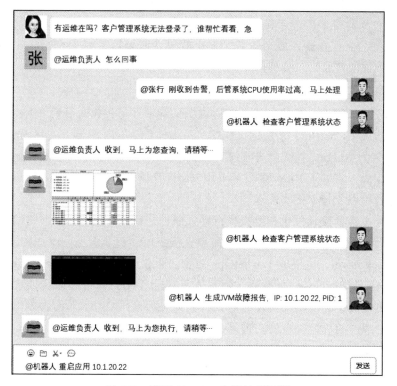

图 7-7　使用 ChatOps 在线处理问题

运维人员通过 ChatBot 排查问题的指令以及 ChatBot 发回来的结果都直接公布在 IM 群里，使所有人都知道发生了什么以及运维人员做了什么，解决问题的过程就是汇报的过程！这样不仅及时解决了问题，运维人员的能力也可以得到大家的认可。

除了提供汇报、展示执行过程的功能，ChatOps 还有两个作用：一方面是增强与同事之间的协作（后面会讲），另一方面是寓教于做、现场教学——去学人家的操作，直接看聊天信息就行了，就像看 Linux 系统中的历史记录，而这种 ChatOps 的聚合操作，比历史记录里一条一条枯燥的指令更清晰、更简洁。图 7-7 其实就是这样一个例子：首先，检查服务器状况，发现 CPU 占用率过高，接着检查进程信息，发现 Java 进程 CPU 占用高达 58%，接着执行内置 JVM 分析脚本，为 Java 进程生成完整的报告，然后再重启应用服务器，问题暂时得到解决，接下来 @ 开发人员，将 JVM 分析报告的链接发给他们去排查。

提到团队协作，一个经典画面就是：一个人坐在电脑前敲命令，另一个人（或多个人）背着手站在旁边盯着屏幕看。这种方式很直接，但是却受限：所有人要聚在一起，而电脑只有一台，操作者有时候甚至只是个机械手而已，场景实在尴尬。ChatOps 改变了这样的团队协作方式，使每个在群里的人都能在自己的屏幕上看到别人的实时操作，如果有不同想法，也可以及时沟通，以更好地解决问题。

最后一点是"移动性"，将 Ops 机器人连上移动版的 IM 工具，我们就拥有了远程的运维能力。如今智能手机功能越来越强大，地位越来越重要，你可以不带钱包、钥匙、资料、电脑，但是你一定会带上智能手机。如果没有 ChatOps 这个重要的工具，你可能还要随时随地携带电脑包，一旦有流程或者告警过来，就得立即处理。有了 ChatOps 之后，你可以在任何地点运维你的产品，只要你的手机还有电和信号，这种体验很棒！

3. ChatOps 的现状和未来

ChatOps 已经不是什么新技术了，据说这个词起源于 GitHub，他们很早（2009 年）就开始用聊天机器人（ChatBot）来做运维操作，后面他们重写了机器人的代码，并在 2010 年将其开源，命名为 Hubot，这是最早的 ChatOps 实现。随后出现了 Lita、Errbot 等机器人。Lita 与 Hubot 相似，它基于 Ruby 编写且采用 Redis 存储；Errbot 则是由 Python 编写并引入了工作流概念，可以支持审批类需求。

此外，其他主流社交软件也相继提供机器人插件，比如 Slackbot，但它们不再局限于运维范畴，还支持会议室预定，甚至在聊天窗口直接集成了打车服务。某些先进的运维平台，比如开源的 StackStorm，也集成了 ChatOps 功能，商业产品像 VictorOps、Box.com、Logz.io 等也较早支持了 ChatOps。而最近，随着人工智能（AI）和自然语言处理（NLU）的发展，ChatOps 更是被广泛使用：国外的 GitLab、亚马逊云（AWS）等纷纷推出了自己官方的 ChatOps 产品，国内的优云、百度、腾讯也都有了相关应用或产品。

其实，最早的 ChatOps，主要是把在 UI 界面、命令行下通过人工进行的操作变成了通过聊天机器人调用 API 来完成。国外最早实现的，像 Hubot、Lita 等应用，用户和聊天机器人的交互过程都还停留在命令式的交互阶段，使用一个叫作"正则匹配"的古老而长青的技术来筛查关键字，通过字符串匹配这样朴素的方式来了解用户的意图。我们将这个阶段称为"Command Ops"。

可以看到，在 Command Ops 阶段，主要是命令、关键词匹配，机器人无法真正理解用户的意图，而随着人工智能，特别是自然语言处理技术的成熟，ChatOps 也开始演进到下一个阶段，称为 NLUOps（Natural Language Understanding Ops）。在这个阶段，在 NLU 技术的加持下，机器人能识别自然语言，能根据会话分析出用户的意图。但是截至目前，即便在国外，这个技术也还不是特别成熟——人类的自然语言确实是博大精深，要理解谈何容易？

目前的语音识别技术已经发展得比较成熟了，在语音识别技术的加持下，ChatOps 可以达到 VoiceOps 阶段，即直接用语音说出你想做的事情，类似于 Apple Siri、Amazon Alexa、Google Assistant，但目前用户体验还不算太好，交互方式不够自然（主要还是 NLU 不太成熟，机器的理解能力有限）。

但是许多人相信，在不远的未来，ChatOps 一定会成为研发团队的一部分，就像前面说到的钢铁侠的智能助手 Javis 一样，它将十分智能和强大，帮我们做很多事情，其应用范围会与日常工作甚至生活融合，我们无须背下各种系统命令，也不用去研究各种运维工具和平台的用法，直接告诉 ChatOps 想做什么，它就会引导、帮助我们完成。

7.3.2 ChatOps 的应用与实践

本节将讲述如何搭建 ChatOps，并且将它应用到日常的运维工作中。

1. ChatOps 搭建方案及选型

ChatOps 的实现实际上分三个部分。

（1）Chat 聊天工具部分

聊天工具是 ChatOps 中的重要部分，它介于运维机器人（Bot）和用户（DevOps 团队）之间，负责转发双方的消息。现在很多即时通信软件（IM）都有"聊天机器人（ChatBot）""机器人助手""群机器人"或类似功能，可以直接使用。

关于聊天工具的选择，主要有两点考虑：一是是否有聊天机器人功能以及该功能是否强大（是否支持群聊、是否支持富文本消息等），二是能否方便集成和使用、扩展和定制。国外已经有一个非常成熟的企业级 IM，名叫 Slack，类似于企业版微信或钉钉，但是功能却丰富和强大很多。目前，国内可以选择开源的、跨平台全终端支持的 IM 产品 RocketChat，以及商业化的企业 IM，比如倍洽（部分功能与 Slack 相似），也可以考虑使用传统的企业微信、钉钉、飞书等大众化的产品（只是功能相对简单、扩展性较差）。

（2）ChatBot 机器人框架部分

它是一个中间连接层，前端实现与聊天工具的整合（提供聊天 API），后端实现与运维工具的整合（调用运维平台 API）。目前已有不少的开源 ChatBot 框架，但是它们的成熟度、用户数、活跃程度有所差别。在各种 ChatBot 框架中，Hubot 是最古老和长青的那一个，插件多，社区最活跃，拥有 1.5 万的 Star 关注数，两百多人在贡献代码。除了 Hubot 之外，还有 Lita、Errbot、Opsdroid，其中 Lita 已经多年未更新，故不建议使用；而 Errbot 和 Opsdroid 的生态和人气要比 Hubot 弱很多，资料也较少。另外，还有像 StackStorm 等综合运维平台也提供了 ChatOps 功能，但 ChatOps 作为内置模块不能单独使用，有一些商业化的运维产品也集成了自己的 ChatBot 框架。

根据调研对比，我们选择了开源的 Hubot 作为 ChatBot 框架，来打造自主可控的 ChatOps 体系。

(3) 运维工具、运维设施部分

本书前面的 7.2 节已经讲过相关内容，此处不再赘述。运维基础能力的整合，平台化、服务化的建设至关重要，平台及服务为 ChatBot 框架提供底层的基础运维能力（包括服务器批量运维、CMDB、应用自动发布平台、监控平台、日志采集平台等）。

2. ChatBot 框架简介

Hubot 是 GitHub 公司开源的著名聊天机器人框架，是基于 Node.js 和 CoffeeScript 编写的。它本质是一个接收命令消息、执行预定义操作的 Node.js 应用程序。而接收命令消息的这个组件在 Hubot 中被称为 Adapter。比如我们希望 Hubot 接收来自"微信"聊天窗口里的消息，就必须为 Hubot 安装一个"微信"的 Adapter。市面上已经有很多 Adapter，很少需要我们自定义。Hubot 框架本身功能非常简单，其强大之处在于它的扩展能力。

Hubot 通过 Adapter 接收到命令消息后，怎样才能知道执行哪些操作呢？这部分其实是需要我们自己扩展实现的。一般可以通过正则表达式匹配命令消息，然后调用运维平台或工具执行操作。官方支持以 JavaScript/CoffeScript 脚本编程的方式实现扩展。比如下面的例子：

```
module.exports = (robot) ->
    robot.hear /有人吗/i, (res) ->
        res.send "你好，需要帮助吗?"

    robot.respond /open the (.*) doors/i, (res) ->
        doorType = res.match[1]
        if doorType is "pod bay"
            res.reply "I'm afraid I can't let you do that."
        else
            res.reply "Opening #{doorType} doors"

    robot.hear /I like pie/i, (res) ->
        res.emote "makes a freshly baked pie"
```

这个例子有 3 个函数，分别匹配不同的消息。

- 第一个函数，当有人输入"有人吗"，机器人会自动发送响应："你好，需要帮助吗？"
- 第二个函数，当有人 @ 机器人并输入 open the xxx doors 时，xxx 会被当作参数解析出来，然后由程序做 if-else 判断。

- 第三个函数，当有人说"I like pie"时，机器人会发出一个"makes a freshly baked pie"的通知，另一端程序可以接收这个消息，然后异步执行 make pie（生产馅饼）的操作。

Hubot 还有许多其他功能，包括调用 HTTP API、调用 Shell 脚本、WebHook 回调通知等，具体会在后文中介绍。下面列举了几个常见的应用场景：

- 对接 Git 代码库，做通知；
- 对接 Jenkins API，做通知，并触发 Jenkins 任务；
- 调用本地 Shell 脚本；
- 调用运维 Ansible 脚本；
- 调用监控系统 Zabbix API。

深入挖掘 Hubot 的功能还是比较有价值的。GitHub 公司就把一些日常工作都封装成插件交给 Hubot 去执行，包括服务器的管理、启停、升级、打补丁，收发个人邮件，代码提交通知，代码构建和部署上线，数据库管理，删除数据、备份数据等。

3. 基于 Hubot 的 ChatOps 搭建

接下来，我们从零搭建一个 ChatOps 机器人。

对于 IM 聊天工具部分，本节主要基于 RocketChat 和微信企业号的组合展开介绍，需要注意的是，由于普通微信号已不再支持 Web token 登录，且网页版微信已下线，目前就只能用微信企业服务号接入了。而 ChatBot 框架部分，就是上一节所说的 Hubot。

Hubot 基于 CoffeeScript（JavaScript 的一种包装语言）编写，运行在 Node.js 环境中，因此要搭建 Hubot 运行环境，首先要安装 Node.js 和 NPM。

根据 Node.js 官方文档，推荐使用 NodeSource（github.com/nodesource）方式安装，命令如下：

```
# Using Ubuntu
curl -sL https://deb.nodesource.com/setup_12.x | sudo -E bash -
sudo apt-get install -y nodejs

# Using Debian, as root
curl -sL https://deb.nodesource.com/setup_12.x | bash -
apt-get install -y nodejs
```

新版本的 Node.js 自带了 NPM 和 Yarn 包管理器，所以无须额外安装。安装之后，可以运行下面命令检测一下版本，若执行成功，说明 node 和 npm 命令已经可以使用了。

```
node -v && npm -v
```

另外，建议安装 CoffeeScript 编译工具，方便调试程序：

```
npm install -g coffee-script
```

接下来，就可以使用 npm 来安装 Hubot 机器人了。首先，安装 Hubot 生成器：

```
npm install -g yo generator-hubot
```

然后建立一个新目录,并在其中生成新的Hubot机器人实例。例如,创建一个名为bot的机器人:

```
$ mkdir myhubot && cd myhubot
$ yo hubot --name="bot" --adapter="shell"
```

注意,adapter参数指定的是IM插件的名称,shell是官方提供的基于shell命令窗口进行聊天的简易IM,仅限在本地和机器人聊天。参数列表如表7-4所示。

表7-4 Hubot安装参数清单

参数	含义
--owner="Bot Wrangler <bw@example.com>"	指定机器人的创建人
--n7ame="Hubot"	机器人的名称,例如"Hubot"
--description="Delightfully aware robutt"	机器人的描述信息
--adapter=campfire	机器人对接的IM的适配器插件名称
--defaults	全部都使用默认值,且不提示

这样,一个名叫bot的Hubot机器人框架就建好了。安装过程会在Shell窗口打印如下Hubot机器人的形象图,如图7-8所示。

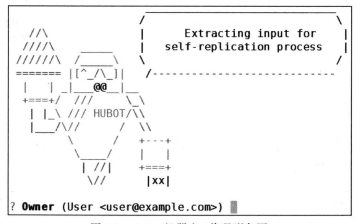

图7-8 Hubot机器人/代码形象图

注意,Hubot可以使用Redis来保存数据,如果不需要用它来保存自定义数据,就应在external-scripts.json配置文件中删除hubot-redis-brain这一项,避免启动报错。

启动基于Shell聊天窗口的Hubot机器人非常简单,运行下面的命令即可:

```
$ bin/hubot
bot>
```

召唤bot,查看机器人支持命令的帮助文档,输入bot help,显示如下:

```
bot> bot help
bot adapter - Reply with the adapter
bot echo <text> - Reply back with <text>
bot help - Displays all of the help commands that hubot knows about.
bot help <query> - Displays all help commands that match <query>.
bot ping - Reply with pong
bot time - Reply with current time
```

召唤机器人时需要指定它的名字,假设名为 alice,以下几种方式是等价的:

```
@alice help    ALICE help    alice help    alice: help
```

4. 安装 RocketChat 并与 Hubot 对接

为简单起见,下面演示使用 Docker 方式一键安装 RocketChat 的过程。首先,创建 data db 目录,用于持久化存储 RocketChat 的数据(这里使用了 MongoDB 数据库):

```
$ sudo mkdir -p /var/www/rocket.chat/data/db
$ cd /var/www/rocket.chat/
```

然后创建 docker-compose.yml 文件,内容如下:

```
version: '3.6'
services:
    mongo:
        image: mongo:3.2
        volumes:
            - ./data/db:/data/db
        command: mongod --smallfiles --oplogSize 128 --replSet rs01

    mongo-init-replica:
        image: mongo:3.2
        command: 'mongo mongo/rocketchat --eval "rs.initiate({ _id: ''rs01'',
          members: [ { _id: 0, host: ''localhost:27017'' } ]})"'
        depends_on:
            - mongo

    rocketchat:
        image: rocket.chat:latest
        restart: unless-stopped
        environment:
            - ROOT_URL=http://165.114.165.21
            - MONGO_URL=mongodb://mongo:27017/rocketchat?replicaSet=rs01
            - MONGO_OPLOG_URL=mongodb://mongo:27017/local?replicaSet=rs01
        depends_on:
            - mongo
        ports:
            - "3000:3000"
```

注意,将上面 yml 文件中的 ROOT_URL 换成当前服务器的 IP 或者域名。

然后运行下面的 docker-compose 命令:

```
docker-compose up -d
```

启动好 RocketChat 服务之后，打开浏览器输入 RocketChat 的 URL 即可访问。若为首次登录，系统会提示需要设置管理员信息。

RocketChat 与 Hubot 的对接很简单。先来看看以 Docker 方式启动 Hubot 与 RocketChat 对接的命令：

```
docker run -it -e ROCKETCHAT_URL=<your rocketchat instance>:<port> \
    -e ROCKETCHAT_ROOM='general' \
    -e RESPOND_TO_DM=true \
    -e ROCKETCHAT_USER=bot \
    -e ROCKETCHAT_PASSWORD=bot \
    -e ROCKETCHAT_AUTH=password \
    -e BOT_NAME=bot \
    -e EXTERNAL_SCRIPTS=hubot-pugme,hubot-help \
    rocketchat/hubot-rocketchat
```

其中 ROCKETCHAT_URL 应改成 RocketChat 的正确地址，general 这个聊天室是 RocketChat 默认创建的聊天室，也可以新建一个别的。配置中的 RocketChat 用户（ROCKETCHAT_USER）如果不存在，则需要事先在 Web 界面注册或使用 admin 账号去创建。

接下来我们手动将 RocketChat 集成到之前安装的 Hubot 上。需要做两件事，一是在我们之前的 Hubot Node 工程中安装 adapter 插件，执行命令如下：

```
npm install hubot-rocketchat --save
```

然后在启动 Hubot 的时候，指定 adapter 名称为 rocketchat，并在环境变量中设置 RocketChat 的基础信息配置，如下：

```
export ROCKETCHAT_URL=http://10.114.165.21:3000
export ROCKETCHAT_USER=bot
export ROCKETCHAT_PASSWORD=bot
export ROCKETCHAT_ROOM='general'
# 启动 hubot
bin/hubot -n "bot" -a "rocketchat"
```

启动之后，就可以登录 RocketChat 向 Hubot 机器人发送消息了，图 7-9 所示为第一条消息。

另外，我们还实现了企业微信服务号与 Hubot 的对接，方便移动端使用。下面也简单介绍一下。企业微信对接 Hubot，相对来说要麻烦一点，但原理是类似的。

图 7-9 Hello Hubot

首先，注册微信企业服务号（这里不再赘述）。然后，安装企业微信服务号的 Hubot Adapter。这里我们采用 GitHub 上的开源项目 hubot-wechatwork，并在它的基础上进行二次开发。引入 Adapter 并安装好之后，在企业微信端配置，拿到微信的 CORP_ID、APP_SECRET 信息，然后以环境变量的形式配置到 Hubot 中，最后运行 Hubot 即可。这个 Adapter 会自动获取和刷新 token、保持和微信的连接，同时微信的消息也会通过 Hubot Adapter 暴露出来的 Webhook 接口实时推送给 Hubot。

5. Hubot 的应用教程及案例

下面根据一些案例演示 Hubot 的核心功能，希望对读者有所启发。

（1）编写扩展脚本

通过编写 CoffeeScript 或 JavaScript 脚本可以扩展 Hubot 的功能。在 Hubot 的工程根目录下有一个 scripts 目录，专门用于存放 Hubot 的扩展脚本，只要符合下面规范的，都会被加载。

```
module.exports = (robot) ->
    # your code here
```

Hubot 有两个接收消息的函数，聆听（hear）和回应（respond），它们都使用正则表达式来匹配消息，一旦第一个参数（字符串）匹配成功，就会执行第二个参数（回调函数），如下所示：

```
module.exports = (robot) ->
    robot.hear /badger/i, (res) ->
        # your code here

    robot.respond /open the (.*) doors/i, (res) ->
        # your code here
```

上面的 hear 函数，全词匹配单词 badger（忽略大小写），而 respond 函数模糊匹配一个句子（open the * doors）。回调函数的参数 res 中包含了消息内容、当前用户等信息，其中 res.match 是一个数组，里面存放着正则表达式匹配到的字段。例如 open the Pod bay doors，res.match[1] 存放的是匹配内容 Pod bay，而 userId 可以从 res.message.user.id 里面获得。代码示例如下：

```
module.exports = (robot) ->

    robot.respond /open the (.*) doors/i, (res) ->
        doorType = res.match[1]
        userId = res.message.user.id

        console.log "userId: #{userId}, match door: #{doorType}"

        if doorType is "pod bay"
            res.reply "I'm afraid I can't let you do that."
        else
            res.reply "Opening #{doorType} doors"
```

注意，通过 res.match[0] 可以拿到匹配成功后的整句内容，对应上面的例子就是 open the pod bay doors。

（2）消息匹配与回复

这是最简单的一个功能，但也是其他功能的基础。典型的案例是"帮助文档"。

在这个案例中，@ 聊天机器人，输入 help 或者"帮助"，即可查看帮助文档。输入 cmd 或者"命令"，即可查看 Hubot 支持的指令。输入机器人名字（这里的机器人叫做"富小宝"），机器人就会立即回复，询问你是否需要帮助。效果如图 7-10 所示。

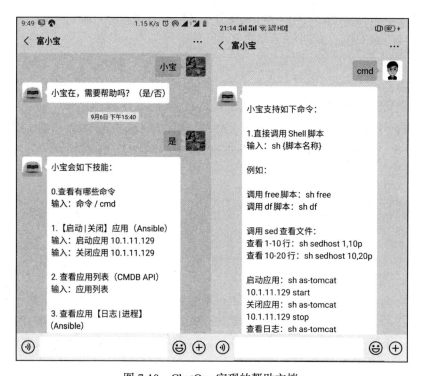

图 7-10　ChatOps 实现的帮助文档

实现代码如下：

```
{setToDoTask} = require './jhlib'
{helpTxt, cmdTxt} = require './helpTxt'

module.exports = (robot) ->

    robot.hear /^(帮助|help).*/i, (res) ->
        res.send helpTxt

    robot.hear /^(命令|cmd).*/i, (res) ->
        res.send cmdTxt
```

```
robot.hear /^小宝$/, (res) ->
    userId = res.message.user.id
    setToDoTask robot, userId, "帮助"
    res.send "小宝在，需要帮助吗？（是 / 否）"
```

其中，setToDoTask 函数是我们自己封装的一个通用功能，作用是将交互命令存放起来，等待用户回答机器人的问题，然后决定后续操作。

（3）调用 Shell 脚本

Shell 脚本调研是通过 Hubot 的一个扩展插件实现的，需要先安装才能使用：在 external-scripts.json 文件中添加该插件的名字 hubot-script-shellcmd，然后运行如下 npm 命令安装：

```
npm install hubot-script-shellcmd
```

我们先通过一个简单的例子，让机器人调用脚本查看服务器的资源占用和磁盘情况，来演示它的用法。创建两个脚本，代码如下。

free.sh 文件：

```
#!/bin/bach
free -h
```

df.sh 文件：

```
#!/bin/bash
df -h
```

对这两个文件添加可执行权限（chmod +x *.sh），移动到（./node_modules/hubot-script-shellcmd/bash/handlers）这个目录下，然后就可以在对话中调用它们了。

调用命令格式为"机器人名称 命令标识 具体命令"，其中命令标识可以通过环境变量自定义，例如设置 HUBOT_SHELLCMD_KEYWORD='sh'，效果如图 7-11 所示。

图 7-11　ChatOps 实现调用 Shell 脚本

实践经验：官方的这个插件，每一行都是一条新消息，有时需要将它们聚合成一条消息。另外，对于 IM 工具，一条消息长度通常有限制，比如 3000 个字符，此时需要拆分成多条消息显示。这些功能都可以通过在开源组件上做二次开发实现。以下是实现"运行 Shell 脚本"优化后的 Node.js 函数的核心代码。

```
run_cmd = (cmd, args, envs, callback) ->
    spawn = require("child_process").spawn
    opts =
        env: envs
    child = spawn(cmd, args, opts)
    outStr = ""
    child.stdout.on "data", (buffer) -> outStr = outStr + buffer.toString()
    child.stderr.on "data", (buffer) -> outStr = outStr + buffer.toString()
    child.stdout.on "end", () -> callback outStr
```

应用案例：ChatOps 调用 Ansible 命令，进行服务器批量运维。

下面以启动 Tomcat 服务器为例子。首先准备启动 Tomcat 的 Ansible playbook 文件，start_tomcat.yml，如下所示：

```
---
- name: start_tomcat
  hosts: 192.168.1.7
  remote_user: root

  tasks:
      name: start tomcat server
      shell: source /etc/profile && setsid sh /tomcat/bin/startup.sh
```

再执行 ansible-playbook 命令，测试 Ansible 脚本的效果：

```
ansible-playbook start_tomcat.yml
```

然后我们在 sh 脚本中调用上面的命令，编写一个 shell 脚本 start_tomcat.sh，如下。

```
#!/bin/bash
ansible-playbook start_tomcat.yml
```

对这个脚本添加执行权限，并加入上面所说的 Hubot 指定脚本目录下，即可调用。效果如图 7-12 所示。

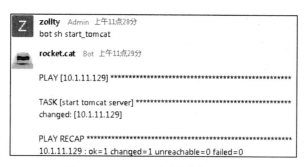

图 7-12　ChatOps 实现调用 Ansible

（4）调用 HTTP API

这是 Hubot 最重要的功能之一，调用各种运维平台或工具的 API 让我们可以通过编程的方式用 ChatOps 串通起各个运维平台的能力。

Hubot 已经默认集成了 http-client 库。HTTP GET 请求调用方法如下：

```
robot.http("https://midnight-train")
    .get() (err, response, body) ->
        # your code here
```

HTTP POST 请求调用方法如下：

```
data = JSON.stringify({
    foo: 'bar'
})
robot.http("https://midnight-train")
    .header('Content-Type', 'application/json')
    .post(data) (err, response, body) ->
        # your code here
```

下面的代码演示了如何获取 HTTP header 和解析 JSON 内容：

```
robot.http("https://midnight-train")
    .header('Accept', 'application/json')
    .get() (err, response, body) ->
        if response.getHeader('Content-Type') isnt 'application/json'
            res.send "Didn't get back JSON :("
            return

        data = null
        try
            data = JSON.parse body
        catch error
            res.send "Ran into an error parsing JSON :("
            return
```

其他更多用法，可以参见这个 HTTP Client 的官方文档（https://github.com/technoweenie/node-scoped-http-client）。

应用案例：ChatOps 调用运维平台 API，进行运维操作。

首先，展示调用 CMDB 平台，查询应用服务器信息，效果如图 7-13 所示。

关键代码如下：

```
{setToDoTask} = require './jhlib'
serverAPI = require './http-server'

queryCMDB = (robot, res, type)->
    num = res.match[2]
    if num.length > 0
        num = parseInt num.charAt 1
    else
        num = 1
```

```
            userId = res.message.user.id
            url = "http://pre.fmcmdb.com/app/info/listByPage?page=" + num
            data = serverAPI.listByPage(url)
            result = "服务器列表如下 ( 第 " + num + "/" + data.result.pages + " 页 ): \n"
            for app in data.result.list
                result = result + app.ip + ": " + app.appName + "\n"

            res.send result

            if num < data.result.pages
                res.reply " 是否要看下一页？( 是 / 否 ) "
                cmd = "get server list " + (num + 1)
                setToDoTask robot, userId, cmd

module.exports = (robot) ->
    robot.hear /^get server list($| \d)/i, (res) ->
        queryCMDB robot, res, 'server'
```

图 7-13　ChatOps 实现调用运维 CMDB 平台的 API

同理，通过 HTTP API，我们可以编写其他扩展程序去调用 DevOps 发布平台、监控平台等各种基础功能，编排各种操作，实现强大运维能力。

图 7-14 展示了服务器紧急扩容的操作。

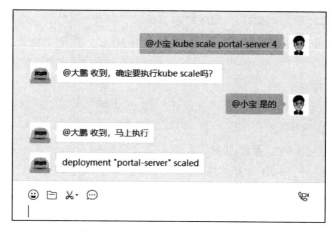

图 7-14　ChatOps 实现服务器扩容

代码实现方式同上，主要是调用 Kubernets 容器平台的 API，并传入指定参数（Deployment 的名称和扩展 pod 节点的数量），等价于执行下面的命令：

```
$ kubectl scale deployment portal-server --replicas 4
```

7.3.3　人工智能与 ChatOps

其实，前文所述的 ChatOps 并不智能，它仅使用正则表达式来匹配聊天信息，机械地回复固定的消息，并不支持自然语言的流利对话。我们希望可以实现本章开始提到的场景，直接告诉机器人"打开电视"，然后"电视"就自动打开了，但目前还实现不了，因为机器人"不懂中文"，无法从中文的词语、句式中提取出关键信息，更无法根据场景、上下文去理解这句话的含义。

下面，我们使用 NLU、语音识别等技术，让 ChatOps 机器人具备与人类自然对话的能力。

1. NLU 介绍与实践

NLU（Natural Language Understanding，自然语言理解），俗称"人机对话"，是人工智能的核心部分。这一领域的研究涉及自然语言，即人们日常使用的语言，比如英文、中文、日文、德文、俄文、法文等，所以它与语言学的研究有着密切的联系，还涉及数学、计算机科学、心理学、哲学、逻辑学等多学科。

我们人类使用和理解语言的过程很自然，但是想要让机器理解真实的语义，却是一项非常有挑战的任务。举例来说，如何理解下列语句的真实意思？

"今天的天气"是想问天气状况，但"今天的天气好"，多一个字则完全无此意。
"你想怎样"是在问问题，但"你还想怎样"可能是在抱怨。
"橘子汽水"是想点饮料吗？不，也有可能是想点歌！
"解放路堵吗"这句话是想查询路况，但"鼻子堵吗"没人会认为是在查路况。

这样的例子举不胜举，更何况语言理解还受地域、对象、时间、空间等因素的影响。

可以说NLU是非常复杂的技术，特别是中文的NLU，更是出奇地困难。来看几个典型例子（来自网络）。

1）武汉市长江大桥

是"武汉市长""江大桥"？还是"武汉市""长江大桥"？

2）过几天天天天气不好

这是一个正常的句子吗？连续四个"天"字怎么理解？

类似于这种语句，使用NLU技术去理解已经比较难了，还有很多更难的，如下所示：

1）南山南北海北是谁唱的歌？（南山南，北海北：最近流行的一段歌词。）

南山？南北？NLU来识别这一句，估计有一点找不着北。

2）给我定7天酒店

7天可能表示时间，也可能表示酒店的名字。

通过这些经典示例可以看出：

1）中文的分词难度特别大，比英语要难得多；

2）词汇的自由度很大，可随意组合，在不同语境下的含义大相径庭；

3）新词、网络流行词，还有方言，数不胜数。

所以，自然语言理解是很难的，理解的"准确率"可能达不到预期。但是近年来，随着机器学习、神经网络等先进技术的发展，在"特定领域""特定场景"下，NLU已经能做得比较好了。下面列举几个比较常见的典型应用案例。

- 智能客服（特定领域）。常见的淘宝、京东等平台的官方智能客服，可解答部分常见问题。
- 智能助手（特定领域）。电脑、手机上的智能语音助手，例如苹果Siri、华为小E、百度地图语音助手等。
- 聊天机器人（娱乐+特定功能）。娱乐指陪聊天（闲聊），特定功能指物联网（开灯、开空调）、互联网（查机票、火车，查天气等）。

目前国内已经有不少NLU平台和产品。比如图灵聊天机器人，在日常的聊天场景表现很好。表7-5列举了一些国内常见的NLU平台。

表7-5 国内常见NLU平台

名称	主页
百度UNIT（Baidu AI）	http://unit.baidu.com/
科大讯飞技能工作室	https://studio.iflyos.cn/index-studio
思必驰DUI	https://www.dui.ai/
世纪佳缘"一个AI"	http://www.yige.ai/
海知智能"如意魔戒"	https://ruyi.ai/official.html
奇点机智"对话流"	https://duihualiu.naturali.io

表 7-6 列举了一些国外常见的 NLU 平台。

表 7-6 国外常见 NLU 平台

名称	主页
谷歌 Dialogflow	https://dialogflow.com/
Facebook wit.ai	https://wit.ai/
Snips	https://snips.ai/
微软 Luis	https://www.luis.ai/
亚马逊 Lex	https://aws.amazon.com/cn/lex/

以上 NLU 平台大多数都提供了 SaaS 平台服务，可以直接创建应用，稍作配置后就能调用 API 了。

以百度 AI 为例，它提供了三种企业合作模式：

❏ 托管研发模式（SaaS）；
❏ 合作研发模式（百度提供服务框架）；
❏ 企业自研模式（百度提供技术顾问）。

这些模式基本都属于"特定领域 NLU"实现，用法都是先定义"场景"（百度叫作"技能"），然后定义"词库""语料"，再定义"动作"，最后定义"意图"。

意图（Intent）代表用户想要达到的目的，就是在语言表达中所体现出的"用户想干什么"。在 NLU 中，意图定义了匹配信息（词槽及规则）和执行动作（Action），词槽相当于意图的参数。

词库是意图中词槽的来源，通常由从句子中抽取出的特定词语或短语组成，一般有系统词库和自定义词库，有些 NLU 平台提供了丰富的系统词库，例如量词、时间、地区、组织机构等。

语料就是我们提供的匹配某种意图的各种示例语句。有了各种语料，就能做训练，即便下次换了种相似但是不完全相同的说法，也能够正确地匹配到意图。如果某种新的语句没有正确地匹配到意图，也可以手工标注，标注后的数据会被机器学习，下一次就能正确匹配了。语料需要录入大量数据，有了这些数据才能训练和调整意图，训练的效果取决于语料、词库的质量。

国内基于中文 NLU 的开源引擎非常少，更多是以 SaaS 平台的模式对外提供服务。大公司研究 NLU 主要是用在自己的产品上，少数做得比较成熟的，可以对外提供商业化 SaaS 服务。例如百度的 NLU 产品"UNIT"，科大讯飞的 NLU 产品"AIUI"，但这些产品都比较新，用户案例还不多。

选择自研时，基础框架一般使用 TensorFlow，但仅仅用它还不够，通常还得配合像 Keras 这样更高层级的神经网络等模块。需要说明的是，自然语言处理整体比较偏"科研"，需要大量的学术研究积累和丰富实践，因此自研要想做到很好的效果比较难。即便是前面提到的某些大公司开发的产品，我们试用后发现其效果和通用性并不是十分理想。

国外有一个名为 Rasa 的 NLU 引擎，人气比较高。它支持对接分词库，可以用中文分词库，例如 盘古分词、Jieba 分词、清华 THULAC 等，只须一些改动就可以支持中文 NLU，但效果跟商业产品比仍然有不小差距。更多内容可参见 GitHub 上的这两个项目：rasa_nlu_gq 和 Rasa_NLU_Chi。在现阶段的实际应用中，建议选择商业级 NLU 产品，有条件的最好选择战略合作研发模式。

对于 ChatOps 场景，匹配正确率如果较低（比如 25% 左右），那是不太能接受的。因为运维人员都希望下达的操作指令能准确执行，而不希望出现指令是"重启网贷的后管系统"，重启的却是开发平台的后管系统这样的情况。那些闲聊类的业务场景倒是可以接受较低的匹配度，因为在闲聊类场景下，针对一个问题，通常有很多种回答方式，机器人做的只是选择最为匹配的那个（即便那个回答看起来有些勉强），但因为是闲聊性质，宽容度比较高。再比如客服类场景，本质上也是希望精准匹配，如果问题与答案风马牛不相及，那也是不行的，但是客服场景可以抛出多个答案并按匹配度排序，供用户查看和抉择。不过，运维场景一般不能这样，因为我们希望机器人能准确理解和匹配，而不是我们自己来做选择。

通常 NLU 计算的答案提供的是可信度，也就是说它的答案不止一个，每个答案都有一个叫可信度（confidence）的属性，取值范围为（0，1），比如 0.5 就代表有 50% 的把握，可信度最高的那个理论上是"最佳答案"。我们经常会遇到这种难题：NLU 计算出 4 个答案，可信度分别是 70%、68%、65%、55%，那我们应该选哪一个？某些人可能会选择可信度为 70% 的那个，但实践告诉我们，可信度最高的那个，不一定是准确答案！在运维场景中就是这样，指令与指令从语句上来看都很相似（可能只有一字之差），但是含义可能截然不同。NLU 很难区分这样细微的差异，所以它不适合做精准匹配，只适合做海量模糊匹配。

怎么办？为了提高匹配正确率，可以从两方面入手。一方面要尽量避免 NLU 输出可信度相近的答案，这就需要从问题的定义、词库和语料入手，让不同的问题有清晰的区分，避免混淆或者减少混淆答案的数量。不过，即便如此，很多时候也不能 100% 区分，这时候就要考虑另一方面了，即配合正则表达式。因为正则表达式能区分出每一个字符，包括问号和句号，而且是 100% 匹配。针对我们的 ChatOps 场景，语句与语句之间相似性虽然高，但是语句相对固定，使用正则表达式，从几个相似答案中挑选出正确的那个，还是很容易的。

2. NLU 与 ChatOps 结合的应用场景展示

（1）应用和环境问题诊断

日常运维中的环境问题，包括宕机、磁盘空间、负载等诊断能力，可以做成通用组件，并通过 ChatOps 机器人的方式开放出来，这样大家平时可以直接在群里 @ 机器人来做检查确认。

下面列举一些应用场景的案例。比如我想看一下应用在某一个机房的运行情况，可以通过如下所示的自然语言对话方式去做，大大降低了人的操作难度。

故障确认：

@ 小宝，帮我查一下服务器 192.168.1.129 的磁盘空间。

@ 小宝，最近 20 分钟有哪些服务器异常？

@ 小宝，帮我查一下会员平台的服务器运行状况。

排查问题：

@ 小宝，帮我查一下服务器 192.168.1.129 的 tomcat 日志。

@ 小宝，帮我看一下服务器 192.168.1.129 的 jstack 信息。

如图 7-15 所示。

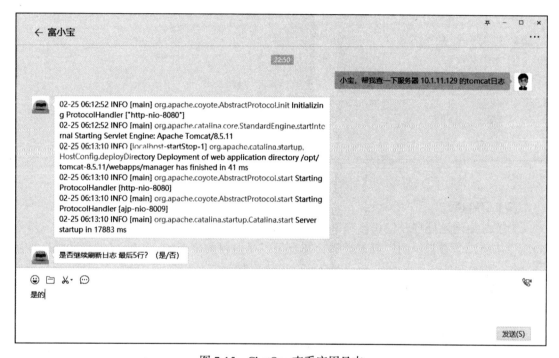

图 7-15 ChatOps 查看应用日志

（2）基础信息查询

收到告警时，可以快速查询机器的负责人是谁，这样用户就知道该找谁处理。

可以查看运维系统的信息，比如上线信息、值班信息等。

@ 小宝，今天有哪些系统上线。

@ 小宝，查看服务器 192.168.6.17 的负责人。

@ 小宝，帮我查一下会员平台的服务器列表。

@ 小宝，今天 DBA 是谁值班？

如图 7-16 所示。

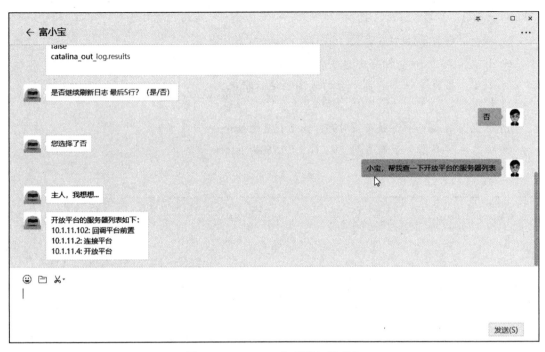

图 7-16　ChatOps 查看服务器列表

（3）运维操作

为了方便问题处理，特权用户甚至可以直接控制 ChatOps 机器人执行运维操作。所有的操作步骤都是有记录的、可审计的，甚至可以是群组内公开的，并可借助移动设备如手机进行便捷操作。手机的私密性、安全性并不比电脑差。有些公司，比如 GitHub 很早就使用了这种方式。

特别说明一点：在群组内公开操作，被视为很有意思的创新。因为传统情况下都是运维人员对着电脑输入指令或者点击网页，如果有人想看着你操作，必须在你的身边或者远程连接你的屏幕。而借助 ChatOps 就很简单了，所有操作群组内的成员都能看得明明白白，而且大家可以随时互动。

常见运维操作：

@ 小宝，重启一下 192.168.6.17 上的 Nginx。

@ 小宝，关闭服务器 192.168.6.17 上的应用。

@ 小宝，现在重新部署会员平台的应用。

@ 小宝，查看服务器 192.168.6.17 的进程信息。

@ 小宝，帮我把开放平台的 port-server 扩展到 4 个节点。

如图 7-17 所示。

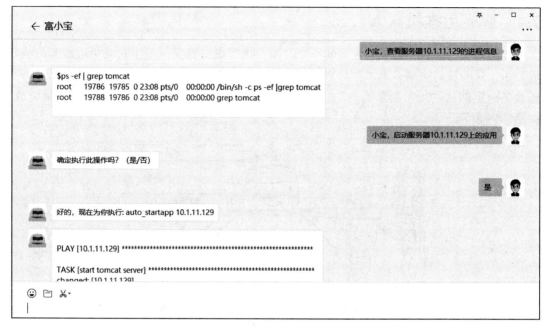

图 7-17　ChatOps 启动应用服务器

3. 语音识别与 ChatOps 结合

目前语音识别技术相对于 NLU 技术要更加成熟一些，甚至有些产品还能识别方言，但是它基本上属于某些公司的核心技术，能免费公开的很少。目前比较有名的语音识别软件有国内的讯飞、百度、云知声、搜狗等，以及国外的 Google Now、Siri、Nuance、Amazon Echo 等。如果想要调用它们的 API 语音转文字服务，一般是要收费的：有的按 QPS 调用次数收费，有的按语音时长收费。

我们要将它应用于 ChatOps，聊天工具是 IM，那么最好的方式就是让 IM 自身支持语音输入、文字输出。刚好微信就支持这个功能，如图 7-18 所示。

使用方式很简单，按住"话筒"图标说话，释放后就立即将语音转换成文字，而且能够可视化编辑，避免口齿不清、语速过快等导致转换得不对。

但是如果我们没有选择微信，而是使用的一款不带语音转文字功能的 IM（比如 RocketChat），解决方法也不难，可以直接使用"手机输入法"自带的语音输入功能。

图 7-18　使用语音输入与 Chatbot 对话

7.4 智能运维机器人

智能运维机器人，是我们定义的一个"拟人化"虚拟对象，希望它成为运维人员的超级助手，帮助我们完成日常工作。它既能获取信息、执行运维操作，又能与人交互，同时还具备一定的自主思考判断能力。它由身躯骨架、眼睛、鼻子、耳朵、嘴巴、大脑组成，如图 7-19 所示。

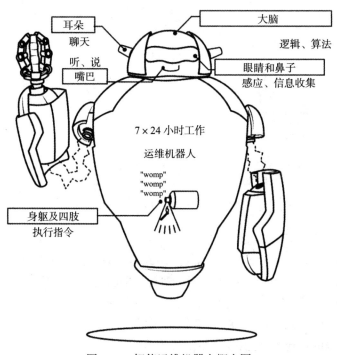

图 7-19 智能运维机器人概念图

各种运维工具组合形成机器人的身躯骨架，有了它就能执行各种动作。实际上，它深度整合了公司内的运维管理工具，比如 Ansible、SaltStack 或者自研的工具，能实现对服务器的管理，执行编排指令和程序等。另外，它也对接了持续交付平台、部署系统，能快速完成项目的源码构建、集成测试、应用部署和变更等操作。

眼睛、鼻子，用来接收信息。眼睛能观察到整个运维系统的配置信息和运行信息，鼻子有敏锐的嗅觉，能感知到系统故障或数据异常。眼睛主要由 CMDB 和配置管理系统等部分组成，鼻子主要由监控系统、运维大数据平台组成。通过眼睛和鼻子，机器人可以掌握整个运维系统的基本信息，并获取到各种运行时数据和事件消息。

耳朵、嘴巴，用来交流沟通。耳朵用来听、嘴巴用来说，机器人具备与人对话的能力。其核心组成是上一节所说的 ChatOps 系统，并且有 PC 端、移动端入口，可以方便地与机器人对话。

大脑有两个部分，一部分服务于耳朵和嘴巴，让其具备自然语言理解能力，这在前文已有描述；另一部分服务于眼睛和鼻子，用来处理数据和信息并做出判断或决策，然后调动身躯及四肢执行各种动作。后文将对大脑的数据分析和决策能力做重点说明。

7.4.1 运维工程研发体系

运维机器人是一个抽象的概念，由几个独立的部分组成。如何构建运维机器人，并把几个部分有机组合在一起工作呢？"运维工程研发体系"就是我们给出的答案。

前面提到，运维的终极阶段，是无人化运维，既然没有传统的运维人员了，那靠什么来运维呢？靠程序和算法。

为此，我们需要打造一套运维工程研发体系，全面开放运维能力，真正推动运维朝着研发方向发展。（软件 = 程序 + 算法，与软件定义存储、软件定义数据中心的思想类似，软件也可以定义运维。）这个理念是 DevOps 的进化版：普通 DevOps 的落地方案通常是一个以 CI/CD 为基础的 DevOps 平台，这个平台虽然具备了自动化运维的能力，但仍然是一个"集中式"平台，好比"IT 运维团队给研发团队搭建好的现成的工业流水线"，研发团队只有使用权，不能自由扩展和定制。而打造运维工程研发体系的思路是开放与合作：将所有基础的功能及工具，直接给到研发团队，授人以鱼不如授人以渔，让业务团队自己根据需求去复用、组装和扩展运维能力。

下面主要从能力化、工程化两方面来说明如何打造运维工程研发体系。

1. 能力化

能力化，即将各个运维系统研发过程中所能使用的基础能力，以统一、标准的形式提供出来。这种基础能力，可以是一个运维小工具，比如 Ansible，可以是一个大数据计算框架，可以是某个基础运维平台，也可以是一个研发中用到的基础中间件，例如 Apollo（配置中心）。要将这些能力的使用简单化、标准化，常见的做法包括接入运维开放平台，提供使用文档、开发文档，以及实现组件化。其中，文档化典型的例子就是提供使用文档、搭建运维知识库等。组件化其实是对基础能力的封装，即提供一系列的标准开发套件，链接运维的各种平台、工具和数据。

表 7-7 列举了运维工程研发框架链接的部分基础能力。

表 7-7　基础能力（举例）

功能描述	包括的技术和框架
自动化运维工具	Ansible、SaltStack、Puppet、自研等
系统监控和告警	Zabbix、Grafana、NPM、自研等
应用性能监控	Zipkin、Pinpoint、SkyWalking 等
大数据及算法平台	TensorFlow、Caffee2、Keras 等
ChatOps 平台	Hubot、RocketChat、微信、钉钉等
DevOps 平台	Jenkins、自动发布平台、容器云平台等

总之，我们要将运维所有的能力尽量标准化、文档化、开放化、组件化。

2. 工程化

工程化涵盖从开发、测试到上线运维的整个流程。在代码开发阶段，可使用运维开发框架，用统一的操作接口及库提升研发效率。开发框架包括特定语言（Java、Python等）、特定功能的编程骨架、工具组件和特定平台的扩展插件及客户端。在测试阶段，基于配套的测试工具、测试环境和仿真系统，可以大幅提高用例覆盖和测试效率。在上线运营阶段，通过发布系统和监控服务，可满足在各场景下运维项目的日常更新及维护。整个运维工程研发体系如图 7-20 所示。

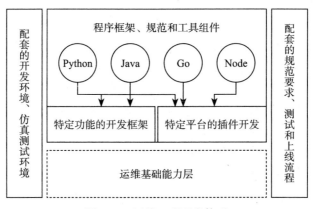

图 7-20 运维工程研发体系

智能运维机器人完全建立在运维工程研发体系之上，理论上，它具备全面的运维能力，比如智能告警、业务监控、执行编排程序等。研发框架和运维机器人是相辅相成的，首先运维架构师及开发工程师要设计和搭建起这套运维研发框架，并在上面构建起智能运维机器人的基础功能和规范，有了这些现成的功能、模板和规范，就可以开放给业务研发团队使用，让他们自己定义运维机器人的具体功能，运维他们的系统。业务研发团队借助运维机器人，能实现对生产系统的自维护，实现真正意义上的 DevOps（Dev 充当 Ops）。业务团队实现自运维了，基础运维团队的压力就会小很多，工作量才不会随着业务团队的扩大呈正比例增长。

7.4.2 智能运维大脑

智能运维大脑不是一个独立系统，它包含智能数据分析处理能力、NLU 处理能力等，是所有智慧运维能力的统称。NLU 方面的内容前面已经讲过，这里不再赘述。本节主要介绍运维大脑的智能数据分析处理能力。智能数据分析处理能力，即利用大数据、算法和机器学习技术，替代人脑解决一些实际运维问题，主要适用场景包括智能异常检测、智能告警收敛、智能故障诊断等。

运维数据的分析处理过程如图 7-21 所示。

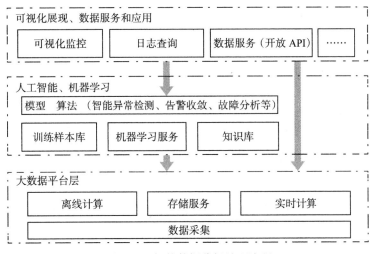

图 7-21　智能数据分析处理流程

图 7-21 的中间部分就是智能运维大脑，主要是一些算法服务，它与运维大数据平台紧密相连。运维大数据平台前面已经讲过了，接下来主要介绍运维相关的智能算法。

1. 智能异常检测

所谓异常，是指"偏离标准、常态或预期的事物"。可能有人会问，异常就是异常，还需要检测吗？实际上，这里有一个隐含的背景，就是我们讨论的异常主要是针对大数据场景，而在这个场景下，异常是很难通过人工或传统程序去捕捉的，而且有些异常并没有简单的判断标准。

举例来说，先举反例。反例 1：如果数据量少，我们可以列出所有正常的标准，只需要对输入数据进行简单对比就能发现异常数据。反例 2：如果数据（比如日志）有 ERROR、INFO 等有限几个标签，我们有明确判断标准，如"ERROR 代表异常"，那么无论有多少数据，也只需要简单判断标签就行了。所以这两个例子都不需要智能异常检测。

那么在什么情况下需要智能异常检测呢？这里举一个正例：网站监测的 PV（Page View，页面访问量），其每天、每时甚至每刻的数据均有一定规律，如果偏离这个规律，我们就会以为是出了问题（比如某段时间请求突然减少，可能是系统出了问题），但是具体规律是什么，不太好表示。当然，也可以先把问题简单化，具体到每一天的某一小时，我们可以设置一个经验性的阈值，比如每天的上午 9 点，正常 PV 范围为 5 万～6 万，因为每天只有 24 小时，我们可以简单统计过去 30 天的数据（共 720 条），然后人工筛选排除异常，就能得到每小时的正常阈值范围，如图 7-22 所示。但是如果统计的单位不是小时，而是秒，且每年的每一天单独计算，那一年有 3 千多万秒，这就变成一个大数据，靠人工统计几乎不可能完成，并且固定阈值这种检验方案也存在较大误差。

类似上面的例子有很多，比如交易流水、访问日志等，这些数据的产生方式、潜在的规律是多种多样的，有些和时间周期相关，有些和业务场景相关等，所以通常我们需要多种不同的智能异常检测方法。比如，某些大数据的生成，看似随机，但恰好符合"正态分布"，这是一个在自然界存在的比较普遍的神奇规律，此时我们可以用概率论的知识来建一个判断标准，后文会详细说明。总之，我们只要知道，数据异常可以通过数学模型来检测，而且在大数据场景下相当实用。

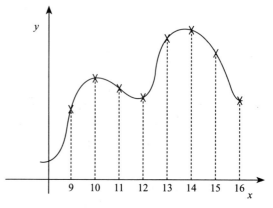

图 7-22　9 点～16 点 PV 的高水位阈值曲线（示例）

（1）异常检测基础

异常检测是一个热门的"学术研究领域"，其学术定义为"Anomaly/Outlier Detection"。Outlier 即"离群值"或"离群点"，1980 年 Hawkins 是这样定义它的："离群值是一种与其他观测值相差太大的观测值，以至于引起人们怀疑它是由不同的机制产生的。"所谓"异常检测"就是发现与大部分对象不同的对象，即发现离群点。

异常检测发展到现在，主要有如下几种方法。

- 基于统计的方法：比如高斯分布。
- 基于距离/邻近度的方法：K 近邻算法（K-Nearest Neighbor，KNN）。
- 基于密度的方法：局部异常因子（LOF）。
- 基于聚类的检测方法：DBScan、PCA（Principle Component Analysis）。
- 基于模型的方法：孤立森林、RNN（Recurrent Neural Network）。

我们先来看两张数据统计图（见图 7-23），其中 P1～P4 为异常点/离群点。

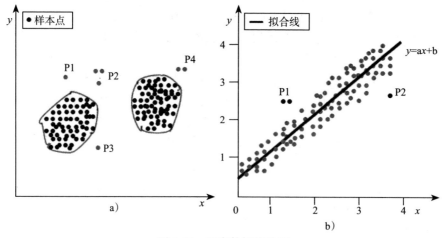

图 7-23　两类数据统计图

图7-23清晰展示出了两批数据各自的规律。图7-23a的数据倾向于"成团"聚集，这种特征的数据，可以根据数学上的密度、邻近距离来建模，识别其中密度稀疏、距离远的点。而图7-23b的数据成"线性"递增，可以用一元回归方程得到一个拟合直线，使大多数点都离直线最近。另外，如果数据不是线性递增，而是任意波动（曲线），如前文的图7-22，则可以用多项式函数来拟合任意曲线。

先来看图7-23b的"线性拟合"。我们知道，两点确定一条直线，那么多个点是如何确定一条直线的呢？方法如图7-24所示。

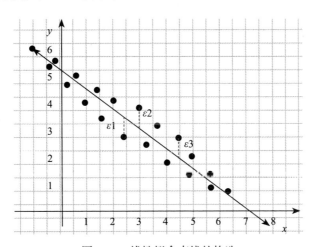

图7-24 线性拟合直线的构造

先假设这条直线的表达式（假设函数，Hypothesis Function）为：

$$h_\theta(x) = \theta_0 + \theta_1 x$$

这样问题就转化为：对于每个点来说，用这个表达式计算出来的值和真实值之间的误差（ε）的绝对值之和最小。引入误差后，得到下面的方程组：

$$\begin{cases} h_\theta(x_1) = \theta_0 + \theta_1 x_1 + \varepsilon_1 = y_1 + \varepsilon_1 \\ h_\theta(x_2) = \theta_0 + \theta_1 x_2 + \varepsilon_2 = y_2 + \varepsilon_2 \\ h_\theta(x_3) = \theta_0 + \theta_1 x_3 + \varepsilon_3 = y_3 + \varepsilon_3 \\ \cdots \end{cases}$$

其中，$(x^{(i)}, y^{(i)})$即样本点值是已知的。由于误差有正有负，将负号去掉，取绝对值不方便，最简单的方式就是取误差的平方，所以目标函数为：

$$J(\theta_0, \theta_1) = \varepsilon_1^2 + \varepsilon_2^2 + \varepsilon_3^2 + \cdots + \varepsilon_n^2 = \sum_{i=1}^{n}(h_\theta(x^{(i)}) - y^{(i)})^2$$

在机器学习中，J被称为损失函数（Cost Function），为了使J值不随着样本数的增加而变得过大，通常乘以$1/n$，即：

$$\min_{\theta_0, \theta_1} J(\theta_0, \theta_1) = \frac{1}{n}\sum_{i=1}^{n}(h_\theta(x^{(i)}) - y^{(i)})^2$$

运用最小二乘法的原理，对 θ_1 和 θ_2 求偏导，即可得到一个二元一次方程组，然后求得 θ_1 和 θ_2 的值。

然后，我们再来看非线性的情况，例如前文中图 7-22 的 PV 流量图所示。根据数据知识，任意曲线均可以由一个多项式方程来表示，比如：

$$\theta_0 + \theta_1 x + \theta_2 x^2 + \theta_3 x^3 + \theta_4 x^4$$

那要如何求得这个多项式呢？这得从"泰勒公式"说起，简单来讲就是用一个多项式函数去逼近一个光滑函数，如果 $f(x)$ 在 x_0 处具有任意阶导数（即光滑），那么泰勒公式是这样的：

$$f(x) = f(x_0) + (x - x_0)f'(x_0) + (x - x_0)^2 \frac{f''(x_0)}{2!} + \cdots = \sum_{n=0}^{\infty} \frac{f^{(n)}(x_0)}{n!}(x - x_0)^n$$

根据泰勒公式展开，求导数，就可以得到曲线图，展开的项数越多，图形的变化幅度越大。图 7-25 所示为一个使用该方法求得的曲线。

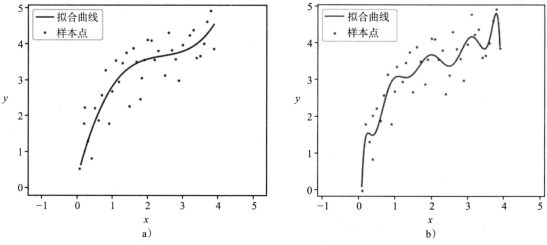

图 7-25 非线性拟合（多项式方程）

图 7-25a 是 5 次多项式的效果，图 7-25b 是 10 次多项式的效果。直观地看，图 7-25b 有些"过拟合"，这是什么意思呢？在做模型时，样本只是供大概参考，如果过于还原样本的细节，反而达不到理想的效果，通常模型做出来，还需要经过实际的检验和改进。

接下来，我们来看一下基于密度的异常检测算法："局部异常因子"（Local Outlier Factor，LOF）算法。其原理是通过计算样本点的"局部可达密度"来反映异常程度。在图 7-25a 中，数据"成团聚集"，数据聚集处，密度很大，只有少数游离在外，这些就是离群点。怎样找到这些离群点呢？首先要用到几个数学概念，k 距离、k 距离邻域。我们以以图 7-26 为例来说明如何计算 k 距离。

图 7-26 中有 4 个点，$x^1 \sim x^4$，对 x^1 来说，距离它的第 k 近的点之间的距离，就是 x^1 的 k 距离。其表达式为：

$$D_k(x^{(i)}) = \| x^{(i)} - x^{(k=t)} \|$$

其中 $x^{(k=t)}$ 表示距 $x^{(i)}$ 第 k 近的点，符号"$\|$"代表求距离，在二维空间里面，点 (x_1, y_1) 与点 (x_2, y_2) 之间的直线距离（欧氏距离）为 $\sqrt{(x_1-x_2)^2 + (y_1-y_2)^2}$。（$n$ 维空间与之类似。）

比如，离 x^1 第二近的点为 x^3，所以点 x^1 的 $k=2$ 距离为：

$$D_2(x^{(1)}) = \| x^{(1)} - x^{(k=2)} \| = \sqrt{(4-0)^2 + (3-0)^2} = 5$$

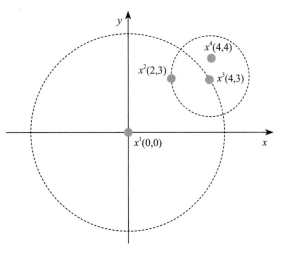

图 7-26 k 距离计算方法

同理，离 x^3 第二近的点为 $x^{(2)}$，所以点 $x^{(3)}$ 的 $k=2$ 距离为：

$$D_2(x^{(3)}) = \| x^{(3)} - x^{(k=2)} \| = \sqrt{(4-2)^2 + (3-3)^2} = 2$$

而点的"k 距离邻域"，就是到该点的直线距离小于点的 k 距离的所有数据的集合，其直观意义就是以该点为原点、k 距离为半径的圆形区域，如图 7-26 所示。

根据这些概念，我们可以定义局部可达密度，并由此得到局部异常因子（LOF）的表达式 $\text{LOF}_k(x^{(i)})$，进而计算出每个点的 LOF 值。如图 7-27 所示，以圆的半径代表该点的 LOF 值，圆的半径越大，该点就越可能是异常点。

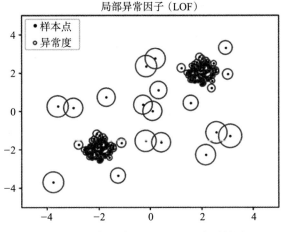

图 7-27 局部异常因子（LOF）检测结果

从图 7-27 中可以看出，LOF 算法能够较好地识别出那些密度低、比较孤立的点。

最后，再来看一下基于"正态分布"的异常检测方法，这是一种传统的统计学方法，适用于检测符合正态分布规律的数据。正态分布是一种很奇特的自然规律，这里以抛硬币为例展开介绍。抛硬币，若正面则 +1 分，若反面则 -1 分，如果连续扔 10 次，总共多少分？答案是 [-10 ~ 10] 都有可能，但总分为 0 的概率最大，总分为 -10 或 10 的概率非常小（0.1%）。各分数的详细概率如表 7-8 所示。

表 7-8　10 次抛硬币所得的分数与概率

分数	+10/-10	+8/-8	+6/-6	+4/-4	+2/-2	0
概率	0.10%	0.98%	4.39%	11.72%	20.51%	24.61%

将其画成直方图，大致如图 7-28 所示。

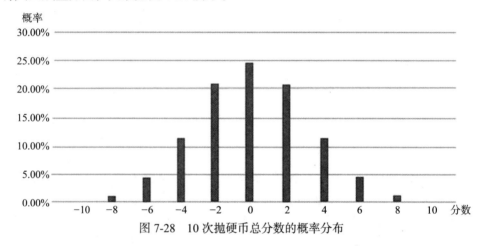

图 7-28　10 次抛硬币总分数的概率分布

而且，随着扔的次数增多，直方图顶点的连线越倾向于光滑的曲线，最终效果如图 7-29 所示。

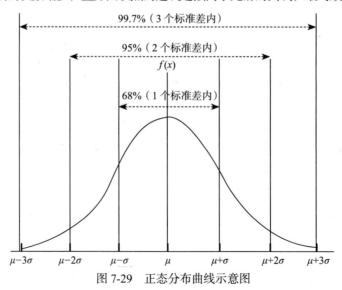

图 7-29　正态分布曲线示意图

这就是我们说的正态分布曲线。正态分布又名高斯分布，如果随机变量 X 服从一个期望为 μ、方差为 σ^2 的正态分布，则记为 $N(\mu,\sigma^2)$。$\mu=0$，$\sigma^2=1$，称为标准正态分布。

正态分布的密度函数为：

$$f(x)=\frac{1}{\sqrt{2\pi}\sigma}e^{-\frac{(x-\mu)^2}{2\sigma^2}}$$

如果数据符合这个模型，那么大约 68% 的数据值会在均值的一个标准差范围内，大约 99.7% 的数据值会在三个标准差范围内。如果有一个数据值超过标准差的 3 倍，那么它就是离群点（异常值）。

那么问题来了，怎样确定数据是否符合近似正态分布呢？第一种方法是从概念上去判断，根据中心极限定理，如果一个事物受到某些随机因素的影响，且每种因素作用独立，那么其均值（或者和）的分布，在样本数足够多的时候就接近于正态分布。比如人身高的自然分布，特别高和特别矮的都属于少数，大多数人身高属于中等，这就符合正态分布。为什么不是普遍高或者矮呢，这个真的很难解释。以抛硬币为例，设其分数之和由 1 万次随机抛硬币组成，每一次都是一个独立的、随机的作用因素，因素越多，数据多样性越明显，这样的数据样本越多，根据中心极限定理，其结果的分布就越倾向于正态分布。人的身高也是一样，有超过 1 万个影响身高的因素，它们随机作用后才形成某个具体的身高样本，这样的样本具备丰富的多样性，当样本足够多时，就趋向于正态分布。在实际操作中，其实多样性不难判断，难的是如何判断作用因素是否随机。比如影响股票涨、跌的主要因素，虽然复杂，但并不是完全随机的，所以会造成连续涨或者连续跌的情况。第二种方法是，将样本绘制成图形，根据图形曲线来判断，正态分布的曲线像是寺庙的大钟，中间高，两头低，左右对称，大部分数据集中在中间，小部分在两端。

（2）异常检测算法现状及对比

异常检测是一个热门的学术研究领域，每年都有很多相关的论文面世，有一些新的方法也被开发出来并得到业界认可，表 7-9 列举了一些被广泛看好的方法及其论文出处。

表 7-9　知名的异常检测算法

方法名称	论文出处
Isolation Forest	Liu, F. T., Ting, K. M., Zhou, Z .H. Isolation Forest. In Proceedings of IEEE ICDM. 2008, 413-422.
ABOD	Kriegel, H-P., Schubert, M., Zimek, A. Angle-based outlier detection in high-dimensional data. In Proceedings of KDD. 2008, 444-452.
LOF	Breunig, M. M., Kriegel, H -P., Ng, R. T., Sander, J. LOF: Identifying density based local outliers. In: Proceedings of the ACM SIGMOD. 2000, 93-104
LODA	Pevny, T. Loda: Lightweight On-line Detector of Anomalies. Machine Learning. 2016, 102(2), 275–304.
Kernel Mahalanobis	Hoffmann, H. Kernel PCA for Novelty Detection, Pattern Recognition. 2007, 40(3), 863–874.
iNNE	Bandaragoda, T. R., Ting, K. M., Albrecht, D., Liu F. T., Wells, J. R. Isolation-based Anomaly Detection using Nearest Neighbour Ensembles. Computational Intelligence. 2018. Doi:10.1111/coin.12156

在上面这些方法中，Isolation Forest 是比较新颖和突出的，时隔这么多年，仍然被很多研究者推荐，也有一些基于它的改进版，比如 2018 年提出的 iNNE，就是原作者对 Isolation Forest 的改进。另外，一些基于最近邻（Nearest Neighbor）的方法，效果也非常好，比如在经典的 KNN（K 最近邻）算法基础上改进的 aNNE（an Ensemble of 1NN），它在大型数据集上的运行速度明显比 KNN 算法快，而且最佳样本量小于 KNN。

下面给出一些推荐的异常检测算法，并对它们做了简单对比。

❑ **基于 Isolation 的方法：iForest 和 iNNE**

iNNE 是在 iForest 基础上的改进版，它使用到了最近邻方法，对 iForest 存在的问题进行了改进，比如 iForest 对具有集中异常分布的局部异常和具有重叠正常样本的内嵌异常的判别作用较弱。虽然 iNNE 使用到了最近邻方法，但其运行速度比现有的基于最近邻的方法（例如 LOF）要快得多，尤其是在具有数千个维度或数百万个实例的数据集中。

另外要注意到一点，iNNE 是在 iForest 发表 10 年之后由相同作者发表的，可见算法研究要想取得突破性的进展，通常需要一个非常漫长的过程。

❑ **基于最近邻的方法：aNNE 和 KNN**

前文已经讲过，KNN 运行缓慢，空间复杂度也很高，而且对数据量（Data size）敏感，aNNE 则有所改善。

除此之外，还有聚集型/密度型的 LOF 和 ABOD 算法，它们本质上也是用到了最近邻方法，特别适合数据高度聚集的异常探测。值得一提的是，ABOD（Angle-Based Anomaly Detection，基于角度的异常探测）声称其更适合高维度数据的探测。

还有 iNNE 也用到了最近邻方法，而且它也适合异常探测。

❑ **基于 PCA 的算法：Kernel Mahalanobis（Kernel PCA）**

PCA（Principle Component Analysis，主成分分析）是常用的提取数据特征的手段，其功能是提取主要信息，摒弃冗余信息，对数据集进行降维，并保证降维后的数据还能最大程度地保留原始数据的特征。异常检测只是 PCA 的一个附带功能，用 PCA 进行异常检测的原理是：在做 PCA 特征提取时会建立一个数学模型，使用这个模型对需要检测的新数据进行计算并得到特征值，这个值就代表了数据样本的偏离程度，如果偏离度大，就说明是一个异常点。

Kernel PCA 是 PCA 的一个改进版，相比上面的 iForest、aNNE 等算法，Kernel PCA 算法的时间复杂度比较高，目前来说还有待优化，但潜力很大。

这里再总结一下：

1）iForest 和 iNNE 具有最高的检测精度和最低的时间开销；

2）iForest、iNNE、LODA 能够应用于上百万的大数据集，其他算法像 KNN、LOF、aNNE、Kernel PCA 等则不能；

3）LOF 和 ABOD 算法只适用于集聚型数据，不适合分散型数据。

另外，建议先用简单、基础的方法建模，再使用更复杂的方法，这样可以有一个对比，来检验复杂方法是否有效。异常检测的方法层出不穷，相关的论文成千上万，例如上面没提到的 One Class SVM、PINN、REPEN、HiCS 等多种方法。在实际运用时最重要的还是掌握异常检测的基本原理，并研究和挖掘异常的特点，选择匹配的算法。没有一种算法是 100% 准确和稳定的，异常检测的结果通常只起到参考作用。

最后说到，上面提到的一些经典算法，在 sklearn 里面都能找到现成的程序实现。sklearn 全名 scikit-learn，是一个机器学习的 Python 库，包含各种分类、回归、聚类、降维等算法，具有丰富的 API，获取地址为 https://scikit-learn.org/stable/。Yahoo 也开源了一个用于大规模时间序列异常检测的项目，叫作 EGADS（https://github.com/yahoo/egads）。EGADS 主要由时间序列建模模块（TMM）和异常检测模块（ADM）两部分组成：给定一段时间的离散序列值，TMM 模块就能学习这段时间序列的特征，并根据不同的时间序列算法模型（包括多种平滑模型及线性回归模型）拟合出一个和原序列非常接近的序列，而 ADM 模块则提供了基于密度、拐点等几种简单的模型。

2. 智能告警收敛

在没有做智能告警收敛之前，我们很容易遇到报警风暴，比如同一时间收到许许多多的告警邮件、短信，甚至可能出现由于短信发送过多而被运营商拦截的情况。如果深入分析这些告警信息，你会发现很多都是重复和冗余的。频繁的告警给运维工作造成了极大干扰：告警这么多，如果不去理睬，害怕错过重要的故障信息，如果一条一条去看，又关注不过来，怎么办？智能告警收敛，可以在很大程度上解决这类问题——通过告警信息聚类合并、筛选屏蔽等手段，将不重要的、冗余的告警信息剔除，留下那些关键的、重要的告警信息。

常见的告警收敛方法有聚合、分组、关联、抑制、静默、数据挖掘以及机器学习。下面简单介绍其中几个。

（1）聚合、分组与降维

首先，告警信息中包含了多个维度，比如时间、主机、服务、实例、机房、地区、应用类型、业务 ID/ 标签等，对于故障信息，应该对这些维度信息进行采集整理，形成规范化的标签，比如下面这种表示，用"."分隔了多个维度（类型、实例、业务线、机房、业务指标）：

db.profile.inte_mysql_slave1.uncore.xtd.nps:13

要设定这些标签，其实就是一个分类、分组的过程。某些基础标签可以从 CMDB 系统中获取，某些则需要使用实时计算，根据数据源和配置的规则做实时解析。最终，我们得到的是一个打了很多标签的多维数据。对于这种数据，我们需要通过多种不同维度去聚合、分组，从而降低维度，压缩故障信息。下面通过一个具体例子来详细阐述。

比如一个名为 PMT_INT_Web01 的服务节点产生了内存、CPU 双重告警，另一个服务节点 PMT_INT_Web02 也产生了内存、CPU 的双重告警，如果不做告警收敛，就会产生 4 条告警信息。但如果我们做一个分组聚合，如 Web01 和 Web02 告警同属于一个"应用"，内存和 CPU 告警同属于一个"服务器",那么就可以把这 4 条告警信息合并成 1 个告警事件,事件的焦点就是这个应用的 CPU 和内存负载过高。这个例子还只是小范围的异常,只合并了 4 条告警,但如果是某个交换机出现了问题,那可能就是很多个监控指标一起报错,告警信息的数量瞬间就几十、上百了,这些告警信息有很多噪声,让我们难以真正分辨故障原因,并且告警过多,还可能掩盖同一时间内其他的故障。这时候告警分组、聚合的价值就凸显出来了,它可以将告警信息合并到有限的维度上。

(2)简单关联及关联分析

首先,说一下"简单关联"。简单关联其实就是根据监控需要以及经验知识积累,人为地将所有数据标签(Tag)之间的依赖关系(父子关系)用"静态规则"的方式关联起来。比如,某个服务器宕机,那么在这个服务器上的应用肯定也不可用了,这就是一条简单的关联规则。

静态关联规则实现起来比较简单:根据经验,将各种告警对象的关联关系配置好优先级,当某条告警信息产生时,先判断它是否有关联的上级,其上级是否也有告警,然后决定是否采取收敛措施。以上面的服务器宕机为例,当应用进程不可用时,不会立即发送告警信息,而是首先检查它关联的服务器是否可用,倘若服务器都不可用了,那么告警信息就会合并到服务器层面。

在一些稍微现代一点的监控系统中,可以借助第三方插件实现类似功能,比如 Prometheus 的 AlertManager 插件,Zabbix 的 OneAlert 插件,但这些系统相对独立,无法打通所有监控。

对于更为复杂的关联分析场景,例如业务监控、全链路监控等,会通过如 ID、关键字等去做"自定义关联"。比如某个业务流程经过许多系统,当某一处出现异常时可能会导致多个系统"级联式"报错,此时可以通过 TraceID、ClientIP 等关键信息把这些报错信息串联起来。除此之外,也可能遇到某个 ID、关键字的异常频繁的重复告警的情况。在告警系统中,可以将短期内同一个 ID 或关键字的多个报错信息聚合成一个告警事件。在一些监控系统中存在自带的全局的 event_id,比如 Zabbix,在一段时间内,某个事件可能会被触发多次,只要故障没有恢复,就会频繁地触发告警,此时,我们就可以将告警信息在时间序列上合并,使原本的多个重复异常合并成一个。

(3)抑制、静默、优先级

我们知道,告警信息不是越多越好,即便是最重要、最严重的告警信息,也得有一个度,告警"抑制",就是用来约束告警频率的。比如,我们限制两组告警的间隔至少 10 秒,重复的告警间隔至少 20 分钟。告警抑制,可以解决告警接口、短信调用频次限制问题。再配合上述的智能告警合并,就能保证既不丢失重要信息,又不造成告警轰炸。

"静默"则更暴力,直接将告警关闭。我们可以指定关闭哪些告警,以及关闭多长时间。通常用在那些我们已知的、暂时性的告警上,比如在上线维护期间,某个服务暂时不可用,就可以先把和这个服务相关的告警"静默"掉;又比如我们已经知道了某个异常会持续一天,并且不会产生任何实质性影响,那么就可以把这个告警临时关闭 24 小时。

另外,在做告警抑制时,可以引入告警信息优先级和权重。在大量告警出现时,我们首先想知道的是有没有重要系统受到影响,要优先处理重要性高的告警,比如支付系统和客服系统同时出了问题,支付系统的优先级高,告警会被优先推送,客服系统的告警则会被抑制、延迟。另外,即便是同一个系统,每个服务直接或间接的监控指标可能有几十个,有些是"生死指标""灾难指标",一旦出现就代表服务出现严重问题,需要启动应急预案;而另外一些则是普通指标,影响比较小,按一般故障处理即可。

(4)机器学习

机器学习告警收敛方法即利用机器学习的相关算法,来关联、合并告警信息。上面提到的简单关联、自定义关联虽然都很有效,但是严重依赖于人,人的精力和经验都很有限,遇到那种大范围的报错、告警,很难去手工逐一分析,并且在事后把所有可能的关联关系设置成静态关联规则。另外,有些关联关系本身不容易被发现,表面上看不出它们的联系,但实际上,一出问题,其他系统都跟着出问题。比如笔者曾经遇到某次故障,一个中间件从表面上看各项指标均正常,只是日志中有一次报错,但接着依赖它和间接依赖它的系统也开始报错。

但是,机器学习的算法可能不会 100% 准确,通常不建议直接把机器学习的结果直接用于触发运维操作。比如过往的大数据学习显示,告警 A 和告警 B 有 80% 的相似性或者关联性,但这个结果通常只作为参考,运维人员可以据此做进一步的告警配置,另外,基于关联分析的智能算法的主要作用还是辅助故障诊断,这部分内容将在下文详细介绍。

3. 智能故障诊断

传统的故障定位方法,通常是由运维人员、开发人员去查看告警信息,确认服务器状况,检查进程、线程状态,分析日志等,这种方式非常依赖于个人的经验,而且延迟较高,涉及打开软件、登录、找到目标、查询等多个步骤,操作往往很慢,直接影响到 SLA。

那么有没有更好的、智能的故障诊断方法呢?答案是肯定的。首先,很多故障发生时,我们有许许多多的监控数据,有些有异常,有些有波动,这些数据通常都是能够反映故障的本质的,只是我们缺少相关的机制和算法去自动分析、发现它们。

我们总结了三种常用来做智能故障诊断的方法:"聚类分析、多维度下钻""基于关联分析的故障诊断"以及"决策树模型"。下面逐一介绍。

(1)聚类分析、多维度下钻

简单地讲,就是从不同的维度、角度去分析故障数据,以便发现故障集中在什么维度,并排除掉那些表现正常的维度,以降低干扰,然后再根据优先级和权重进行排序,就可以定位到异常最可能发生的那个点。

举个例子,手机银行 App 更新了一个功能,上线后收到许多与此功能相关的操作失败告警,而操作失败的次数已占到了总操作次数的近 1%,究竟怎么回事呢?分析监控数据,发现在监控数据中有许多标签,每个请求都包含地区(省市)、运营商(移动/联通/电信等)、手机网络 APN(Wi-Fi/ 3G 等)、手机系统、App 版本等标签信息。每个标签都可以看作一个维度,我们把报错信息按不同的维度聚合并排序,就可以得到某个维度的数据特征。比如,我们先按 App 版本进行聚合排序,发现报错的数据都来自新上线的版本,从而排除了老版本 App;再按手机系统进行排序,则发现 iOS 系统是正常的,报错数据都来自 Android;最后根据 Android 系统的版本进行聚合排序,就定位到了最终原因——这次上线功能中有一段程序与最新的 Android 系统 9.0 不兼容。

其实,用算法来实现上面这个聚类分析的过程并不难,我们先设置好维度的父子关系,再按父维度到子维度的优先级对数据进行聚类,聚类后算出这个维度下各类数据(子维度)的异常百分比,找出异常百分比相对高的,如果有,则继续聚合其子类数据(下钻),如果没有,则停止,当前维度即成为待选的故障点,最后再合并具有相同子维度的链路,剩下的那个子维度就是最有可能发生故障的点。整个过程如图 7-30 所示。

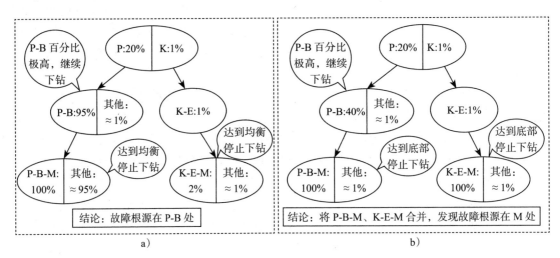

图 7-30 聚类和多维度下钻

在图 7-30 中,可以把 P 和 K 分别看作 Android 和 iOS 系统,把 B 和 E 看作手机品牌,把 M 看作大客户,图 7-30a 的分析结论是手机品牌 B 有问题,而图 7-30b 的分析结论是大客户 M 账号有问题。

注意,对于维度的父子关系优先级设置,通常需要一定经验,一个典型的办法是,根据维度的作用范围设置,将作用范围大的设置成父维度,范围小的设置成子维度。比如 UserID 和手机型号,一个手机型号有很多用户,一个用户也可能有多个型号的手机,但是手机型号对应的用户的数量明显比用户拥有的手机型号数要大得多,所以,将手机型号设置为父维度,UserID 设置为子维度。

(2)基于关联分析的故障诊断

前面说到用关联分析来做智能告警合并,从某个角度上来看,告警合并其实就是在帮我们做故障分析,被合并的告警一定不是故障的根源,相当于帮我们缩小了故障定位的范围。

但是某些告警之间的关联关系并不是那么明显，仅靠"静态规则"的简单关联，无法识别一些较深层次的问题。我们不妨看看运维人员是怎么"人肉"定位问题的：他们会根据日志或监控数据提供的线索，结合过往的经验来判断故障的真正原因，比如他们发现 A 应用连接 B 服务时出现了许多连接超时异常，以此判断出大概是由于 B 服务的并发连接数过高造成的，这个简单的推理并不是瞎猜，而是根据过往多次处理类似问题的经验总结出来的。

基于关联规则的大数据分析，可以作为一种趋近于人工的智能故障诊断技术。在机器学习领域，关联分析是一种无监督的数据挖掘方法，用于在大规模数据集中寻找到数据与数据之间的特定关系。这种关系可以表示为两种形式：频繁项集或关联规则。

频繁项集是指经常出现在一起的东西的集合，关联规则表示两种事务之间可能存在某种对应关系。关联规则分析，通俗地讲，就是推导数据之间的关系，比如（一个经典例子）：通过大量数据统计发现，买可乐的人很有可能同时会买薯片，这就是一个线索。从这个线索我们可以做出推导：已知某个人买了可乐，可以得出，他"很可能"也买了薯片，即 {可乐} ⇒ {薯片}。这个"很可能"即关联规则的强度，可以用"支持度"和"置信度"来表示。

支持度（support）的定义为：

$$\text{support}(X \Rightarrow Y) = |X \text{交} Y| / N$$

其中，N 为记录总数。$|X \text{交} Y|$ 表示集合 X 和 Y 中的元素在同一条记录中出现的次数。举个例子说明，比如有 5 条购物记录，如表 7-10 所示。

表 7-10 购物记录示例

UserID	购物记录
1001	薯片、可乐、辣条
1002	可乐、薯片、牛肉干
1003	可乐、薯片、凤爪
1004	泡面、老干妈、饼干
1005	可乐、薯片、凤爪

在这 5 条数据中，"可乐 + 薯片"一共出现了 4 次：

$$\text{support}(\{可乐\} \Rightarrow \{薯片\}) = 4/5 = 80\%$$

支持度的意思是：有 80% 的人同时买了可乐和薯片。

置信度（confidence）的定义为：

$$\text{confidence}(X \Rightarrow Y) = |X \text{交} Y| / |X|$$

其中，$|X|$ 为集合 X 元素出现的总次数。以上面的购物记录为例：

$\text{confidence}(\{可乐\} \Rightarrow \{薯片\}) = 3/3 = 100\%$，$\text{confidence}(\{凤爪\} \Rightarrow \{薯片\}) = 2/4 = 50\%$

置信度的意思是：买可乐的人 100% 都买了薯片，而买凤爪的人 50% 都买了泡面。

再来看项集，项集就是项的集合，例如：{可乐、薯片、凤爪、饼干}是一个 4 项集。

对于频繁一起出现的物品项的集合，我们称为"频繁项集"。比如一个超市的频繁项集可能有 {{泡面, 老干妈, 牛肉干}, {薯片, 可乐}, {凤爪, 瓜子}}。

关联分析，就是先找到频繁项集，再根据关联规则找到关联物品。

为什么要先找频繁项集呢？还是以超市购物为例，我们找物品关联规则的目的是为了提高物品的销售额。如果一个物品本身购买的人就很少，那么分析它的意义并不大，从效率和价值的角度来说，肯定是优先找出那些人们频繁购买的物品的关联物品，即寻找频繁项集。

Apriori 算法是关联规则分析的经典算法，它的作用是根据物品间的支持度找出物品中的频繁项集。第一阶段是根据最小支持度找到频繁项集，第二阶段是根据最小可信度与频繁项集得到强关联规则。该算法的主要思想是采用迭代方法，通过多次扫描数据库来发现所有的频繁项集，具体做法如下：在第一次扫描中，计算数据集中所有单个项的支持度，生成所有长度为 1 的频繁项集 L_1，然后利用 L_1 找长度为 2 的频繁项集 L_2，继续利用 L_2 找 L_3，如此迭代下去，直到不能再找到任何新的频繁 k 项集。最后，根据所有的频繁项集与最小可信度得到强关联规则，即：对于每个频繁项集 L 的每个非空子集 S，若 support(L) / support(S) ≥ min(confidence)，则输出规则 $S \Rightarrow L-S$。

可以看到，Apriori 算法采用迭代方法，要多次扫描数据库，其复杂度比较高，当数据量增大时，容易出现性能瓶颈。不过业界也有一些改进的算法，比如 FP-growth 算法，性能要比 Apriori 高大约一个数量级。

关联规则分析用于告警，其实就是根据关联规则来辅助事件相关性分析，当告警发生时，找出与之匹配的强关联规则，判断是否有故障，从而定位故障的根源。这种判断能力有置信度等数学理论支持，在有较多历史数据支撑的情况下，其准确度甚至可以超越人。

（3）决策树模型

决策树（Decision Tree）是一种有监督的机器学习方法，经常被用来学习已知的数据及结论，然后对新数据做"推论"，该模型也是一种常用的故障诊断方法。

其基本原理非常简单，就是用树形结构将所有判断条件（各种指标和特征）串联起来，再从顶向下逐一判断，所有条件判断完，最后的叶子节点就是推断结果，如图 7-31 所示。

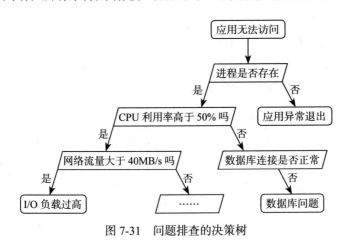

图 7-31　问题排查的决策树

遍历决策树上的每一条路径，就是一个个推论，图 7-31 的推论为：

If [进程不存在] ⇒ 应用异常退出；

If [进程存在] ⇒ If [CPU 利用率低于 50%] ⇒ If [数据库连接不正常] ⇒ 数据库问题；

If [进程存在] ⇒ If [CPU 利用率高于 50%] ⇒ If [流量大于 40MB/s] ⇒ I/O 负载过高；

If [进程存在] ⇒ If [CPU 利用率低于 50%] ⇒ If [流量小于 40MB/s] ⇒ ……

显然，决策树是依赖于经验和知识规则的，而且最开始要有较多的样本（包括链路上的各种指标、特征以及已知的结论）来做训练。注意，对于不同的样本，即便是条件相同，也可能有不同的结论（比如存在误差、偶然），所以需要一些算法来做权衡，需要大量的数据来做训练，而且不同的判断顺序也可能导致结论的不同。总之，要想构建一棵合理的决策树，需要具有一定的技巧，后面会用一些专业的算法来解决这个问题。有了算法模型之后，还得用实践去检验，某些推断可能在实际应用中被证明是错误的，这就需要人工去标注、纠正，然后将数据加入样本库重新训练。整个模型的组成结构如图 7-32 所示。

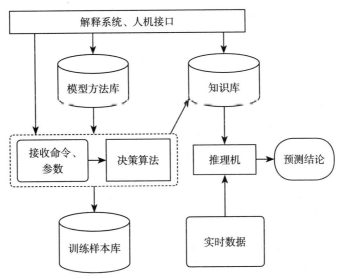

图 7-32　决策树异常定位工程结构

很早就有人研究决策树的构建算法，最经典的算法是 ID3（迭代二叉树 3 代），由 Ross Quinlan 于 1979 年提出，十多年后他又将其改进为 C4.5，还有 CART 算法（发表于 1984 年）也比较经典。决策树的算法通常包含以下两方面的内容：

❑ 决策树的生成；

❑ 决策树的剪枝。

决策树的生成主要涉及两个问题：一是如何选取决策的条件（特征），比如为什么选择 CPU 使用率 50%，而不是 80%，依据是什么；第二，如何确定特征之间的先后顺序，比如为什么是先判断 CPU 使用率，再判断网络流量，而不是先判断网络流量，再判断 CPU 使用率。其实，根据人的经验和主观意识，通常会选择他认为正确的排序和阈值，努力让最终的推理结果更加准确。比如我会把 CPU 使用率放在网络流量之前，是因为根据我的经验，先判断 CPU 使用率，再判断网络流量，会使结果更准确。但人的判断和选择往往是"下意识的"，人脑在一瞬间完成了信息计算，但具体逻辑有时候说不清。而数学理论带来了一些科学的、客观的算法，是有章可循的，是可以反复执行并经得起实践检验的。

典型的算法就是 ID3（迭代二叉树 3 代）算法。ID3 使用了"信息论"里面的"熵""信息增益"理论来作为特征选择的算法。信息论是一个交叉学科，也是应用数学和概率论的一个分支。"熵"，通俗地讲，是信息的度量方式，代表了信息量的大小，熵越大，信息量越大。例如投一枚硬币只有正面、反面两种结果，而投一枚骰子，则可能有 6 种结果，后者的熵（信息量）更大。

信息熵的数学定义为：设 X 是一个离散型的随机变量，取值为 x_1，x_2，x_3，…，x_n，其概率分布如下。

$$P(X=x_i)=p_i, \quad i=1, 2, 3, \cdots, n$$

则随机变量 X 的熵定义为：

$$H(X) = -\sum_{i=1}^{n} P(x_i) \log P(x_i) = \sum_{i=1}^{n} P(x_i) \frac{1}{\log P(x_i)}$$

可见熵和概率挂钩，熵越大，随机变量的不确定性越大。

例如，使用上面的公式来计算，对投硬币来说，正、反面的概率都是 0.5，其熵为：

$$H(X) = 0.5 \times \log_2 2 + 0.5 \times \log_2 2 = 1$$

但如果硬币正反面的概率不一样，假设正面的概率是 100%，则算出来的熵等于 0。对于二分类问题，一种概率为 p，另一种概率为 $1-p$，则熵的值介于 0 与 1 之间，当 $p=0.5$ 时熵最大。

对于上面我们所说的特征选择的算法，其目标是提高正确率，换句话说，是减小错误率。如果我们把选择每个特征的错误率当作熵，那么目标就是优先选择一个熵最小的特征。假设在上面的例子中，有如下特征分类的结果：

[CPU 利用率高于 50% ⇒ I/O 负载过高]：错误匹配 1 例

[CPU 利用率高于 50% ⇒ 数据库问题]：错误匹配 10 例

[网络流量大于 40MB/s ⇒ I/O 负载过高]：错误匹配 3 例

[数据库连接异常 ⇒ I/O 负载过高]：错误匹配 21 例

按照这样计算，我们发现"CPU 利用率高于 50% ⇒ I/O 负载过高"是错误率是最小的，也就是熵最小，那么应该优先选择这个特征。实际的特征分类可能很多，有些特征是离散型的，比如"进程是否存在"，它只有两种状态，还有一些特征是连续型的，比如"CPU 利用率"不止 50% 这一个样本，它的样本可能有很多，总之，我们会递归地选择所有熵里面最小的那个。然后在选第二级特征时，也要计算选择前和选择后的错误率，留下那个"最终熵"最小的——这就涉及"信息增益"的算法了。要明白信息增益，先得知道"条件熵"的定义：在随机变量 X 发生的前提下，随机变量 Y 发生新带来的熵，定义为 Y 的条件熵。表示如下：

$$H(Y|X) = -\sum_{x,y} P(x,y) \log P(y|x)$$

信息增益（Information Gain）就是在已经求得特征集 D 的经验熵 $H(D)$ 的情况下，与新加入特征 A 后给 D 带来的经验条件熵 $H(D|A)$ 之差，即：

$$Gain(D, A) = H(D) - H(D|A)$$

可见，信息增益越大，上面公式的差值就越大，熵就减少得越多。而熵越小，信息量、不确定性就越小。ID3 算法的目标就是，递归地让信息增益最大化。其原理和我们人类"下意识地选择"是很像的，只是把它抽象成了数学模型，核心还是概率论知识。

ID3 算法有一个明显的缺点：越细小的分类，错误率越小，所以 ID3 会偏向于把分类做得很细。例如上面例子中的"CPU 利用率高于 50% ⇒ 数据库问题：错误匹配 10 例"，如果分得更细，考虑 60%、70% 等情况，某些项错误匹配率可能就会降低。但这样训练，虽然对样本来说匹配得很好，但是对新数据来说，参考意义不大，因为它过度学习、过拟合样本数据了。也就是说，这样好的、坏的一起学，把数据中的噪声也学进去，降低了模型的泛化能力。好的模型是要降低样本中的干扰因素和噪声，从而提高模型的普适性和泛化能力。

C4.5 算法对此进行了改进。在 C4.5 中，信息增益要除以分割太细的代价（分母越大、值越小），让分隔越细、代价越大，但不能一味地往细的方向分，必须要找一个平衡点，因此它引入了"信息增益率"理论。信息增益率是在普通信息增益的基础上，除以"分裂节点数据量的信息增益"，其计算公式如下：

$$Gain_{radio}(D, A) = \frac{Gain(D, A)}{H_A(D)}$$

其中，

$$H_A(D) = -\sum_{i=1}^{n} \frac{|D_i|}{|D|} \log \frac{|D_i|}{|D|}$$

说明：$|D|$ 为样本数，$|D_i|$ 为特征 A_i 划分后的样本数，$\frac{|D_i|}{|D|} = P(A_i)$ 表示第 i 类样本数占数据集 D 样本总数的比例。$H_A(D)$ 其实就是一个熵的计算公式（称为经验熵）。

通常，这些常用算法都有开源实现。例如 C4.5 的实现如下。
❑ Python 版本：https://github.com/geerk/C45algorithm。
❑ Java 版本：https://github.com/scottjulian/C4.5。

信息增益率让我们能较好地构建决策树。除了 C4.5 算法之外，还有 CART 算法，使用了类似于熵的基尼指数（Gini）来做特征选择，效果也很好。与 C4.5 算法不同，CART 使用了二叉树结构，而且对于离散型和连续型的特征数据有不同的处理。

无论是 C4.5 还是 CART，要想达到较好的泛化效果，还要增加一个给决策树"剪枝"的过程。我们知道，决策树的构建过程使用的是递归迭代算法，它的每一步选择都是理论层面的最优，但问题是，我们需要最优吗？最优意味着模型对"样本数据"拟合得非常好，前面说过，这是很危险的，这会导致"过拟合"，从而降低模型的泛化能力。研究者的实践也证明，越是小型的决策树，越是优于大的决策树。而剪枝，就是让决策树在保持原有能力的同时，尽量简单。

剪枝一般有两种方案，预剪枝和后剪枝。前者在构造决策树的同时剪枝，比如在创建分支时设定一个阈值，如果熵的减小没达到这个阈值，就提前停止。实际上预剪枝有很大的弊端，提前停止虽然降低了过拟合的概率，但是也增加了欠拟合的风险，有可能会得不偿失。所以常用的是后剪枝方法，即在决策树构建完之后再做处理，这样欠拟合的风险就会很小。

总结："智能故障诊断"主要使用聚类分析、关联分析、决策树这三大类方法。聚类分析是通过对监控数据不同维度的划分和聚类，让我们更直观地看到故障的根源，适用于异常很多、分类明确的情况；关联分析，就是以历史数据及结论为指引，建立强关联规则集合，从一个表面的问题，根据规则推导出深层次的原因；而决策树，就是一系列的判断逻辑（可以手工创建，也可以根据 C4.5 等算法自动创建）组成一棵树，把新的数据作为参数传入，层层判断后，就能得出结论。这三种方法，其实都与我们人工解决问题的思路很像，只是用算法的方式把它们表达出来了。

7.5 本章小结

智能化运维体系，是工程和算法的有机结合，智能运维机器人是我们探索出的智能化运维实践平台，机器人的大脑代表着算法及决策能力，而四肢、眼睛、嘴巴等部分，分别代表了自动化、信息监控采集、人机交互等方面的能力。在这个平台上，应用 ChatOps、运维工程研发框架等技术，既能够以打破传统的创新方式，大大提高和改善运维能力，又能够借助包括 AIOps、机器学习等新的甚至可能并不完全成熟的技术，尝试一些全新的功能。深入运用后就会发现，算法与工程结合的能力，确实很强大，超过人并非只是痴人说梦（AlphaGo 打败世界围棋冠军也说明了这个问题）。我们需要不断探索和尝试，并为智能运维的全面实施打好基础，在不远的将来，其应用成本一定会越来越低，应用范围也会越来越广，性价比就会凸显出来，将来必定成为主流。

试想一下，运维或者研发人员周末在家里拿个手机就能全面掌控运维情况，轻松完成运维操作；晚上系统出了点问题，也能自动检测、自动恢复，再也不用半夜三更爬起来处理问题。这就是智能化运维建设的功劳，而且部分已经实现了。现在开始探索，为时不晚！

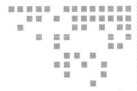

第 8 章

银行双活数据中心架构

随着信息技术的发展，银行业务开展场所也在发生变化，逐步从线下的营业网点向基于互联网的线上转移，注入互联网基因的各家商业银行正突破时空的界限，为用户提供 7×24 的不间断服务。快速的市场变化及金融创新需求，对银行信息系统的可用性提出了更高的要求，《商业银行数据中心监管指引》中更是明确要求：为保障业务连续性，须设立灾备中心，在生产中心因故障而停顿或瘫痪后，接替生产中心运行；拥有专用场所，进行数据处理并支持重要业务持续运行。商业银行需要建设灾备数据中心来优化基础架构，提升灾难性事件突发时的应急处置能力，保障重要信息系统的可用性，保护重要数据不丢失。

由同城双数据中心＋异地灾备数据中心构成的"两地三中心"架构，兼具高可用性和灾难备份，一度非常流行。同城双数据中心可选择冷备、热备、双活等容灾架构，而异地数据中心一般为数据级备份中心，鉴于异地备份中心架构相对简单，本文不再详细介绍。本章主要讨论同城双数据中心架构。

关于同城双数据中心建设方案，因各银行的系统架构、业务架构、灾备等级、成本投入等差异，其实现方式也各不相同。不过，目前将同城灾备数据中心作为冷备或热备的建设模式已不多见，原因主要有几点：灾备中心资源长期处于闲置状态，存在资源浪费；灾备中心长期没有业务流量，在容灾接管能力方面存在不确定性；RTO（Recovery Time Objective，复原时间目标）、RPO（Recovery Point Objective，复原点目标）指标并不理想等。取而代之的是同城双活数据中心的建设模式，其双活架构可以提升灾备数据中心的资源利用率，同时实现用户访问流量负载均衡，最重要的是提高了灾备等级，提升了灾难恢复能力，因此在当前的商业银行灾备架构中得到广泛应用。

本章主要从商业银行建设同城双活数据中心的建设需求评估切入，详细介绍了商业银行双活建设要点、双活架构方案、基础架构改造以及应急演练场景,一步步将商业银行双活数据中心的架构勾勒清晰。

8.1 双活建设评估

银行是国民经济命脉的关键载体,更是关乎国计民生的重要行业。数据不丢失、业务不中断是商业银行开展业务的两条红线,因此银行建设双活数据中心首先要满足业务连续性保障需求,达到预期灾难恢复等级和容灾建设目标。其次,需要调研双活建设方案,评估其建设难易程度,再匹配实际需求,选择适合的方案;再者,需要评估不同双活建设方案的成本投入,以做好双活建设预算;最后,需要评估银行科技能力,确保所选择的建设方案能在良好的技术保障和推动下落地。本节主要从容灾建设目标评估、双活建设方案评估、成本投入评估、科技能力评估四个方面展开介绍,阐述双活建设方案的思路。

8.1.1 容灾建设目标评估

中国银行保险监督管理委员会(后文简称为中国银监会)于 2011 年印发了《商业银行业务连续性监管指引》,即银监发 [2011]104 号文,其中第四十五条明确提出,"商业银行应当建立灾备中心等备用信息技术资源和备用信息系统运行场所资源,并满足银监会关于数据中心相关监管要求",第二十五条要求,"商业银行应当综合分析重要业务运营中断可能产生的损失与业务恢复成本,结合业务服务时效性、服务周期等运行特点,确定重要业务恢复时间目标(业务 RTO)、业务恢复点目标(业务 RPO),原则上,重要业务恢复时间目标不得大于 4 小时,重要业务恢复点目标不得大于半小时",即达到灾难恢复等级第 5 级。此外,银监会发布的《商业银行数据中心监管指引》第七条规定,商业银行最严格的要求标准同样是达到灾难恢复等级第 5 级及以上(部分为 4 级及以上,读者可自行查阅相关内容)。

根据 GB/T 20988-2007《信息安全技术:信息系统灾难恢复规范》中的灾难恢复等级能力划分标准,第 5 级灾难恢复能力应具有技术和管理支持,具体要求如表 8-1 所示。另根据 RTO/RPO 与灾难恢复能力等级关系,第 5 级灾难恢复能力等级的 RTO 为"数分钟至 2 天",RPO 为"0 至 30 分钟",具体如表 8-2 所示。

表 8-1 第 5 级灾难恢复等级能力表

要素	要求
数据备份系统	a)完全数据备份至少每天一次; b)备份介质场外存放; c)采用远程数据复制技术,并利用通信网络将关键数据实时复制到备用场地
备用数据处理系统	配备灾难恢复所需的全部数据处理设备,并处于就绪或运行状态
备用网络系统	a)配备灾难恢复所需的通信线路; b)配备灾难恢复所需的网络设备,并处于就绪状态; c)具备通信网络自动或集中切换能力

(续)

要素	要求
备用基础设施	a）有符合介质存放条件的场地； b）有符合备用数据处理系统和备用网络设备运行要求的场地； c）有满足关键业务功能恢复运作要求的场地； d）以上场地应保持 7×24 小时运作
专业技术支持能力	在灾难备份中心 7×24 小时有专职人员： a）计算机机房管理人员； b）数据备份技术支持人员； c）硬件、网络技术支持人员
运行维护管理能力	a）有介质存取、验证和转储管理制度； b）按介质特性对备份数据进行定期的有效性验证； c）有备用计算机机房运行管理制度； d）有硬件和网络运行管理制度； e）有实时数据备份系统运行管理制度
灾难恢复预案	有相应的经过完整测试和演练的灾难恢复预案

随着互联网技术的发展，银行业基于互联网线上获客及开展业务的竞争加剧，各大银行都希望以差异化的业务创新占领市场的高地，因此科技能力成为驱动各银行业务发展和创新的核心竞争力。随着商业银行信息化系统规模不断扩大，系统逻辑耦合度增加，外联机构逐步增长，网络结构

表 8-2 RTO/RPO 与灾难恢复能力等级关系表

灾难恢复能力等级	RTO	RPO
1	2 天以上	1 天至 7 天
2	24 小时以上	1 天至 7 天
3	12 小时以上	数小时至 1 天
4	数小时至 2 天	数小时至 1 天
5	数分钟至 2 天	0 至 30 分钟
6	数分钟	0

也越来越复杂，如何保障灾难发生时不发生业务中断，保障重要信息系统的高可用性，降低重要信息系统的 RTO/RPO，成为商业银行 IT 运维团队不断追求的目标，但追求更高的容灾级别也就意味着要实现更强的技术可靠性，成本的投入也会增加。

综上所述，不管是从监管要求层面，还是从实际业务连续性保障层面，商业银行的容灾建设势在必行，而商业银行双活建设的首要任务是保障重要系统的可用性，达到 RTO/RPO 的要求，同时在灾难恢复等级上要达标。

8.1.2 双活建设方案评估

所谓双活，是相较传统主备模式 Active-Standby 而言的。双活指两个数据中心可同时对外提供服务，在保障容灾的同时，起到来访用户流量负载均衡的作用。相比灾备模式，双活数据中心在资源利用率方面有明显提升，同时由于双中心实时在线提供服务，无时无刻不在检验各业务系统在双活架构下的可用性。当某个数据中心真正发生灾难事件时，无须再耽误宝贵的时间做灾备的可用性验证及各项服务的启动工作，另一个数据中心天然对

外提供服务。

建设双活数据中心并不是简单地把单数据中心的基础设施及应用系统镜像复制到新的数据中心，而是会涉及相当多的架构优化和系统改造，包括网络、主机、存储、中间件、应用系统的架构都需要全面规划设计，涉及全局负载均衡、存储复制、各类中间件集群HA、应用双活支持等方方面面的技术。

关于双活数据中心的建设，目前还没有明确的行业标准，根据业内的实施经验，抽象归纳下来有存储级双活、应用级双活、业务级双活这几种常见方案。不同的双活建设方案，在基础架构上会有明显的差异，我们需要清楚知道每种方案的实现原理及优缺点后再做选择，这里先做概述，在后面 8.3 节将详细介绍这三种双活建设方案。

1）**存储级双活**。存储级双活是一种以存储设备跨中心双活集群能力为基础的解决方案，在存储级双活建设方案下，应用、中间件、数据库等部署方式与单中心较为相似，除少数中间件以外，大部分可参考单中心部署方式，因此部署架构较简单。存储级双活的主要建设难点在于存储设备双中心的集群部署和数据同步，不过这一点主要是通过存储设备厂商提供技术支持。其缺点是为满足存储双活设备跨中心数据同步的实时性和时效性要求，两个数据中心的距离不能太远，因此存储级双活方案一般用于为两栋楼宇间或者距离在 100 公里（第 3 章有计算依据）以内的两个数据中心做双活。

2）**应用级双活**。应用级双活是指应用系统在双中心为双活部署，而数据库在双中心为主备部署，在正常情况下，双中心应用程序均连接主数据中心的数据库，只有在主库发生故障时，应用程序才会连接备数据中心的数据库。在应用级双活建设方案下，根据跨中心数据同步及业务使用场景的要求，中间件部署可分为独立部署集群再做集群间数据同步和跨中心部署集群再通过集群自身机制做数据同步两种方式；而数据库在双中心部署为主备模式，一般通过数据库自身同步机制即可保障数据一致性。应用级双活建设门槛相对较低，它不依赖存储设备厂商，在数据库层面通过主备模式降低了双中心部署难度，建设难点主要体现在中间件集群的双中心部署和数据同步上。其缺点就是当单中心发生故障时，数据库的切换相对更耗费时间。

3）**业务级双活**。业务级双活是指应用系统、中间件、数据库在双中心均为双活部署，在互联网接入层可以按业务级粒度进行流量调度，可达到业务级容灾，当有业务故障时，可以将互联网接入层流量直接调度到另一数据中心处理。在业务级双活架构下，应用系统间、应用访问中间件和数据库在正常情况下均在本中心内进行，这也意味着在互联网入口流量调度时，会将同一用户请求始终调度到相同的数据中心处理，同时中间件、数据库也需要做实时的数据同步，以保障数据的一致性及故障切换后数据的可用性。业务级双活架构方案能实现秒级 RTO/RPO，但其建设难度也最大。

8.1.3 成本投入评估

不同的双活建设方案，在应用层、中间件层、网络层、存储层的基础架构各不相同，在设备采购成本、研发成本、网络通信成本、投产运营成本等方面的投入也会各不相同。本节将介绍双活建设的主要成本投入，供参考评估。

1. 设备采购成本

双活建设需采购的设备包括负载均衡、网络、服务器、存储等硬件设备。以采购存储设备为例，存储级双活方案强依赖存储设备的跨中心双活同步能力，因此需要选择稳定可靠的存储厂商方案，费用自然不低；而应用级双活方案，对存储层并无强依赖，选择普通存储，或者使用本地磁盘等都不影响方案架构，因此存储设备采购投入较低。

2. 研发成本

应用程序、中间件、数据库等并不是天然支持在双活环境下运行，而是涉及不少研发改造工作及相应的成本投入。对于存储级双活，在部署架构上更接近单数据中心部署方式，因此涉及的改造相对较少；应用级双活需要在中间件层面有较多改造来满足双中心高可用性和数据一致性的需求；业务级双活不仅需要在中间件有较多改造，在保证数据库的一致性同步方面更是需要重点投入，因此选择不同的方案，其研发成本投入自然也不同。

3. 网络通信成本

不同的双活建设方案对跨中心通信要求不同，因此在成本投入上存在差异。以存储级双活为例，它对基础网络建设、跨中心的网络连接设备以及链路质量有较高的要求，一般会选择打通大二层网络，因此技术挑战大、投入费用相对更高；而对于应用级双活架构，可以考虑通过三层互联实现跨中心通信，在网络建设投入上比建设大二层网络投入要低。

4. 投产运营成本

在双活数据中心投产运营后，不同的双活建设方案在运营维护上存在差异。以业务级双活为例，由于在用户流量网关、中间件和数据库的跨中心同步方案上都有较高的技术含量，因此需要由更高级别的运维技术人员进行维护，在后期的投产运营成本上也相对更高。

综上所述，在考虑选用哪种双活建设方案时，也需要进行全面的成本评估，以提前做好双活建设预算，当然，除了不同方案产生的成本差异，硬件设备配置型号差异、网络带宽投入、安全设备投入等也都是费用预算评估的重点，可作为成本评估参考项。

8.1.4 科技能力评估

不同容灾恢复能力的双活数据中心，在 RTO/RPO 上达到的目标有明显的差异。要实现从小时到分钟级再到秒级的突破，数据中心需具有强大的科技实力。可以说，科技能力的强弱直接决定着双活数据中心的建设能力和掌控力。下面分别从基础架构能力、运维管理能力、应急处理能力、科技研发保障能力来分析科技能力对于双活数据中心建设的重要性。

1. 基础架构能力

双活数据中心的建设在网络层、应用层、数据库层会面临不同程度的挑战，而不同容灾等级的双活数据中心，其架构实现的难度存在明显差异。

举例来说，灾备数据中心建设模式为应用级双活，那么对于数据库层的高可用方案，采用主备架构即可满足需求，建设难度相对较低。但当单个数据中心出现故障，需要执行故障切换时，首先要修改数据库的 DNS 解析值，再进行互联网入口流量的切换，将数据库和互联网入口的访问都切换到另一个仍正常运行的数据中心，这个切换的操作时间成本相对较高，即便做成自动化切换再设置合理的 TTL 值，RTO 预计也在 30 分钟左右。

而在业务级双活架构下，各数据中心的应用系统连接各自本地的数据库，意味着数据库需要实现双写架构，在这种情况下，就必须要考虑数据的双向实时同步，甚至要引入额外的同步组件来进行数据同步，还需要考虑应用层流量路由网关的设计，以实现用户级流量分流，避免用户流量在两个数据中心来回切换，进一步增加中间件层和数据库层数据同步架构实现的难度。由此可见，业务级双活架构相对应用级双活架构要更为复杂，架构设计难度也更大，但带来的容灾效果更优，可以实现用户级的流量调度及数据库双向实时同步，其容灾能力也更强，当单数据中心发生数据库故障时，可以实现自动化秒级切换。

架构的优化虽然换来了 RTO、RPO 的进一步改善，但不同级别的双活数据中心建设在基础架构能力的要求上差异明显，因此需要充分评估基础架构能力，否则无法满足高级别容灾能力的双活数据中心建设要求。

2. 运维管理能力

双活数据中心投入运营后，运维管理难度明显提升，首先是维护工作量翻倍，包括基础网络、基础硬件设备的维护，应用系统的投产变更等；其次，由于基础架构复杂度升级，要面临的故障场景也更复杂，因此要求运维管理团队有足够的人力和技术经验去支撑运维管理工作。如果运维管理能力不足，在应对复杂容灾架构下的运维管理工作时，反而会面临一定风险。

3. 应急处理能力

双活建设把数据中心从单个扩展到了两个，在系统架构上也有明显的改造，其运行的故障面比单数据中心更广，故障场景也更复杂，因此对网络、安全、数据库及重要信息系统的应急预案非常关键。此外，应该建设容灾切换系统来保障系统的应急切换，若只靠人工响应模式，在切换的流程编排、操作的安全性以及时效性上都无法保障，这会非常考验运维团队的应急处理能力，如果无法应对一些复杂场景的应急处理，在双活建设完成后也会存在隐患。

4. 科技研发保障能力

在双活数据中心的建设过程中，除了要对基础架构进行优化改造，也会对应用系统及一些中间件进行优化改造。某些组件的研发难度较高，比如要研发缓存、消息队列等跨机房双向同步组件，不但需要深度调研缓存、消息队列的工作原理，分析源码，还需要做相当多的一致性验证，以实现可靠的缓存队列双向同步能力，这对于科技研发能力无疑是一种挑战。同时，在整个容灾项目建设过程中，研发条线的保障配合也相当重要，需要及时根据项目风险做出合理调整，以保障双活建设项目的顺利开展。

8.2 双活建设要点

同城双活数据中心建设是个复杂的系统工程，需要把握很多建设及运营的技术要点，以真正达到双活建设目标并切实发挥双活数据中心的容灾恢复能力。下面将简述各建设要点，在后面 8.3 节则会通过实际建设方案进一步明确双活数据中心的建设思路。

1. 全局负载均衡

全局负载均衡（Global Server Load Balancing，GSLB）在双活建设方案中起着非常重要的作用。当用户在浏览器输入域名或点击手机银行 App 通过内嵌的域名向服务器发起请求后，全局负载均衡通过智能 DNS 解析功能，将用户请求调度到同城双活数据中心。当某个数据中心不可用时，全局负载均衡可以将用户请求切换到另一个数据中心，以达到同城容灾的建设目标。

GSLB 的调度策略非常丰富，常用策略包括基于 Local DNS、随机分配、按比率分配等，下面分别对这几种调度策略进行说明，在选择双活建设方案时可以根据实际情况评估哪种调度策略最适合。

（1）基于 Local DNS

Local DNS（本地域名服务器）指在电脑或者手机客户端的网卡配置的 DNS，一般为运营商的 DNS。GSLB 可以导入运营商 Local DNS 地址列表，然后根据 Local DNS 所属的运营商来判断，比如联通用户分配到 DCA，电信用户分配到 DCB 等，其他运营商的用户均分配到 DCA，这种方式是 GSLB 常用的调度策略之一。

（2）随机分配

这个比较好理解，GSLB 接到域名解析请求后，随机返回 DCA 或 DCB 的 IP 地址，在随机分析的调度策略下，用户的请求可能在 DCA 和 DCB 之间随机波动，如果没有做好应用层的会话保持，就会出现用户 session 丢失的情况，影响用户使用体验。

（3）按比率分配

DCA 和 DCB 的域名解析结果可以按一定的比率返回，比如 4:6，表示 10 次 DNS 解析请求中，有 4 次将解析值分配给 DCA 的 IP，另 6 次都分配给了 DCB 的 IP。同随机分配一样，按比率分配也存在随机性，需要做好应用层会话保持。

除了上述几种调度策略外，GSLB 还可以对 DC cookie（Data Center cookie）进行判断，起到优化流量调度策略的作用，以避免用户受运营商网络切换影响，同时促进双中心流量负载均衡。具体做法是，GSLB 在响应用户第一次请求时，会将 Data Center 标签写入 HTTP 请求头（比如 DCA 代表该用户始终访问 A 数据中心，DCB 代表该用户始终访问 B 数据中心），而 GSLB 在每次响应用户请求时会首先判断 DC cookie 值，如果发现 DC cookie

值非本中心标识,则会将请求转发到另一数据中心处理,反之则将请求转发到本中心处理。

2. 跨中心同步机制

双活容灾方案中两个数据中心在应用层、中间件层、数据库层、虚拟化层、存储层的同步机制是建设重点也是建设难点。当一个机房发生灾难时,要确保能切换到另一个机房接管业务,则需要根据实际情况在这些层面均建立同步机制,以保障数据的完整性及故障的快速切换。

3. 中间件集群架构

随着银行信息化系统去 IOE 进程的不断深入,开源的中间件解决方案逐步得到深度运用,而中间件属于牵一发而动全身的组件。在双活数据中心设计建设过程中,中间件集群面临的主要问题有跨中心通信、数据同步等,需要投入较多的技术力量去保障中间件集群架构可行性。

在跨中心通信方面,如果数据中心间通信链路不稳定,很容易引发集群工作异常,如集群脑裂就是最知名也最令人头疼的、需要重点考虑的问题之一。在单数据中心场景下,各中间件集群在内网环境进行通信,网络质量通常比较稳定,再结合适宜的集群部署架构,集群脑裂问题发生的概率较低。但在双活数据中心场景下,应用或中间件集群需要通过跨中心的链路进行通信,如果跨中心链路发生网络故障,集群间的通信就会出现异常,容易导致集群分裂成两个独立工作的集群,整个集群数据不再同步甚至相互冲突,即出现脑裂现象。除了应考虑网络链路通信质量以外,还应考虑集群的双活部署架构,解决集群部署的实际问题,避免出现单个数据中心整体故障后中间件集群不可用的情况。有些在单数据中心完全可行的部署方案在双活数据中心不一定适用,所以双活数据中心对中间件的架构考验极大。

中间件的数据同步,也是双活数据中心建设面临的难题。比如文件系统、缓存组件、消息队列、数据库等应该各自采取什么方案去做同步,才能既保证数据的一致性又不影响系统响应的性能,同时在发生灾难时还能满足预期的 RTO、RPO 目标,这些都是中间件数据同步的建设重点。关于中间件的架构优化及改造将会在后文详细介绍。

4. 存储架构

基于光纤通道(Fibre Channel,FC)的集中存储架构在商业银行信息化建设中仍然发挥着重要作用,所以双活数据中心设计过程中必须考虑存储部署架构。尽管存储级跨中心复制技术已经非常成熟,但在实施阶段仍有细节需要考虑和平衡。如果双活数据中心存储采用同步复制方式,任何一个网络波动都可能影响到业务的响应;如果采用异步复制方式,又需要考虑在发生灾难时数据的一致性以及是否能够满足 RPO 要求。具体采用哪种复制方案,需要结合整体的架构设计以及各信息系统对响应性能的要求进行评估。

5. 业务系统改造

在双活数据中心设计阶段需要考虑到,并不是所有的业务系统均天然支持跨中心双活模式运行，一些系统技术架构陈旧、建设时间较久远，只能支持单中心运行的情况也并不罕见。除此之外，应用程序在域名化、缓存组件、跑批调度、数据库等层面都可能涉及改造，因此要想建设好双活数据中心，打造适合银行架构的双活容灾解决方案，业务系统的改造支持是必不可少的。在改造过程中还可能会遇到一些风险或者停机中断的情况，所以需要做好规避风险的应急预案。

6. 备份方案规划

在双活架构建设方案中备份方案的重要性比较容易被忽视，因为它并不影响实时联机交易，对于双活建设也没有直接影响，但对于银行系统而言，体系化的备份解决方案其实是非常必要的。从监管层面来看，银行系统要求达到 5 级灾难恢复等级，所以在数据备份系统方面也需要全面考虑，包括完整的数据备份频次、离线数据存储、数据远程复制等。从整体备份方案方面来看，需要从支持单中心备份拓展到支持双中心备份。从备份网络方面来看，为避免备份带宽占用过高从而影响到生产业务，建议将备份网络与业务网络物理隔离。此外，还需要设定合理的数据备份的策略，比如日志文件在线保存时长、备份系统存储时间、离线归档保存策略等。

7. 容灾操作平台化管理

容灾管理平台对于双活建设完成后的双中心故障切换以及日常的业务连续性保障应急演练有着重要意义。通过平台化的灾难备份恢复管理，可以实现各类应急场景的提前编排以及自动化切换研发管理、应急切换流程的审批，以及故障或应急演练切换的全程实时进度展示等功能。容灾操作平台化管理比人工管理应急处置的方式更高效，是高质量双活数据中心运维管控的必要支撑平台。

8. 运营管理保障

双活数据中心建成后，两个机房都实时对外提供服务，因此在运营层面应纳入统一管理，包括对业务运营、制度及流程规范、事件响应等的标准化管理，才能良好地保障双活数据中心的稳定运行。这也对双活架构的运营能力提出了更高的要求。

9. 故障切换策略

双活数据中心的故障切换策略需要根据不同的双活建设方案及故障场景进行预设，以最大程度保证故障切换的可行性和效率。在大多数情况下，应尽可能减少跨中心调用，简化应用访问复杂度，且在单中心发生应用、中间件、存储等设备的单点故障时应尽可能在本中心内消除影响。

8.3 双活建设方案

我们已初步介绍了存储级双活、应用级双活、业务级双活这三种双活建设方案，接下来将逐一具体介绍每种方案的建设要点、故障切换以及其优缺点。每种方案涉及的应用层、中间件层、网络层、存储层的基础架构改造将在 8.4 节详细介绍。

在介绍这三种方案前，为了便于理解，我们做一个基础约定，称数据中心 A（Data Center A，DCA）为主中心，数据中心 B（Data Center B，DCB）为备中心。这里的主备中心是为了方便描述某些方案下的访问链路问题，实际在各种双活建设方案中双中心都对外提供服务。

8.3.1 存储级双活

存储级双活部署架构最大的特点就是应用、中间件、数据库、存储的集群都是采用跨中心延展部署的方式，从逻辑上讲与单中心部署集群并无差异。其中存储部署架构是最重要的基础，因为它实现了存储的跨中心双活部署，而应用、中间件、数据库集群在数据一致性和数据同步方面，只需要像在单中心一样，通过集群自身的架构即可保障。换句话说，双中心形成的是一套集群，不需要考虑部署成两套集群再来做数据同步。存储级双活方案适用于采用集中式统一存储架构的场景，下面将介绍各个层面的基本实现原理。

1. 存储级双活部署架构

在互联网入口流量调度层面，通过全局负载均衡的智能路由策略，将用户流量分发到同城双活数据中心，以实现双活数据中心同时对外提供服务的基础能力。至于用户流量会分发到哪个数据中心，则取决于全局负载均衡智能路由的调度规则，在 8.2 节全局负载均衡建设要点中也介绍了几种调度策略，包括基于 Local DNS（本地域名服务器，即电信、联通、移动等运营商提供的域名服务器）、按比率、随机分发等。

在应用架构层面，集群采用跨中心延展的部署方式，单个应用服务节点故障不会影响访问。通过全局负载均衡将用户流量调度到两个数据中心后，双中心的应用均可以正常处理访问请求，并且由于双中心应用访问的都是跨中心部署的中间件大集群，因此即便用户请求随机落到两个数据中心的应用程序进行处理，也不会有用户会话、数据同步等问题。当然也有一些应用只能在单中心部署，在存储级双活架构方案下，这类应用可以保持在原数据中心部署，但需要在同城另一个数据中心部署冷备应用，以便在发生故障时接管业务。

在中间件架构层面，集群同样采用跨中心延展的部署方式，两个数据中心的应用程序都连接同一套中间件集群。某些中间件集群需要特殊考虑双中心部署方案（比如 ZooKeeper），以保证单个数据中心故障后剩余集群节点仍能使集群可用。

在数据库层面，集群也是采用跨中心延展的部署方式，实现数据库层的高可用集群。举例来说，如果使用 Oracle 数据库，则可通过 Oracle Extended RAC（Real Application Cluster，实时应用集群）或者 Oracle RAC+ADG（Active Data Guard，主动数据保护）的方式实现双中心高可用架构，如果使用 MySQL 数据库，则可以考虑主从复制架构、MGR（MySQL Group Replication，MySQL 组复制）等高可用架构方案。

在服务器架构层面，两个数据中心的物理服务器都挂载双活存储，再部署虚拟化并统一管理，但两者可以建立不同的虚拟化集群，以保障应用、中间件、数据库在申请虚拟机需求时可以正确分配到需要创建的数据中心。

在存储架构层面，可通过存储虚拟化、同步复制等技术在逻辑层上实现对两个数据中心存储设备的统一管理，并建设统一资源池供上层应用使用。存储架构对于上层应用其实是透明的，数据库层、中间件层、应用层使用存储时都不需要关心存储底层架构，也不需要关心数据落到哪一个数据中心的存储，因为这是由存储双活自身的同步机制来保障的，从逻辑上讲，这种架构与单中心部署双活集群并无差异。当然，在两个数据中心部署存储双活集群对于网络的要求是非常高的，首先需要双活存储实时同步两个中心的数据，其次由于上层应用访问存储时很有可能产生跨中心读写，因此并不只是把单中心双活集群拆分一半到另一数据中心这样简单。

在网络架构层面，需要在双中心打通二层网络，这样做的目的是：首先，满足虚拟机跨中心迁移的需求；其次，中间件、数据库跨中心建立集群对大二层网络也有一定要求。比如 MySQL 数据库跨中心组建集群时，需要两个中心的数据库服务器 IP 划分在同一个 VLAN（Virtual Local Area Network）下，以实现数据库 VIP 的挂载和漂移，当然如果不打通数据二层网络，也可以通过三层路由的方式实现跨中心互访。MySQL 集群组建也有其他解决方案，比如通过负载均衡做调度，但虚拟机跨中心迁移要求 IP 地址不变，对大二层网络是有强依赖的。存储级双活架构如图 8-1 所示。

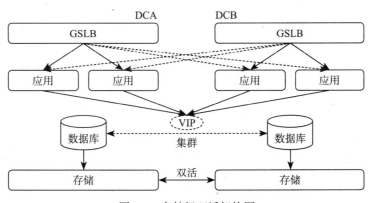

图 8-1　存储级双活架构图

2. 存储级双活建设要点

存储级双活在大多数应用程序、中间件、数据库上的部署难度并没有明显增加，只是把集群的物理部署位置从单数据中心拓展到了两个数据中心，其建设技术要点主要体现在全局负载均衡、大二层网络、存储双活、中间件和数据库技术上。

（1）**全局负载均衡**

全局负载均衡负责互联网入口流量的智能调度，对于双活建设而言，非常重要，单个数据发生中心故障时，更是通过全局负载均衡设备进行快速故障转移。在存储级双活方案下,全局负载均衡的调度策略相对不受限制,因为无论用户请求被调度到哪个数据中心,都是由同一套应用、中间件、数据库集群处理,无须额外考虑会话和数据同步方面的问题。

(2)大二层网络

大二层网络技术在存储级双活架构中非常重要,因为除了虚拟机需要实现跨中心迁移,中间件、数据库等都需要建立跨中心的集群,8.4.3节会详细讲述大二层网络的发展背景、技术方案以及跨中心大二层网络实现。

(3)存储双活

存储双活的架构是本方案的重点,可以通过存储虚拟化技术和同步复制技术实现存储跨中心双活集群。也正是因为有了存储跨中心双活的架构保障,在存储上构建的虚拟化集群才可以做到无须关注底层架构,把双活存储当成一个整体使用,当有单台物理机故障时,虚拟化集群会在其他物理机上启动该物理服务器节点上的虚拟机,以保障虚拟机的可用性。对于中间件和数据库的跨中心大集群也一样,有了跨中心存储双活的支持,中间件和数据库集群可以运行在双活存储上,形成跨中心的大集群,而中间件层和数据库层的数据同步,同样也可以通过集群自身的同步机制处理,而无须依赖第三方组件。

(4)中间件

大部分中间件在双中心的部署架构与在单数据中心的部署架构相同,可以在逻辑上将两个数据中心看成一个,单个中间件节点故障通过集群可用性保障。如果是单个数据中心完全不可用的场景,根据中间件类型及其部署架构的不同,故障处理方式也不同。当把中间件集群扩展到双中心部署后,大部分中间件仍然可以实现高可用的架构,比如 Redis、Kafka 等,即使出现一个数据中心完全故障的情况,也不影响集群可用性。但有些中间件延展到两个数据中心后会带来新的问题,以 ZooKeeper 为例,需要集群有半数以上节点存活,否则集群无法正常运行,所以一般部署奇数个节点(比如集群节点数是5个,则容错节点数是2个,如果部署6个节点集群的容错节点数也是2个节点,则存在资源浪费的情况)。假设在双中心部署5个节点的集群,其中一个数据中心部署2个节点,另一个数据中心部署3个节点,那3个节点所在数据中心一旦发生故障,整个集群将不可用,因此跨中心中间件集群故障切换,具体还需要根据中间件类型和部署架构而定。

(5)数据库

由于存储在双中心为双活架构,数据库写数据的操作由存储保障数据在双活数据中心都同步写入后再将结果返回给数据库,因此数据库在双中心的部署架构与在单数据中心类似,可以在逻辑上将两个数据中心看成一个。

3. 存储级双活故障切换

存储级双活的故障切换场景包括单中心整体故障、存储故障、数据库故障、应用系统故障、中间件故障等,下面将依次介绍这些故障场景的恢复方案。

(1)单中心整体故障

如果单中心整体故障,中间件、数据库、虚拟化集群、存储节点都将损失一半的节点,但集群仍然为可用状态，不影响另一个数据中心的使用。互联网入口的流量需要通过全局负载均衡调度到正常的数据中心，如果全局负载均衡是基于 Local DNS 调度，则需要关注 DNS 解析缓存的问题，以掌握双活切换后的引流情况。

（2）存储故障

存储在双中心为双活部署，单个数据中心的存储节点故障并不影响使用，双活存储会将读写都切换到另一个可用的数据中心。

（3）数据库故障

数据库在双中心为集群部署，单个节点故障对上层应用无感知。

（4）应用系统故障

应用系统为跨中心集群，有两重高可用保障：第一重是通过应用服务自身的高可用实现，一般是负载均衡的部署模式，一个节点故障并不影响应用服务的可用性；第二重是通过虚拟机自动迁移技术和大二层网络保障实现，如果应用虚拟机故障，可以实现自动动态迁移，并保持 IP 地址不变，从而快速让虚拟机恢复正常运行。较极端的情况是，对于某个应用服务来说，只要两个数据中心仍然有一个节点存活，对外服务就不会中断，但此场景下存活的节点是否能够支撑负载压力就是另外的话题了。

（5）中间件故障

中间件为双中心大集群模式部署，单个节点故障可通过集群自身的可用性保障。如果单数据中心故障，需要根据中间件类别做故障处理：有的无须切换，比如 Redis 和 Kafka，单中心故障并不影响集群整体可用性；有的需要联动 DNS 解析修改切换，比如 ZooKeeper，需要有策略保障另一个数据中心的可用节点数仍然在半数以上，以此满足集群可用性。

4. 存储级双活优缺点

存储级双活是双活建设方案中比较早期的实现方式之一，在短距离的双中心容灾中体现了较强的数据一致性，且部署架构简单，但较依赖存储设备双活集群，而距离也是限制此方案广泛使用的原因之一，其具体优缺点如下。

1）优点。

- 部署架构简单，大多数应用、中间件、数据库的部署方式与单中心部署一致，只是将集群延展到双中心部署即可。

2）缺点。

- 用户访问流量虽然在互联网入口通过负载均衡调度到两个数据中心，但应用、中间件、数据库都存在跨中心调用的情况，因此对链路质量要求极高；存储双活、中间件、数据库集群架构也都依赖高质量的跨中心通信，需要保证跨中心链路稳定性和较低的传输时延。因此存储级双活方案要求双活数据中心相距不能太远，否则链路质量很难保障。
- 跨数据中心组建存储双活集群，其上层应用写存储需要做同步等待，在响应性能上有一定损耗。

❑ 存储复制技术为本方案的核心关键，而存储一般是商业产品，因此对厂商依赖性较大。

正是对链路质量要求高、距离限制、同步性能损耗、对厂商依赖性较大等缺点，局限了存储级双活方案的使用场景和发展。

8.3.2 应用级双活

相较基于存储级双活的架构方案，应用双活方案对于存储设备的依赖程度较低，中间件和数据库在双中心不再采用全部组建跨中心大集群的方式。应用级双活方案从前端、应用、中间件、数据库、服务器、存储到网络的具体部署架构如下所示。

1. 应用级双活部署架构

在互联网入口流量调度层面，与存储级双活一致，应用级双活仍然是通过全局负载均衡进行调度。

在应用架构层面，两个数据中心独立部署集群，保持双中心对等部署。举例来说，原单个数据中心 DCA，应用系统部署 A、B 两个节点，在双中心场景下，DCB 又新增了 C、D 两个节点，DCA 与 DCB 中的节点各自组成集群，相互间并无直接通信。但个别只能在单个数据中心运行的应用除外，比如部分跑批任务，在另一个数据中心为冷备。应用系统间的调用要尽可能在本数据中心完成。

在中间件架构层面，有两种模式：第一种是单中心部署独立集群，第二种是跨中心延展集群，具体需要根据中间件类型分别设计方案。如果是单中心部署独立集群的方式，需要考虑做数据持久化和实时同步，以保障发生故障后可以切换到另一个数据中心继续处理业务；如果是跨中心延展集群的方式，需要根据中间件类型设计双活部署架构，以保障单中心故障后剩余集群节点仍能使集群可用。由于某些中间件在双中心实现数据同步难度较大，因此可以折中考虑用跨中心延展集群的方式。

在数据库架构层面，在双中心部署为主备模式，两个数据中心的应用系统均访问同一个数据中心的数据库，另一个数据中心的数据库则作为热备，只有当发生灾难或运营中断事件时才会接管服务，此时，两个数据中心的应用都调整为连接切换后的正常运行的数据库。

在存储架构层面，双中心分别部署了一套独立的存储集群，因为在上层应用已经解决了中间件、数据库集群部署架构及数据同步的问题，不需要依赖存储复制功能做数据同步。当然，也可以考虑对跨数据中心的两套存储做异步复制，当发生极端情况上层应用本身的集群机制无法保障恢复时，可以在另一个数据中心通过数据备份恢复虚拟机，以实现上层应用状态的恢复（包括应用程序、中间件、数据库等），只是使用到这类备份的概率非常小，并且恢复后也不是最新数据，因此一般可以不做跨中心的存储异步复制。

在网络架构层面，因为应用系统故障主要通过集群高可用来保障，单个应用节点的故障可在中心内部解决，并不会将故障应用的虚拟机做跨中心的迁移，因此对于大二层网络并没有强依赖。当然，能打通大二层网络固然是最好的，因为它可以将双中心的中间件、数据库集群规划在同一个 VLAN 下，以便实现 VIP 绑定等需求；如果不规划大二层网络，使用网络三层路由可达的方式也能满足需求，但中间件、数据库集群的架构需要有相应调整。

应用级双活方案的具体部署架构如图 8-2 所示。

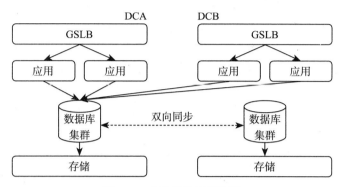

图 8-2　应用级双活架构图

2. 应用级双活建设要点

应用级双活降低了对存储复制的依赖，其建设要点主要体现在全局负载均衡、中间件和数据库技术上。

（1）全局负载均衡

关于全局负载均衡，应用级双活方案与存储级双活方案一致。

（2）中间件集群

应用系统间的调用在本数据中心进行，为保证调用性能，应用访问中间件也尽可能在本数据中心开展，因此需要针对不同类别的中间件制定不同的双中心中间件集群数据同步方案，包括缓存中间件 Redis、Memcached，消息队列中间件 Kafka、RocketMQ、RabbitMQ，分布式应用协调服务 ZooKeeper，分布式存储等。

（3）数据库集群

其实数据库也是中间件的一种，但由于其重要性，特别单列出来说明。在应用级双活架构下，数据库在双中心为主备模式，即正常情况下，双中心的应用只访问其中一个数据中心的数据库，另一个数据中心的数据库则作为热备，在发生故障时才会做主备切换。

（4）应用系统改造

在应用级双活架构方案下，应用系统涉及一系列改造，比如最基础的域名化、适配其他中间件双活方案的改造、DNS 缓存改造、定时任务类改造等，具体将会在后面详细介绍。

3. 应用级双活故障切换

在应用级双活建设方案下，针对单中心整体故障、存储故障、数据库故障、应用故障及中间件故障都有不同的切换方案，具体如下。

（1）单中心整体故障

单中心整体出现故障后，另一个数据中心仍在提供实时服务，此时需要将故障的数据中心的访问流量，通过全局负载均衡策略调度到另一个正常的数据中心。在做前端流量调度时，有一些操作需要注意。假设发生故障的是数据库主库所在数据中心，首先需要检查数据库同步一致性，然后将数据库 DNS 解析修改到另一个数据中心；如果存在仅运行在故障数据中心的应用程序（比如批处理程序），需要在工作正常的数据中心拉起对应服务，否则在切换后这部分服务将无法访问；还需要对前端流量切换情况进行检查，例如在全局负载均衡基于 Local DNS 调度的情况下，需要关注 DNS 解析缓存的问题。

（2）存储故障

存储在单数据中心部署为双活双控模式（存储和控制器均为双活），单中心存储自身出现完全故障的可能性较小，如果存储出现完全故障的情况，其切换方案等同于单中心整体故障的切换方案，需要将故障的数据中心流量全部引流到另一个正常运行的数据中心，实现业务接管。

（3）数据库故障

通过联动 DNS 健康探测，将数据库域名解析到另一个数据中心，双中心应用连接数据库的配置无须改动，重新连接到新的 DNS 解析 IP，访问另一个数据中心的数据库进行读写。这里需要对应用程序进行动态 DNS 解析改造，否则在切换后需要重启应用，才能获取最新 DNS 解析 IP。

（4）应用系统故障

在单个数据中心内，应用系统一般会部署至少 2 个节点做负载均衡，所以单个节点故障不影响应用可用性。应用完全故障分为两种情况。第一种为上下游应用系统间及应用调用中间件均无直接依赖的场景，这种情况可参考数据库故障的处理方式，即通过修改 DNS 解析值，将请求调度到另一个数据中心。第二种为上下游有依赖调用的微服务类应用，在某个应用集群发生故障且长时间不能恢复时，不能只将这个应用切换到另一个数据中心，可参考单中心整体故障的处理方式，将前端流量引流到另一个可用的数据中心。以原生的 Dubbo 微服务框架为例，该框架在两个数据中心（DCA 和 DCB）应用程序启动时会将自己提供的服务注册到 ZooKeeper，而服务调用程序会到 ZooKeeper 订阅所需服务，假设 DCA 的交易服务应用节点全部发生故障，在 DCA 中调用交易服务的程序访问的仍然是本中心的 ZooKeeper，而 ZooKeeper 返回的交易服务 IP 始终是 DCA 的地址列表，所以想单独将交易服务切换到 DCB 是不行的，因为上下游应用程序访问的仍然是 DCA 的 IP，因此需要考虑将上下游应用服务整体切换。当然也有一些公司会对 Dubbo 做定制优化，实现多注册中心路由策略。Dubbo 服务注册时只注册到本机房的 ZooKeeper 集群，订阅时则订阅两个机房的 ZooKeeper 集群，实现同机房优先调用的路由逻辑，这样在服务不可用时就可以不做任何变动而路由到另一个机房。不过对于单中心应用服务故障，建议尽可能在本中心内消除影响，一般在单中心至少部署 2 个节点，既可实现流量负载均衡，又可实现高可用。

（5）中间件故障

中间件故障可分为两类。

第一类是中间件为单中心独立集群。单个节点故障可通过集群高可用性保障，不会影响应用程序访问；如果单中心中间件集群整体故障，可以通过修改 DNS 解析将读写请求转发到另一数据中心进行处理（当然非常重要的一点是要实现双中心中间件集群的数据同步，比如缓存和消息队列的数据同步），也可以按单数据中心故障的场景做故障切换，将前端流量全部引流至正常运行的数据中心。

第二类是中间件为跨中心大集群。单个节点故障仍然通过集群高可用性保障。若单中心集群发生整体故障，与存储级双活方案一样，需要根据中间件类型及其部署架构制定不同的故障切换方案，此处不再赘述。

4. 应用级双活优缺点

应用级双活的建设门槛相对更低，也满足了双中心同时对外提供服务的要求，但其在数据库故障的切换时间上却不甚理想，其具体优缺点如下。

1）优点。
- 部署架构简单，数据库热备的方案比较成熟，对网络和数据库软件的部署方案都不存在太大的挑战。
- 数据库层面的数据一致性保障较好。

2）缺点。
- 中间件数据跨中心同步是难点，如果没有合理的方案，在单个数据中心发生整体故障时，数据可能丢失，因此需要对中间件集群部署以及应用程序的使用做相应的改造优化。
- 数据库为热备模式，其中一个数据中心的应用程序需要跨中心访问数据库，对跨中心通信链路质量要求较高，对单中心数据库配置要求也较高，否则不足以承担两个数据中心的流量；发生数据库单中心故障时，需要通过修改 DNS 解析将数据库访问切换到另一个数据中心，而双中心的应用连接数据库可能存在缓存，如果不改造应用程序，则应用程序需要重启才能获取到数据库 DNS 新的解析值，因此必须对应用程序的 DNS 缓存做优化设置。

8.3.3 业务级双活

业务级双活与应用级双活相比，在前端流量路由、中间件部署架构、数据库架构上都存在差异，整个架构难度相对较大。

1. 业务级双活部署架构

在互联网入口流量调度层面，需要保障在正常情况下同一个用户请求只在同一个数据中心处理，以减轻中间件、数据库数据实时同步的压力，避免用户请求跨中心后的会话丢失问题。当然，业务级双活架构设计也需要满足当发生故障时，在用户请求被调度到另一个数据中心后，业务仍然可以正常使用。随着手机银行的快速发展，用户通过手机银行

App 办理业务的情况越来越普遍，而在用户访问手机银行 App 时，网络环境很有可能发生变化。比如用户在输入密码时觉得 Wi-Fi 环境相对更不安全，可能会切换到 4G/5G 网络访问，而如果用户的 Wi-Fi 运营商和 4G/5G 不相同，也需要始终让用户请求在同一个数据中心处理，避免出现用户会话丢失等情况。对于这种需求，基于全局负载均衡 Local DNS 的调度方案显然无法实现，因为基于 Local DNS 其实就是根据用户使用网络的运营商的 DNS IP 来做调度，不同 Local DNS 可能会被路由到不同的机房，以实现流量负载均衡，当用户的网络环境发生变化后，请求很有可能会被调度到另一个数据中心。

有两种方式可以做到更均衡、更固定的调度。第一种仍是通过全局负载均衡实现，但是采用基于 DC cookie 的方式进行调度，不管用户网络怎么变化，都会将用户请求落到一个数据中心，具体实现原理在后面会详细介绍。第二种是通过应用流量网关（应用层软负载）进行分发调度，将引流粒度细化到用户级，更容易实现双活数据中心的流量负载均衡，同时这也是保障后端业务双活架构的基础。因为对于用户请求在两个数据中心不停切换和固定在一个数据中心这两种情况，中间件的架构和数据同步方案是有较大区别的。

在应用架构层面，与应用级双活一致，两个数据中心独立部署应用集群，应用间的调用均在本数据中心进行。

在中间件架构层面，一般采用单中心部署独立集群的方案，实现单中心内应用访问中间件在本中心内部响应，因此需要做中间件数据持久化和实时同步，以保障在单数据中心发生故障后数据不丢失，且另一个数据中心可以接管处理。中间件数据同步需要根据使用场景及集群部署模式做方案规划或定制研发，中间件双活部署架构也是业务级双活的部署难点。当然如果有实际需求，也可以在双活数据中心部署中间件大集群，这种方案下中间件的数据同步通过集群自身架构保障。

在数据库架构层面，两个数据中心的应用都访问各自所在数据中心的数据库，在单中心数据库架构为主从模式，两个数据中心的数据库通过同步组件实现数据的跨中心实时同步，这里的实时同步是异步复制，所以对业务性能无影响。前面提到前端流量会按用户分片调度到不同的数据中心，以保障用户始终访问到同一个数据中心，而不会突然被调度到另一个数据中心，因此大部分场景下双中心之间的数据库做异步复制即可，而部分涉及账务交易的场景需要保障 RPO 为 0，则需要考虑做同步复制。

在服务器架构层面，单中心部署独立的虚拟化集群，应用系统可用性通过集群高可用部署解决，不做跨数据中心的虚拟机迁移。

在存储架构层面，与应用级双活方案一致，也是双中心分别部署一套独立的存储集群，此处不再赘述。

在网络架构层面，与应用级双活类似，无须打通双中心二层网络，可通过裸光纤或专线连接两端的网关设备，实现三层网络路由可达即可。业务级双活具体部署架构如图 8-3 所示。

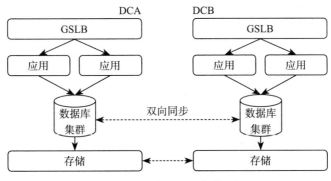

图 8-3　业务级双活架构图

2. 业务级双活建设要点

业务级双活比存储级双活和应用级双活的建设难度大，其建设要点主要体现在业务流量网关、中间件数据同步和数据库同步方面。

（1）业务流量网关

业务流量网关用于调度互联网入口的用户请求，将根据用户属性做流量调度，比如按用户归属地区、手机号段、用户 ID 等，总之，就是根据业务特性来做策略规划，让双中心承载的流量保持均衡。要实现用户级流量调度，在应用层也需要配合做改造，比如需要在 HTTP 请求头设置用户标签，这样业务流量网关才能够做解析识别，再根据规划做流量调度。

（2）中间件数据同步

在业务级双活架构下，应用程序访问的都是本中心的中间件集群，所以当单个数据中心发生故障时，故障数据中心的中间件数据需要同步到另一个数据中心，否则就会发生数据丢失的情况。以 Kafka 消息队列为例，当单个数据中心发生完全故障时，集群中的数据还有未被消费的，所以在双中心的 Kafka 集群之间，需要有数据同步机制，在发生故障时才能在另一个数据中心获取到故障数据中心未处理完成的数据。当然还有一种做法，从架构设计角度进行规避，以 Redis 为例，将 Redis 中间件定义为纯缓存组件，放弃其数据持久化的特性，所有 Redis 中保存的数据均来自于数据库并且可被随时重新加载，当应用系统访问不到 Redis 缓存数据时，即定义为发生了缓存穿透的情况，改为到数据库层读取，这样即便本中心的 Redis 发生完全故障，也不会对业务的开展造成影响，因为并没有数据要同步到另一个数据中心。

（3）数据库同步

双中心数据库的实时同步也是业务级双活的一个难点，虽然大部分场景只需要做异步复制，但也需要保障实时性，否则在单数据中心发生故障时，无法满足 RPO 要求。此外，由于双中心的数据库是各自独立部署，数据库在单数据中心已经构成独立集群，故数据同步不可能依赖数据库本身集群的同步功能来实现，只能通过第三方组件完成，因此需要定制研发数据库实时同步组件。

3. 业务级双活故障切换

在业务级双活架构下，无论是存储、数据库、应用系统还是中间件的可用性，多是通过单数据中心内部的高可用性保障，无须复杂的处理机制。遇到单数据中心整体故障的情况，故障切换也可达到秒级，使 RTO/RPO 得到了很好的保障，但实现业务级双活的基础是从前端引流到中间件和数据库的跨中心数据同步都有完善的解决方案，因此业务级双活架构的优势和建设难点都非常鲜明。

（1）中心整体故障

通过业务流量网关将用户流量引流至另一个数据中心。

（2）存储故障

同应用级双活情况一致，存储在单数据中心部署为双活双控模式，单中心存储自身发生完全故障的可能性不大，如出现存储整体故障，则按单中心故障切换方案恢复。

（3）数据库故障

单数据中心主库发生故障时可通过主备切换满足高可用，如果两个数据库节点都发生故障，则按单数据中心整体故障切换方案恢复。

（4）应用系统故障

单中心某个服务的其中一个节点发生故障时可通过集群高可用机制保障可用性，如果单中心某应用出现整体故障，可考虑是否能快速恢复，如果恢复时间较长，服务重要程度较高，则可按单中心故障切换方案恢复。

（5）中间件故障

单中心中间件某节点出现故障时可通过集群自身的高可用机制保障可用性，如果集群出现整体故障，则按单中心故障切换方案恢复，这里需要重点关注中间件数据同步。

（6）跨中心链路故障

仅仅是线路路障不需要执行路障切换，通过主备线路冗余即可保障可用性。如果两条线路都异常，只要不是单数据中心整体故障，那么尽快恢复线路可用性、追回差异数据即可，对业务无影响。如果遇到最极端的情况，如跨中心的多条线路均出现故障，且单个数据中心也出现故障，则要耐心等待数据中心和线路恢复，虽然会暂时影响一部分用户访问，但不能将用户流量切换到另一个数据中心，否则会出现数据紊乱。

4. 业务级双活优缺点

业务级双活虽然建设难度较大，但其达到的建设效果却是三种方案中最理想的，也是银行双活数据中心建设方案发展的方向，其优缺点主要如下。

1）优点。

- ❑ 实现了用户级流量调度，可以更细粒度地控制路由策略，实现同城双活数据中心流量负载均衡；此外，将用户流量固定在一个数据中心也可以避免出现会话同步、数据同步等问题，并使得部分中间件的异步数据同步方案成为可能。
- ❑ 实现了更高等级的灾难恢复方案，RTO/RPO 可达到秒级，无 DNS 缓存问题。

- 不依赖集中存储的复制技术，数据存储设备可以是集中存储、服务器本地磁盘或者分布式存储等。

2）缺点。
- 业务级双活建设难度较大，用户流量网关、中间件和数据库同步组件的架构难度较大，需要做较多的定制研发，对企业的科技实力的挑战较大。

8.3.4 双活建设方案总结

本节主要介绍了存储级双活、应用级双活、业务级双活三种常见的双活建设方案，并分析了每种方案的架构原理、建设要点、故障切换方案以及优缺点。

存储级双活、应用级双活、业务级双活建设方案各有优点。存储级双活比较适用于楼宇间/双机房距离较近的场景，其架构清晰简单，通过各存储厂商提供的成熟的双活技术，构建了对上层几乎无感的部署架构。而应用级双活则解绑了对存储的依赖，无论是使用集中存储还是本地磁盘，都不影响部署架构，通过全局负载均衡的调度可以让双中心同时对外提供服务，实现应用级双活能力。最后是业务级双活，这是建设难度最大的双活架构方案，同样不依赖底层存储设备，但业务流量网关、中间件架构、数据同步都有要突破的技术重点，业务级双活也是三种方案中容灾恢复能力最强的。当然每种建设方案也都有各自的缺点。存储级双活的缺点在于对存储依赖极高，对跨中心通信链路质量和距离要求严格，因此也就限制了其应用场景。应用级双活的最大缺点是只实现了应用系统双活，也即数据库层面是主备模式，当单中心数据库不可用时，势必会增加故障恢复时间。业务级双活的缺点在于中间件集群方案、双中心数据同步方案的建设难度较大，实施门槛较高。

所以，很难简单判断哪一种方案最好，最重要的还是要根据实际建设情况清晰评估容灾建设目标、银行的科技能力、整体建设成本投入等因素，选择能满足容灾恢复等级的、可控的、最适合的技术方案。

8.4 双活基础架构改造

银行在开业初期，一般会将重心放在业务的发展上，同时考虑初期的成本投入控制及IT经验积累，会先建设主数据中心，支撑业务发展需要，再逐步开展双活数据中心的建设，而不会直接建设双活数据中心。根据《商业银行数据中心监管指引》指导意见，银行生产中心设立后两年内，需要设立灾备中心，因此需要注意灾备中心建设的时间规划。

信息系统在单数据中心和双活数据中心部署运行存在一些差异，很多在单数据中心可用的部署架构，在双活数据中心却完全不可用，比如应用程序访问 Redis，在单数据中心只需要访问 Redis 集群即可，不用担心数据一致性问题，而在双活数据中心访问时就需要考虑用户请求在两个数据中心之间发生切换后数据同步的问题。因此，建设双活数据中心会涉及现有应用、中间件、网络、存储等相关改造工作，这也是双活数据中心建设过程中需要重点攻克的问题。

在前面我们介绍了双活架构方案的建设要点、故障切换及各个架构的优缺点，本节主要介绍各双活架构中涉及的应用层、中间件层、网络层、存储层相关的改造方案。

8.4.1 应用层改造

要实现双活数据中心的部署架构，从系统间的域名化调用、应用DNS缓存改造、应用系统本身的改造、银行前置应用的改造到应用访问中间件的改造，可以说牵涉众多，并且有些改造项风险较高，甚至需要预留停机窗口中断业务开展来支持。下面我们就从应用层改造开始介绍双活数据中心建设中面临的各项挑战吧。

1. 域名化

为保障双中心应用程序配置的一致性并实现故障的快速切换，需要实现域名化，域名化是一个重要基础。我们在4.7.1节也提到了域名化改造的必要性，本章主要介绍域名化对于双活建设的意义。

如果应用系统间及应用连接数据库都是通过IP地址调用，双活数据中心的IP地址分配又不能保持一致，那么双活数据中心需要维护不同的配置文件或代码版本。当发生故障时，如果需要做数据库访问切换，则要先修改应用程序的配置文件并做重启操作，这样就无法保障应急处理时间，也让恢复故障的操作更复杂了。在实现域名化之后，双活数据中心应用系统间的调用以及应用调用数据库都可以按域名的方式配置，所以双活数据中心的应用程序配置完全相同，在发生故障时只需要修改DNS解析IP地址即可（配合应用程序本身需要做DNS解析缓存的优化，不重启应用也可以获取到最新的域名解析IP），更有利于快速切换恢复响应。

举例来说，在应用级双活架构下，同城的两个数据中心DCA、DCB都访问DCA数据中心的主库，当DCA的数据库发生故障时，需要快速切换到访问DCB的备库，如果通过IP地址调用数据库，则无法在不变动应用程序配置的情况下实现。因为同城的两个数据中心拥有完全不同的IP段规划，所以故障发生时双中心的应用都需要修改配置文件，将被调用的数据库IP地址从DCA修改到DCB。而如果实现了域名化，则只需要将数据库的域名解析从DCA的IP地址修改到DCB即可，应用程序配置不用做任何修改，当然前提是应用程序能识别DNS解析地址的变化。

在应用级双活架构下，正常情况时应用访问数据库如图8-4所示，在发生故障时，应用访问数据库会切换到DCB，如图8-5所示。

2. 应用系统

由于应用程序在双活数据中心与单数据中心的运行存在差异，因此在建设双活数据中心时，应梳理系统间的关联关系、交易流向，评估双活数据中心运行的应用系统改造，这也是双活建设的必要前提条件之一。从建设经验来看，银行系统应用改造主要包括DNS缓存设置、缓存中间件使用改造、跑批定时应用改造等工作。

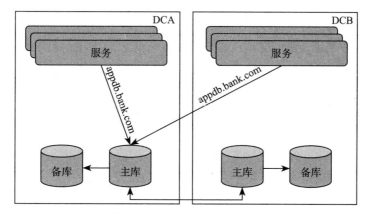

图 8-4　数据库正常调用示例

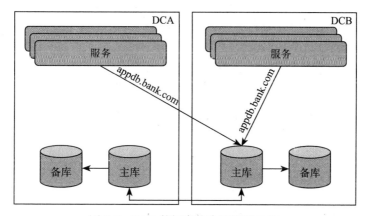

图 8-5　DCA 数据库故障切换到 DCB

（1）DNS 缓存设置

目前使用 Java 语言研发的银行系统有很多，这里以 Java 研发的应用系统为例介绍应用程序 DNS 缓存设置。Java 的 InetAddress 类会缓存 DNS 的解析结果，而缓存策略可以通过 JVM 的 Security Manager 来控制，策略配置文件为 $JAVA_HOME/jre/lib/security/java.security，其中 networkaddress.cache.ttl 参数用于设置缓存正常解析 IP 的策略，networkaddress.cache.negative.ttl 用于设置缓存域名解析失败的结果的策略。

❑ networkaddress.cache.ttl（正常解析）参数默认为禁用状态，在禁用状态下，默认 DNS 缓存时间为 30 秒。该参数如果启用，则共有三种配置：值为 -1，表示正常解析的域名被永久保存，即使修改了 DNS 解析结果，应用程序解析的 IP 还是原来的值；值为 0，表示 DNS 缓存不生效，即永不缓存；值为正数，表示正常解析的域名缓存时间为多少秒，比如配置为 60，则表示 DNS 缓存时间为 60 秒。但常见的 Web

容器比如 Tomcat、JBoss 等默认不启用该项策略，即默认 DNS 缓存时间为 30 秒。
- networkaddress.cache.negative.ttl（异常解析）参数默认为启用状态，默认值为 10，即在 10 秒的缓存时间内，再次请求解析域名时会直接返回错误；值为 0 则表示不缓存；值为 −1 则表示永久缓存；值为正数则表示缓存时间为多少秒。

除了通过 Security Manager 设置 DNS 缓存，也可以在启动参数中添加 -Dsun.net.inetaddr.ttl=value 和 -Dsun.net.inetaddr.negative.ttl=value，这两个参数用来设置 Java 应用的 DNS 缓存时间，但这种方式的优先级低于 Security Manager 策略。此外，也可以摒弃 Java InetAddress 类的 cache 机制，根据实际使用情况在应用程序中设置 DNS 缓存时间。

不管采用哪种实现方式，最终目标是设置合理的 DNS 缓存时间，并兼顾应用程序 DNS 请求响应的性能，实现双活数据中心故障场景下的快速切换。

（2）缓存中间件使用改造

单数据中心运行的应用程序在访问缓存中间件时，只需要访问缓存组件的集群即可，由于是在同一个数据中心发生的请求，因此也不需要独立做缓存数据同步，通过缓存中间件集群自身的机制就可以保障集群内的数据同步。在双活数据中心下，情况又有所不同，比如在业务级双活架构模式下，双中心应用程序各自访问本中心的缓存中间件，但双中心的缓存中间件需要做双向数据同步，否则当某个数据中心不可用时，故障数据中心的缓存数据将丢失。要做到双中心的缓存数据同步，可以使用独立的双向同步组件，但这种方案需要定制研发，实施难度较大。也可以让应用系统改造缓存中间件的使用方式，从而实现缓存数据同步，这避免了需要做数据同步的情况，比如设置应用程序在缓存中间件中拿不到数据时到数据库中获取，以保障单中心发生故障把互联网用户流量调度到另一个数据中心后不会丢失缓存数据，可以持续访问业务系统。

（3）跑批定时应用改造

跑批定时应用程序的运行一般是抢占式的，如果双活数据中心都部署了同一个跑批应用，那在任务执行时会出现任务抢占执行的情况，从而导致跑批任务负载不均衡，某些情况下还可能出现数据紊乱的情况。因此需要针对跑批定时应用程序，在代码层面设置标识，即通过配置指定由双活数据中心部署的多套应用程序中的哪一套去执行跑批任务。当然，更好的解决方案是通过分布式任务调度平台来管理，比如使用 XXL-JOB 通过执行器实现"协同分配式"运行任务，将需要处理的跑批任务分发到多个节点的跑批程序上处理，实现跑批任务的负载均衡，充分发挥集群优势。

3. 文件存储

在双活架构中，应用服务一般在双中心部署。双中心的应用程序在处理业务时会有读写相同文件目录的需求，比如用户开户的影像资料需要保存在相同路径下，以便双活数据中心的应用读取。为满足统一目录读写的需求，有时会采用统一存储 NAS 服务的解决方案。

统一存储 NAS 服务的解决方案虽然有技术成熟、性能良好、可用性高等优点，但面对海量数据的存取需求时，其缺点也越来越明显，如扩展性差、成本高等。此外，在双活数据中心，如果统一存储 NAS 服务在双中心没有采用跨中心双活集群而是主备架构，当单数据中心发生故障做切换时，会出现操作复杂且 RTO 过大的问题。统一存储 NAS 服务的主备架构是指在双中心部署两套独立存储（在本中心内为双活存储），这两套存储跨中心做异步的数据级复制，其中 DCA 主数据中心存储为读写，DCB 备数据中心存储为只读，双中心的应用程序读写共享目录都需要访问 DCA 存储集群提供的 NAS 服务。当 DCA 存储集群均出现故障而无法对外提供服务时，DCA 的 NAS 服务就宕掉了，此时需要先把 NAS 服务域名解析地址从 DCA 修改到 DCB，再对使用 NAS 服务的应用客户端重新执行挂载操作，整个过程由人工操作，工作量巨大且非常耗时，因此对保障业务连续性来说，存在很大的挑战。

所以，当银行拥抱数字化、向互联网模式进击、寻求创新业务的架构优化时，可能是分布式存储登场的契机，满足双中心应用程序共同读写文件的需求。分布式存储系统采用可扩展的系统结构，利用多台存储服务器分担存储负荷，利用位置服务器定位存储信息，不但提高了系统的可靠性、可用性和存取效率，还易于扩展。对比之下，集中式存储则容易成为系统性能的瓶颈，不能满足大规模存储应用的需要。分布式存储将数据分散存储在多台独立的设备上，通过相对廉价的服务器来解决高并发场景下的 Web 访问问题。分布式存储的开源解决方案有 FastDFS、HDFS、Ceph、Swift 等，当然商业的解决方案也不在少数，比如七牛、华为等厂商也有成熟的解决方案。

如果想要借双活建设新建另一个数据中心的契机，将应用程序使用共享文件目录的方式从统一存储 NAS 服务改为使用分布式存储，就要改造增量访问并迁移存量数据。首先应用程序访问方式有较大变化，NAS 是提供挂载文件系统让应用程序操作的，而分布式存储一般是提供 API 接口让应用程序操作，另外也需要考虑到历史存量文件如何迁移到分布式存储上的问题。以 FastDFS 为例，其目录结构与普通文件目录结构不太一样，它的一、二级目录都是由 256 个存放数据文件的目录组成的，目录名为十六进制字符，比如"00，1F"，这意味着要把 NAS 目录下的文件直接复制迁移到 FastDFS 是不可行的。因此，如果要从 NAS 迁移到分布式存储，需要编写应用程序来扫描存量文件，然后调用 FastDFS 的上传接口，存储到 FastDFS Storage 的各节点中，以完成存量文件转移。

8.4.2 中间件层改造

若要从单数据中心的基础环境升级到双活数据中心，中间件层的改造至关重要，包括消息队列、分布式配置中心、分布式文件存储、数据库等，都需要根据各银行的实际应用情况制定改造方案。下面根据一些实践经验介绍中间件层的改造方案。

1. 分布式协调服务

分布式协调服务主要用于分布式通知及协调、集群管理、Leader 选举、分布式锁、分布式队列等应用场景，是分布式系统的基础。ZooKeeper 就是一款广泛应用于大数据和分布式领域的分布式协调服务软件。本文将以 ZooKeeper 为例，重点介绍分布式协调服务的双活建设方案。

首先介绍一下 ZooKeeper 的基本原理。ZooKeeper 的数据存储于内存中，存储数据的最小单元称为 Znode，而 Znode 以层次化结构存储，形成树状结构，对外提供的视图则类似于 UNIX 文件系统。如图 8-6 所示，图中共有 6 个 Znode。

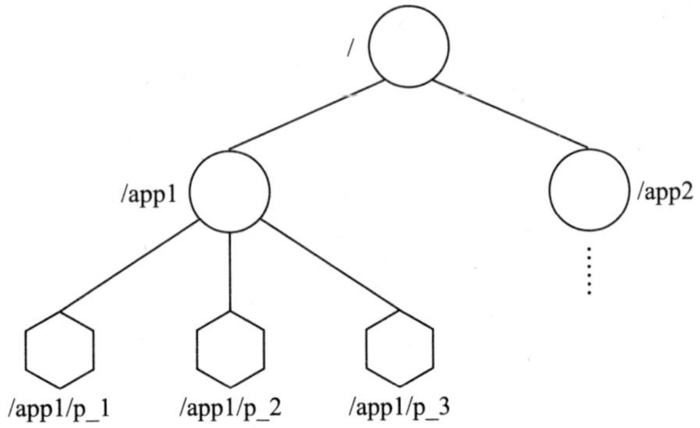

图 8-6　ZooKeeper 数据模型

ZooKeeper 集群初始化和发生异常都会导致 Leader 服务节点失去 Leader 地位，此时会进行新的 Leader 选举，大致过程是所有服务节点都会向其他节点发送消息，请求成为 Leader 节点，获得半数以上投票的服务节点成功当选新 Leader，如果未选举出结果，各服务节点会一直重复向其他节点发送成为 Leader 的请求。

客户端与 ZooKeeper 集群的数据交互有两类：一类是非事务请求，也就是读的请求，这类请求直接由服务节点响应；另一类是更新请求，首先客户端会向某个服务节点发送请求，由服务节点继续向 Leader 发送请求，Leader 则会发起 Proposal 过程，然后收集所有 Follower 反馈结果，如果超过半数，则认为更新成功，否则更新失败，更新结果将同步返回发起请求的服务节点，最终由这个服务节点将结果反馈给客户端。

ZooKeeper 集群共有三种角色，除了上面提到的 Leader 和 Follower，还有一个 Observer 角色，每种角色的具体用途如下。

- **Leader**。在一个 ZooKeeper 集群中仅有一个，由集群选举产生，负责统一处理集群的事务性请求以及集群内各服务器的调度，Leader 不接收客户端请求。
- **Follower**。参与 Leader 选举投票，参与事务请求 Proposal 的投票，处理客户端非事务请求（读），并将事务请求转发（写）给 Leader 服务器。
- **Observer**。与 Follower 一样处理客户端非事务请求（读），并将事务请求转发（写）给 Leader 服务，但不参与任何形式的投票，包括 Leader 选举投票和事务请求 Proposal 投票。Observer 主要是为了在不影响集群事务处理能力的前提下提升集群非事务处理的吞吐量。

ZooKeeper 集群由 $2N+1$ 个服务节点组成，当有 $N+1$ 个服务节点可用时，整个集群可用。比如 $N=2$，则集群由 5 个服务节点组成，集群有 3 个及以上服务节点可用时不影响整体可用性，也就是说集群最多可容忍 2 个服务节点故障。在双中心部署 ZooKeeper 集群的主要挑战是，单机房故障后仍然要保持半数以上的存活节点。以 5 个服务节点的 ZooKeeper

集群为例，部署模式一般是 DCA 部署 3 个节点，DCB 部署 2 个节点，或者调换一下，DCB 部署 3 个节点，DCA 部署 2 个节点。总之，当部署 3 个服务节点的数据中心出现整体故障时，集群整体也就不可用了。所以对于 ZooKeeper 集群来说，理论上至少需要三个机房才能真正做到跨机房容灾，如果有条件这无疑是最稳妥的方案，但在双活数据中心下有没有可能实现容灾的方案呢？答案是"有"，不过会面临一些取舍，下面将详细介绍。

（1）跨中心延展成大集群

所谓跨中心延展成大集群，是指将 ZooKeeper 集群分布在两个机房，形成一个跨数据中心的大集群，这种部署方式相当于把两个数据中心在逻辑上当成同一个数据中心来部署。前文我们已经否定了这种方式，为什么现在又提出来了呢？其实这里需要引入其他 ZooKeeper 节点存活监控工具，并改变部署方案为 $N+N+1+1$，下面开始具体分析。

我们仍然以 DCA、DCB 两个数据中心为例，$N+N+1+1$ 是指在 DCA 和 DCB 各部署 N 个节点，此外，再在 DCA 和 DCB 各部署 1 个冷备节点，冷备节点正常情况下不启动，当发生故障时再启动。以 5 个部署节点为例，即在 DCA 和 DCB 各部署 2 个节点，再在 DCA 和 DCB 各部署 1 个冷备节点。部署方案中 ZooKeeper 节点均非 Observer 节点。

应用程序通过域名来连接集群，比如域名为 zk1.bank.com～zk5.bank.com。正常情况下，zk1.bank.com、zk2.bank.com 的解析地址指向 DCA 的 2 个 ZooKeeper 节点，zk3.bank.com、zk4.bank.com 的 DNS 解析指向 DCB 的 2 个 ZooKeeper 节点，而 zk5.bank.com 暂时不做解析，相当于应用连接的集群域名是 5 个，实际提供服务的只有 4 个节点，不过这并不影响集群的可用性，只是集群在双中心的可容灾节点数从 2 个变成了 1 个。当 ZooKeeper 节点存活监控工具探测到 DCA 整体故障时，会先启动 DCB 的冷备节点，再将 zk5.bank.com 这个域名解析到 DCB 的冷备节点上，让集群仍然保持半数以上的存活节点，以实现 ZooKeeper 单中心故障切换；如果是 DCB 故障则同理，将 DCA 的冷备节点启动，再将 zk5.bank.com 这个域名解析到 DCA 的冷备节点上，让集群仍然保持半数以上的存活节点。不过冷备的 ZooKeeper 节点启动是需要时间的，在启动完成前，集群状态将不可用，如跨中心通信完全中断，则参考 DCB 故障的处理方式。本方案部署架构如图 8-7 所示。

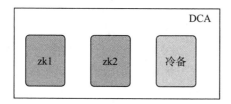

图 8-7　跨中心 ZooKeeper 集群部署架构（2+2+1+1）

在双中心做 ZooKeeper 集群故障切换时需要充分考虑到网络波动的情况，为避免造成集群稳定性波动，ZooKeeper 节点存活监控工具仅在检测到 DCA 或 DCB 整体不可用时才做故障切换，同时需要考虑监控探活工具自身的高可用性。这里提供一种参考方案，由于未引入第三方仲裁，可以在全局负载均衡设备上增加 DCA 和 DCB 整体可用性监控（可结合 ZooKeeper 集群存活情况和双中心公网 IP 地址可用性，避免在跨中心网络完全中断时出现误判），并将探活监控结果反馈给检测脚本处理（即探活失败就启动冷备 ZooKeeper 并添加 zk5.bank.com 域名解析），借助全局负载均衡设备的高可用性，实现监控探活的高可用性，因为一般情况下全局负载均衡设备在双中心会被部署成跨中心大集群，即便单数据中心出现完全故障，全局负载均衡大集群也不会崩溃。

这种改良的跨中心延展成大集群，保持了数据的强一致性，且部署实现简单，但当单中心故障做切换时，集群有短暂不可用的情况。

（2）双中心独立集群

所谓双中心独立集群，是指在两个数据中心各自部署一套 ZooKeeper 集群，这种部署方案与单中心部署方案完全一致，且不需要做数据同步，所以这里不再赘述。

使用双中心独立集群的场景还是比较多的，比如在业务级双活架构下，ZooKeeper 作为 Dubbo 注册中心，主备数据中心 DCA 和 DCB 的应用程序都注册到本中心的 ZooKeeper 集群，客户端应用程序访问的也是本中心的 ZooKeeper 集群，即使单中心故障也不会产生跨数据中心的访问，因此不存在双中心 ZooKeeper 集群数据同步和故障接管的情况。举例来说，如果 DCA 的 ZooKeeper 集群整体发生故障且无法在短时间内恢复，可以将 DCA 的互联网入口流量切换到 DCB 进行响应，而不是让客户端应用程序去访问 DCB 的 ZooKeeper 集群，因为这样会涉及一系列上下游关联系统的访问切换，违背了业务级双活建设方案的初衷。

2. 消息队列

消息队列主要用于异步处理，可提高系统性能、削峰、降低系统耦合性，是分布式系统的重要组件。目前使用较为广泛的消息队列有 Kafka、RocketMQ、RabbitMQ、ActiveMQ 等。使用消息队列，可以降低高并发场景下数据库的压力，当接收到用户请求后，将数据发送到消息队列后立即返回，再由消息队列消费者进程从消息队列中获取数据，通过异步的方式写入数据库，从而大幅提升响应速度，实现业务高峰期的并发事务削峰。

银行系统的诸多场景，例如实时交易、消息通知、大数据领域的实时计算、日志采集等，都会用到消息队列，所以在建设双活数据中心时，如何考虑消息队列的高可用性以及如何满足双活建设架构，是双活建设方案可行性中非常重要的一环。

不同的消息队列，其特性和侧重点不一致，其部署架构也有着明显区别，比如 ActiveMQ、RabbitMQ 是基于主从架构实现高可用，而 RocketMQ 和 Kafka 是基于分布式部署架构实现高可用，因此消息队列双活建设时要首先考虑产品的部署架构及特性，根据建设要求评估是否有匹配的双活架构。

在常用的消息队列中，Kafka 的应用场景相当广泛，现以 Kafka 为例讨论消息队列在双活建设中的部署架构。双活建设的整体方案也影响着消息队列的双活架构，这些方案的大致思路方向分别为跨中心延展成大集群、主备架构、双活数据中心实时同步。下面分别讲述其架构部署。

（1）跨中心延展成大集群

所谓跨中心延展成大集群，是指将 Kafka 集群分布在两个机房，形成一个跨数据中心的大集群。在跨中心延展集群的方案中，Kafka 自身集群部署不存在架构上的挑战，与单中心部署并无差异，但由于是双活数据中心，考虑到可能存在单中心完全故障的情况，为了保障容灾恢复能力，需要在分区和副本上合理设置。具体架构方案如图 8-8 所示，DCA 和 DCB 的 Kafka 集群各由 4 台 broker 组成。broker 的数量并不是固定的，仅为演示配置，当然 broker 数量也与分区和副本数有关，具体设置需要充分评估实际使用需求。这里 ZooKeeper 集群的部署方式也采用前文介绍过的跨中心延展大集群。

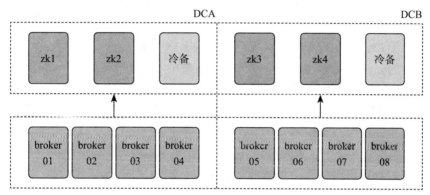

图 8-8　Kafka 跨中心延展大集群

Kafka 的分区机制有利于提高吞吐量，但分区数量并不是越多越好。因为分区越多，消耗的资源就越多，在副本同步及故障切换时也需要花费更多时间，具体如何分区，需要结合 broker 资源分配情况以及业务系统对 Topic 的写入和读取的数据量来确定。一般情况下可以设置为 broker 的 2～3 倍，在上述示例架构中设置为与 broker 数量一致，即 8 个分区。生产者将数据写入 Topic 之后，默认按轮询策略分发到分区中，使各分区资源使用保持均衡。在这样的集群架构下，为了保障每个 Topic 的分区均衡，最好禁用应用程序创建 Topic 的方式，采用手动创建 Topic 的方式，指定每个 Topic 都均衡到分区，以提高资源利用率及可用性。

在 Kafka 中每个 Topic 可以有多个分区，每个分区又可以有多个副本，在多个副本中只有一个是 Leader，其他的都是 Follower，且对外提供服务的只有 Leader。每个副本一般都存放在不同的 broker 中，当 Leader 副本所在 broker 节点发生故障时，其他 Follower 副本可以通过选举机制成为 Leader 并提供服务，以此实现高可用性。

图 8-8 所示的架构中设置了 8 个分区，2 个副本，比如创建一个名为 t_r_test 的 Topic，它的分区和副本信息如下：

```
{"topic": "t_r_test", "partition": 0, "replicas": [0, 4]},
{"topic": "t_r_test", "partition": 4, "replicas": [4, 0]},
{"topic": "t_r_test", "partition": 1, "replicas": [1, 5]},
```

```
{"topic": "t_r_test", "partition": 5, "replicas": [5, 1]},
{"topic": "t_r_test", "partition": 2, "replicas": [2, 6]},
{"topic": "t_r_test", "partition": 6, "replicas": [6, 2]},
{"topic": "t_r_test", "partition": 3, "replicas": [3, 7]},
{"topic": "t_r_test", "partition": 7, "replicas": [7, 3]}
```

其中，partition 0 ～ 3 在 DCA 的 broker 节点上，partition 4 ～ 7 在 DCB 的 broker 节点上。在 partition 0 上，Leader 副本为本节点，而 Follower 副本在 partition 4 节点上，相反在 partition 4 上，Leader 副本为本节点，而 Follower 副本在 partition 0 节点上，由此名为 t_r_test 的 Topic 在 partition 0 和 partition 4 上就互为主备，另外三组分区也是相同的分配，这样 Topic t_r_test 就实现了 8 个分区、2 个副本。还有一点值得注意，不要把 Follower 副本节点放到一个数据中心，否则在单数据中心故障时，会出现所有副本不可用的情况，比如在 partition 0 上，Leader 副本为本节点，而 Follower 副本在 partition 1 ～ 3 中的任一节点上。

通过合理的分区和副本数量设置，可以保障跨中心 Kafka 大集群的可用性，即使是单数据中心完全故障也不会影响应用程序的读写。

（2）主备集群

主备集群即在双中心各部署一个集群，架构为主备模式，主集群提供对外服务，备集群则用于数据同步，在发生灾难时可做故障切换。主备集群很大程度上保障了数据的同步，但只有主集群对外提供服务，备集群的资源会有长期闲置的情况。Kafka 主备集群架构如图 8-9 所示。

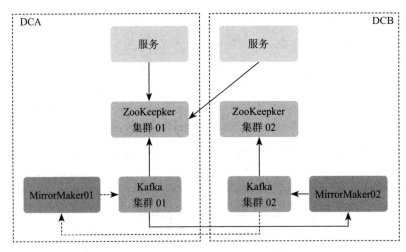

图 8-9 ZooKeeper 及 Kafka 主备架构图

如图 8-9 所示，正常情况下，Kafka 集群 01 注册到 Zookeeper 集群 01，两个数据中心的应用服务都访问 DCA 的 ZooKeeper 集群 01，而 Kafka 集群 02 注册到 ZooKeeper 集群 02，Kafka 集群 02 和 Kafka 集群 01 之间的数据同步通过 MirrorMaker02 实现。当 Kafka 集群 01 整体发生故障需要做跨中心切换时，需要先停止 MirrorMaker02，切断 Kafka 集群 01

到 Kafka 集群 02 的数据同步，并获取 Kafka 集群 01 当前的 offset（偏移量）作为 Kafka 集群 02 的起始消费偏移量，再将程序访问 ZooKeeper 集群的 DNS 切换到 DCB 的 ZooKeeper 集群 02 完成故障切换。因为 DCA 和 DCB 的 Kafka 集群是对等部署，都能满足使用需求，所以当 DCA 的 Kafka 集群 01 恢复正常后，可以不急于回切，在下一次 DCB 发生故障时自然过渡回切到 DCA 即可（如果选择主动回切到 DCA，则会涉及一次停机中断），但需要启动 DCA 的 MirrorMaker01 使 Kafka 集群 01 反向同步 Kafka 集群 02 的数据，以保持 Kafka 集群 01 数据的实时更新同步。

方案优点：架构逻辑简单，故障切换清晰。

方案缺点：备中心集群无法利用，存储资源浪费，MirrorMaker 做主备同步也存在数据丢失、数据不一致、偏移量管理困难等问题。

本架构引入了 MirrorMaker 组件做双中心 Kafka 集群的数据同步。MirrorMaker 是 Kakfa 官方提供的跨数据中心的流数据同步方案，其入口是 Kafka 安装目录下 bin 文件夹下的 kafka-mirror-maker.sh。MirrorMaker 集成了 Kafka 生产者和消费者的功能，既作为消费者从消息产生的源集群消费消息，又作为生产者把从源集群消费的消息生产到另一个数据中心的目标集群，通过消息的消费和生产实现数据的准实时同步。

MirrorMaker 一般与目标集群部署在同一个机房，因为当跨中心的网络链路出现异常时，MirrorMaker 作为消费者只是获取不到另一个机房的源集群产生的数据，但数据仍然在源集群中，不会发生数据丢失的情况；反之，如果 MirrorMaker 作为消费者与源集群在一个机房已经消费了消息，但与另一个机房的目标集群却断开了链接，那么 MirrorMaker 就无法向目标集群生产消息，很可能造成数据丢失。MirrorMaker 从 DCA 到 DCB 的数据同步架构如图 8-10 所示。

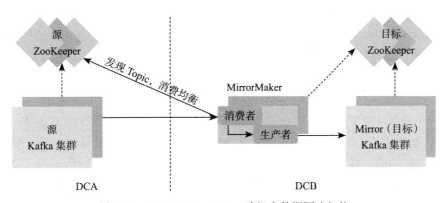

图 8-10　Kafka MirrorMaker 跨机房数据同步架构

在 Kafka 发生故障时，由于灾备 Kafka 集群同步主中心 Kafka 集群会存在时延，具体每秒有多少消息延迟，与双中心通信链路质量以及 Kafka 集群的并发有关。如果是计划内停机，需要停止主中心 Kafka 集群，让数据同步完成后再切换到灾备集群，以避免数据丢失。而如果是计划外停机，则很有可能出现数据丢失，此时应考虑应用程序如何进行容错。

在偏移量管理方面，又应当如何处理呢？当源 Kafka 集群出现故障需要切换到目标集群时，消费者（应用程序）在源集群的偏移量无法直接在目标集群上使用，消费者（应用程序）如果从分区起始位置开始读取则会有大量重复数据，如果从结束位置读取又会有部分数据丢失，如果重置偏移量也会有部分数据重复或丢失的情况。当然也有其他解决方案，比如通过数据库落库或者时间戳等方式来管理偏移量。落库是通过数据库的同步来实现偏移量的同步，但这无疑增加了架构的复杂度；而使用时间戳的方式也不可能完全与故障时间保持一致，或多或少会存在分钟级或秒级的数据重复的情况，因此应用程序必须实现幂等，否则很容易重复消费，还需要支持从固定时间戳的偏移量开始消费。由此可见，通过 MirrorMaker 做数据复制，在偏移量管理上确实存在缺陷，需要应用程序有配置处理及相应的容错机制。

(3) 双活集群

双活集群指在两个机房分别部署一套 ZooKeeper 和 Kafka 集群。

对于 ZooKeeper 而言，单中心的部署方案本身不存在任何问题，ZooKeeper 按 5 个节点的常规架构部署即可，双中心的应用程序都通过 zk1.bank.com～zk5.bank.com 来访问 ZooKeeper 集群，只是这 5 个节点的域名解析在两个数据中心的 IP 地址各不相同而已，另外 ZooKeeper 集群不涉及数据同步的工作。

对于 Kafka 而言，首先也是在双中心建立独立集群，可以是 8 节点、2 副本，具体按业务需求创建即可。跨中心 Kafka 集群的数据同步通过 MirrorMaker 实现。正常情况下，应用程序访问各自所在数据中心的 Kafka 集群的域名即可。

在故障切换方面，当单中心出现整体故障或者 ZooKeeper 集群、Kafka 集群完全不可用时，一般将故障数据中心流量完全引流至另一个正常运行的数据中心。在这种架构下，数据同步为异步处理，不影响 Kafka 读写的响应性能。

方案优点：跨机房集群独立，双中心资源利用率高，对跨中心链路质量要求降低。

方案缺点：偏移量及双活同步管理仍然存在困难。

要实现 Kafka 集群的双活，需要完成双中心的数据实时同步，这里最大的挑战是当两个机房拥有相同名称的 Topic 时，如何解决当 DCA 的 Topic 复制到 DCB 后，DCB 又同步给 DCA 的无限循环复制问题。MirrorMaker 2.0 对此进行了优化，可以通过识别前缀（这里的前缀可以是数据中心的标识，比如 DCA、DCB）解决无限循环同步的问题，如前缀已存在，则不处理 Topic。基于 MirrorMaker 2.0 的部署架构方案如图 8-11 所示。

如图 8-11 所示，当 MirrorMaker 2.0 其中一个 ConnectWorker 的消费者从 DCA 的 Kafka 集群 01 消费 TopicA 的消息后，其生产者将消息再生产到 DCB 的 Kafka 集群 02 时会添加前缀，此时 Topic 命名就变成了 DCA.TopicA，而 MirrorMaker2.0 的另一个 Connect Worker 从 DCB 的 Kafka 集群 02 再消费 DCA.TopicA 的消息时，因为带了 DCA 的前缀，会被 MirrorMaker2.0 直接过滤掉；同理，当 DCA 从 DCB 同步的 DCB.TopicA 再经由 MirrorMaker2.0 循环同步给 DCB 时，因为带了 DCB 前缀，消息也会被 MirrorMaker2.0 直接过滤掉；对于应用程序的消费者而

言，则可以订阅模糊匹配的多个 Topic，使故障时能够消费带前缀的 Topic，以此解决无限循环同步的问题。

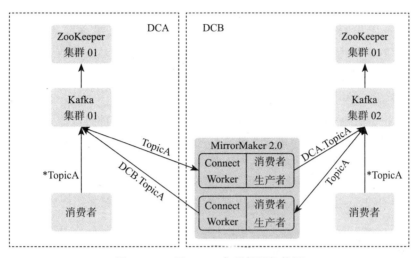

图 8-11　双活 Kafka 集群部署架构图

Kafka MirrorMaker 2.0 对双活同步复制做了不少优化，但 MirrorMaker 2.0 版本目前还相对较新，其详细介绍可以参考 https://blog.cloudera.com/a-look-inside-kafka-mirrormaker-2/ 的说明。除了可以通过 MirrorMaker 实现 Kafka 多集群的同步之外，一些研发能力较强的公司也可以自研同步组件或者对 MirrorMaker 进行定制研发来解决原生版本的各种问题，当然也可以使用其他同步组件，比如优步 uReplicator、Confluent Platform。

商业银行消息队列的使用场景没有互联网企业的那么复杂，如果能良好处理数据同步和偏移量的管理以及应用程序的改造适配，从容灾和资源利用率方面考虑，同步复制的方案无疑是最佳的选择。当然，从上述方案的讨论中也可以明显看出主备集群和双活集群数据复制及故障切换设计的复杂程度也相对较高，相比之下，跨中心延展集群的方案架构清晰、应用成熟，对于追求稳定性和数据一致性的银行来说也不失为一个好的选择。

3. 分布式配置中心

随着业务的发展以及微服务架构的广泛运用，服务的数量、应用系统的配置日益增多（各种微服务、各种服务器地址、各种参数等），传统的配置文件方式已无法满足配置管理的要求，而分布式配置中心能够实现配置变更实时生效，灰度发布，分环境、分集群管理配置，完善的权限、审核机制等功能，可以实现配置文件与程序发布包的解耦分离，将研发人员从繁杂的配置文件中解放出来，只专注于业务代码本身，从而显著提升开发及运维的效率。

分布式配置中心是分布式架构的中间件，在双活数据中心架构下，分布式配置中心的部署又面临哪些问题呢？首先是要评估如何满足同城双活数据中心的业务需求，其次是仍需分析各分布式配置中心特性来做出适当的方案。

在前文中我们提到目前分布式配置中心有 Apollo、Spring Cloud Config、Disconf、Diamond 等开源解决方案,并介绍了 Apollo 的应用实践,本节我们将介绍 Apollo 的双活部署实战,主要以应用双活、数据同步的双活建设方案为主。

Apollo 一般使用 MySQL 数据库,所以 Apollo 的双活部署主要满足 Apollo 组件和 MySQL 数据库的高可用,而 Apollo 各组件是分布式部署,天然支持在双数据中心或多中心部署,所以双活部署实际就是解决 MySQL 数据库的双中心部署问题。

应用双活是指 Apollo 在双活数据中心的容灾级别是应用级。在应用层面,Apollo 服务核心组件 Meta Service、Config Service、Portal、Admin Service 在两个数据中心各独立部署一套(具体每个组件的功能在第 4 章已经介绍过,其中 Meta Service、Eureka、Config Service 运行在同一个 JVM 内);在数据库层面,Apollo 使用的是 MySQL 数据库,依靠 MySQL 复制技术实现双中心数据库同步,另外,因为 Apollo 数据库没有报表分析的需求,故未在 DCA 和 DCB 的主库下再挂一套从库做数据冗余。具体部署架构如图 8-12 所示。

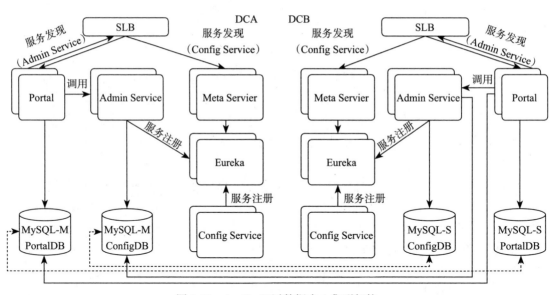

图 8-12　Apollo 双活数据中心集群架构

Config Service 和 Admin Service 注册到本机房 Eureka 的实现方法如下。

根据官方介绍,如果想要把 Config Service 和 Admin Service 注册到同机房的 Eureka,需要使用 ConfigDB 的 ServerConfig 表中的 Cluster 字段,具体如表 8-3 所示。

表 8-3　用 ServerConfig 表中的 Cluster 字段区分 Eureka 服务 URL 示例

Key	Cluster	Value	Comment
eureka.service.url	default	http://1.1.1.1:8080/eureka/	默认的 Eureka 服务 URL
eureka.service.url	DCA	http://2.2.2.2:8080/eureka/	DCA 的 Eureka 服务 URL
eureka.service.url	DCB	http://3.3.3.3:8080/eureka/	DCB 的 Eureka 服务 URL

配置好 ServerConfig 表中各中心的 Eureka 地址后，下一步就是设置 Config Service 和 Admin Service 的注册地址。Config Service 和 Admin Service 会读取所在服务器的 /opt/settings/server.properties（Mac/Linux）或 C:\opt\settings\server.properties（Windows）中的 IDC 属性，如果该 IDC 有对应的 eureka.service.url 配置，那么就只会向该机房的 Eureka 注册。

当然还有一种做法，就是使用 default Cluster 的 Eureka 服务地址，并将其设置为域名（多个用逗号分隔），而域名分别解析到 DCA 和 DCB 的 Eureka 集群，使 Config Service 和 Admin Service 能注册到本中心的 Eureka 集群。

- **双中心 Apollo 组件访问数据库**。两个数据中心的各组件通过数据库域名连接 PortalDB 和 ConfigDB，正常情况下数据库域名解析到 DCA 的数据库，当 DCA 出现故障时，数据库域名解析切换到 DCB 的数据库。
- **双中心用户在 Portal 管理配置**。用户正常情况下都是通过调用 DCA 的 SLB 域名转发到 Portal 集群进行配置管理，当 DCA 发生故障时，将 SLB 域名切换到 DCB 进行访问。当然这里 DCA 和 DCB 的 Portal 都提供在线访问，因为读写都访问 DCA 数据库，为了便于管理，可以统一访问 DCA 的 Portal。
- **双中心应用程序拉取配置**。双中心应用程序拉取配置与用户访问 Portal 管理配置类似，正常情况下，双中心应用程序引用的 Apollo Client 通过访问 DCA 的 SLB 域名转发到后端的 Config Service 组件拉取配置，当 DCA 发生故障时，将 SLB 域名解析切换到 DCB 进行访问。

方案优点：只需要在 DCA 的 Portal 编辑一次配置文件，可以在双中心客户端直接获取，且方案具备应用级容灾能力，就算单中心 Apollo 相关组件都发生故障，也不影响使用。

方案缺点：为应用级容灾，当 DCA 发生故障时，修改 SLB 域名、数据库域名解析，以及 Apollo 客户端和 Apollo 各组件获取最新域名解析值均需要一定时间，在完成切换前将无法正常提供服务，不过可以在全局负载均衡的 DNS 解析模块配置自动切换，以缩短故障切换时长。此外，关于 DNS 存在缓存的情况，前文也提到过，应用程序需要设置 DNS 缓存时间，以便及时获取到最新的 DNS 解析值。

一般在程序启动时拉取最新配置或后续有配置变更时才会用到 Apollo，因此就算 Apollo 集群故障，也不会直接影响业务稳定运行。

4. 分布式文件存储

前文讲过银行应用程序从集中式存储到分布式存储需要做的改造，在应用层改造完毕后，我们还需要关注分布式文件存储从单数据中心的部署架构到双活数据中心部署架构的改变，制定满足双活数据中心建设的可行性方案。本节将接着介绍 FastDFS 分布式存储在双活中心的部署实战，分析分布式文件存储由单数据中心过渡到双活数据中心的架构方案。

FastDFS 是一款轻量级分布式文件系统，提供 Client、Tracker、Storage 三类节点。Client 是 FastDFS 客户端；Tracker 用于协调客户端的上传、下载请求，它接收到客户端的上传请求后，会返回一个 Storage 存储节点的链接；而 Storage 节点就是最终的存储节点，一般为多节点多副本。FastDFS 在底层存储上通过逻辑分组形成多个 Group，在每个 Group 内又可以配置多个 Storage，通过负载均衡的方式提升并发 I/O 的性能，同时实现数据的冗余备份。FastDFS 还支持 Group 的在线添加，以实现存储容量的线性扩容。FastDFS 部署架构如图 8-13 所示。

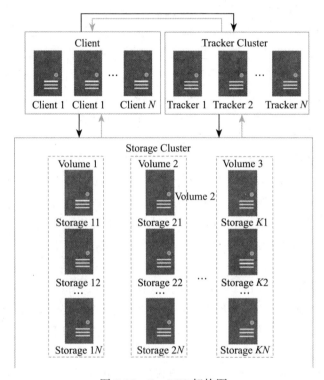

图 8-13　FastDFS 架构图

FastDFS 分布式存储在双活中心的部署实战有以下几种方案。

（1）FastDFS 组件热备，数据双向实时同步

FastDFS 组件热备，数据双向实时同步，是指在 DCA 和 DCB 各独立部署一套 FastDFS 组件，双活数据中心部署方案的拓展主要体现在数据的双向同步上，即需要实现 Storage 之间的双向同步。正常情况下，双活数据中心的应用都访问 DCA 的 FastDFS 来进行文件存储及读取，DCB 的 FastDFS 则作为热备，当 DCA 的 FastDFS 发生故障时，可由 DCB 的 FastDFS 进行接管。之所以要实现双向数据同步是因为在故障切换后，在 DCB 上存放的文件也需要同步到 DCA 的 Storage。其部署架构如图 8-14 所示。

方案优点：架构简单，数据双向同步。

方案缺点：双向同步组件实时同步效率直接影响 RPO。

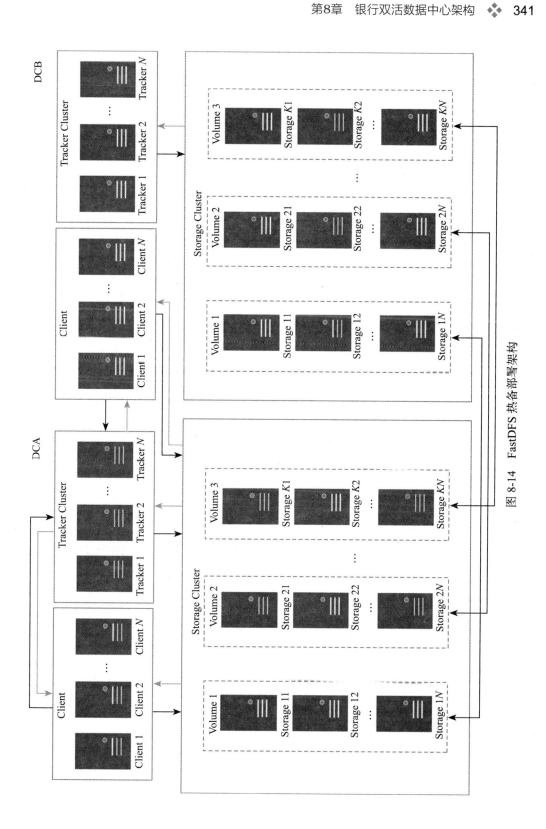

图 8-14 FastDFS 热备部署架构

应用客户端调用链

DCA 和 DCB 的应用客户端调用 Tracker Cluster 的域名存取文件,正常情况下该域名解析到 DCA 的 Tracker Cluster,当 DCA 发生故障时,域名解析将切换到 DCB 的 Tracker Cluster。因为 Storage Cluster 各节点数据是同步的,因此在切换 Tracker Cluster 的域名解析后,FastDFS 可以快速从故障中恢复,继续对外提供服务。如果 DCB 发生故障,则不会影响使用,并且在 DCB 恢复正常并投入使用后,文件会继续从 DCA 自动同步到 DCB,保持双中心数据一致性。

双向同步组件解决方案

在本方案中,FastDFS 的 Storage 节点需要做双向数据同步,可选的方案包括 rsync+inotify、Unison 等。下面简单介绍一下这两种双向同步解决方案。

(a)rsync+inotify 主备同步

rsync+inotify 搭配可实现 Linux 操作系统下文件的实时同步,其中 rsync 用于 Linux 系统中的数据镜像备份,支持本地复制、远程同步等方式,使用便捷;而 inotify 是 Linux 内核的特性,用于监控文件系统的操作,包括读取、写入、创建、删除、修改、移动等。rsync+inotify 搭配可实现 FastDFS Storage 在双中心的同步,首先通过 inotify 监控文件系统的变化,然后由 rsync 做文件同步。不过遗憾的是,rsync+inotify 并不能在双中心同时启动,从而达到支持双向实时同步的效果,因为这样会造成数据的循环复制。

rsync+inotify 在双中心需要部署成主备模式,即正常情况下 rsync+inotify 为单向同步,从主数据中心(DCA)到备数据中心(DCB),当发生故障时,数据存储切换到 DCB 的 Storage,此时需要反向做同步,先关闭 DCA 的 rsync+inotify 同步,在 DCB 的 Storage 对外提供服务后,再启动 DCB 的 rsync+inotify,实现 DCB 到 DCA 的 Storage 的反向实时同步,以此满足文件双向同步的需求。

此外,因为 FastDFS 分布式文件存储多用于一些小文件同步的场景,文件保存的量非常大,需要注意同步方案的优化,不能每次都全量同步,否则会导致同步延迟较大(文件过多时一次全量甚至要几个小时)、资源占用较高等问题,因此建议尽可能减少对目录的递归扫描判断,只同步已发生更改的文件,然后结合定时的全量同步防止意外遗漏,保证数据一致性。

(b)Unison 双向同步

Unison 是一款跨平台(Windows/Linux/Mac OS)的开源文件同步工具,支持本地同步和通过 SSH、RSH 和 Socket 等网络协议进行同步。与 rsync+inotify 的方案相比,Unison 最大的优势就是可以实现双向同步。Unison 的安装和使用可参考用户手册和指南(https://www.seas.upenn.edu/~bcpierce/unison/download/releases/stable/unison-manual.html#news)。

(2)跨中心延展 FastDFS 集群

跨中心延展 FastDFS 集群是指将 Storage 的集群节点从 DCA 扩展到 DCB,由两个数据中心共同组成一个大集群,由 FastDFS 自身的数据同步机制保障数据一致性,而 Tracker 集群节点则在 DCA 和 DCB 各部署 1 套,以减少客户端的跨中心请求,其部署架构如图 8-15 所示。

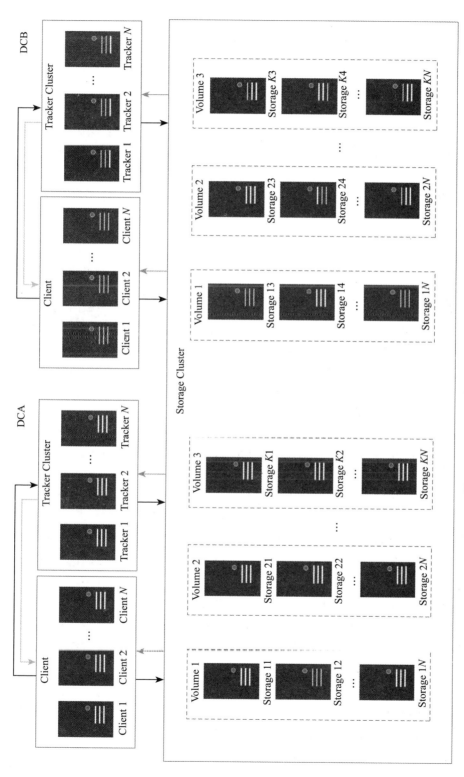

图 8-15 FastDFS 跨中心集群部署架构

方案优点：FastDFS 集群保障数据一致性。

方案缺点：对网络链路要求很高，因为客户端调用 Tracker 发起文件写操作时需要各存储节点都完成同步写操作后再返回，此外客户端的每一次读操作并不确定是在本中心或另一数据中心内完成。

应用客户端调用链

DCA 和 DCB 的应用客户端调用 Tracker Cluster 的域名存取文件，域名的解析为本中心的 Tracker Cluster 的 IP。当 DCA 或者 DCB 发生故障时，Tracker Cluster 的域名将直接切换到另一个数据中心，而 Storage Cluster 不做任何变动，因为另一个数据中心的 Storage 节点是存活的，可以继续对外提供服务。当故障恢复后，FastDFS Storage 节点会自动同步数据。

5. 数据库

在银行信息系统中，数据库不仅是数据存取的关键组件，更是重要的数据资产。在双活数据中心建设中，数据库的部署架构方案可谓重中之重，本节以 MySQL 数据库为例，介绍几种在双活数据中心的部署方案。

MySQL 双活数据中心的部署解决方案，主要解决两方面问题，即数据同步和故障转移。

在数据同步方面，MySQL 5.7 版本之前是基于原生的主从复制技术做数据同步；MySQL 5.7 之后官方推出了组复制（MySQL Group Replication，MGR），即在原生复制技术的基础上引入分布式强一致性协议 Paxos，并以插件的方式供各 MySQL Server 节点使用，以组成高可用的分布式集群；还有一种跨机房的数据同步方式，即不依赖原生的 MySQL 主从复制技术，而是通过完全独立的第三方双向同步组件进行复制。

在故障转移方面，主要是通过其他第三方技术实现，比如基于 DNS 解析修改、Keepalived、负载均衡、MHA、Orchestrator 等。除此之外，MGR 官方推荐的高可用解决方案是 MySQL Router。

关于 MySQL 的双活解决方案，本节将分为基于双主复制、MGR 和双向同步组件的实现方式依次介绍。

（1）基于双主复制

双主复制即两个数据中心的 MySQL Server 节点互为主从，既作 Master 又作 Slave，两个中心的 Master 节点中的任何一个有事务提交，都会同步到另一个 Master 节点。在故障转移方面，第三方解决方案非常丰富，本节主要介绍基于 DNS 解析修改、Keepalived 和负载均衡的方式，对 MySQL 高可用方案感兴趣的读者可以自行了解 MHA、Orchestrator 等其他解决方案。本节列举的基于双主复制的方案主要适用于应用级双活的建设场景，即双中心应用程序均访问主中心数据库。

（a）双主复制 +DNS 解析修改

本方案是通过 DNS 解析修改来实现故障转移。双中心的应用程序通过固定域名访问数据库：正常情况下，数据库域名解析到 DCA 的 Master 节点，当 DCA 的 Master 节点发生故障时，则将数据库域名解析 IP 修改到 DCB 的 Master 节点以实现故障切换。数据库域名的自动化切换需要结合数据库节点存活探测和域名解析修改,且因为数据库域名解析 IP 发生变化,应用程序需要支持获取最新的 IP 地址。此外,虽然跨中心连接设备和链路都会做主备冗余,但不排除跨中心网络出现完全中断的情况,此时数据库节点探活失败并非真正发生故障,因此不能直接做故障切换,需要引入第三机房仲裁,结合第三机房仲裁节点的探活结果做故障切换,否则会出现双中心数据库双写的情况。

本方案具体部署架构如图 8-16 所示。

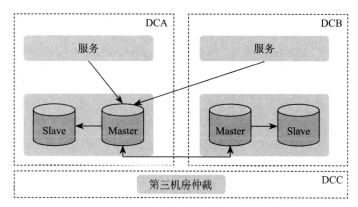

图 8-16 MySQL 双主复制 +DNS 解析部署架构

DCA 和 DCB 的 Master 节点组成了一个双主 MySQL 集群,而 DCA 和 DCB 的 Slave 节点分别同步各自中心的 Master 节点,可供应用程序连接执行读的操作,比如响应报表查询类的需求,同时 DCA 和 DCB 的 Slave 节点各有一份数据热备副本。

方案优点:
1)部署架构简单,通过原生复制技术实现数据同步;
2)不需要打通双中心大二层网络,三层路由可达即可。

方案缺点:应用程序端缓存了 DNS 的解析 IP,需要超过用户预设的合理的 DNS 缓存时间后(DNS 缓存时间不宜太短,否则会给 DNS 服务器带来压力,同时也降低了应用程序 DNS 解析模块的性能),才能解析最新的 IP 地址。

(b)双主复制 +Keepalived

本方案在数据库架构层面与方案(a)一致,只是引入了 Keepalived,用于减少数据库故障切换时间,使应用程序快速重连数据库。Keepalived 可以检测双中心 Master 节点的存活情况,并默认将虚拟 VIP 绑定在主中心的 MySQL Server 节点。双中心的应用程序通过虚拟 VIP 的域名连接到主中心的 Master 做读写操作,备中心的 Master 节点则为 Standby 状态。当 Keepalived 检测到主中心 Master 节点发生故障时,虚拟 VIP 会绑定到备中心的 Master 节点,让双中心应用程序继续访问。在双活数据中心部署 MySQL 双主复制集群与在单数据中心部署并无差异,只是把 MySQL 集群的其中一个节点放置到另一个数据中心,形成一个跨数据中心的双主集群。本方案需要引入第三机房仲裁,当跨中心通信完全中断时，可结合第三机房仲裁结果做故障切换，避免因 Keepalived 脑裂使双中心出现数据库双写的情况。

本方案具体部署架构如图 8-17 所示。

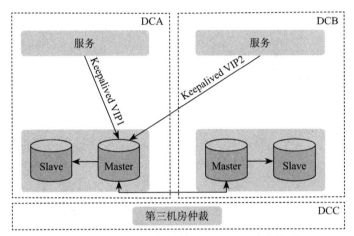

图 8-17　MySQL 双主复制 +Keepalived 部署架构

方案优点：

1）部署架构简单，使用 MySQL 原生复制技术实现数据同步，可靠性高；

2）应用连接数据库的 VIP 保持不变，减少故障切换后应用重连数据库的时间。

方案缺点：需要打通二层网络，因为 Keepalived 采用了 ARP 广播模式，需要给双中心的数据库分配同一个 VLAN 的 IP 才能在 MySQL Server 上绑定虚拟 VIP，提高了双活建设的难度和要求。

（c）双主复制 + 负载均衡

如果双活数据中心网络二层未打通，除了使用 DNS 解析修改的解决方案外，还可以通过负载均衡设备（LB）来转发，同样是三层路由可达就能把访问请求转发到可用数据库。在 MySQL 数据库架构层面，本方案与前两个方案并无差异，两个中心的数据库节点相互做主从复制即可，区别在于数据库服务器的故障切换通过 LB 实现。正常情况下，双中心应用程序都访问各自数据中心的 LB VIP 域名，由 LB 负责将请求转发到 DCA 的 Master 节点，当 DCA 的 Master 节点发生故障时，LB 将把数据库请求调度到 DCB 的 Master 节点，而双中心的应用程序始终访问各自数据中心的 LB VIP 域名，也不存在 DNS 解析 IP 缓存的问题。本方案仍需引入第三机房仲裁，当跨中心网络完全中断时，使 LB 可以正常判断数据库存活状态，避免因误切换导致双中心出现数据库双写。

本方案具体部署架构如图 8-18 所示。

方案优点：无须在双活数据中心打通二层网络，无 DNS 缓存问题。

方案缺点：增加了 LB 负载均衡层，理论上多一层故障节点。当然 LB 在单数据中心是集群模式，如果单数据中心内 LB 集群发生故障，也可以通过域名切换的方式将 LB 的域名指向另一个数据中心，解决负载均衡自身的容灾问题。

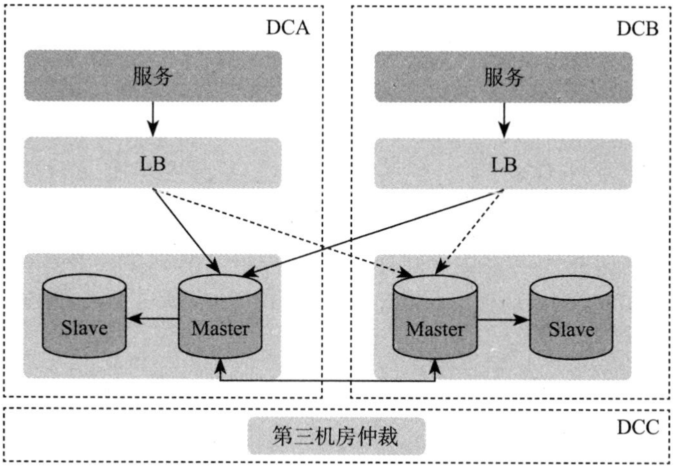

图 8-18　MySQL 双主复制 + 负载均衡部署架构

（2）基于 MySQL MGR

MySQL MGR（MySQL Group Replication，MySQL 组复制）是 MySQL 5.7 版本开始提供的一个新特性。使用 MGR 技术可以将多个 MySQL Server 组成分布式高可用集群，以提供高可用性、高弹性、高可靠性的 MySQL 服务。MGR 提供单主模式和多主模式：在单主模式下，只有一个主节点，所有客户端写入操作都在主节点进行，在主节点宕机后能够自动选举出新的主节点；在多主模式下，所有节点都为主节点，支持多节点写入。MGR 有防脑裂的机制，比如当出现网络分区导致组内成员无法达成一致协议时，那么在解决此问题之前，集群将不可用。在理想状态下，如果同城有三个数据中心，可在每个数据中心部署一个 MySQL Server 节点，使集群具有更高的可用性。在双活数据中心，MySQL MGR 集群又当如何部署呢？以单主模式部署方案为例，其部署架构如图 8-19 所示。

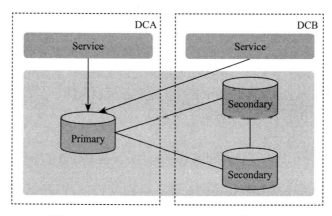

图 8-19　MySQL MGR 单主模式双活部署架构

如图 8-19 所示，该部署架构采用的是在 DCA 部署 1 个 Primary 节点，在 DCB 部署 2 个 Secondary 节点的方案。相比在 DCA 部署 1 个 Primary 节点和 1 个 Secondary 节点、在 DCB 部署 1 个 Secondary 节点的方案，该方案具有更强的数据一致性。

在单主模式下，双中心应用程序默认连接 DCA 的 Primary 节点进行读写操作，当 Primary 节点发生故障后，MGR 会自动选主。除了单主模式，还可以部署成多主模式，即双中心的 3 个节点均为 Primary 节点，多主模式不涉及选主切换。不管是单主模式还是多主模式，MGR 都不会处理客户端故障转移，需要通过代理、负载均衡等技术处理，可参考基于双主复制方案中的相关第三方技术，此处不再赘述。如果选用官方推荐的 MySQL Router，可以访问 https://dev.mysql.com/doc/mysql-router/8.0/ 了解更多内容。

方案优点：

1）MGR 是基于 Paxos 协议和原生复制的分布式集群，具有很强的数据一致性；
2）在数据库层实现自动故障检测、自动切换；
3）可弹性扩展，最多支持接入 9 个节点，可自动新增和移除节点；
4）支持多节点写入，具备冲突检测机制，可以满足更多应用场景需求。

方案缺点：

1）相比主从复制方案，仍然未提供客户端的切换方案；
2）数据同步时需要等待跨中心节点返回结果，如果跨中心网络质量不稳定，可能出现写入抖动的情况，因此对跨中心网络质量要求高；
3）仅支持 InnoDB 存储引擎。

（3）基于双向同步组件

本方案的部署方式是在单中心部署 MySQL 主从复制数据库，跨中心的数据同步依靠数据同步组件实现，该组件会从主中心 MySQL 集群的 Master 节点上把 binlog 日志抽取出来，将数据做事务还原再写入备中心目标数据库。在该方案下，双中心的应用程序连接本中心的数据库 Master 节点，如果 Master 节点发生故障，在中心内部通过常用主备切换方案实现故障切换即可；而当单个数据中心出现整体故障时，则将互联网入口流量切换到另一个数据中心解决，因为通过同步组件做了双向同步，另一个中心有故障数据中心的全量实时数据，因此可以正常接管。此外，针对部分不能严格按照数据中心划分的业务数据，即强一致数据，可以将两个数据中心的写请求都转发到主中心，而读请求则在各自的数据中心进行，强一致数据区也通过数据同步组件实现数据的双向同步。本方案具体部署架构如图 8-20 所示。

方案优点：架构支持业务级双活及多活，数据库读写请求均在本中心内完成，双中心数据库都可以提供服务，提高了资源利用率；单中心数据库故障在中心内部就可以解决。

方案缺点：

1）同步组件研发的技术难度较高，需要解决数据双向同步复制、循环复制、数据冲突、一致性校验、HA 控制等一系列技术难题，且需要配合对数据库（比如保障自增不冲突、不溢出、参数统一优化等）和应用程序做相应改造；

2）为尽可能避免用户请求在两个数据中心来回漂移增加数据一致性保障难度，需要做用户级流量调度，让用户访问都在一个数据中心进行（在正常情况下）；

3）DBA 运维难度增加，归档 JOB、DDL 发布等操作都需要考虑双向同步因素。

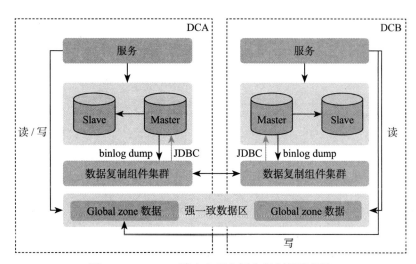

图 8-20　MySQL 跨中心双向同步复制部署架构

本节介绍了 MySQL 在双活数据中心的三种部署方案，包括基于双主复制、MySQL MGR 以及通过双向同步组件进行跨中心双向同步复制的方案。在选择具体方案时，需要根据实际业务开展场景、数据库使用需求、数据体量及建设能力等因素的全面评估。当然 MySQL 在双中心的部署也不乏其他衍生方案，有兴趣的读者可以深入了解。

8.4.3　网络层改造

在网络层，全局负载均衡和跨中心网络互联都是改造的重点。在全局负载均衡方面，本节将主要介绍基于 DNS 的全局负载均衡的原理、优缺点、建设重点等；而在跨中心网络架构方面，本节将介绍基于大二层网络和三层路由实现跨中心互联的网络技术。

1. 全局负载均衡

全局负载均衡（Global Server Load Balancing，GSLB）有多种技术实现方式，包括 DNS、HTTP redirection、IP Route 等，其中 DNS 技术使用较为普遍，具体实现方式是 GSLB 作为最终 DNS 服务器，通过解析策略向用户返回最适合的域名解析 IP，从而智能调度双活数据中心互联网流量。当单数据中心发生故障时也是依靠 GLSB 做故障切换，因此在双活数据中心建设中 GSLB 起着非常重要的作用。

8.2 节已经介绍了基于 DNS 的全局负载均衡的调度策略（即基于 Local DNS、基于 DC cookie、随机分配、按比率分配等），下面将介绍基于 DNS 的全局负载均衡的实现原理、优缺点及其建设重点，进一步了解全局负载均衡的双活建设方案。

（1）基于 DNS 的全局负载均衡实现原理

在基于 DNS 的全局负载均衡模式下，用户通过域名访问映射到互联网的服务，当用户请求域名时，由全局负载均衡设备解析域名并根据智能路由策略反馈双中心互联网入口服务 IP，以实现互联网入口流量调度及双机房负载均衡的目标，整个过程其实是一个域名请求响应的过程。下面通过基于 GSLB 的 DNS 请求响应过程进一步了解其实现原理，具体如图 8-21 所示。

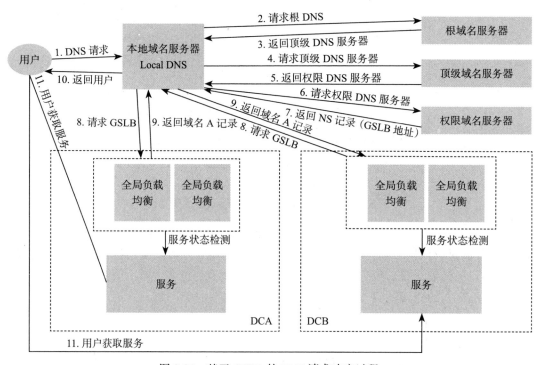

图 8-21　基于 GSLB 的 DNS 请求响应过程

基于 GSLB 的 DNS 请求响应过程分为如下几步。

- 第 1 步：用户向本地配置的本地域名服务器（Local DNS）发起查询请求，本地域名服务器如果有缓存则返回给用户，如果没有则到第 2 步。
- 第 2～7 步：本地域名服务器在未查找到缓存的情况下，会进行逐级递归查询，最终查询到域名注册商处的权限域名服务器，权限域名服务器则返回配置的 NS 记录（如果配置有多条，则会轮询返回），这里配置的 NS 记录其实就是 GSLB 的 DNS Listener 公网地址。
- 第 8～9 步：本地域名服务器根据权限域名服务器返回的 NS 记录，轮询向 GSLB 请求域名解析结果，GSLB 根据智能解析策略将域名解析 A 记录返回给本地域名服务器。

- 第 10 步：本地域名服务器将查询结果返回用户，并缓存这条 A 记录。
- 第 11 步：用户根据反馈的域名解析 IP 与服务端建立连接。

（2）基于 DNS 的全局负载均衡方案的优缺点

优点：方案成熟，在银行业应用广泛；满足用户就近访问原则。

缺点：首先是成本投入较高；其次某些策略无法保证双中心流量均衡，比如基于本地域名服务器的路由策略，如果域名解析请求规定，来自联通的本地域名服务器的请求转发到 DCA，来自电信的本地域名服务器的请求转发到 DCB，来自其他运营商的本地域名服务器的请求也转发到 DCB，那么若来自电信的本地域名服务器的请求更多，那分配到 DCB 的流量自然就更多，实际上不同运营商的用户数必然是不均衡的，因此较难实现双中心接收流量的均衡。

（3）基于 DNS 的全局负载均衡方案的建设重点

- 域名解析改造

  面向互联网的服务需要以域名形式访问，因此需要绑定互联网域名，通过 GSLB 对域名做流量分配策略。如果为 IP 访问则需要做相应改造，否则无法通过基于 DNS 的全局负载均衡方案实现容灾。

- 全局负载均衡集群模式

  全局负载均衡作为双活数据中心的重要设备，其高可用性必须得到有力保障，因此需要建立跨中心 GSLB 集群来提升可用性。在 DCA 和 DCB 各部署 2 台 GLSB 设备，组建跨中心集群，这种集群模式可以让双活数据中心只维护一份 GSLB 的配置，同时解决了 GSLB 单中心故障问题，提升了集群的可用性，即使出现极端情况，如 3 台 GSLB 设备故障，也不影响整体服务可用性。如果 DCA 和 DCB 的 2 台 GSLB 各自组成集群也能实现基于 DNS 的流量分配，但在这种集群模式下，DCA 和 DCB 的 GLSB 配置需要独立维护，这无疑增加了配置维护的工作量。

- DNS 设置

  在域名注册服务商的管理平台配置域名的 NS 记录，记录值为 DCA 和 DCB 的 GSLB 提供的公网 DNS Listener，配置后将轮流提供 DNS 解析服务。在将 A 记录解析配置从域名注册服务商迁移到本地的 GSLB DNS 服务时，暂不要先删除 A 记录，以便于 NS 配置出现异常导致域名解析失败时快速回滚。NS 记录优先级高于 A 记录，如果 NS 纪录指向的 GSLB DNS 服务异常，则可以快速删除 NS 记录实现配置回滚，如果解析正常则可以把 A 记录删掉，以实现平滑迁移。

- DNS 缓存

  各层级都会涉及 DNS 缓存，包括用户所使用的终端如手机或者电脑、应用程序缓存、运营商 Local DNS 缓存，域名注册服务商的 DNS 服务器缓存等。因此在某个数据中心发生故障时，通过修改 DNS 解析做故障切换后，因为缓存的原因，用户获取到的还是老的故障 IP 地址，最终导致部分缓存用户持续异常的情况。针对此类问题，可以在 GSLB 设置 DNS 的 TTL 值，在出现故障并发生切换后实现 DNS 解析记录的快速刷新。在设置 TTL 值时需要在故障恢复时间和 DNS 解析效率之间做平衡：并不是设置得越小越好，因为设置小会导致 Local DNS 的缓存记录很快被删除，如果有新的 DNS 解析请求，则需要到根 DNS 查询，解析速度上不如直接从缓存里获取快；当然也不宜设置得太大，如果 TTL 设置较大，虽然可以从 Local DNS 缓存中快速返回解析记录，但当 DNS 解析值发生变化时，却失去了敏捷性，因为域名解析会从 Local DNS 缓存中返回旧的解析值，从而无法实现故障快速切换；在使用 GSLB 作为 DNS 解析服务器的情况下，为更加灵活地控制故障恢复时间，一般设置为 60 秒。

2. 跨中心互联

为满足存储、数据库、文件等实时同步，虚拟机动态迁移，中间件跨中心集群建设，应用系统之间的跨中心调用等需求，必须打通双活数据中心间网络通信。跨中心的网络互联方案，也关系着应用层、中间件层、数据库层的双活架构设计，因此合理规划跨中心网络通信，应作为双活数据中心基础网络建设的重点。接下来将从物理层传输建设、跨中心网络架构这两个角度来介绍跨中心互联的建设工作。

（1）物理层传输建设

要实现同城双活数据中心互联，首先需要建立跨中心链路，可以通过运营商专线建立跨中心连接，也可以在运营商或自建的裸光纤的基础上，通过密集型光波复用（Dense Wavelength Division Multiplexing，DWDM）设备建立跨中心波分通道。运营商专线一般是裸光纤中的一个通道资源，传输带宽并非独占；而波分通道是在双活数据中心两端部署 DWDM 设备，基于裸光纤建立跨中心连接。主流 DWDM 设备传输带宽可达 40Gb/s 至数百 Gb/s，且传输能力稳定，在成本投入能够承受的前提下，可以将使用 DWDM 的解决方案作为双活数据中心互联建设的首选。

（2）跨中心网络架构

同城双活数据中心可以基于大二层网络或三层路由实现互联，下面分别介绍大二层网络和三层路由的跨中心互联实现方案。

（a）基于大二层网络实现跨中心互联

在介绍大二层网络方案前，首先来了解一下大二层网络的需求背景。随着数据中心规模的扩展以及虚拟化技术的发展与广泛应用，逐步出现了虚拟机跨机房动态迁移的需求，即在虚拟机迁移过程中需要保证业务不中断、虚拟机状态可用且迁移后虚拟机 IP 地址保持不变，所以不能跨二层域迁移。为突破这种限制，需要将源服务器、目标服务器纳入同一个二层网络域，以保障虚拟机的正常迁移，因此产生了大二层网络。

在传统网络架构下，为了避免环路形成广播风暴导致整个网络瘫痪，一般通过 VLAN+xSTP 技术来解决这个问题。其中 VLAN（Virtual Local Area Network）是指虚拟局域网，用于缩小广播域的范围，xSTP 是 STP（Spanning Tree Protocol，生成树协议）、RSTP、MSTP 协议的统称，用于防止环路产生。如果整个数据中心二层连通，则广播包会穿越所有交换机。随着主机数量的增加，交换机将面对越来越多的广播包，最终不堪重负。网络规模的扩大也会导致 xSTP 的收敛时间变长，使得任何一次网络的变动都会导致更长时间的不稳定。在东西向流量越来越大的情况下，xSTP 却阻塞了一半的网络带宽，降低了整个网络的性能，不能满足数据中心的业务需求，所以综合来看，使用 VLAN+xSTP 的技术模式很难支撑大二层网络。

那应该如何实现大二层网络呢？首先看看大二层网络架构，如图 8-22 所示。

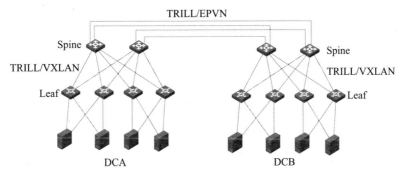

图 8-22　大二层网络架构

实现双中心大二层网络建设的具体方案包括网络虚拟化技术、路由化二层转发、Overlay 技术，下面将依次介绍。

❑ 网络虚拟化技术

网络虚拟化实现跨数据中心大二层网络的方式有两种。一是把在单数据中心实施的网络设备虚拟化扩大到双活数据中心，堆叠成单台设备。这种方式要求两个数据中心之间通过堆叠线或裸光纤直连，距离不能太远，局限性较大，因此使用场景较少。二是通过隧道的方式，将二层数据报文封装在三层报文中，跨越中间的三层网络，实现双活数据中心的二层互联，华为的 EVN、CISCO 的 OTV 技术就是这种实现方式。

❑ 路由化二层转发

一是通过纯二层 TRILL 互联。双中心使用 TRILL 协议构建大二层网络，并用 TRILL 协议将两个数据中心连接起来，这种方式组网简单，但其设备对基础物理条件要求较高，且成本也非常高。

二是通过 TRILL over L3 实现。将 TRILL 封装到三层数据包中进行传输的主要技术有 VPLS、EVN、OTV 等 VPN 技术及其增强版。对于跨中心大二层而言，在数据中心出口封包，然后再对端数据中心入口解包，解包后 TRILL 数据包可以在对端数据中心继续传输并最终到达目的地。这种方式不要求线路距离，只需要三层可达，可以充分利用现有的 IP 网络，有很好的经济性。

❑ Overlay 技术

Overlay 技术是通过把原始二层报文封装到三层协议中传输，由于三层协议具有非常广泛的适用性和连通性,因而可以在各种网络中透明传输,只要跨中心三层网络可达,两个中心的网络便虚拟化为一个巨大的二层交换机。Overlay 技术方案主要有 VXLAN、NVGRE、STT 等。

以 VXLAN 为例,VTEP 通过 VXLAN 协议把原始二层数据报文封装到 UDP 报文中,以 IP 报文的方式在网络中传播。报文的源 IP 地址为本地 VTEP 地址,目的地址为目标 VTEP 地址。二层数据在本地 VTEP 封装,通过三层协议传输到目标 VTEP 后,在目标 VTEP 解包,虚拟机也因此可以在不同的 VTEP 之间迁移。在迁移时,只需要知道目标 VTEP 的地址即可,而目标 VTEP 地址可以通过 EVPN 等方式获取。

(b)基于三层路由实现跨中心互联

如果不做二层互联,基于三层路由实现跨中心通信是否也能满足使用需求呢?关键取决于企业的双活架构如何设计。若虚拟机的可用性通过业务层面的高可用来实现,即便是单台虚拟机故障也不影响业务健康状态,没有虚拟机跨数据中心迁移的需求,或者不需要给数据库分配同一网段的 VIP 等场景,那么通过三层路由实现跨中心通信其实也是可行的。具体可以在核心层、重要区域汇聚层等设备上通过裸光纤或专线连接两个数据中心,使两个数据中心网络三层路由可达,以满足各层级区域横向流量的跨中心传输,从而实现跨中心互联。基于三层路由实现跨中心互联的网络架构如图 8-23 所示。

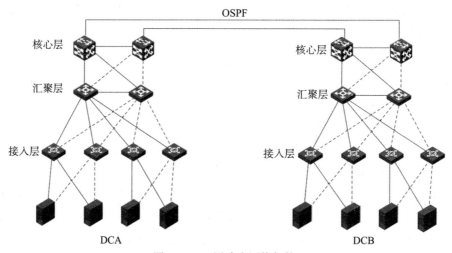

图 8-23　三层路由网络架构

三层路由的方式,网络运维技术人员在管理 IP 网段和路由策略等有不小的工作量和操作风险,所以需要在日常运维过程中加强规范化管理。

8.4.4　存储层改造

存储层设备分为集中式存储、本地存储、分布式存储等,本节主要介绍集中式存储的架构改造。

在银行的基础架构中，集中式存储在底层基础设施中一直占据重要位置。通过集中式存储来提供数据存储空间，保障数据高可靠性、安全性，是一种比较常见的做法。集中式存储一般由大型的厂商提供，在可靠性方面经历了长时间的验证，方案成熟，运行稳定，对虚拟化故障转移也有很好的支持。

要建设双活数据中心，集中式存储的架构也需要改造。在单数据中心，存储设备一般部署成双控制器+双活模式，以增强高可靠性；而在双活数据中心，根据容灾架构的不同，存储设备在两个数据中心之间有同步复制、异步复制等部署模式，前面第2章已经详细介绍了同步复制和异步复制的实现原理，本节将主要介绍存储层在双活架构上涉及的改造。

1. 同步复制

同步复制的存储架构是指在同城的两个数据中心将存储设备部署成跨中心的高可用集群（High Availability Cluster，HA）。相对单中心部署的双活集群而言，同步复制所涉及的改造是将已有数据中心的双活存储设备迁移一套到新建的同城双活数据中心，组建成跨中心的双活存储。这在技术实现原理上与单中心部署并没有什么不同，只是上层应用发起写数据的操作后，双活存储会同时向双中心的存储设备发起请求，并且需要都写入成功后才会返回给上层应用。因此，为了保障响应性能，要求主备中心之间有较好的网络通信质量以及较低的网络传输时延。

2. 异步复制

异步复制的存储架构是指在同城的两个数据中心将存储设备部署为两套独立集群。相比单数据中心的存储架构，异步复制所涉及的改造首先是需要在新建的同城双活数据中心再部署一套存储集群，然后在同城的两套存储设备上都划分一个备份Zone，用于实现双中心存储设备的数据级互备。

其实，使用存储异步复制产生的备份数据做数据恢复的场景并不多，因为一般是通过上层的数据备份（比如数据库备份）进行恢复，很少会用到存储的数据级备份来恢复数据。究其原因，首先是基于存储复制的备份数据与生产数据为异步同步，存在一致性差异；其次是通过存储备份恢复数据操作时间很长，业务连续性会受到影响；再者不能按需恢复，只能按整体备份数据，恢复后还需要对数据进行加工和修复。因此，无论从数据完整性、一致性还是恢复时效性上，异步复制的存储架构都不能满足双活建设的高标准，但通过存储异步复制备份的数据，可以在上层备份机制均失效时发挥作用，降低数据丢失风险和损失。

8.5 双活应急场景

完成容灾双活数据中心双活模式建设只是万里长征的第一步，双活数据中心日常运维、双活系统发布，以及切换演练和故障切换才是后续工作的重心，尤其是当发生灾难事故时的应急切换响应更是重中之重，毕竟建设双活数据中心最重要的目的就是容灾。

双活数据中心应用切换复杂度高、风险大，用"牵一发而动全身"来形容一点也不为过,所以必须梳理清楚业务逻辑调用关系,制定跨中心切换原则并完善各种应急场景的应急预案。如果CMDB较为完备,可以通过CMDB构建和维护应用系统调用链,从而在发生故障时能够知道"是什么、为什么、怎么做"。最后根据应急预案制定场景故障切换的灾备平台,集切换前预检查、事务编排、应急切换、切换后验证等功能于一体,真正做到一键分钟级切换。

本节梳理了应用级双活模式下数据中心可能涉及的应急场景,包括业务系统故障、数据库宕机故障、网络中断故障、自然灾害等,并将分类介绍各种故障场景的应急处置预案。在上文已经阐述了应用级双活的具体实现,这里主要以表8-4的应用级双活方案进行故障应急场景的阐述。

表8-4 应用级双活场景

类别	涉及部分组件	实现方式	描述
网络	双机房网络	IP三层可达	DCA、DCB规划独立网络,通过跨中心波分通道实现IP三层路由可达
	公网域名	全局负载均衡	双活应用基于用户Local DNS实现域名和冷备应用均解析到DCA
	内网域名	DNS动态解析	DCA、DCB应用系统使用相同域名,DNS根据发起域名请求的IP地址段动态解析;双活应用均解析到本地机房,冷备应用域名解析到DCA
应用系统	双活应用	双机房部署,DCA、DCB均启用	双活应用DCA、DCB部署方式一致
	单点应用	双机房部署,DCA启用、DCB冷备	正常情况下仅启用DCA冷备应用
中间件	注册中心	跨中心延展集群	DCA、DCB共同组成跨机房延展集群
	消息队列	跨中心延展集群	DCA、DCB共同组成跨机房延展集群
数据库	MySQL	双主	DCA数据库实现读写、DCB数据库实现只读,数据库保持实时同步;正常状态下双中心应用均访问DCA数据库
	Oracle	RAC+ADG	单中心RAC,跨中心ADG实现数据同步;正常状态下双中心应用均访问DCA数据库

双活数据中心建成后,要合理管控各类应急场景的切换,梳理信息系统分类、系统分级、系统间的调用逻辑及跨中心切换原则等,以清晰掌握各系统的关键信息,避免在双中心故障切换时,因未完全梳理清楚依赖关系,引起其他问题。

1. 系统分类

系统分类主要是区分各信息系统是属于双活应用、冷备应用还是单中心应用,具体示例如表8-5所示。

表8-5 双活应用系统分类

系统分类	系统描述	系统名
双活应用	在双活数据中心中独立运行、应用跨中心无交互	柜面、渠道、手机银行、理财、支付、信贷、风控、核心等大部分应用系统

(续)

系统分类	系统描述	系统名
冷备应用	只能在单中心启动，双中心同时启动会导致数据冲突	对账类应用系统、注册中心等中间件、核心跑批等定时任务、调度中心等
单中心应用	只在单中心部署，无须部署冷备，能够容忍故障造成的中断	某些后管系统等

2. 系统分级

系统分级在 3.4.1 节已做说明，这里不再赘述。需要注意的是，在进行跨中心应用切换时，需要按照第一类到第三类系统的切换顺序，以优先恢复核心业务、保障重要信息系统连续性为原则。

3. 业务调用关系梳理

业务调用逻辑关系包括互联网、专线、VPN 的入口访问关系，内部系统调用关系，出口访问关系，只有真正厘清这些调用关系，才能够清楚地知晓全网调用关系。

（1）入口访问关系

要了解入口访问逻辑，需整理互联网入口、专线入口、VPN 入口相关信息及代理系统信息，需整理互联网域名解析全局策略及调度算法，涉及三方系统是否调用固定机房、单路专线情况、网络黑白名单配置等。

（2）内部系统调用关系

内部系统调用关系分为单中心内部调用及跨中心内部调用。单中心内部调用主要涉及不同网络区域应用系统的调用关系，如网银应用区访问核心区的应用；也涉及同区域内部的业务系统依赖关系，比如网银应用区的两个系统间的调用。跨中心内部调用主要涉及非双活应用的跨中心调用、跨中心数据库访问等。要维护内部系统调用关系，就需要在灾备平台上实时更新和验证，以保证应急场景的完整性，这样在故障真正发生时才能正常切换并快速恢复业务访问。

（3）出口访问关系

要了解出口访问关系，主要需要梳理银行系统访问外部系统的情况，包括代理转发配置、专线链路、第三方网络白名单配置情况等。出口访问系统因被调用方基础架构的不同，势必存在单路的情况，所以在数据中心切换时需要重点关注出口访问关系的单路系统。

4. 设计跨中心切换原则

单个数据中心内部的应用、网络、数据库等均按照高可用方案保障冗余度，单机故障不要涉及跨中心切换，应在单中心内部完成。支撑各类业务的信息系统往往种类众多，如果有多个业务系统均不可用（单中心内部冗余失败），则需要在单中心内部恢复故障和跨中心应急故障切换间做平衡考虑。考虑到网络访问的性能和复杂度，要尽可能避免跨中心调用的情况，同时考虑到故障应急切换本身的复杂度，不能出现故障就进行故障切换，需要考虑设计"切换组"，当切换组内的个别应用出现异常时，快速修复该故障，当切换组内多个应用系统不可用时，考虑以切换组为单位进行跨中心流量切换。

8.5.1 业务系统故障

业务系统的故障场景可以分为单中心内部集群单机故障、单中心双活应用整体故障和冷备应用故障。

1. 单中心内部集群单机故障

单中心内部信息系统应用集群单机故障属于最轻微的故障场景,在服务可用的前提下按照应急策略执行恢复即可,集群高可用性设计保障了整个故障对业务完全无感知。

2. 单中心双活应用整体故障

若单个机房内出现某系统多节点均发生故障,此时单个机房内该服务为完全不可用状态。此类故障可能会导致如下情况:解析到该故障数据中心公网IP的用户业务无法正常开展,通过公网DNS域名解析到另一个数据中心的用户访问则不受影响。当然,如果故障的应用是单中心部署或另一数据中心仅为冷备状态,那么此时整个服务必然均不可用。

如图8-24所示,针对这种故障场景,可以通过在全局负载均衡设备上配置后端业务转发策略,在DCA发生故障时转发到DCB前置代理,解决用户Local DNS缓存问题。无论用户解析地址是DCA还是DCB,均会访问到DCB。此时仅需要在DCA停止单点、冷备等相关应用,在DCB启动相关应用即可。

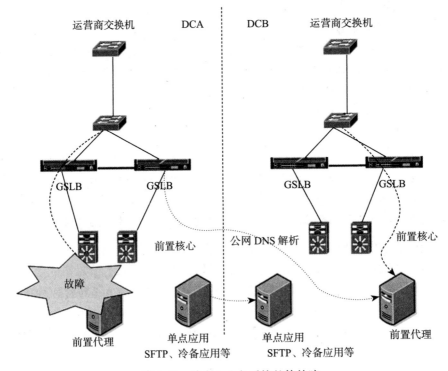

图8-24 单中心业务系统整体故障

3. 冷备应用故障

在出现单中心冷备应用业务系统故障时，优先进行故障处理，确认短时间无法恢复或在跑批、对账时间前无法恢复的，则停用 DCA 相关应用，启动 DCB 相关应用，由 DCB 完全接管。

8.5.2 数据库宕机故障

业务级双活实现了基于用户标签的识别，保证用户始终访问同一个数据中心，同时数据库支持双写与双向实时同步，从而使得应用切换对数据库无感。而在应用级双活的架构下，双中心应用均访问同一数据中心的数据库，所以数据库宕机时将会出现双中心业务均中断的情况。

1. 数据库切换前提

对于应用级双活架构下主数据库出现故障的场景，我们需要关注三点：一是数据库切换后的可读写状态，二是解决应用系统访问数据库域名的 DNS 缓存问题，三是数据库切换后非人为授权不应该自动回切。

（1）权限设置

比如灾备中心的 Oracle 数据库通常会以 OPEN READ ONLY 模式打开，MySQL 数据库会设置 global read_only=1 的全局变量，这样即可确保灾备中心数据库不可写，避免多机房双写导致的数据冲突和跨机房数据同步，又可以作为只读库对外提供只读服务，分担主数据库压力。在进行数据库切换时，需在确认主中心数据库不可用后，将灾备中心数据库设置为读写状态，使灾备中心数据库能够顺利接管。

（2）DNS 缓存

内部 DNS 解析设备在感知主中心不可用后，能够动态切换域名解析。域名解析变更会在服务器下一次解析时返回新的 IP 地址，但对应用系统而言却存在应用系统缓存，解析的域名地址仍然为旧 IP 地址。为实现 DNS 解析变更后应用系统能够感知，需审慎评估和设置应用系统 DNS 缓存有效期，并在代码层设置数据库连接池的生存时间，以此解决信息系统 DNS 缓存问题。

（3）DNS 不回切

数据库完成切换后，我们认为环境已经处于稳定状态，灾难恢复中是否进行数据库回切需要根据实际故障恢复情况、业务情况、数据修订情况而定。最坏的情况是，数据库并非宕机而是夯住，可能会导致域名解析设备上对应数据库域名状态在 online、offline 之间频繁切换，如果 DNS 解析配置不正确，将会导致 DNS 解析地址的频繁切换，这对应用系统、数据库而言都将会是灾难。所以我们需要在 DNS 解析设备上设置 DNS 域名不回切，当域名因主中心数据库异常切换至备中心后，即使主中心数据库恢复 online 状态，域名依然解析至备中心，不会重新解析回主中心。以 F5 的 GTM 设备为例，设置 DNS 不回切的操作如

图 8-25 所示。

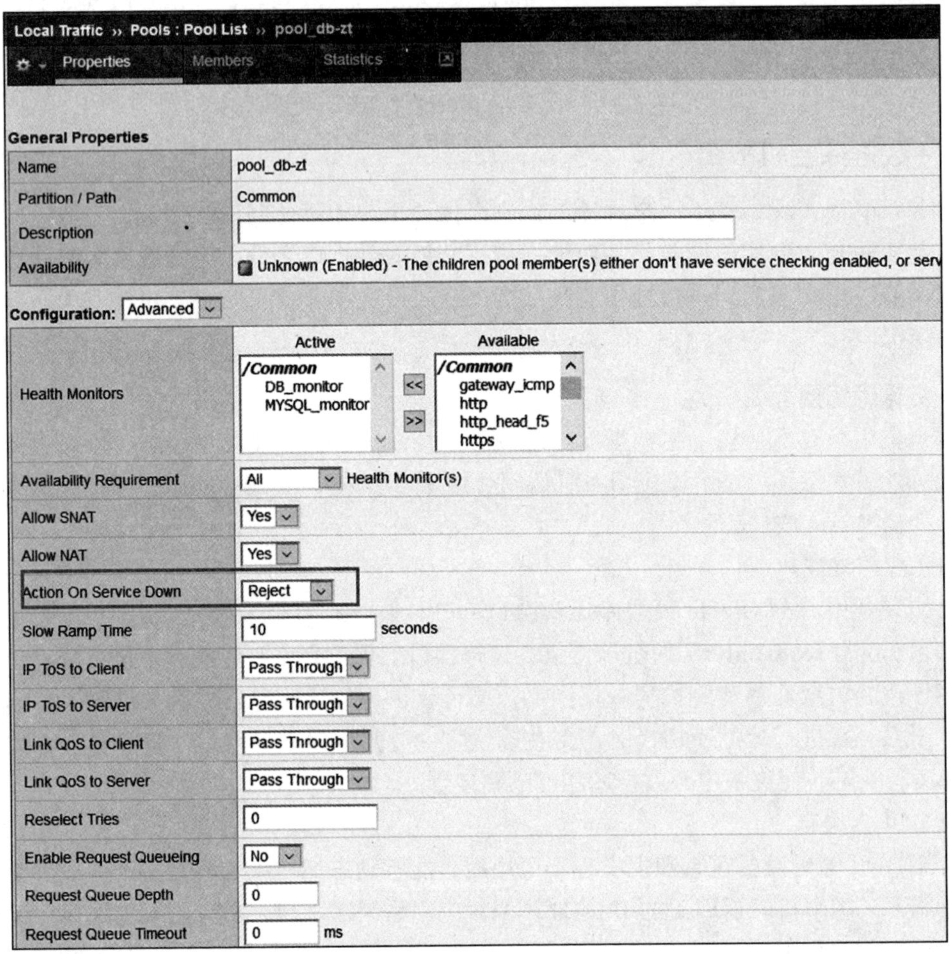

图 8-25　DNS 不回切配置

在 user_alert.conf 全局配置文件中需要设置 GTM 解析不回切，脚本的主要作用是读取域名解析设备对应数据库 Pool 的状态日志，根据日志变化直接设置主中心 Pool 状态为 disabled、备中心 Pool 状态为 enabled，以这样的方式保障域名不回切。

```
alert pool_db-zt_member1_down "Virtual Address /Common/10.X.X.Xgeneral status
    changed from GREEN to RED" {
exec command="tmsh modify ltm pool pool_db-zt members modify {10.
    X.X.X:mysql{session user-disabled}};tmsh modify ltm pool pool_db-zt members
    modify {10.X.X.X:mysql{session user-enabled}}"
}
alert pool_db-zt_member2_down "Virtual Address /Common/10.X.X.X general status
    changed from GREEN to RED" {
exec command="tmsh modify ltm pool pool_db-zt members modify {10.
```

```
X.X.X:mysql{session user-enabled}}; tmsh modify ltm pool pool_db-zt members
modify {10.X.X.X:mysql{session user-disabled}}"
}
```

需要注意的是，基于 DNS 的域名动态切换实现数据库切换的方案，因存在 DNS 健康检查时间和应用程序连接池生存时间设置，应用系统在数据库域名切换过程中将会收到少量数据库连接失败相关的报错，甚至出现数据库写入失败导致数据不一致的情况，但相对于单数据中心故障而言，仍是在可接受的范围内，我们需要针对此问题做部分数据修订。

2. 数据库切换过程

如图 8-26 所示，应用级双活架构下数据库故障首先需要进行业务影响评估，若是灾备中心的数据库从库故障，对故障进行并不影响业务，只有主中心数据库故障才会涉及切换。对故障进行评估，能够短时间在单中心解决的优先在内部解决，短时间无法解决的则需经过业务评估后进行数据库跨中心切换。数据库切换过程需设置主中心数据库不可写，然后同时进行数据库 DNS 域名切换和数据库读写权限变更。确保主中心数据库不可写的操作极其重要，该操作可以保证即使存在应用系统域名缓存也不会导致数据库双写。

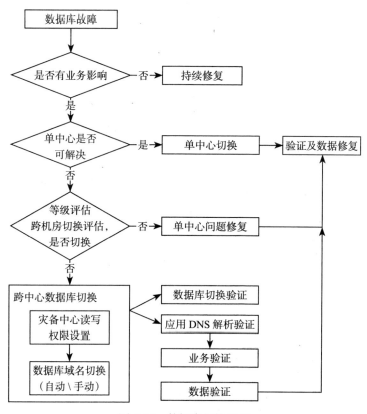

图 8-26　数据库切换流程

8.5.3 网络中断故障

网络设施作为 IT 基础设施，在云计算技术范畴中占有绝对的比重，由此可见网络的重要性。在双活数据中心场景中，网络更是扮演着至关重要的角色。我们把网络中断故障场景根据网络用途分为互联网入口网络故障场景、跨中心网络中断故障场景和专线网络中断故障场景。

1. 互联网入口网络中断故障场景

互联网入口网络中断总体表现为数据中心互联网 IP 不可达，可能是互联网线路中断、设备故障或通信运营商接入问题等导致。如图 8-27 所示，DCA 互联网入口网络故障会导致解析到 DCA 公网 IP 的用户访问中断，但不影响机房内部调用及跨中心波分通道通信。根据前文动态 DNS 解析优化配置，公网 DNS 域名会在 DCA 故障后动态检测并解析至 DCB 公网 IP 地址，全过程无须人为操作，所以运维人员仅需在 DCB 启动面向互联网的单点应用即可。待 DCA 入口网络故障解决后，根据恢复策略恢复原有架构即可。

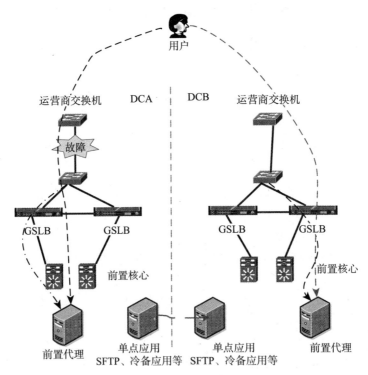

图 8-27 互联网网络中断故障场景

2. 跨中心网络中断故障场景

跨中心网络主要用于构建双中心中间件集群、数据库跨中心访问、数据复制、单点应用跨中心访问及管理业务系统。在应用级双活方案中，跨中心网络中断对业务系统联机业务的影响是 DCB 中间件集群故障、DCB 跨中心数据库访问中断、DCB 访问单点应用失败，对业务系统非联机业务的影响是数据库同步异常、部分管理业务系统不可用，总的来说可以定性为 DCB 机房业务不可用。

（1）中间件集群故障

如图 8-28 所示，双中心使用同一套中间件集群，在双机房分别部署集群节点，形成延展集群。以 5 个节点的 ZooKeeper 集群为例，正常情况下单个中心分别启动 2 个节点，集群节点可用性为 4/5，大于 1/2，所以集群正常运行。而按照我们预先指定的策略，跨中心网络中断会触发动态节点在 DCA 启动，则 DCA ZooKeeper 集群可用性为 3/5，DCB ZooKeeper 集群可用性为 2/5，所以 DCA 可用、DCB 不可用。以相同原理部署的 Kafka 延展集群一样，此时 DCA 可用而 DCB 不可用。由此可见，没有中间件支持的 DC 基本就处于不可用状态。

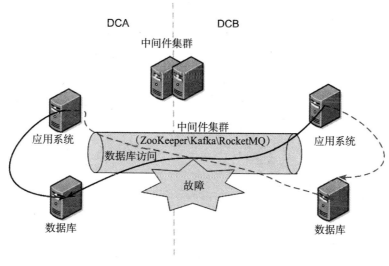

图 8-28　中间件集群故障场景

（2）数据库访问故障

再来看看网络原因导致跨数据中心数据库同步中断的情况，如图 8-28 所示，应用架构中 DCB 应用系统访问 DCA 数据库，当跨中心网络中断后 DCB 应用系统无法访问 DCA 数据库，此时业务系统异常，而 DCA 业务系统访问本中心内数据库，所以本中心的业务系统能够正常处理。

跨中心网络中断使得双活数据中心不得不降级为单数据中心，降级之后的中心切换应急方案与前面提到的应用系统整体故障场景应急方案一致。

3. 专线网络中断故障场景

我们根据能否同时提供服务将专线分为双中心主备专线和双中心双主专线。默认单中心内部专线必须部署双运营商冗余线路，这样在发生单条专线故障时能够自动平滑切换至本中心备用线路。双中心主备专线表示双中心均部署专线,但因为业务特殊性,同一时间只能存在一个中心专线可用,故障时则需启用备中心专线。双中心双主专线则是同一时间双中心专线均可用。以上两种方式的主要差别是故障时是否需要启动备用主线,相同点是只要涉及切换就要求应用系统重新解析专线外联代理域名,使故障中心应用系统访问另一中心外联代理。如上文所述,DNS 切换可能涉及应用程序缓存问题,导致应用系统解析地址仍为修改前 IP 地址,我们理想的场景是即使单中心专线中断,应用系统也能做到无感知,实现平滑切换。

如图 8-29 所示,DCA 信息系统通过域名访问外联代理,再通过专线访问第三方。外联代理后端配置三方机构专线 IP 地址和 DCB 外联代理 IP 地址,后端负载均衡策略为主备方式,优先访问本中心。DCA 外联代理在 DCA 专线中断、三方 IP 不可达时,能够自动切换至 DCB 外联代理地址。这样无论是 DCA 还是 DCB,应用系统访问域名均不变,变化的只有外联代理后端转发地址。通过这种方式解决应用系统 DNS 缓存问题,可以做到专线故障自动切换。

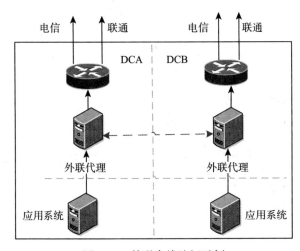

图 8-29 外联专线访问示例

8.5.4 自然灾害场景

传统两地三中心建设的主要目的就是保障主中心意外故障时的数据完整性、业务连续性。单中心意外故障主要包括地震、洪水等自然灾害及战争、火灾等人为灾难。双活甚至多活的建设也以防止自然灾害和扩展 IT 能力为主要目的。在自然灾害场景中,应用级双活的切换可以看作单中心不可用,类似于单中心业务系统整体故障的切换场景,按此步骤和注意事项进行跨中心业务切换即可。

需要注意的是,自然灾害可能造成的损害较大、故障数据中心恢复服务的时间较长,即 DCB 可能在较长一段时间内作为主中心提供服务,在这种情况下,既要快速评估单数据中心能否支撑全量业务,也要评估在此期间是否仍有再应对极端灾难的能力。

8.6　本章小结

本章主要介绍了商业银行建设双活数据中心的三种方案，包括存储级双活、应用级双活、业务级双活，并分析了这三种方案的架构建设要点、故障切换实现以及每个方案的优缺点，还针对应用层、中间件层、网络架构、存储架构的各种改造方案做了相关介绍，希望通过本章的阅读，读者可以了解银行双活建设的大致思路和脉络。

当然建设双活数据中心绝不是运维团队的独角戏，还需要各技术条线和业务条线的全力配合，方能完成这样一个意义重大的体系化工程。在建设完成后还需要针对各种故障场景制定应急预案，提高突发事件处置能力，以切实发挥双活数据中心建设对银行信息系统的业务连续性保障的作用。

第 9 章

下一代数据中心技术

随着商业银行业务模式的快速进化,对 IT 服务的可靠性、高可用性、可扩展性、可维护性、业务持续性等方面的要求也不断提升,数据中心建设模式面临越来越大的压力,有必要基于新的技术体系顶层设计重新构建,以满足越来越多的特定需求。我们认为,商业银行下一代数据中心需要具备如下功能特点。

(1)标准化、模块化、规模化

数据中心需要降低对特定商业硬件的依赖,通过将第 3～7 层的功能迁移到 x86 架构的服务器上,以更低廉的成本提供更强大的功能,供更多大规模应用使用。Facebook、谷歌等国际巨头已经实现了模块化数据中心,每个模块里都包含标准化的网络架构,利用规模化来降低成本。模块化的方式更易横向扩展,也方便部署和替换。与此同时,企业私有云架构也开始逐步模块化。

(2)支持虚拟化和容器化

当前虚拟化和容器化大行其道,虚拟网络设备也实现了对各虚拟机、容器的连接。但虚拟交换机、路由器需要和物理设备融为一体、相互协作,同时网络配置要实现自动化。随着容器技术的到来,运维架构也发生了较大转变,需要数据中心运维人员为此做好准备。

(3)可编程化

为满足灵活、易用、可扩展等需求,网络层需要实现可编程,网络部署也需要自动化,因而各网络设备需要支持 RESTful 接口或者 OpenFlow 协议,进而能够与数据中心其他设施融为一体。主流云管理平台(比如 OpenStack、CloudStack、Kubernetes 等)都提供了 API 接口,可灵活对接各运维平台。

（4）自动化处理

自动化处理就是让程序去完成原来需要人工才能完成的工作，如程序更新、设备监控与维护等。随着数据中心的不断扩容，设备数量变得非常庞大，海量应用需要变更，纯人力维护已经很难满足这样的需求，需要向自动化转变，将重复的工作交由程序来完成。随着自动化软件的不断迭代，自动化处理将逐渐支撑大量的数据中心工作。

（5）可视化与故障迅速排除

可视化让我们对数据中心的各种数据能够有更直观的了解。通过可视化展现的各种图表，可以帮助我们更直观地分析各种数据趋势，加速故障的排除。数据操作的可视化能够减轻运维工作量，降低错误率，提高运维效率。

总体来说，下一代数据中心将全面软件化、自动化，以适应快速迭代的业务模型；数据中心建设遵循模块化、快速化，以适应数据量的爆炸式增长。下面将介绍一些新兴的数据中心技术以应对当前及未来的计算需求。

9.1 软件定义数据中心

目前，软件已经深入社会的方方面面，传统的数据中心也正在被软件重新定义。软件化的数据中心更灵活，更自主，更适宜模块化和规模化部署。

软件定义数据中心（SDDC）代表着数据中心的发展方向，也是运维人员努力的方向。从功能上讲，软件定义数据中心可分为软件定义服务器、软件定义网络、软件定义存储等。数据中心中需要自动控制的地方都可以实现软件化、可编程化，而不需要依赖硬件厂商提供的固定的功能。硬件厂商只需要提供底层的承载设备，如标准的 x86 服务器、标准交换机等，其余高级功能都由软件来实现。

9.1.1 软件定义服务器

当前软件定义服务器技术正被各公有云计算厂商、私有数据中心广泛使用，相关技术也非常成熟。本质上讲，软件定义服务器即使用软件在物理服务器上虚拟出一台或者多台服务器，各服务因为部署在不同的虚拟机（VM）内而保持相互隔离、互不影响，这样可以使物理服务器的资源被各服务充分利用，从而提高资源的利用率。因为服务器为软件编写，可变更性非常好，可以根据需要增加相关功能，可管理性强，适用于 DevOps 等自动化工具。

目前流行的软件定义服务器主要有基于 Linux 的 KVM 虚拟化技术、基于 Windows 的 Hyper-V 虚拟化技术及 VMware 虚拟机技术，这三项技术都已发展多年，比较成熟，早已被广泛应用于各类环境。

- KVM 是基于 Linux 的开源服务器虚拟化方案，发展成熟且功能稳定，被各公有云厂商广泛使用，也适用于私有云。KVM 可支持 Linux、Windows 等 Guest 主机，适用于 x86 架构下的各种操作系统。

- Hyper-V 是主要使用在 Windows 上的虚拟化技术，适用于 Windows 应用场景下的各种方案，比如运行 .net 服务等。
- VMware 是商业虚拟化厂商，其虚拟化技术为独立开发，以高效稳定著称，并提供完整产品线，适用于 Linux、Windows 等多种系统，多用于金融等对稳定性要求高的行业。

当然任何事情都不是一成不变的，虚拟化技术也在不断发展，长江后浪推前浪，新兴的容器化技术也给虚拟化技术带来不小的挑战。容器技术最早存在于 Linux 系统上，是一种基于 Linux 内核的虚拟化技术。随着虚拟化技术的深入发展，容器技术以其更轻量、更少的资源消耗、更方便实现 DevOps 的优势成为当前最火热的数据中心技术，并形成了完整的产品生态，是当前最流行的服务器虚拟化技术。

9.1.2 软件定义网络

传统的网络系统包括路由器、交换机、防火墙、负载均衡器等硬件设备，做网络变更都需要登录到相应设备、输入相关命令。对于中小规模网络来说，这并不是问题，但对于大规模和多变的网络而言，传统的网络模式并不适用。软件定义网络（Software Defined Network，SDN）便是为了适应这一模式而诞生的新事物。

软件定义网络着重软件二字，数据包的转发与控制都由软件来完成，并且这种控制和转发功能相互分离，使用集中控制器对所有转发器进行控制，控制器与转发器之间使用 OpenFlow 协议进行通信，如 OVS 虚拟交换机等。尽管并不是所有的 SDN 方案都会使用 OpenFlow 协议，但一定都遵循控制与转发功能分离、使用集中控制器对各转发器进行控制的模式。

对于公有云厂商而言，不但要使用集中控制器对网络进行统一控制，还要为客户提供多租户环境，且租户之间网络需要互相隔离。为了提供足够的高可用性与灵活性，租户的虚拟机需要能够在不同物理机或者机房之间自由迁移，这就给实现租户之间的网络隔离带来了挑战。Overlay 网络很好地解决了这个问题。Overlay 网络的主要思路是将租户内部的二层数据包封装到三层数据包中，通过三层协议将租户内部的网络流量从一台物理机发送到另外一台物理机，或者从一个机房发送到另外一个机房，然后在对端脱去外层协议就可以得到内部的二层数据包。通过这种方式，租户的虚拟机就可以在三层可达的网络内自由迁移，同时保持租户网络互相隔离。Overlay 网络类似于传统的 VPN 隧道，但没有加解密功能。目前主要的 Overlay 网络实现方式有 STT、VxLAN、NVGRE 等。Overlay 网络有很好的灵活性，但比较复杂，提高了运维的难度，私有云等不需要多租户隔离的场景则可以考虑使用直接路由方案。

软件定义网络的另外一个好处是，自动化运维系统可以直接调用其 API 接口来完成对相关网络的控制。适用于虚拟化环境的软件定义网络主要有开源的 Calico、OVN 等，另外也有闭源的商业方案如 VMware NSX 等，企业可以根据自己的实际需求进行选择。本节后续内容将着重介绍开源 SDN 方案。

1. Calico 网络方案

Calico 主要基于 TCP/IP 网络的第三层来实现虚拟机及容器等虚拟设备之间的通信，同时使用 TCP/IP 网络的第四层来实现网络访问控制。Calico 方案在每个节点运行一个软件 BGP 路由器，将该节点由 Calico 管理的路由信息通过 BGP 协议传播到其他节点，从而建立到其他节点之间的路由，节点之间既可以使用 Overlay 方式通信，也可以使用直接路由方式通信，具体由我们的实际需求决定。Calico 的架构如图 9-1 所示。

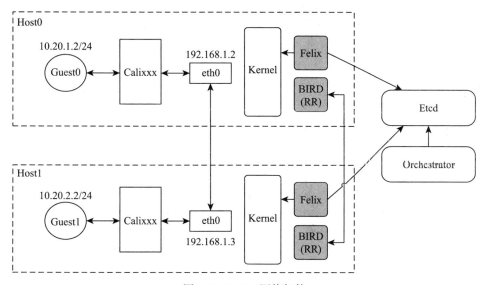

图 9-1　Calico 网络架构

在图 9-1 中，Host0 和 Host1 为服务器节点，Guest0 和 Guest1 为服务器在运行的虚拟机，Calixxx 为与虚拟机对接的虚拟网卡，灰底色的部分为 Calico 的功能组件，需要部署到每个节点上，每个组件的功能如下。

- Felix：Calico agent 运行在每个节点上（Host1、Host2），其从 Etcd 数据库中获取路由信息数据并为本节点配置路由及网络策略。
- Etcd：分布式键值（Key-Value）数据库，主要用于存储 Calico 的配置信息，如使用的网段、节点信息、已经分配的 IP 等，是 Calico 的配置数据库。
- BGP Client（BIRD）：主要负责把当前节点的路由信息分发到整个 Calico 网络，确保节点的容器或虚拟机之间的正常通信。
- BGP Route Reflector（RR）：一般在超过 100 个节点时采用，默认情况下 Calico 各节点采用 Mesh 模式，即每个节点都与其他节点互联，形成 Mesh 网络，彼此之间交换路由信息。而 RR 模式则是所有节点都与 BGP Route Reflector 节点相连，由 BGP Route Reflector 节点收集其他节点的路由信息，然后将汇总的路由信息下发到各个节点。

- Orchestrator：编排插件，主要用于将 Calico 与 Kubernetes、OpenStack 等平台集成，如 OpenStack 使用 Neutron ML2 插件，而 Kubernetes 使用 CNI 插件，容器或者虚拟机在启动时将调用这些插件来完成 IP 地址和其他信息的配置。

在图 9-1 中，来自 Host0 中 Guest0 容器的数据包将先传到 Calixxx 虚拟接口，然后通过 Host0 的路由选择（由 Calico 生成的路由表），最终通过 eth0 网卡转发到 Host1 的 eth0 上，流量到达 Host1 后会查询 Host1 的路由表，然后选择通过 Calixxx 虚拟接口转发到 Host1 的 Guest1 上。由于 BIRD 使用标准的 BGP 做路由协议，故其可与支持 BGP 协议的硬件路由器或者三层交换机交换路由信息，因而可以将路由信息传播到硬件网络，从而实现软硬件无缝融合。

Calico 的优点如下。

1）节点之间通信可以选择纯路由方案，免去 Overlay 网络二次封包解包的过程，有利于提高网络传输的性能，也有利于故障排查等。

2）Calico 使用 BGP 协议。BGP 协议是一个标准的动态路由协议，目前大多数数据中心的网络设备都支持该协议，使用起来非常灵活，能够很方便地跟现有数据中心的网络架构融合。对于使用 Dubbo 协议的微服务，可以很方便地使用该特性构建与物理网络对等的虚拟网络，以便逐渐将各微服务迁移到 Calico 网络中而不会造成 Dubbo 服务中断。

3）Calico 支持对虚拟机或者容器做网络策略限制，以实现类似于防火墙的网络访问控制，并且这种策略是动态地存在于容器或者虚拟机的生命周期内。

4）Calico 支撑 Overlay 和非 Overlay 方案，可灵活控制，对于生产环境来说有很高的灵活性和实用价值。

Calico 的缺点如下。

1）Calico 使用主机的 iptables 来实现其网络策略，在主机上可以看到大量 iptables 规则，要理解这些规则并非一件容易的事情。

2）Calico 在主机上生成了大量的路由表，路由表数量随着主机数量的增加而增加，这无疑会增加运维的难度。

总体来看，Calico 是一个很不错的网络方案：支持灵活组网，有很好的性能，开源且使用成本低，发展多年，有大量应用案例，适合在金融行业使用。

2. OVN 网络方案

在 OpenStack 生态系统中，OVS（Open vSwitch）拥有丰富的功能和不错的性能，是非常受欢迎的虚拟交换机。但 OpenStack Neutron 架构存在一些性能问题，因而需要将 Neutron 的网络控制平面迁移出来。于是社区推出 OVN（Open Virtual Network）项目，OVN 是 OVS 的控制平面，通过直接调用 OVN 的 API 即可实现网络控制，而不再需要 Neutron 承担网络控制功能。OVN 极大地提高了 OVS 的实用性，能够组建完整的企业虚拟网。要熟悉 OVN，先要熟悉 OVS，下面将从 OVS 开始介绍整个 OVN 网络方案。

（1）OVS 虚拟交换机

OVS 是运行于 Linux 服务器下的虚拟交换机，支持完整的交换功能，可以对接虚拟机或者容器，支持数据平面与控制平面分离（在控制平面与数据平面均使用标准的 OpenFlow 协议通信），支持丰富的 2 层、3 层流控制方案，如图 9-2 所示。

OVS 主要支持的功能有：

1）安全部分支持 Vlan 隔离，流量过滤等。

2）监控部分支持 Netflow、sFlow、SPAN、RSPAN 等。

3）服务质量方面支持流量排队和流量整形等。

4）自动化管理方面支持 OpenFlow、OVSDB 等协议。

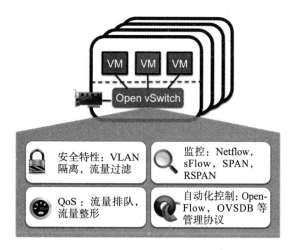

图 9-2 OVS 示意图

注：图片来源为：http://www.openvswitch.org/。

相对于 Linux Bridge，OVS 除了支持基本的交换功能外，还支持 VLAN、流量过滤、监控、QoS、远程管理等高级功能，甚至比某些硬件交换机的功能还丰富。OVS 架构如图 9-3 所示。

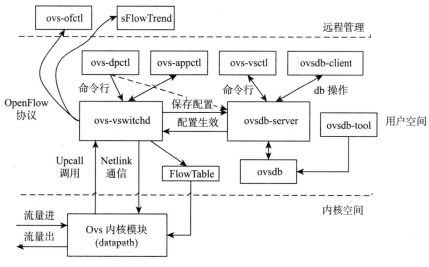

图 9-3 OVS 架构

总体来看，OVS 可以分为三部分，图 9-3 中从下到上分别是内核数据转发平面、OVS 管理平台、OVS 控制平面，各组件功能如下。

1）datapath 是位于 Linux 内核中的一个内核模块，其主要功能为读取网络数据，并快速匹配 FlowTable 中的表项，匹配成功的直接转发，匹配失败的交由 ovs-switchd 处理。它在初始化时会在内核中注册钩子函数，这样相关的网络流量就会通过钩子函数转发到 datapath 这个内核模块。

2）ovs-switchd 主要用于管理整个 OVS，其通过 socket 接口连接到 ovsdb-server，并将配置信息保存到 ovsdb-server 中，通过 netlink（Linux 中用于应用与内核通信）和 datapath 交互。外部网络控制器可以使用标准的 OpenFlow 协议与 ovs-switchd 通信，从而实现对网络配置的下发。

3）ovsdb-server 是 OVS 的数据库，保存着 OVS 的配置信息。

4）ovs-ofctl 是控制平面模块，也是一个管理工具，通过 OpenFlow 协议对 OVS 交换机进行监控和管理。

OVS 是单机版的虚拟交换机，只能用于连接单个 Linux 服务器内部的虚拟机或容器。要想使用这个单机版的虚拟交换机组建一个完整的企业网络并实现自动配置，还需要大量的开发工作，OVN 则是基于 OVS 但能够实现完整企业网络的 SDN 开源方案。

（2）OVN 网络

OVN 是 OVS 的 SDN 控制器，能够让 OVS 实现跨节点、跨集群通信，并根据集群的需求实现网络自动配置；相对于传统的硬件企业网络方案，OVN 不再需要人工登录到设备上做配置。OVN 主要实现如下功能。

- 2 层 /3 层交换功能；
- 2 层 /3 层 /4 层访问控制；
- 实现了分布式路由，并支持 IPv4/v6；
- 支持 NAT 地址转换和流量负载均衡；
- 支持分布式 DHCP；
- 支持各种 OVS datapath（Linux kernel datapath、DPDK 等），支持 Geneve 隧道、STT 隧道、连接跟踪（Connection Tracking）等特性；
- 实现基于物理网络或虚拟网络的三层网关；
- 支持物理或者虚拟的二层网关；
- 支持连接容器或者虚拟机以及虚拟机内部的容器实例。

由上可以看出，OVN 具有非常强大的功能，甚至强于市场上的某些三层物理交换机设备，而且 OVN 通过 VxLAN 协议能够实现与现有物理网络的无缝融合。OVN 架构如图 9-4 所示。

如图 9-4 所示，各组件说明如下。

1）CMS（云管理系统），如 OpenStack、Kubernetes 等通过插件连接到 OVN Northbound DB。OpenStack 使用 Neutron 插件将 CMS 中的网络配置转换为 OVN 可以理解的格式，这个插件是 OpenStack 专有的，对于其他的 CMS，如 Kubernetes、CloudStack 等，则需要开发新的插件来对接 OVN。而 OVN 的其他组件则是公共组件，与 CMS 解耦。

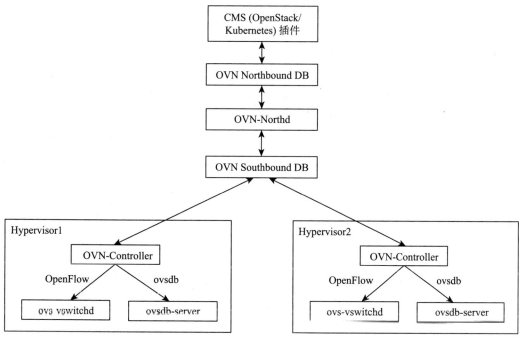

图 9-4　OVN 架构

2）OVN-Northd 将 OVN Northbound DB 转换成更低级的配置信息，然后发送到 OVN Southbound DB。

3）每个物理节点上都有一个 OVN-Controller，它会接收 OVN Southbound DB 上的新配置信息，然后将配置信息通过 OpenFlow 协议下发到本地 OVS 虚拟交换机，OVS 在更新完本地配置后会将结果反馈给 OVN Southbound DB。

4）OVN-Northd 会监控 OVN Southbound DB 上的变更结果，并将结果反馈到 OVN Northbound DB，再由 OVN Northbound DB 反馈到 OpenStack 和 Kubernetes。

5）各节点（Hypervisor）之间使用 Overlay 网络通信，因而适用于多租户环境，适合在大规模云设施中使用。

OVN 是一个很强大的、功能完备的软件定义网络方案，适用于大型数据中心、公有云多租户环境，当然也适用于企业私有云，但其目前也存在短板，在面向生产环境使用时仍然有需要改进的地方，如不支持 IP 子网地址池，不支持固定 IP 地址等高级网络功能，需要进一步发展才能更好地适用于生产环境。

9.1.3　软件定义存储

传统的 SAN 或者 NAS 存储系统一般依赖于专有硬件厂商，而软件定义存储（Software Defined Storage，SDS）则使用标准服务器硬件 + 存储软件来实现数据存储的架构。SDS 一般使用标准的 x86 服务器，并在其上安装相关存储软件来实现存储系统。这些存储软件提供了一个虚拟的存储接口，外部应用通过这个虚拟的存储接口进行数据读写，在这个虚拟的存储接口后面实际存储数据的物理设备可以是裸磁盘、SAN 磁盘阵列、NAS 等存储设备。而数据容错、数据分布等功能则由存储软件来实现，同时存储软件带有 API 管理接口，以方便实现自动化运维。

目前软件定义存储有各传统存储厂商提供的商业化解决方案，也有开源的分布式存储方案。商业化解决方案功能丰富，能够支持各种异构存储系统，形成统一的存储池，供应用调用。而开源的分布式存储方案主要管理裸磁盘，通过软件算法来实现数据容错、数据分布、大规模数据存储等。相对于商业方案，开源方案没有专用硬件，全部依赖于 x86 服务器，成本更低，但是对相关运维人员技术能力的要求更高。

分布式存储是基于每台硬件服务器和物理交换机而形成的存储网络，主要使用部署于每台服务器上的存储软件将服务器的本地硬盘纳入整个存储网络，实现统一配置、容灾、自动化配置等。分布式算法是实现分布式存储的关键。开源的分布式存储主要有 Ceph、GlusterFS 等，本节将以 Ceph 为例介绍开源的分布式存储方案。

Ceph 集群主要由 Ceph Monitor、Ceph Manager、Ceph OSD（Object Storage Daemon）组成，如果需要使用文件存储功能，则还需要 Ceph Metadata Server。

1）Ceph Monitor（Ceph-mon）主要用于维护集群拓扑和集群状态，包括监控视图、管理视图、OSD 视图、CRUSH 视图等。Ceph 各服务都要使用 Monitor 的信息来彼此交互，Ceph 客户端也需借助 Monitor 的信息来实现存储功能。为实现高可用，Ceph Monitor 一般启用 3 个实例。

2）Ceph Manager（Ceph-mgr）主要用于跟踪集群的状态，包括存储系统的利用率、性能状态、集群负荷等，并提供 Dashboard 和 RESTful API 两种接口，一般启用 2 个实例来达到高可用目的。

3）Ceph OSD（Ceph-osd）主要用于存储实际的业务数据，处理数据冗余、灾难恢复、数据重分布等，也用于向 Manager 和 Monitor 报告监控信息，至少需要 3 个实例来实现服务的冗余和高可用。

4）Ceph Metadata Server（MDS，Ceph-mds）主要用于文件存储，向用户提供文件元数据信息，以便用户进行文件相关的操作。

Ceph 的关键在于 CRUSH 分布式算法，Ceph 客户端和服务端都使用 CRUSH 算法来计算存储对象的具体位置。由于客户端和服务端都使用相同的算法，因而不再需要一个中心服务器来记录数据具体存储在哪个位置。对于一个给定的数据，Ceph 客户端可以直接计算出其具体存储在集群的什么位置，然后直接到该位置去存取数据。依靠 CRUSH 算法，Ceph 集群可以实现大规模线性扩展，并且集群性能不会受影响。

Ceph 主要提供对象存储、文件存储、块存储等功能，具体介绍如下。

1. Ceph 对象存储

Ceph 通过 RADOS GATEWAY（Ceph-radosgw daemon）提供了一个 RESTful 接口，该

接口兼容 Amazon S3 RESTful API 和 OpenStack Swift API，可以通过该接口实现对象的上传、下载、删除、更新等操作，支持图片、JSON 格式、二进制文件，结构如图 9-5 所示。

RADOS GATEWAY 建立在 librados 之上，而 librados 是一个支持 C、C++、Java、Python、PHP 等语言的 API 接口，因此，通过 librados API 可实现对 Ceph 对象存储、块设备存储和文件存储的读写操作。而 librados 则使用 CRUSH 算法与 Ceph OSD Daemon 进程以及 Ceph Monitor 进程进行交互，从而实现存储逻辑。

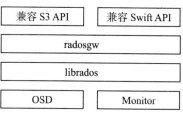

图 9-5　Ceph 对象存储架构

2. Ceph 文件存储

Ceph 的文件存储是建立在对象存储之上的，具体架构如图 9-6 所示。

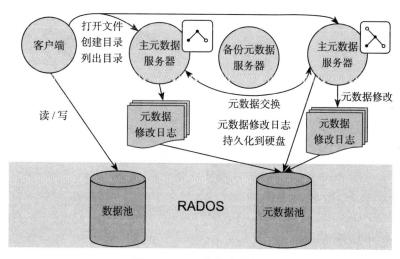

图 9-6　Ceph 文件存储架构

注：图片来源为 https://ceph.readthedocs.io/en/latest/cephfs/#getting-started-with-cephfs。

Ceph 使用文件元数据服务器（MDS）来加速文件的访问速度。元数据服务器采用多活模式，并将元数据日志存储到 RADOS 集群，以此来保证元数据服务器的高可用性。客户端从元数据服务器上获取文件的位置后，就可以直接访问 RADOS 集群节点来获取具体的文件数据。

3. Ceph 块设备存储

Ceph 块设备存储也建立在 librados 之上（见图 9-7），它能够为内核或者 KVM 虚拟机提供虚拟磁盘，并提供薄置备、可重新扩展、数据条带化等功能。Ceph 块设备存储拥有几乎无限的扩展能力，非常适合云计算系统中

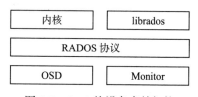

图 9-7　Ceph 块设备存储架构

向虚拟机（KVM等）提供虚拟磁盘的场景，可用于OpenStack、Kubernetes等大规模云计算平台。

9.1.4 超融合

超融合（Hyper Converged Infrastructure，HCI）是指在同一计算设备（如一台服务器）中将计算、网络、存储、虚拟化等功能融合在一起，而传统数据中心架构中各个功能是分开由不同的硬件设备来完成的。在超融合环境下，存储、计算、服务、网络等都将集群化，所以服务器之间的流量非常大，一般使用10GB或者40GB网络将各个服务器连接在一起。

传统数据中心架构如图9-8所示。

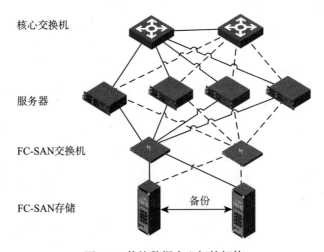

图9-8　传统数据中心拓扑架构

超融合数据中心如图9-9所示。

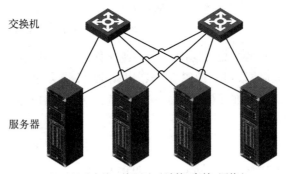

图9-9　超融合数据中心拓扑架构

传统数据中心一般使用千兆网络连接各服务器，使用8GB、16GB的光纤通道卡（HBA）

连接到 FC-SAN，采用主备架构，存在一半的网络设备闲置，且网络流量以南北向流量为主，对系统的扩容几乎完全依赖于各硬件设备厂商，扩容成本高且灵活性差。

超融合数据中心一般使用 10GB、40GB 以太网交换机连接各服务器，使用矩阵网络实现各端口之间的线速转发。服务器内部安装分布式存储软件来管理各服务器内置硬盘，并向上层应用提供统一的存储接口。分布式存储软件的工作原理与前面章节所讲的 Ceph 类似，但由于使用高带宽交换机，因而可以使用 FCoE（Fibre Channel over Ethernet）协议连接传统 FC-SAN 网络，使用更加便捷。

超融合扩容非常方便，可以通过添加标准服务器和硬盘来实现线性扩容，而传统数据中心架构扩容都依赖于存储厂商，扩容价格昂贵。超融合对存储的管理实现了软件化，配置方便，提供了 API 接口，可以很方便地实现自动化运维，而传统存储的管理都依赖硬件厂商，实现自动化运维有较大难度。

1. 超融合网络架构

在超融合环境下，存储数据都通过以太网交换机传输，存在大量的东西向（服务器之间）流量，而传统的网络模型主要服务于南北向流量（业务流量），所以传统网络模式并不能胜任超融合环境下的东西向流量。传统的网络架构如图 9-10 所示。

传统网络都是纵向（南北向）的传输模式，这样的三层网络结构应用广泛、技术成熟稳定，其中主机与其他网段的主机通信都要通过汇聚层或者核心层交换机实现。超融合网络架构使用网络存储集群，横向（东西向）流量在数据中心中占据主导地位。考虑到横向流量在纵向设计的网络中传输会遇到瓶颈（因为数据传输需要通过各层的上行口，导致上行口很容易成为数据的传输瓶颈），同时数据传输经过太多的设备，很容易出现较大延迟，网络的故障率随之增高，因而超融合网络架构设计如图 9-11 所示。

在这种组网方式中，任何两台服务器间的通信不超过 3 台设备，每个 Spine 和 Leaf 节点全互连，可以方便地通过扩展 Spine 节点来实现网络规模的弹性扩展。只要经过最多 3 台交换机，就可以在几乎所有数据中心结构体系中的服务器节点之间传输流量。另外，使用对等

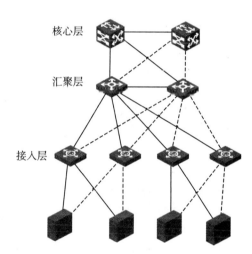

图 9-10 传统网络架构

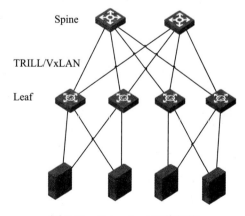

图 9-11 Spine-Leaf 网络架构

多路径技术能够让节点之间使用多条路径同时通信，提高了网络的利用率。该架构由 10G 或者 40G 的接口组成，服务器与服务器之间能够以网卡接口的最大速率进行数据交换，消除了网络瓶颈带来的传输速度下降，从而实现极高的转发效率和低延迟。根据不同的业务需要，Spine 和 Leaf 之间可以使用 IP 路由、VxLAN 或 TRILL 等技术。

1）Spine 和 Leaf 之间使用 IP 路由，即三层到边缘，一般适用于协同计算业务，例如搜索。此类业务流量收敛比较小（1:1～2:1），要求有一个高效的无阻塞网络。

2）Spine 和 Leaf 之间通过 VxLAN（Virtual eXtensible Local Area Network）或 TRILL（Transparent Interconnection of Lots of Links）连接，即大二层网络，适用于需要大范围资源共享或者虚拟机迁移的数据中心网络。

Spine+Leaf 网络架构中的 Spine 层与 Leaf 层实现了全交叉连接，因此任一交换机失效都不会影响整个网络结构，能够保持网络的正常运行。

2. 超融合典型方案

图 9-12 为典型的超融合架构示意图。

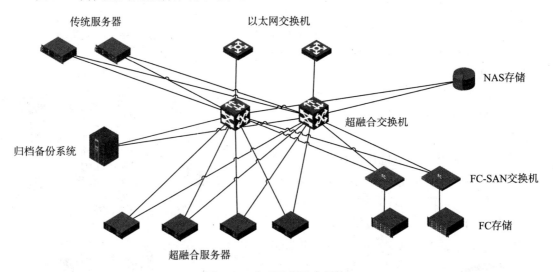

图 9-12　典型的超融合架构

该方案使用 40G 端口的以太网交换机连接到超融合服务器，8G 或 16G 端口连接到 FC 存储系统，1G 端口连接到 NAS 存储系统、传统服务器等，使用 IP 协议连接 NAS 和其他服务器，使用 FCoE 协议连接 FC-SAN 存储。超融合中的应用既可以使用超融合服务器内部的分布式存储系统，也可以使用传统的 FC-SAN、NAS 等，既兼容传统的存储体系，又可以使用新兴的分布式存储系统。

本节介绍了超融合架构、软件定义网络、软件定义存储的各个方案，在实际应用中，需要根据不同的运行环境选择不同的组合方案。比如，对于私有云环境，Docker、Kubernetes、Calico、Ceph 或超融合等技术的组合应用可能会是比较合适的方案；对于公有云环境，则使用 Docker、Kubernetes、OVN、Ceph 的组合比较适合。

9.2 下一代云计算技术

以虚拟机为基础的 OpenStack、VMware 等云计算平台已逐渐成为过去式，以容器为基础的 Docker、Kubernetes 等云计算平台正在成为主流，而下一代云计算技术则围绕着容器云做深度优化和扩展，以解决当前容器云平台面临的一些问题，适应未来的业务需求。如提高容器隔离性和安全性的 Kata Containers，具有广泛适用性的微服务治理架构 Service Mesh 以及能够极大减轻开发人员运维负担的 Serverless，本节将逐一讲解。

9.2.1 Kata Containers

Kata Containers 的出现是为了解决当前容器技术面临的隔离性不足的问题。在当前的容器技术架构中，容器之间共用一个 Linux 内核，容器内的进程看到的是同样的 CPU、内存和其他内核信息，且容器使用的命名空间技术不能实现容器之间的完全隔离，因而不能完全阻止容器内的进程逃逸到容器外面，命名空间的一些技术也不够完善。Kata Containers 则采取一种新的思路，使用传统的虚拟机来运行容器内的进程，由于虚拟机带有独立的内核，因此其隔离性与传统的虚拟机一致，可以完全阻止容器内的进程逃逸。Kata Containers 是一个非常轻量的虚拟机，使用了精简的内核，可以实现虚拟机和业务进程的快速启动，Kata Containers 和传统容器架构对比如图 9-13 所示。

 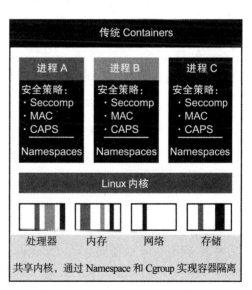

图 9-13　Kata Containers 和传统容器架构对比

注：图片来源为 https://katacontainers.io/learn/。

相比传统的容器架构，Kata Containers 有如下主要优点。
- **安全性**：由于使用独立的内核，容器内的进程将看到独立的磁盘、网卡、CPU、内存等，其隔离性类似于传统的虚拟机，因而拥有更好的安全性。
- **兼容性**：Kata Containers 支持 OCI 容器规范和 Kubernetes CRI 接口，因此可以直接使用现有的容器架构，比如可以直接使用 Docker 或者 Kubernetes 运行容器。
- **同等的性能**：Kata Containers 使用精简的 Linux 内核，启动时间不超过 100 毫秒，拥有与传统容器几乎同等的性能。
- **更好的适用性**：在传统的容器架构下，在容器里面运行一个新的容器是比较困难的，而 Kata Containers 由于使用了独立的内核，可以非常方便地实现 dind（Docker in Docker），这在基于容器的 DevOps 中非常有用。

1. 在 Docker 中使用 Kata Containers

Kata Containers 遵循 OCI 规范，所处位置与 runC 类似，因此可以完全替代 runC。Kata Containers 在 Docker 体系中的位置如图 9-14 所示。

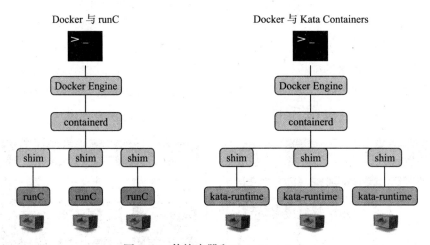

图 9-14　传统容器和 Kata Containers

注：图片来源为 https://superuser.openstack.org/articles/kata-containers-1-0/。

在 Docker 中运行 Kata Containers 时，只需要在安装完 Kata Containers 软件包后将 Kata Containers 运行时设置成为 Docker 的默认运行时即可，具体步骤可参考 https://github.com/kata-containers/documentation/blob/master/install/docker/centos-docker-install.md。

2. 在 Kubernetes 中使用 Kata Containers

由于 Kata Containers 兼容 CRI 接口，Kubernetes 既可以通过 CRI 调用 Docker 接口来运行 Kata Containers，也可以绕开 Docker，直接使用 CRI-containerd、CRI-O 等来运行 Kata Containers，具体架构如图 9-15 所示。

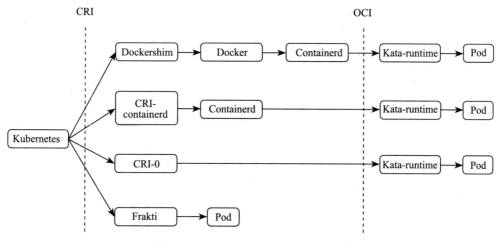

图 9-15 Kata Containers 与 Kubernetes

Frakti 是一个遵循 CRI 规范的硬件虚拟化方案，提供硬件级的隔离性与安全性。Kubernetes 使用 CRI 接口来运行 Kata Containers 的部署步骤可以参考 https://github.com/kata-containers/documentation/blob/master/Developer-Guide.md#run-kata-containers-with-kubernetes。

9.2.2 Service Mesh

为什么需要 Service Mesh 呢？这要从微服务说起。过去流行的集中式单体信息化系统功能强大，代码繁多，一旦应用系统出现故障，成片的服务就无法正常运行，所以后来衍生出将以前的单一服务拆分成多个子服务来共同提供相关功能的微服务架构。但随着功能的积累，子服务越来越多，而对这些子服务的管理，包括设计、开发、测试、部署、运维等，都成了让运维人员头疼的问题。

Kubernetes 的出现很好地解决了这些问题。它使用更轻量的 Docker 容器技术，提供服务自动发现以及自动网络配置等功能，让服务的部署与相互连通非常方便。但 Kubernetes 只能解决大规模微服务情况下的网络与部署问题，却没有解决应用层的问题，例如这些微服务之间如何相互调用，调用什么接口，如何管理这些调用关系等。这也是在大规模微服务情况下需要 Dubbo、Spring Cloud 等微服务治理框架的原因，这两者专用于处理微服务之间的调用问题，但都主要用于 Java 语言开发的应用，对于 C++、Go 等其他语言环境的支持却不那么友好，且对微服务的性能跟踪、调用安全控制等都需要增加额外组件来实现。

有没有一种既能够支持多语言环境下的微服务调用框架，又能实现对各调用接口性能跟踪、调用关系控制的微服务调用框架呢？有！它就是 Service Mesh。Service Mesh 在业务进程旁边增加了一个代理进程（Sidecar，俗称边车），业务进程的所有通信都通过代理进程转发，由代理进程通过服务发现自动将通信转发到目标服务上。代理进程支持标准的 HTTP、gRPC 等协议，因此无论任何语言都可以使用代理进程来将调用转发到目的服务，这样就可以使微服务调用框架与具体使用的开发语言解耦。代理进程也可以收集各种性能数据，实现各种安全控制。这就是 Service Mesh 的基本原理。

1. Service Mesh 控制平面

这里以 Istio 为例来分析 Service Mesh 控制平面。在图 9-16 的左侧，当其他应用访问 Service A 时，流量会被引入 Proxy（代理），经过 Proxy 相关规则的处理后才会被发往 Service A，同样 Service A 发出的流量都会引入 Proxy，经过 Proxy 处理后就会被发往 Service B 的 Proxy，由 Service B 的 Proxy 处理后再发往 Service B。

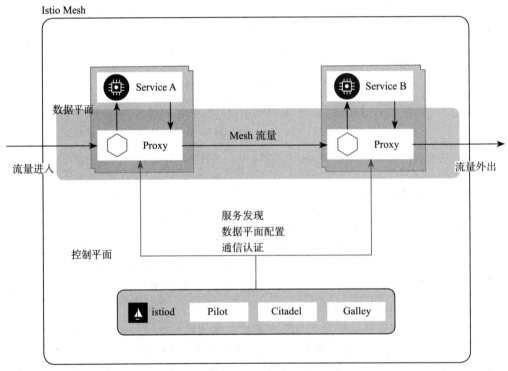

图 9-16　Istio 架构

注：图片来源为 https://istio.io/latest/docs/ops/deployment/architecture/。

Proxy 的规则并不是由自己生成的，而是从 Pilot 上获取的。Pilot 通过监控上游平台（如 Kubernetes 等）的相关资源来生成服务发现、智能路由（如 A/B 测试）、故障处理（超时、重试、断路器）等流量管理规则并下发给 Proxy，由 Proxy 来执行相关网络规则。除此之外，Proxy 也执行认证与授权、性能数据收集等工作。

Citadel 用于加密证书管理和 tls 的实现等功能。

Galley 用于统一验证、处理和分发 Istio 的配置，并将这些配置细节与底层平台（如 Kubernetes）隔离开。

Service Mesh 专注于微服务的基础设施，让开发人员只需要专注于业务本身，不用关心微服务之间的互联、管理、运维等问题。Service Mesh 也提供普遍适用的协议接口，如 HTTP、gRPC、TCP 等，因此不会与应用的架构、开发语言有关联，比 Dubbo、Spring Cloud 等微服务框架具有更广泛的适用性、可管理性。

2. Service Mesh 数据平面

Pod 的流量控制和转发最终都由数据平面来完成，所以当最初的 Service Mesh 出现时（见图 9-17），数据平面主要对接微服务注册中心，仅提供一个公共的微服务治理模式，解决 Spring Cloud 等微服务框架与开发语言耦合严重、学习曲线长的问题。

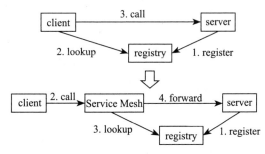

图 9-17　最初的 ServiceMesh 模式

随着 Service Mesh 的不断发展，数据平面从最初对接注册中心发展到对接各种控制平面和通用型数据平面，目前主要的数据平面组件有 Linkerd、Envoy 等。Linkerd 出现最早，功能较为成熟，但其是基于 Java 语言开发的，存在性能问题，虽然最新版的 Linkerd2 是基于 Go 语言重写的，但还需要一些时间才能成熟稳定。Envoy 是基于 C++ 语言开发的，有很好的性能，拥有统一的 xDS 接口，可以对接各种控制平面，目前已经是 Istio 的默认数据平面组件。上述两种数据平面都支持 HTTP、gRPC、TCP 等协议的转发，但并不支持国内普遍使用的 Dubbo 等 RPC 协议，蚂蚁金服的技术团队以 Istio 为基础，增强了 Istio 中的 Pilot 和 Auth 组件，用 Go 语言重新开发了数据平面组件，即 Sofa Mesh。它支持 Sofa、Dubbo、HSF 等 RPC 协议，目前已经开源，是比较适合国内环境的 Service Mesh 方案。

3. Service Mesh 面临的问题

目前，国内银行业还没有在生产环境大量使用 Service Mesh 的原因是 Service Mesh 较为复杂，拥有十多个组件，理解各组件功能及各组件之间的交互并不是件容易的事情。主流的 Service Mesh 解决方案 Istio 似乎也意识到了这个问题：最新的 Istio1.5 版本已经将多个组件整合到 istiod 中，这极大地降低了 Istio 的复杂度。另外，国内有大量的企业都在使用 Dubbo，这也阻碍了 Istio 在国内的推广。目前，国内已经有部分企业将 SofaMesh 应用于生产环境，对于金融企业来讲，SofaMesh 也是一个很不错的 Service Mesh 切入点。

9.2.3　Serverless

Serverless 顾名思义就是指无服务器，但这个无服务器并不是真的无服务器，计算工作仍然需要放在服务器上进行。这里的无服务器是针对开发人员来说的，即开发人员只需要专注于代码本身，而不用关心代码的运行过程及相关的运维工作等。代码的运行及相关运维工作等均由 Serverless 架构来完成。

从使用上讲，Serverless 能给开发人员带来很大的收益，因为他们只需要专注于代码对业务功能的实现，而无须关心代码的运行与维护等相关问题。另外，代码被拆分成函数，程序功能由函数构成，函数成为计算的基本单元，相关管理计费等也按照函数的调用次数进行计算。

虽然 Serverless 如此便利，但目前业态仍仅处于初步应用阶段，因为它并不适用于所有开发语言。即使如此，它对开发人员还是有很大的吸引力。Serverless 按功能大概可分为两类：FaaS 和 BaaS。

1）FaaS（Function as a Service，函数即服务），无须服务器即可直接运行代码，一般适合于需要运行时的语言，如 Python、Go、Java、Node.js、PHP 等。FaaS 一般由函数（业务代码）、数据（业务数据）、触发事件（如增加、删除数据等）组成。一旦有触发事件函数就会执行，由函数读取数据、执行计算、输出数据，并在完成这些动作后退出，直到下次事件触发，函数又会重新执行。公有云厂商一般都提供 FaaS 服务。

2）BaaS（Backend as a Service，后端即服务），指在软件系统开发过程中不需要自己开发所有的服务组件，而是可以部分使用公共的服务组件来提供服务。典型的 BaaS 包括公共数据库、公共对象存储系统、公共认证系统、公共消息推送系统等。通过调用这些系统的接口来完成所需功能，开发人员只需要开发少量的业务代码就可以完成应用的开发。通常开发人员不会单独使用 FaaS 或者 BaaS，而是会根据实际需求组合使用。

1. Serverless 使用方案

图 9-18 是一个电子商务网站的 Serverless 方案，是使用 BaaS、FaaS 组合的方式构建应用的。对于客户的访问，认证部分直接使用 BaaS 提供的认证服务，数据库部分也使用 BaaS 提供的数据库服务，因而不需要自己去开发认证相关的代码，也不需要自己去维护数据库。而业务代码则使用 FaaS 模式，可分为购买商品函数和搜索商品函数，客户端可以通过 API 网关直接调用这两个函数来获取商品信息和购买商品。在这里开发者看不到服务器，只能看到 BaaS 提供的服务和 API 网关提供的函数调用，因而也无须做运维相关的工作，较大地减轻了开发者的负担。

2. Serverless 优缺点

（1）优点

对开发人员来说，Serverless 非常方便，因为只需要提交代码，Serverless 就会自动将代码转变为可供调用的服务，开发人员再也不需要关心各个服务对应的 IP 地址是什么，相互调用关系是怎样的，负载均衡器是怎么配置的，只需要记住函数名即可。

对运维人员来讲，Serverless 将极大地减少运维工作量。因为 Serverless 会自动把代码部署成服务，所以运维人员不再需要去创建虚拟机、配置负载均衡、配置运行环境、录CMDB、部署应用等。但运维人员面临一个新的问题，即维护 Serverless 架构本身，这需要运维人员有更高的技能，另外运维人员不得不向开发角色转变，致力于开发和维护更好的功能、更完善的 Serverless 系统。

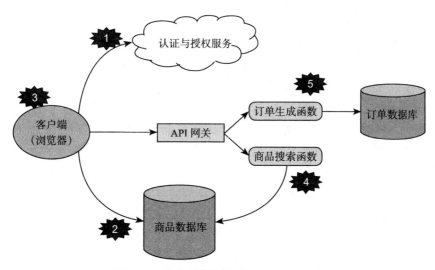

图 9-18　某电子商务网站 Serverless 方案

注：图片来源为 https://www.martinfowler.com/articles/serverless.html。

（2）缺点

如果没有对函数的调用请求，函数对应的应用将进入休眠状态，当下次调用请求到来时，应用需要启动，也就是冷启动。据统计，AWS Lambda 的冷启动时间约为 50ms，对于 Node.js 应用来说，这个时间还勉强可以接受，但对于 Java 类应用来说，冷启动时间过于漫长了。

另外一个问题是，Serverless 能否支持完整的应用开发流程。目前多数企业仍处于观望状态，还在等待 Serverless 的完善，不过 Serverless 自身的优越性对于开发者来说吸引力仍然是巨大的，一旦解决 Serverless 面临的问题，Serverless 将得到迅速推广和广泛使用。

本节介绍了 Kata Containers、Service Mesh、Serverless 技术等容器云前沿技术。当前，容器技术已经大量存在于生产环境，但仍然存在隔离性不足的问题，Kata Containers 的引入使得容器与虚拟机有着同等的隔离性，这极大地提高了容器的安全性。Service Mesh 和 Serverless 对于金融行业来说，仍然属于较前沿的技术，只有极少数头部厂家在大量应用，而且是基于相关开源产品的增强版本，对于中小企业而言，仍然需要等待相关技术的进一步成熟，之后再考虑跟进。

9.3　混合云

混合云一般指将公有云与企业自己的私有云混合使用的模式。这里要弄清楚为什么要将公有云与私有云混合使用，具体需要从以下几点分析。

1）公有云提供的服务更多样、更稳定。公有云提供了完善的对象存储方案、完善的数据备份机制，而私有云要自己维护一套存储系统并保证其稳定运行需要花费较高的成本，这个成本高于公有云，所以在企业发展初期，信息系统大量使用公有云是一种可靠的、经济的模式。随着企业的发展，信息系统越来越庞大，企业技术能力越来越强，继续完全使用公有云则成本高昂，这时候搭建私有云、使用私有云，是一种更经济的模式；企业会将部分信息系统逐渐从公有云迁移到私有云，混合云业务场景随之产生，一个典型的例子就是 Facebook 将 Instagram 服务器逐渐从 AWS 迁移到 Facebook 自有数据中心。由于是生产环境，迁移并不是容易的事情，公有云、私有云的混合使用、相互协同将是一个长期的过程，甚至一些服务需要长时间放置于公有云上，而混合云相关的技术也随之出现。

2）出于政策规定或者有敏感数据并不适合使用公有云时，就必须搭建私有云，用于存储敏感数据与运行相关服务，混合云模型也随之产生。

3）公有云提供了私有云技术难以实现或实现成本较高的服务，如 DDoS 防御、CDN 缓存服务等，另外公有云也提供了一些技术上优于私有云的服务，如 WAF（Web 应用防火墙）等，这种情况下就更需要混合云。

混合云是当前热点，也是信息系统深入发展的产物，是值得我们认真研究的技术及运营模式。

混合云的技术基础是要将公有云与私有云在数据层面互通，这主要包括管理互通、网络互通和数据存储互通。

1）**管理互通**：公有云和私有云都拥有同一套管理体系，也就是说在一次登录后可以同时管理公有云环境、私有云环境。这需要熟悉公有云 API 接口，将开发的云管平台对接公有云 API 接口，才能实现同一套系统既可以管理本地私有云平台，又可以管理公有云平台。

2）**网络互通**：公有云和私有云在二层或者三层上互通，要实现这一点并不容易。对稳定性和安全有较高要求的场景，可以从公有云机房拉专线到私有云机房；对于普通场景，可以使用 VPN 隧道来连接公有云和私有云；对于不需要通道加密的场景，也可以使用 Overlay 网络技术来实现。具体实现方案取决于业务场景需求和公有云厂商提供的服务。

3）**数据存储互通**：要实现存储层完全互通并不容易，因为公网网速限制，通常无法实现大数据量场景下的实时数据同步，只能使用异步方式进行数据同步，同步的数据一般为非时间敏感类数据，或者在需要时才同步的数据。

要实现上述几点并不容易，特别是网络互通，这要求开发者有很强的 SDN 开发能力。但一旦实现，就可以将公有云、私有云连成一片，根据自己的业务需要任意组网，实现数据相互共享，如在私有云上制作的镜像可以在公有云上使用，私有云的业务可以直接调用公有云的服务，实现数据中心一体化，这对于企业有非常大的吸引力。

9.4 边缘计算

边缘计算的设计要点在于将一部分计算能力从网络中心移植到网络的边缘，如家用路由器、网络摄像机、各种带计算能力的传感器等信息接收节点。这样做有两个好处。

（1）减少带宽消耗

原始数据不再需要传输到中心节点处理，而是在边缘节点直接处理，如视频处理、人脸识别等场景，可以节省大量网络带宽。在物联网环境下，海量的边缘节点直接将原始数据传输到网络中心节点几乎是不可接受的，这样做会极大地消耗网络带宽，增加中心节点的负荷。

（2）提高实时处理能力

一些数据处理系统要求有极高的响应速度，如工业控制系统等，这种需求就不能采用中心节点处理，必须要在边缘节点实现实时数据处理。经过边缘节点初步处理和提炼后的数据，被上传到中心节点进行大规模处理，实现中心节点与边缘节点互补。

另外还有一种边缘计算模型，其中心节点不再承担计算任务，只承担管理任务，计算能力将全部移植到边缘节点，对数据的存储则采用大规模分布式存储系统，每个边缘节点都参与数据存储，以内容为主的计算模式比较适合这种边缘计算模型，如 CDN 等。这种模型将采用数百万的边缘计算节点，数据将分布到数百万节点上，具有非常强大的抗风险能力，同时将数百万的节点组合在一起，形成非常强大的计算能力，这有点儿类似于今天的区块链系统，是一种非常有前景的计算模型，目前国内已经有 CDN 厂商使用该边缘计算模型为客户提供服务。

9.4.1 基于 Kubernetes 的边缘计算技术

边缘计算模型会存在数十万甚至百万的边缘计算节点，对这些节点的管理将变成一件非常头疼的问题，比如对节点故障的感知、对故障的处理、软件更新等将变成海量任务，这些都会阻碍边缘计算技术的发展。随着容器技术和容器编排技术的发展，对边缘节点的统一管理与调度成为可能。

具体实现方法就是在每个边缘计算节点内配置容器运行环境，如安装精简版的 Linux 系统，安装 Docker 服务等，然后安装 kubelet、Calico 等组件，将该边缘计算节点纳入到 Kubernetes 下进行统一管理，实现内置软件的自动安装与升级、资源监控等。当前硬件系统高速发展，手机、家用路由器等低功耗的边缘计算设备也已经具有较强的计算能力，因而安装这些额外的软件并不影响边缘节点的计算能力，而后该节点就可以纳入到 Kubernetes 集群中管理，实现自动健康检查、资源监控、软件部署等功能。

考虑到 Kubernetes 最初是专为数据中心运维而设计的，边缘计算节点的网络延迟远高于数据中心节点，故原生的 Kubernetes 并不完全适用于边缘计算模式。相关开源组织似乎也注意到了这一点，于是成立了 Kubernetes 物联网边缘工作组，以促进 Kubernetes 在边缘计算环境的使用。该工作组主要实现如下目标。

1）将支持的节点数扩展到百万级别，支持多种网络接入模式，能够用于大规模物联网环境中。

2）支持暂时的边缘设备离线，对于庞大的边缘计算网络而言，暂时的设备离线是很普遍的事情，使用新的网络方案，适用于高延时网络。

3）支持各种硬件方案，如 ARM、x86 等，支持低内存节点，增加硬件管理能力。

4）增强安全功能，以适用于边缘计算模式。

经过功能优化后的 Kubernetes 边缘计算专用版，将更好地适用于大规模边缘计算环境。除了基于 Kubernetes 的边缘计算管理系统外，还有基于 OpenStack 的，如 StarlingX 平台等，读者如果有兴趣可以自行研究相关项目。

9.4.2 边缘计算安全

边缘计算节点一般都使用公共网络，而且物理设备放置于非可控位置，因而安全问题至关重要。解决边缘计算模式下的安全问题，主要从如下几个方面着手。

1）硬件安全

硬件安全是所有安全的基础，首先边缘节点硬件需要放置于一个相对安全的物理位置，保证不是任何人都可以轻易接触该硬件，只有授权的人才能访问该硬件。另外需要该硬件组件的自动侦测功能，一旦发现硬件组件被入侵，就立即删除敏感信息，防止信息泄露。硬件设备也需要采取内置完整性保护措施，如 TPM、HSM、RIoT 等，保证硬件完整、可信、非被入侵的，能够防止非授权登录、反克隆等，也只有保证硬件安全，才能保证上层的软件安全，各种软件也才能在硬件可信的基础上构建自己的安全体系。

2）软件安全

软件安全主要包括 BIOS 程序完整性验证，如 BIOS 程序 hash 对比，完整的 BIOS 将按照设计好的方式引导操作系统，进而启动正确的应用程序。在应用程序启动后则需要适时监控边缘节点运行的各个应用程序，防止应用程序被篡改，防止可疑进程启动，防止可疑系统登录等，一旦发现问题需要立即报告给管理中心。后续系统升级等则需要用 HTTPS 连接到升级服务器，新装软件则需要签名验证等。

3）网络安全

网络安全主要包括只开放必需的服务端口，能使用 VPN 的情况下尽量使用 VPN，使用 ACL 对访问进行控制，如限制来访者的 IP 地址等，使用 RSA 等加密算法对网络传输数据进行加密，对来访者进行身份验证，如验证对方的数字证书等方法。使用无线互联的边缘计算节点需要使用加密信道或者基于信道的认证来防止无线干扰攻击、欺骗攻击等。

边缘计算涉及内容非常广泛，从边缘计算硬件到专用操作系统、传输协议、5G、分布式协议等，涉及厂家众多，新的技术也不断涌现，这里无法一一介绍。本节主要介绍以 Kubernetes 为基础的边缘计算模型，总体上这是一个当前状态下易于实现的模型，但这个模型也有其业务适应范围，如比较适合 CDN 业务，但并不适合传感器遍布的物联网业务。边缘计算是一个刚刚兴起的事物，还有很多的不确定性，许多技术还处于萌芽中，新的业务模型也亟待开发，感兴趣的读者可着眼于某一模型做深入研究。

9.5　本章小结

本章围绕软件定义数据中心、下一代云计算技术、混合云、边缘计算等介绍了下一代数据中心技术。事实上，很多互联网企业已经在使用这些技术，而对于金融企业来讲，这些技术仍然较前沿。金融企业的首要需求是数据安全，所以可选择一些无状态应用来使用以上技术，SDN方案可选择一些运行稳定、扩展性好的方案，如Calico等。边缘计算则属于非常前沿的技术，未来发展有较大的不确定性。

推荐阅读

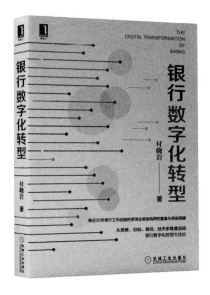 

银行数字化转型

这是一部指导银行业进行数字化转型的方法论著作,对金融行业乃至各行各业的数字化转型都有借鉴意义。

本书以银行业为背景,详细且系统地讲解了银行数字化转型需要具备的业务思维和技术思维,以及银行数字化转型的目标和具体路径,是作者近20年来在银行业从事金融业务、业务架构设计和数字化转型的经验复盘与深刻洞察,为银行的数字化转型给出了完整的方案。

银行数字化转型:路径与策略

银行数字化转型的内涵和外延是什么?
银行为什么要进行数字化转型?
先行者有哪些经验和方法值得我们借鉴?
银行数字化转型的路径和策略有哪些?
……

本书将从行业研究者的视角、行业实践者的视角、科技赋能者的视角和行业咨询顾问的视角对上述问题进行抽丝剥茧般探讨,汇集了1个银行数字化转型课题组、33家银行、5家科技公司、4大咨询公司的究成果和实践经验,讲解了银行业数字化转型的宏观趋势、行业先进案例、科技如何为银行业数字化转型赋能以及银行业数字化转型的策略。

推荐阅读

推荐阅读

Kubernetes进阶实战（第2版）

作者：马永亮 ISBN：978-7-111-67186-2 定价：149.00元

马哥教育CEO马哥（马永亮）撰写，全面升级，涵盖Kubernetes全新特性与功能，渐进式讲解、大量实操案例、随时动手验证。

公有云容器化指南：腾讯云TKE实战与应用

作者：邱宝 冯亮亮 ISBN：978-7-111-66936-4 定价：109.00元

面向公有云容器产品学习者和使用者的实战指南，腾讯云资深云计算技术专家撰写，详细总结公有云容器化的方法和经验，配备大量应用案例，指导企业轻松学会上云容器化，快速迈向云原生。

云计算和边缘计算中的网络管理

作者：张宇超 徐恪 译者：张宇超 ISBN：978-7-111-66983-8 定价：69.00元

清华大学计算机系徐恪教授和北京邮电大学张宇超副教授合著，揭示云计算网络应用请求处理过程以及边缘计算与存储中的关键挑战，并结合真实案例提供有效解决方案。